高等院校“十二五”应用型规划教材

证券投资学

主　编　唐　凌　肖　华
副主编　曹　雨　王　田　蒋　鹏
　　　　付六根　邓娟娟
参　编　丁　伟

南京大学出版社

图书在版编目(CIP)数据

证券投资学/唐凌,肖华主编. —南京:南京大学出版社,2016.1

高等院校"十二五"应用型规划教材

ISBN 978-7-305-15584-0

Ⅰ. ①证… Ⅱ. ①唐… ②肖… Ⅲ. ①证券投资—高等学校—教材 Ⅳ. ①F830.91

中国版本图书馆CIP数据核字(2015)第168184号

出版发行 南京大学出版社
社　　址 南京市汉口路22号　　　邮编 210093
出 版 人 金鑫荣

丛 书 名 高等院校"十二五"应用型规划教材
书　　名 证券投资学
主　　编 唐 凌 肖 华
责任编辑 张倩倩 王抗战　　　编辑热线 025-83597087

照　　排 南京理工大学资产经营有限公司
印　　刷 江苏凤凰通达印刷有限公司
开　　本 787×1092 1/16 印张 17.5 字数 433千
版　　次 2016年1月第1版　2016年1月第1次印刷
ISBN 978-7-305-15584-0
定　　价 38.00元

网　　址:http://www.njupco.com
官方微博:http://weibo.com/njupco
官方微信号:njupress
销售咨询热线:(025)83594756

前 言

我国的证券投资学是在改革开放之后，在近二三十年随着中国资本市场的发展而发展起来的。如今，证券投资学已成为各高校经济类、管理类等专业的核心课及其他专业的公共选修课，其原理与方法也已广泛地应用于各类社会项目投资活动。从全球经济发展历史看，资本市场主导的经济体比商业银行主导的经济体通常更有活力，资本市场成为市场经济国家最重要、最核心的市场，在配置社会资源方面应该起到主导性作用。更重要的是一个强大的资本市场不仅是中国经济转型的需要，也是激发全社会企业家能力与国家创新能力的需要。近年来，随着当今社会私人财富的不断积累，沪深主板、中小板、创业板、新三板资本市场体系建立完善，包括目前如火如荼的“互联网＋”股票市场行情，直接反映到目前社会对资本市场投资顾问专业人才的迫切需求上。因此，为学生建立牢固的金融理论体系和培养应用实践能力，是每一位高校财经类教师共同的责任和义务。

现今证券投资学本科教材建设取得了显著的成果，但照搬西方理论和同质化教学比较严重，与中国证券实际国情发展联系不紧，也未见金融发展全局观。编写教材和教学的专业老师，由于缺乏经验，动手能力与现实的投资理财水平也实在不容乐观。米兰·昆德拉曾说：“在时间的乱山碎石中流过，两岸的景致并不重要，重要的是溪流将流向沃野还是沙漠。”就证券市场而言，像个万花筒，来这里融资、投资、投机甚至赌博的人都可以看到自己想要看到的世界，希望找到自己渴望的成功，苦苦地坚守如果不能得到正确的结果，也是无人喝彩的。

本教材力图在证券投资学的编写和研究中进行差异化建设，鉴于本人在证券投资领域所具有的实践工作经历(从事证券行业 12 年)与丰富理论基础(从事高校教学 8 年)，以培养高层次应用型投资人才建设为目标，主动贴近社会需求。同时，也可以作为证券从业人员和证券投资者系统学习相关理论和实践操作能力的参考用书。

本教材有如下特色及优势：(1) 突出时代要求，建立以目前社会需求为导向的证券投资顾问专业人才队伍培养理念。(2) 丰富新的教材案例和扩展阅读，使学生贴近市场地系统掌握证券投资的一般知识和新规则新试点，增强学生的学习兴趣。(3) 证券理论和应用知识并重，侧重于反映中国资本市场实际国情。(4) 尽量帮助学生理解证券市场的内在规律，建立敏锐的金融全局观和前瞻性，提升投资理财水平，为将来就业及自我理财打下坚实的基础。

教材总体框架设计为四大篇，四大篇之间的关系是：第一篇证券投资基础篇，共两章内容，分别系统讲述了关于证券投资工具和证券投资学的一般性基础知识，这是深入进行资本市场领域和证券投资研究所必需的基础理论准备；第二篇是证券市场篇，主要讲述证券投资市场运行与发展的状况，包括了目前开放式条件下的中国证券市场发行、交易的方式和实践程序，市场监管的理念改革和体制实践，共包括三章内容。第三篇是课程证券投资分析部分，共分三章，系统讲述了证券投资的基本面和技术面分析，包括其基本理论、方法和实践应用。并对有价证券的内在价值和价格做出详细地探讨和分析。第四篇是证券投资应用篇，系统讲述了证券组合管理及应用，证券投资失误，包括证券投资的方法，主要策略和心理技巧，操作盈利风险地控制和经验积累的重要性。每篇设计最新经典案例，每章后设计扩展阅读和相应思考题可供学生课后复习并提高学习兴趣。

本书由唐凌、肖华担任主编，曹雨、王田、蒋鹏、付六根、邓娟娟担任副主编，丁伟参编。由于时间仓促，书中不免有瑕疵、遗漏之处，敬请读者批评指正，编者将及时更正。

唐 凌

2015 年 5 月 22 日

目　录

前　言……………………………………………………………………………… 1

第一章　导论……………………………………………………………………… 1

第一节　投资……………………………………………………………………… 1

第二节　证券投资………………………………………………………………… 2

第三节　证券投资学的研究对象、内容和方法 ………………………………… 5

扩展阅读：证券投资与证券投机 ……………………………………………… 8

习题……………………………………………………………………………… 9

第二章　证券投资工具 ……………………………………………………… 10

第一节　股票 ………………………………………………………………… 10

第二节　债券 ………………………………………………………………… 21

第三节　证券投资基金 ……………………………………………………… 29

第四节　金融衍生工具 ……………………………………………………… 44

扩展阅读：红筹股、蓝筹股、对冲基金等…………………………………… 60

习题 ………………………………………………………………………… 62

第三章　证券市场概述 ……………………………………………………… 66

第一节　证券市场简介 ……………………………………………………… 66

第二节　证券市场的产生和发展 …………………………………………… 67

第三节　证券市场参与者的构成 …………………………………………… 81

扩展阅读：纳入正规投资军 迎来私募大时代 ……………………………… 85

习题 ………………………………………………………………………… 87

第四章　证券市场运行 ……………………………………………………… 89

第一节　发行市场和交易市场 ……………………………………………… 89

第二节　股票价格指数 ……………………………………………………… 94

第三节　证券市场监管与法律制度………………………………………… 100

第四节　证券上市制度……………………………………………………… 111

扩展阅读：万福生科造假案 ………………………………………………… 117

习题………………………………………………………………………… 117

第五章 证券交易实务…… 121

第一节 证券交易概述…… 121

第二节 证券交易程序及制度…… 128

第三节 证券交易常识…… 139

扩展阅读:融资融券业务 …… 152

习题…… 152

第六章 证券投资基本分析…… 154

第一节 宏观经济分析…… 154

第二节 行业分析…… 159

第三节 公司分析…… 163

扩展阅读:为获得配股资格而进行财务包装的LAG公司 …… 172

习题…… 173

第七章 证券投资技术分析…… 176

第一节 技术分析概述…… 176

第二节 量价分析…… 177

第三节 K线分析 …… 178

第四节 切线分析…… 183

第五节 形态分析…… 186

第六节 主要指标分析…… 188

扩展阅读:艾略特与波浪理论 …… 193

习题…… 194

第八章 证券投资收益与风险分析…… 196

第一节 证券投资收益概述…… 196

第二节 证券投资收益率计算…… 204

第三节 证券投资风险…… 208

第四节 证券投资风险防范…… 212

扩展阅读:327国债事件 …… 215

习题…… 217

第九章 证券投资组合管理理论…… 220

第一节 证券投资组合概述…… 220

第二节 证券组合分析…… 223

第三节 证券投资组合管理理论…… 226

第四节 有效市场假说…… 235

扩展阅读:稳健型证券投资组合 …… 239
习题 …… 240
第十章 证券投资理念、策略与方法 …… 241
第一节 证券投资理念与策略 …… 241
第二节 证券投资方法 …… 249
第三节 证券投资心理与技巧 …… 255
第四节 盘面识别与操作 …… 260
扩展阅读:股神巴菲特的股票投资策略 …… 266
习题 …… 267
参考文献 …… 270

第一章 导 论

学习内容和要求

1. 掌握有价证券的概念、特征及其分类；
2. 熟悉证券投资学的研究对象；
3. 掌握证券投资学的研究内容和方法。

随着我国经济的快速发展，我国的证券市场也在不断地发展与完善，参与证券投资的投资者日益增多，股票投资已然成为一种人们愿意承担其风险并获得收益的理财手段，于是股票、债券和基金等证券工具自然也成了人人关心的热门理财话题。我们随手翻翻各大财经报纸或者打开电视的财经频道，上面报道着各种金融市场与资源产品的财经新闻。作为一名现代人，如果不知道或不了解其内在价值和含义，便会感到无从理解。尽管财经市场跌宕起伏，但金融环境与市场并不是杂乱无章的，金融市场上涨下跌自有其内在的原因和发生的依据，我们需要做的是要尽量去认识、了解它们，进而更好地理解并运用，让它们为我们所用。

第一节 投 资

一、投资的含义

投资，是商品经济的范畴。投资作为一项经济活动，是随着社会经济的发展而产生并逐渐扩展的。由于生产力水平的提高，剩余产品交换产生和商业兴起货币使用导致商业资本的产生。在这个阶段，投资才有了可能，投资活动逐渐萌芽。因此可以看出，投资活动由来已久，只是在不同的社会形态与经济运行格局之下，有着不同的含义。

一般而言，投资指的是将一定的资产投向某一个经营项目以获取一定收益的行为。这是一种广义的说法，基本上把所有的经济学上定义的投资都包括在内了，投资的对象有很多，既包括购置土地、机器设备和建造厂房等固定资产，也包括储蓄、股票、债券等金融资产。本书主要研究的是后者，对金融资产的投资。

投资者为什么投资？投资者运用一定的资本进行投资，在一定的时期内可以获得一定的收益，取得一定的经济效益。进行任何经济活动，使成果超过消耗，以少投入换取多产出，是任何社会形态下人类经济活动都要受其支配的一条基本经济规律。经济效益是投资活动的出发点和归结点。

应当指出，由于投资活动中运用资金与购建资产的经济活动是联结在一起的，投资的含义也就具有双重意义：它既是指一种特定的经济活动，又是一种特定资金。

二、投资的分类

对投资而言，按照不同的标准可以将投资分为不同的种类：

1. 按照投资期限不同，可以分为短期投资和长期投资。

短期投资指的是一年以下的投资，长期投资指的是一年或一年以上的投资。也可以分为短期投资、中期投资和长期投资，一年以下的为短期投资，十年以上的为长期投资，一到十年的为中期投资。这里的划分标准不是绝对的，中期和长期投资既可以十年为限，也可以五年或七年为限。长、中、短期投资的划分方法也是相对的和变化的，随着到期日的来临，长期投资又会衍化为中期投资和短期投资。此外，不同的市场又有不同的期限划分特点，在证券市场，特别是股票权证市场，由于价格波动频繁剧烈，短期投资(或称短线操作)的时间一般很短，最短的可能一天就能完成很多次操作，如 T+0 交易，所以有的人认为持有有价证券几个月就已经是很长时间的投资了。

2. 按照投资对象不同，可以分为直接投资和间接投资。

直接投资指的是将资金直接投入投资项目的建设或购置以形成固定资产和流动资产的投资。从国民收入、国民生产总值来分析，直接投资能扩大生产经营能力，使实物资产存量增加，是经济增长的重要条件。间接投资指的是对金融资产的投资，股票、债券等有价证券的投资。它们两者是相互影响、相互制约的；直接投资是基础，间接投资的收益来源于直接投资。间接投资作为投资资金的筹措手段和方法，制约和影响着直接投资发展，对国民经济的快速增长发挥着巨大作用，是现代经济不可或缺的重要组成部分。也是本课程主要讲授的内容。

3. 按照收入性质不同，可以分为固定收入投资和不定收入投资。

固定收入投资是指某种投资收益是预先固定好了的，并在整个投资期限内保持不变；不定收入投资是指投资的收入预先不确定，不事先规定，也不固定。

另外，按照投资领域的不同可以分为对金融业、房地产业、农业、纺织业、化工业等各行业领域的投资。

第二节　证券投资

一、证券的含义

证券是指各类记载并代表一定权利的法律凭证。它用以证明持有人有权依其所持凭证记载的内容而取得应有的权益。从一般意义上来说，证券是指用以证明或设定权利所做成的书面凭证，它表明证券持有人或第三者有权取得该证券拥有的特定权益，或证明其曾经发生过的行为。证券可以采取纸面形式或证券监管机构规定的其他形式。

证券按其性质不同，分为无价证券和有价证券。无价证券是指本身不能使持有人或第三方取得一定收入的证券，包括证据证券和凭证证券两种。作为本书研究的范畴(即投资学意义上的证券)，本书中主要讨论的证券是指各类有价证券。所谓有价证券是指标有票面金额，用于代表财产所有权或债权，并能为其所有者带来收益的一种凭证。这类证券本身没有价值，但由于它代表着一定量的财产权利，持有人可凭该证券直接取得一定量的商品、货币，或是取得利息、股息等收入，因而可以在证券市场上买卖和流通，客观上具有了交易价格。

有价证券价格实际上是资本化的收入，是虚拟资本的一种形式。所谓虚拟资本，是指以有价证券形式存在，并能给持有者带来一定收益的资本。虚拟资本是独立于实际资本之外的一种资本存在形式，本身不能在生产过程中发挥作用。虚拟资本不仅在质上有别于实际资本，而且在量上也是不同的。一般情况下，虚拟资本的价格总额总是大于实际资本额，其变化并不反映实际资本额的变化。

二、有价证券的法律特征

有价证券既然是一种法律凭证，那么就具备法律赋予的特征，并受法律保护。

1. 证券直接代表财产权利，卷面文字表明的财产权利和证券不能分离；

2. 有价证券的持有人只能向特定的、对证券负有支付义务的人主张财产权利；

3. 对有价证券负有支付义务的人是单方履行义务，无权要求对方给予相应的对价，义务人也无权追究持券人的证券来源和使用的原因。

三、有价证券的一般特征

1. 产权性

证券的产权性是指有价证券记载着权利人的财产权内容，代表着一定的财产所有权，拥有证券就意味着享有财产的占有、使用、收益和处分的权利。在现代经济社会里，财产权利和证券已密不可分，财产权利与证券两者融合为一体，权利证券化。虽然证券持有人并不实际占有财产，但可以通过持有证券，在法律上拥有有关财产的所有权或债权。

2. 收益性

收益性是指持有证券本身可以获得一定数额的收益，这是投资者转让资本使用权的回报。证券代表的是对一定数额的某种特定资产的所有权或债权，而资产是一种特殊的价值，它要在社会经济运行中不断运动，不断增值，最终形成高于原始投入价值的价值。由于这种资产的所有权或债权属于证券投资者，投资者持有证券也就同时拥有取得这部分资产增值收益的权利，因而证券本身具有收益性。有价证券的收益表现为利息收入、红利收入和买卖证券的差价。收益的多少通常取决于该资产增值数额的多少和证券市场的供求状况。

3. 流通性

证券的流通性又称变现性，是指证券持有人按照自己的需要在损失最小的情况下，迅速变现的能力。证券的期限性约束了投资者的灵活偏好，但其流通性以变通的方式满足了投资者对资金的随机需求。证券的流通是通过承兑、贴现、交易实现的。证券流通性的强弱，受证券期限、利率水平及计息方式、信用度、知名度、市场便利程度等多种因素的影响。

4. 风险性

证券的风险性是指证券持有者面临着预期投资收益不能实现，甚至本金也会受到损失的可能。这是由证券的期限性和未来经济状况的不确定性所致。在现有的社会生产条件下，未来经济的发展变化有些是投资者可以预测的，而有些则无法预测，因此，投资者难以确定他所持有的证券将来能否取得收益和能得多少收益，从而持有证券具有风险。

5. 期限性

除股票外，证券一般有明确的期限，以满足不同投资者和筹资者对融资期限以及与此相关的收益率需求。债券的期限具有法律的约束力，是对双方的融资权权益的保护。股票只要公司存在，就没有期限，是一种永久证券，亦可称为无期证券。

四、有价证券的分类

有价证券的种类多种多样，可以从不同的角度按不同的标准进行分类。

1. 按证券发行主体的不同，有价证券可分为政府证券、政府机构证券和公司证券。政府证券通常是指由中央政府或地方政府发行的债券。中央政府债券也称国债，通常由一国财政部发行。地方政府债券由地方政府发行，通常以地方税或其他收入偿还。政府机构证券是由经国家批准的政府机构发行的证券，但是我国目前不允许政府机构发行。公司证券是公司为筹措资金而发行的有价证券，公司证券包括的范围比较广泛，主要有股票、公司债券及商业票据等。此外，在公司证券中，通常将银行及非银行机构发行的证券称为金融证券，其中金融债券尤为常见。

2. 按是否在证券交易所挂牌交易，有价证券可分为上市证券与非上市证券。上市证券是指经证券主管机关核准发行，并经证券交易所依法审核同意，允许在证券交易所内公开买卖的证券。非上市证券是指未申请上市或不符合证券交易所挂牌交易条件的证券。非上市证券不允许在证券交易所内交易，但可以在其他证券交易市场交易。

3. 按募集方式分类，有价证券可以分为公募证券和私募证券。公募证券是指发行人通过中介机构向不特定的社会公众投资者公开发行的证券，审核较严格并采取公示制度。私募证券是指向少数特定的投资者发行的证券，其审查的条件相对宽松，投资者也较少，不采取公示制度。目前信托投资公司发行的信托计划以及商业银行和证券公司发行的理财计划均属于私募证券，上市公司如采取定向增发方式发行的有价证券也属私募证券。

4. 按证券所代表的权利性质分类，有价证券可以分为股票、债券和其他证券三大类。股票和债券是证券市场两个最基本和最主要的品种；其他证券包括基金、金融衍生品，如金融期货、金融期权、可转债，等等。

五、证券投资

证券投资是指投资者购买有价证券以及金融衍生产品以获得与其所承担的风险相称的收益的投资行为。证券投资是直接金融投资的重要形式，投入物通常是货币资金，但在某些情况下，也可以使用实物或无形资产。投资形成的品种有很多，有股票、债券、证券投资基金，还有期货、期权、权证等金融衍生产品。投资者凭借其获得的有价证券，取得发行者定期或不定期支付的股息、债券利息，或通过在证券市场上低买高卖来获得差价收益。因此，证券投资具体地表现为在证券市场上买卖或持有有价证券的活动。但由于投资对象不是实物资产，所以其投资对象的价值往往难以确定，这使有价证券成为一种虚拟资本形式，具有泡沫特征，波动性大，风险也大，很多人把证券投资视作投机，甚至将其看作是一种赌博行为，当然这是一种偏见。

在证券市场上，时时刻刻存在着投机行为，特别是发展中国家，证券市场不成熟，不完善，法律法规不健全，市场监管不到位，导致大量投机行为的存在；操纵股价、幕后交易等现象屡见不鲜。但是，在证券市场上，不同的有价证券代表不同的权利和收益，所以证券市场又是一个存在投资价值的市场，而不仅仅是一个投机场所。证券市场能否成为一个价值投资场所关键在于政府的监管和引导。

就价值投资而言，投资者着重对各种证券所代表的实际价值、公司业绩和成长性进行分析，选择投资对象进行投资。就投机而言，则不注重对证权内在价值的分析与评估，只关注市场行情的变化波动，低买高卖，频繁操作，获取价差。过度的投机往往导致证券市场暴涨暴跌。特别是在不成熟的证券市场，很多普通投资者缺乏专业的知识和技能，投资心理不成熟，存在恐惧和盲从心理，过度追涨杀跌，行情看涨时疯狂买进，行情下跌又盲目卖出，这些行为都为投资者带来不必要的损失，也不利于证券市场的健康发展。

证券投资除了价值投资外并不是没有其他意义。各国建立证券市场的目的不只是为了提供一个投资或投机的场所，更重要的是为本国经济的发展提供强有力的支持。一方面，企业在发展过程中需要大量资金，这些资金仅靠企业自身和银行信贷难以满足。为此要建立证券市场，通过它在企业与资金富余者之间建立一个融资平台，让社会富余资金流入企业，支持企业的发展，这就是直接融资功能。另一方面，通过证券市场给资金出借者一个获取收益的场所，使证券市场的投资者有一个合理的投资回报从而受益。此外，证券市场的建立还能为企业的发展注入新的活力。当然，这些功能能否实现，很大程度上依赖于各国政府在证券市场中的作用。

第三节　证券投资学的研究对象、内容和方法

一、证券投资学的研究对象

证券投资学是一门综合性很强的学科，综合性主要反映在它以众多学科为基础并且涉及的范围十分广泛。证券投资学与政治经济学、货币银行学、财政学、会计学、数量经济学等门类学科有着十分密切的联系。

首先，证券投资作为金融资产投资，是整个国民经济运行的重要组成部分，国民经济形势的好坏，对证券市场的走势具有重要的决定意义，因此，一般的经济范畴（诸如资本、利润、利息等）也是证券投资学经常使用的基本范畴。

其次，证券市场是金融市场的一个重要组成部分。证券投资学研究的一个重要内容是证券市场运行和证券投资者在证券市场进行的运作，因此必然涉及一些货币金融知识，需要研究货币供应、市场利率及其变化对证券市场价格以及证券投资者收益的影响。更何况证券投资活动自始至终都是与金融机构联系在一起的，因此，货币银行学及其理论与专业知识是证券投资学必不可少的基础知识。

再次，证券投资者进行投资总要选择到具体的企业。决定购买哪家企业的股票或债券时，总要进行一番调查了解，掌握其经营状况及财务情况，从而做出分析、判断，决定向哪个企业投资。在做这些基础分析时，必须掌握公司财务和一定的会计知识，能够利用公司财务报告及各

种会计资料做出科学判断。

最后,证券投资学研究问题时,除了需要进行一些定性分析外,还需要大量地采用定量分析方法,证券投资的市场分析、价值分析、技术分析、组合分析等内容都是采用数学模型进行的,因此,数学方法在证券投资学中也是基本的研究方法。

二、证券投资学的实践意义

从总体上说,经济学科可分为理论经济学和应用经济学两大类,而证券投资学则属于应用经济学的范畴,是应用经济学的一个分支学科。虽然,证券投资学的研究对象是证券投资活动及其规律,课程也研究一些经济理论方面的内容,但从其学科内容的主要组成部分来看,它侧重于经济现象、方法、经验和技巧地归纳总结,实践性比较强。因此,它是一门应用性较强的经济学科。

证券投资学既然属于应用经济学,实践性是它最突出的一个特点。我们学习证券投资这门课程,不管是证券投资理论,还是证券投资分析方法,最终都要将其运用到实践当中,或者要经受实践的检验。经不起实践检验的理论与分析方法最终将会被时代淘汰。在此过程中,要不断总结经验教训,取我所需,为我所用,经过检验适合自己的才是最好的方法。完善这个方法并形成自己的体系,那么中国未来的,象沃伦·巴菲特这样的投资大师说不定就在你们当中诞生。证券投资学的另一个重要特点是发展变化比较快。由于科技发展日新月异,金融创新不断加快,证券市场发展迅猛,在全球经济一体化的背景下,证券投资学作为一门经济领域的先锋课程,在学科内容上不断地进行更新,是随着证券市场的发展而不断发展和完善。由于中国证券市场建立始于二十世纪九十年代,起步较晚,总共发展不过二十多年,目前还有很多不是很完善的地方,这就增加了我们对证券和证券市场研究的难度,不利于中国的证券投资学这门学科的创建和发展。因此,我们在学习过程中要不断关注证券市场的实际变化,了解证券市场的新动向,在变化和创造中把握这门课程。

三、证券投资学的研究内容

证券投资学是研究证券投资运行及其规律和对经济影响的经济学科,(具体地讲),它包括的主要内容是:

1. 证券投资的基本知识和基本理论,包括证券及证券投资的概念和原理等。

2. 证券投资工具,主要研究股票、债券、投资基金及金融衍生产品的种类、各自特点和特定研究。

3. 证券市场,包括发行市场、交易市场及各自的功能等。

4. 证券投资分析,包括基本分析和技术分析。其中基础分析包括宏观经济分析、行业分析和公司分析;技术分析包括图形分析和指标分析;评估证券内在价值等。

5. 证券投资应用,包括证券投资组合管理以及证券投资的一些实务应用等。

其中,证券投资学的学习重点主要是证券投资分析,原因可以从以下角度来谈。

首先,在证券市场,投资者获得成功的关键在于科学合理的证券投资分析。证券投资的目的在于获得投资收益,在风险既定的条件下追求投资收益最大化和收益既定条件下把风险控制在最小,是证券投资成功(与否)的关键。但是,证券投资的影响因素很多,不同因素的作用机制和时效又不相同。要想全面、系统地把握这些因素和作用机制及时效就必须科学、准确地进行分析、预测。其次，进行证券投资分析能够提高证券投资决策的科学性，降低投资风险。由于证券市场行情多变，不同证券的波动不同，风险与收益特征差别较大，每种证券的安全性、收益性和流动性又不相同，要想寻找匹配的投资产品并投资获益就非常困难。对有价证券来讲，收益与风险之间存在正相关关系，收益水平越高，投资者承担的风险也就越大，收益水平越低，投资者承担的风险相对来讲就小，要想判断证券投资品种的风险大小，就必须进行投资分析。最后，证券投资的收益有两项，一是稳定的投资回报现金和非现金收益；二是买卖价差。要获得这两项收益就必须正确评估证券的投资价值。对证券投资价值的评估分析，要受宏观经济、行业状况以及公司经营管理等多方面因素的影响。为此，必须进行科学的证券投资分析，正确分析、评估证券的投资价值。

四、证券投资学的研究方法

证券投资学实践性、操作性很强，不是说你学好这门课程就能百分百在证券投资操作中获得可观的收益，也不是说学了它应用到实际投资过程中产生了亏损，就把它贬得一无是处。证券投资学这门课程只是向学习者和投资者提供了进行证券投资所必需的基本知识和专业知识。但是，要在证券市场获得成功，仅靠这些知识是远远不够的，还需要在实践中灵活运用以下研究方法。

1. 定性分析和定量分析相结合

对于证券投资的管理，不仅需要进行定性的判断和预测，更要进行定量的计算和分析。理论上的定价分析和技术上的指标分析，使证券投资活动更趋科学的理性。

2. 实证分析和规范分析相结合

实证分析旨在研究证券投资的现状如何，如果执行某种政策可能会达到怎样的效果。实证分析的意义在于把握客观事实，了解证券投资活动的规律。而规范分析旨在研究证券投资应遵循怎样的原则，以保护投资者并有利于经济运行。规范分析的目的是制定合理的标准。

3. 理论总结和实践操作相结合

一定要以自我为中心，以客观事实和市场实际运行的数据特征为依据，科学地分析总结。只有通过具体的证券投资实践活动，才能探求其内在客观的联系，进而归纳成为理论以指导实践，并在实践中不断修正和发展证券投资理论。要在实践操作中探索证券投资的规律，吸取经验教训，总结投资技巧，不断提高投资水平和盈利能力。

4. 结合中国相关国情

本书所讨论的是关于证券投资的一般理论和方法，这些理论和方法的基本原则基本借鉴于西方发达国家。但值得一提的是中国的证券市场目前还不完善、不成熟，我们现在所看到的和所学的证券投资理论知识、分析方法等大多是证券市场相对比较成熟的东西，在中国证券市场中是否有效，还有待进一步验证。如果照搬照抄直接拿来对中国证券市场进行分析，必然会出现一些偏差。因此，应在了解中国证券市场的特殊性地基础上，结合中国证券市场的实际大环境和背景，掌握并熟练运用这些方法和理论，从中把握中国证券市场的发展脉络，从而在中国的证券市场中投资获益。

扩展阅读

证券投资与证券投机

投资和投机的区别在于，投资者是寻求在合理的价位购买股票，投机者却是时时企图预测股票价格变动，并希望从中获利。

——沃伦·巴菲特

投资有广义和狭义两种定义。从广义的角度上讲，投机几乎是投资的同义反复。任何投资都是为了赚取利润，使资本增值，而投机正是指寻找和掌握市场中的投资机会。西方普遍认为，一项良好的投资即是一次成功的投机。狭义的投机，是指人们基于对投资对象未来价格走势的判断而进行短期套利的行为，通常这种套利行为使投资者承担因实际价格的反方向走势而带来损失的行为。证券投机就是在证券市场上投资者甘愿冒受经济损失的风险而期望从价格波动中赚取利润的证券交易行为。

事实上，证券投资与证券投机之间不存在明显的分水岭，很难将两者进行严格的定量区分，但我们可以从以下不同的角度对两者的差异进行分析：

1. 交易的动机不同

证券投资注重的是长期的投资报酬，买进证券是为了获得该证券本身今后所能给予的回报，如股票的红利、债券的利息、衍生证券的保值功能等；而投机着眼于证券交易的差价，谋取短期的收益。

2. 投资实践长短不同

投资者一般长期持有证券，不轻易换手，按期取得资本收益；而投机者则经常出入证券市场，捕捉有利时机，低价买进，高价卖出，交易频繁，故其证券持有时间一般都比较短。当然，对投资时间的长短并没有明确的界限，在国外一般以6个月为分界点进行衡量。

3. 承担的风险不同

投资者首先关心的是本金安全，希望在保本的前提下获取最大收益；投机者则正好相反，他们不怕风险，而把收益的最大化放在第一位。因此一般认为，投资是稳健的投机，投机是高风险的投资。

4. 资金的来源不同

投资者一般都是使用自己的钱进行证券的买卖，而投机者往往采用信用交易或保证金交易，买空卖空，做较大的交易。

5. 对证券实际价值的重视程度不同

投资者注重对各种证券所代表的实际价值、公司的业绩和创新能力进行分析，并以其作为他们选购或换购证券的依据；而投机者则不是很注重证券本身的分析，而是密切注意证券市场行情的变化，以证券价格变化趋势作为决策的依据。

6. 按对社会的影响划分

投资者对社会发展有促进作用；而投机行为既有积极作用又有消极影响。一方面，证券投机具有平衡价格，保持证券交易流动性以及分担价格变动风险的作用；另一方面，过分的投机将造成市场动荡，影响经济运行。

当然,投资和投机两者在一定情况下也会互相转换。当一个投资者投资于某股票时,若购买后,该股票市场走势很好,收益高于持有的红利时,他会将其卖掉获取价差,成为投机行为;同样,一个投机者买进证券后,市场急转直下,他被套牢后又不能再短期内解套,长期持有就成了投资者了。

习 题

一、名词解释

投资　证券　有价证券　证券投资

二、复习思考题

1. 什么是有价证券?它的一般特征有哪些?
2. 有价证券有哪些种类?
3. 实业投资与证券投资有哪些联系和区别?
4. 证券投资学作为一门课程与证券投资实践之间的联系。
5. 简述证券投资学的研究对象和研究内容。

三、单项选择题

1. 有价证券是(　　)的一种形式。

A. 真实资本　B. 虚拟资本　C. 货币资本　D. 商品资本

2. 按募集方式分类,有价证券可以分为(　　)。

A. 公募证券和私募证券　B. 政府证券、政府机构证券、公司证券

C. 上市证券与非上市证券　D. 股票、债券和其他证券

四、多项选择题

1. 有价证券具有的主要特征是(　　)。

A. 期限性　B. 收益性　C. 流动性　D. 风险性

2. 按是否在证券交易所挂牌交易,有价证券可分为(　　)。

A. 上市证券　B. 非上市证券　C. 公募证券　D. 私募证券

五、判断题

1. 虚拟资本是实际资本的反映,虽然两者之间有本质区别,但两者在量上是相等的。(　　)
2. 证券的风险性是指实际收益与预期收益的背离,或者说是证券收益的不确定性。(　　)
3. 非上市证券不允许在证券交易市场交易。(　　)

第二章　证券投资工具

学习内容和要求

1. 掌握股票的概念、性质、特征和种类；

2. 掌握债券的概念、票面要素和种类；

3. 掌握投资基金的概念、特点和类型；了解投资基金的当事人，了解投资基金的设立、交易、信息披露和投资风险；

4. 掌握金融衍生工具的概念、特征和类型；掌握金融期货的概念、特点、功能及交易种类；掌握金融期权的概念、要素、特点和种类，了解可转换债券的概念、要素及价值。

证券投资工具主要包括股票、债券、证券投资基金以及金融衍生产品等几种类别。本章主要围绕这些证券投资工具，进行分门别类地论述与分析。每一节都从最基本的概念出发，进而对该种投资工具的特征、分类、性质等方面进行归纳，展现了证券投资工具的丰富的内涵。

第一节　股票

一、股票的含义、性质和特征

（一）股票的含义

股票(Stock)是一种有价证券，是指由股份公司发行的，用以证明投资者的股东身份和权益、并据以获取股息和红利的凭证。

股票一经发行，购买股票的投资者即成为公司的股东。股票实际上代表了股东对股份公司的所有权，这种所有权是一种综合权利，如参加股东大会、投票表决、参与公司的重大决策、收取股息或分享红利等。同一类别的每支股票所代表的权利是相等的，充分体现“同股同权，同股同筹”原则。每个股东所拥有的公司所有权份额的大小，取决于其持有的股票数量占公司总股本的比重。股票一般可以通过买卖方式有偿转让，股东能通过股票转让收回其投资，但不能要求公司返还其出资。股东与公司之间的关系不是债权债务关系。股东是公司的所有者，以其出资额为限对公司负有限责任，承担风险，分享收益。人们获取股票通常有四种途径，一是作为股份有限公司的发起人而获得股票；二是在股份有限公司向社会募集资金而发行股票时，自然人或法人出资购买的股票，即通常所说的原始股；三是在二级流通市场上通过购买的方式受让他人手中持有的股票，这是我国投资者获取股票的最普遍形式；四是由他人赠予或依法继承而获得的股票。

股票作为一种所有权凭证，有一定的格式。许多国家对股票票面格式做了规定，提出票面应载明的事项和具体要求。我国《公司法》规定，股票采用纸面形式或国务院证券管理部门规定的其他形式。股票应载明的事项主要有：公司名称、公司登记成立的日期、股票种类、票面金额及代表的股份数、股票的编号。股票由董事长签名，公司盖章。发起人的股票，应当注明“发起人股票”字样。

（二）股票的性质

股票持有者凭股票从股份公司取得的收入是股息。股息的发配取决于公司的股息政策，如果公司不发派股息，股东没有获得股息的权利。优先股股东可以获得固定金额的股息，而普通股股东的股息是与公司的利润相关的。普通股股东股息的发派在优先股股东之后，必须在所有的优先股股东满额获得他们曾被承诺的股息之后，普通股股东才有权力发派股息。股票只是对一个股份公司拥有的实际资本的所有权证书，是参与公司决策和索取股息的凭证，不是实际资本，而只是间接地反映了实际资本运动的状况，从而表现为一种虚拟资本。

1. 股票是有价证券

有价证券是财产价值和财产权利的统一表现形式。持有有价证券，一方面表示拥有一定量价值的财产，另一方面也表明有价证券持有人可以行使该证券所代表的权利。股票本身虽然没有价值，但其包含着股东要求股份公司按规定分配股息和红利的请求权，同时代表着拥有股份公司一定量的资产。股票与其代表的股东权利有不可分离的关系，它们二者合为一体。股票所有权的转让也就意味着股东权利的转让，股票所有权的转移与股东权利的转让应同时进行，不能只转移股票而保持原来的股东权利，也不能只转让股东权利而不转移股票。

2. 股票是要式证券

所谓“要式”，指的是必须具备必要的格式或形式。股票应记载一定的事项，其内容要全面真实，这些事项往往通过法律形式加以规定。我国《公司法》规定股票必须具备规定的要件，如果缺少规定的要件，股票就没有法律效力。股票的制作与发行还必须经证券主管机关审核和批准，任何个人或者团体，不得擅自制作发行股票。

3. 股票是证权证券

所谓证权证券，指的是用来证明某些权利的证券。按照权利存在的先后关系，证券可以分为设权证券和证权证券。设权证券是指证券所代表的权利本来不存在，而是有了证券才设定权利，即权利的发生是以证券的制作和存在为条件的。证权证券是指证券是权利的一种物化的外在形式，它是权利的载体，先有权利后有证券。股票代表的是股东权利，它的发行是以股份的存在为条件的，股票只是把已存在的股东权利表现为证券的形式。股东权利不随股票的消失而消失，股东可以依照法定程序要求股份公司补发新的股票，因此股票是证权证券。

4. 股票是资本证券

资本的本质是投资获利。股份公司发行股票是一种吸引认购者投资以筹措公司自有资本的手段，对于认购股票的人来说，购买股票就是一种投资行为。因此，股票是一种资本证券。但是，股票又不是一种现实的资本，股份公司通过发行股票筹措的资金，是公司用于营运的真实资本。股票独立于真实资本之外，在实物商品市场之外的股票市场上独立运动，是一种虚拟资本。

5. 股票是综合权利证券

股票是一种综合权利证券。股票既不是物权证券,也不是债券证券。物权证券是指证券持有者对公司的财产有直接支配处理权的证券。债券证券是指证券持有者为公司债权人的证券。股票持有者作为股份公司的股东,享有独立的股东权利。这种权利是一种综合权利,包括出席股东大会、投票表决、分配股息红利等权利。股东虽然是公司财产的所有人,享有种种权利,但对于公司的财产不能直接支配处理,而对财产的直接支配处理是物权证券的特征,所以股票不是物权证券。另外,一旦投资者购买了公司股票,即成为公司部分财产的所有人,但该所有人在性质上是公司内部的构成分子,而不是与公司对立的债权人,所以股票也不是债权证券。

(三) 股票的特征

股票具有以下五个方面的特征:

1. 不可偿还性

股票是一种无偿还期限的有价证券,投资者认购了股票后,就不能再要求退股,只能到二级市场流通转让。股票的转让只意味着公司股东的改变,并不减少公司资本。从期限上看,只要公司存在,它所发行的股票就存在,股票的期限等于公司存续的期限。

2. 参与性

参与性是指股票持有人参与公司重大决策的权利。股东有权出席股东大会,选举公司董事会,参与公司重大决策。股票持有者的投资意志和享有的经济利益,通常是通过行使股东参与权来实现的。股东参与公司决策的权利大小,取决于其所持有股份的多少。从实践中看,只要股东持有的股票数量达到左右决策结果所需的实际多数时,就能掌握公司的控制权。

3. 收益性

收益性是股票最基本的特征。股东凭其持有的股票,有权从公司领取股息或红利,获取投资的收益。股息或红利的大小,主要取决于公司的盈利水平和公司的盈利分配政策。股票的收益性,还表现在股票投资者可以获得价差收入或实现资产保值增值。通过低价买入和高价卖出股票,投资者可以赚取价差利润。

4. 流动性

股票的流动性是指股票在不同投资者之间进行自由交易的特性。流通性通常以可流通的股票数量、股票成交量以及股价对交易量的敏感程度来衡量。可流通股数越多,成交量越大,价格对成交量越不敏感,股票的流通性就越好,反之就越差。股票的流通,使投资者可以在市场上卖出所持有的股票,取得现金。通过股票的流通和股价的变动,可以看出人们对于相关行业和上市公司的发展前景和盈利潜力的判断。那些在流通市场上吸引大量投资者、股价不断上涨的行业和公司,可以通过增发股票,不断吸收大量资本进入生产经营活动,收到了优化资源配置的效果。

5. 风险性

风险性是指持有股票可能产生的经济收益的不确定性。这种不确定性有较大风险。股票在交易市场上作为交易对象，同商品一样，有自己的市场行情和市场价格。由于股票价格要受到诸如公司经营状况、供求关系、银行利率、大众心理等多种因素的影响，其波动有很大的不确定性。正是这种不确定性，有可能使股票投资者遭受损失。价格波动的不确定性越大，投资风险也越大。因此，股票是一种高风险的金融产品。

二、股票的类型

股份公司发行的股票多种多样，各种股票的权益和特征各不相同。按照不同的标准，股票有多种划分方法，下面就常见的股票种类的划分进行介绍。

1. 按照股东享有的权利和承担风险的不同，可以分为普通股票和优先股票。普通股股票的股息随股份公司的利润变动而变动，其持有者具有经营管理公司的权利；优先股股息率固定，其持有者具有优先分配股利和剩余财产权，但无经营管理权。

2. 按照是否记载股东姓名，可以分为记名股票和不记名股票。记名股票，是指在股票票面和股份公司的股东名册上记载股东姓名的股票。这类股票持有比较安全，但转让手续要繁琐些。与记名股票相比，不记名股票不记载股东姓名，谁持有股票即享受股东权利，转让较为简单与方便，但安全性较差。

3. 按照是否在股票票面上表明金额，可以分为有面额股票和无面额股票。有面额股票，是指在股票票面上记载一定金额的股票。这一记载的金额也称为票面金额、票面价值或股票面值。记载原始投入公司的资本金；即无面额股票，是指在股票票面上不记载股票面额，只注明它在公司总股本中所占比例的股票，其内在价值随公司净资产的增减而相应增减。目前我国还不存在无面额股票。

4. 按投资主体的不同性质，我国目前将股票划分为国家股、法人股、社会公众股和外资股等不同类型。这是我国特有的一种股票分类方法。

5. 按照股票的上市地点和所面对的投资者的不同，可以将股票划分为 A 股、B 股、H 股、N 股和 S 股等不同类型。A 股的正式名称是人民币普通股票。它是由我国境内的公司发行，供境内机构、组织或个人(不含台、港、澳投资者)以人民币认购和交易的普通股股票。B 股的正式名称是人民币特种股票。它是以人民币标明面值，由我国境内公司发行，供境外或港澳台投资者以外币认购和买卖，在境内的上海或深圳证券交易所上市交易的股票。2001 年 2 月以前，只向境外及中国港澳台地区投资者开放。2001 年 2 月以后对中国境内居民也开放了，持有外汇的普通中国公民也可以参与 B 股交易。H 股、N 股、L 股、S 股等统称境外上市外资股，是指在中国境内注册的公司向境外投资者发行、在境外证券交易所上市的股份。H 股是指注册地在内地、上市地在香港的股票，也称国企股。香港英文是 Hong Kong，取其字首。依次类推，纽约的第一个英文字母是 N(New York)，伦敦的第一个英文字母是 L(London)，新加坡的第一个英文字母 S(Singapore)，纽约、伦敦和新加坡上市的股票就分别叫 N 股、L 股和 S 股。

三、普通股票与优先股票

(一) 普通股票

普通股票，即通常所说的普通股，是最基本、最常见、风险最大的一种股票，其持有者享有股东的基本权利并要履行股东的义务。普通股票的股利完全随公司盈利的高低而变化，在公司盈利较多时,普通股股东可获得较高的股利收益,但在公司盈利和剩余财产的分配顺序上列在债权人和优先股票股东之后,故其承担的风险也较高。与优先股相比,普通股票是标准的股票,而且上市公司的普通股票的价格在股票市场波动很大,故其风险也较大。

1. 普通股票股东的权利

普通股票是标准的股票,通过发行普通股票所筹集的资金,是股份公司注册资本的主要部分。普通股票的持有者是股份公司的基本股东,按照公司法的规定,它们在股份公司的存续期间内一般可以享受下列法定的股东权利:

(1) 公司重大决策参与权

股东基于持有股票而享有股东权,这是一种综合权利,这种综合权中首要的是可以以股东身份参与股份公司的重大决策。作为普通股股东,行使这一权利的途径是参加股东大会。股东大会是股份公司的权力机构,普通股股东有权出席股东大会,听取公司董事会有关经营和财务方面的报告,并行使表决权来对公司的重大事项做出决策,也有权选举和被选举为公司的董事、监事。

股东大会一般每一年或半年定期召开一次,当出现董事会认为必要或监事会提议召开等情形时,也可召开临时股东大会。股份公司召开股东大会,应当保证普通股股东享有出席会议的平等权利。普通股股东可以自己直接出席股东大会,也可以按规定手续委托代理人出席股东大会,代为行使表决权。股东出席股东大会,所持每一股份有一表决权,持有股票份数越多,享有的表决权就越多。少数股东如能根据公司章程规定的投票制度拥有选举董事所需要的一定比例的股票数量,就可以确保其所推荐的人员被选为董事,从而就能通过这些董事及其选定的经理人员来控制该股份公司的运作。

(2) 公司盈余和剩余资产分配权

普通股股东拥有公司盈余和剩余资产分配权,这一权利直接体现了其在经济利益上的要求。这一要求又可表现为两个方面:一是普通股股东有权要求从股份公司经营的利润中分配股息和红利;二是普通股股东在股份公司解散清算时,有权要求取得公司的剩余资产。

普通股股东行使盈余分配权有一定的限制条件。首先,法律上的限制。许多国家在公司法或者其他法律中对股份公司股利的支付条件加以明确规定。一般来讲,只能用留存收益支付股利;股利的支付不能减少其注册资本;公司在无力偿债时不能支付股利。根据我国法律的相关规定,公司缴纳所得税后的利润,在支付普通股票的股利之前,应按如下顺序分配:弥补亏损,提取法定盈余公积金,提取公益金和提取任意盈余公积金。普通股股东能否分到股息和红利以及分配的数量的多少,取决于公司的税后利润的多少以及公司未来的发展状况。另外,其他方面也有限制,如公司的现金流量,股东所处的地位,公司的经营环境,公司在资本市场的融资能力等。

普通股股东行使剩余资产分配权也有一定的限制条件。首先,普通股股东要求分配公司资产的权利不是任意的,必须是在公司解散清算之时才能要求分配公司资产。另外,公司的剩余资产在分配给股东之前,一般应先按下列顺序支付:拨付清算费用,支付公司员工工资,支付国家税款,支付银行贷款,支付公司债券和其他债务。在按上述顺序分配完后,如果还有剩余资产,可以按照股份数额比例分配给各普通股股东。

(3) 其他权利

在上述两种基本权利外,普通股票股东还可以享有由法律和公司章程所规定的其他权利,如了解公司的经营状况、转让所持股票、优先认股权等。

优先认股权是一种很特别权利。优先认股权是指当股份公司为增加公司资本而决定增加发行新的股票时，原普通股股东享有的按其持股比例，以低于市价的某一特定价格优先认购一定数量新发行股票的权利。赋予股东这种权利的两个主要目的，一是能保证普通股股东在股份公司中保持原有的持股比例；二是能保护原普通股股东的利益和所持股票价值。因为当公司增资扩股后，在一段时间内，每股净资产和每股税后净利会因此而摊薄，原普通股股东以优惠价格优先购买一定数量的新股，可从中得到补偿或取得收益。享有优先认股权的股东可以行使此权利来认购新发行的普通股票，也可以将该权利转让给他人，从中获得一定的报酬，还可以不行使此权利而任其过期失效。

普通股票股东是否具有优先认股权，取决于认购时间与股权登记日的关系。股份公司在提供优先认股权时会设定一个股权登记日，在此日期前认购普通股票的，该股东享有优先认股权；在此日期后认购普通股票的，该股东不享有优先认股权。前者可称为附权股或含权股，后者可称为除权股。

2. 普通股票股东的义务

按照公司法的规定，普通股股东应履行以下义务：

(1) 公司股东应当遵守法律、行政法规和公司章程，依法行使股东权力，不得滥用股东权力损害公司或其他股东的利益；

(2) 依其所认购的股份和入股方式缴纳股金；

(3) 除法律、法规规定的情形外，不得退股；

(4) 持有公司5%以上表决权股份的股东，将其持有的股份进行质押的，应当自该事实发生之日起3个工作日内，向公司作出书面报告；

(5) 公司的控股股东在行使表决权时，不得做出有损于公司和其他股东合法权益的决定；

(6) 不得滥用公司法人独立地位和股东有限责任损害公司债权人的利益，公司股东滥用公司法人独立地位和股东有限责任逃避责任，严重损害公司债权人利益的，应当对公司债务承担连带责任；

(7) 公司股东滥用股东权利给公司或者其他股东造成损失的，应当依法承担赔偿责任；

(8) 公司的控股股东、实际控制人、董事、监事、高级管理人员不得利用其关联关系损害公司利益。如违反有关规定，给公司造成损失的，应当承担赔偿责任；

(9) 法律、行政法规及公司章程规定应当承担的其他义务。

(二) 优先股票

优先股票，即通常所说的优先股，是指在公司盈余和剩余财产分配权利方面，优先于普通股的股票。相对于普通股票而言，优先股票在其股东权利上附加了一些特殊条件，是特殊股票中最重要的一个品种。对于优先股可以从两个不同的角度来认识，一方面，优先股票作为一种股权证书，代表着对公司的所有权。这一点与普通股票一样，但优先股股东又不具备普通股东所具有的基本权利，它的有些权利是优先的，有些权利又受到限制；另一方面，优先股票也兼有债券的若干特点，它在发行时事先确定固定的股息率，与债券的利息率事先固定一样。

优先股票是一种特殊股票，虽然它不是股票的主要品种，但是它的存在对股份公司和投资者来说仍有一定的意义。对股份公司而言，发行优先股票的作用在于可以筹集长期稳定的公司股本，又因其股息率固定，在公司盈利较多时可以减轻利润的分派负担，另外，优先股股东没有表决权，这样可以避免公司经营决策权的改变和分散。对于投资者而言，由于优先股票的股息收益稳定可靠，而且在财产清偿时也先于普通股股东，故其风险相对较小，是一种较安全的投资对象。优先股票因收入稳定，二级价格市场波动小，风险较低，适宜中长线投资，在国外大部分优先股票被机构投资者持有。但是，持有优先股票并不总是有利的，在公司经营有方而获高额利润情况下，优先股票的股息收益可能会大大低于普通股票。

优先股票的具体优先条件，由各公司的公司章程加以规定，一般包括，优先股票分配股息的顺序和定额，优先股票分配公司剩余资产的顺序和定额，优先股票股东行使表决权的条件、顺序和限制，优先股票股东的权利和义务，优先股票股东转让股份的条件等。

1. 优先股权利

(1) 在公司分配盈利时，拥有优先股票的股东比持有普通股票的股东享有优先分配权，而且享受固定数额的股息。一般而言，优先股的股息率都是固定的，普通股的红利却不固定，视公司盈利情况而定，利多多分，利少少分，无利不分，上不封顶，下不保底。

(2) 当公司解散分配剩余财产时，优先股在普通股之前分配。

(3) 优先股一般不上市流通，也无权干涉企业经营，不具有表决权。

2. 优先股票的特征

(1) 股息率固定

普通股票的股息是不固定的，它取决于股份公司的经营状况和盈利水平。而优先股票在发行之时就约定了股东的股息率，无论公司经营状况和盈利水平如何变化，该股息率不变。

(2) 股息分派优先

在股份公司盈利分配顺序上，优先股票排在普通股票之前。各国公司法对此一般都规定，公司盈利首先应支付债权人的本金和利息，缴纳税金；其次是支付优先股股息；最后才分配普通股股利。因此，从风险角度看，优先股票的风险小于普通股票。

(3) 剩余资产分配优先

当股份公司因破产或解散进行清算时，在对公司剩余财产的分配上，优先股股东排在债权人之后，普通股股东之前。也就是说，优先股股东可优先于普通股股东分配公司的剩余财产。

(4) 一般无表决权

优先股股东权利是受限制的，最主要的是表决权。普通股股东参与股份公司的经营管理主要通过参加股东大会行使表决权，而优先股股东在一般情况下没有投票表决权，从而就无法参与公司的经营决策，不享有公司的经营参与权。只有在特殊情况下，如讨论涉及优先股股东权益的议案时，他们才能行使表决权。

3. 优先股的回收方式

公司发行的优先股可以回收，有以下回收方式：

(1) 溢价方式。公司在赎回优先股时，虽是按事先规定的价格进行，但由于这往往给投资者带来不便，因而发行公司常在优先股面值上再追加一定价值。

(2) 公司在发行优先股时，从所获得的资金中提出一部分款项创立“偿债基金”，专用于定期地赎回已发行出的一部分优先股。

(3) 转换方式。即优先股可按规定转换成普通股。虽然可转换的优先股本身构成优先股的一个种类，但在国外常把它看成是一种实际上的回收优先股方式，只是这种回收的主动权在投资者而不在公司里，对投资者来说，在普通股的市价上升时，这样做是十分有利的。

4．优先股票的种类

优先股票根据不同的附加条件，大致可以分类如下。

（1）按照优先股股息在当年未能足额分派时，能否在以后年度补发，可分为累积优先股票和非累积优先股票。

累积优先股票，是指历年股息累计发放的优先股票。优先股票的特点之一是股息分派优先。在股份公司盈利的情况下，优先股股东可以按固定股息率比普通股股东优先取得股息。但在公司亏损或者盈利水平不足的情况下，则不能保证优先股票股东能获取当年公司应支付的全部股息额。若这部分未付的股息额以后得不到补偿，优先股的收益就会失去稳定性。因此，为了吸引投资者入股，有些公司在发行优先股票时附加了优惠条件，即公司在任何营业年度内未支付的优先股股息可以累计加起来，由以后营业年度的盈利一起付清。有些国家公司法规定，公司分派当年盈利时，必须先将当年和往年累积所欠的优先股股息付清。在累计未发的优先股股息尚未补足之前，公司不得分派普通股股利。实际上，有时累积优先股股息也并不一定必须补足，如果公司已经累积了优先股股息，现又打算发放普通股股息，则也可以不付清优先股股息，而允许优先股票转换成普通股票。股份公司发行累积优先股票的目的，主要是为了保障优先股股东的收益，不会因公司盈利状况的波动而减少。由于规定未发放的股息可以累积起来，待以后年度一起支付，因此对于股东来说，股息收入只是时间早晚的问题，这就有利于保护优先股投资者的利益。

非累积优先股票，是指股息当年结清，不能累积发放的优先股票。非累积优先股票是相对于累积优先股票而言的，它的特点是股息分派以每个营业年度为界，当年结清。如果本年度公司的盈利不足以支付全部优先股股息，对其所欠部分，公司将不予累积计算，优先股股东也不得要求公司在以后的营业年度中予以补发。这样来看，公司不论以往年度的优先股股息是否派足，都可以就当年的盈利状况按顺序分派当年优先股股息和普通股股息。发行非累积优先股票，对于股份公司来说，因不承担以往未付足优先股股息的补偿责任，故不会加重公司付息分红的负担。但对于投资者来说，股息收入的稳定性差，即公司盈利多时只能获取固定的股息，而公司盈利少时则可能得不到规定的股息，故不如累积优先股有吸引力。因此，大多数优先股是累积优先股，只有少数优先股是非累积优先股。

（2）按照能否参与或部分参与当期剩余盈利的分配，可分为参与优先股票和非参与优先股票。

参与优先股票，是指优先股票股东除了按规定分得本期固定股息外，还有权与普通股股东一齐参与本期剩余盈利分配的优先股票。一般的优先股票只按固定的股息率计算并获取股息，但有些股份公司在公司章程中规定，若公司在某些年度里有较多的盈利，则按顺序分派了优先股股息及普通股股息（不少于优先股股息）之后，优先股股东还可以再次参加超额盈余的分配。这种附加条件是对优先股投资者的一种优惠，使他们有机会获得高于固定股息的收益。参与优先股票又可以分为全部参与优先股票和部分参与优先股票两种。全部参与优先股票是指有权与普通股票一起等额分享本期的剩余盈利，其收益没有上限规定。全部参与优先股票在收益分配上接近于普通股票，部分参与优先股票则与普通股票有较大差别，尤其是在公司盈利很多时较为明显，但它与非参与优先股票相比，仍有可能获得相对高的收益。另外，有些国家的股份公司章程还规定，参与优先股票除了有权与普通股票一起参与对超额盈利的分配外，在公司终止清算时，对公司偿还了各方面债务及按优先股的面值对优先股股东清偿后的剩余财产，也有权与普通股票一起参与分配。

非参与优先股票，是指除了按规定分得本期固定股息外，无权再参与对本期剩余盈利分配的优先股票。非参与优先股票是一般意义上的优先股票，其股息的收入仅以事先规定的股息率为限，即使公司在本期内盈利很高，普通股票股东获取的股利很多，它也不能与普通股票一起再次分享公司剩余盈利。因此，这种优先股票的收益是限定的，其优先权不是体现在股息多少上，而是在分配顺序上。当企业利润增加，参与优先股较非参与优先股对投资者更为有利。

(3) 按照能否转换成其他种类股票，可转换优先股票和不可转换优先股票。

可转换优先股票，是指发行后，在一定条件下允许持有者将它转换成其他种类股票的优先股票。在大多数情况下，股份公司的转换股票是由优先股票转换成普通股票，或者由某种优先股票转换成另一种优先股票。股份公司发行可转换优先股票，一般应在公司章程中明确规定具体转换要求，包括以下内容：转换权限，通常规定只有股东有转换的请求权；转换条件，即股东在什么情况下方可行使转换请求权；转换期限，是指行使转换请求权的起始和终止时间；转换内容，也就是该股票允许转换成哪种股票；转换比例，即一定面额的优先股票可转换成指定股票的股数；转换程序，即行使转换时要履行哪些规定的程序。

发行可转换优先股票，对于股份公司和投资者来说，都有一定的意义。股份公司在其股票发行遇到困难时，可以给予优先股票认购者以转换请求权，以吸引更多的人购买。同时，可转换优先股票的股息率往往略低于其他种类的优先股票，也有利于减轻公司的负担。投资者投资于可转换优先股票，实质上多了一个选择余地和改变资产种类的机会。比如，投资者认购该种股票后，在公司盈利较少时，可以不行使转换请求权，而继续持有优先股票以保证获取固定股息；而当公司盈利较高时，可行使转换请求权转换成普通股票以分享丰厚的盈利。

不可转换优先股票，是指发行后不允许其持有者将它转换成其他种类股票的优先股票。不可转换优先股票与转换优先股票相对应，它没有给投资者提供改变股票种类的机会。与可转换优先股相比，虽然不可转换优先股的持有者选择机会较小，但对公司而言却有利于稳定其资本结构，且对其他股东利益的影响也较小。一般持有人是大股东和战略投资者。

(4) 按照能否由原发行的股份公司出价赎回，可分为可赎回优先股票与不可赎回优先股票。

可赎回优先股票，是指在发行后一定时期按特定的价格由发行公司买回的优先股票。股票一般来说是永久的，因为它的有效期限是与股份公司的存续期间并存的。而可赎回优先股票却不具有这种特征，它可以依照该股票发行时所附的赎回条款，由公司出价赎回。股份公司一旦赎回自己的股票，必须在短期内予以注销。可赎回优先股票有两种类型，一种是强制赎回，即这种股票在发行时就规定，股份公司享有赎回与否的选择权，一旦发行该股票的公司决定按规定条款赎回，股东别无选择只能缴回股票；另一种是任意赎回，即股东享有是否要求股份公司赎回的选择权。如果股东在规定的期限内不愿意继续持有该股票，股份公司不得拒绝按赎回条款购回。大部分可赎回股票属于第一种，赎回的主动权掌握在股份公司手中。股份公司赎回优先股票的目的一般是为了减少股息负担，所以，往往在能够以股息较低的股票取代已发行的优先股票时予以赎回。赎回的价格是事先预定的，通常高于股票面值，其目的在于补偿股东因股票被赎回而可能遭受的损失，保护股票持有者的利益，同时也可以规范股份公司的赎回行为。

不可赎回优先股票,是指发行后根据规定不能赎回的优先股票。这种股票一经投资者认购,在任何条件下都不能由股份公司赎回。由于股票投资者不能再从公司抽回股本,这就保证了公司资本的长期稳定。

(5) 按照股息率是否变动,可以分为股息率可调整优先股票和股息率固定优先股票。

股息率可调整优先股票,是指股票发行后,股息率可以根据情况按规定进行调整的优先股票。这种股票与一般优先股票股息事先固定的特点不同,它的特性在于股息率是可变动的。但是,股息率得到变化一般又与公司的经营状况无关,而主要是随市场上其他证券价格或者银行存款利率的变化做调整。股息率可调整优先股的产生,主要是为了适应金融市场不稳定、各种有价证券价格和银行存款利率经常波动以及通货膨胀的情况。发行这种股票,可以保护股票持有者的利益,同时对股份公司来说,有利于扩大股票发行量。

股息率固定优先股票,是指发行后股息率不再变动的优先股票。大多数优先股的股息率是固定的。一般意义上的优先股票就是指股息率固定优先股票。

四、我国现行的股票类型

(一) 国家股

国家股是指有权代表国家投资的部门或机构以国有资产向公司投资形成的股份,包括公司现有国有资产折算成的股份。在我国企业的股份制改革中,原来一些全民所有制企业改组为股份公司,从性质上讲,这些全民所有制企业的资产属于国家所有,因此在改组为股份公司时,就折成国家股。另外,国家对新组建的股份公司进行投资,也构成了国家股。国家股由国务院授权的部门或机构持有,或根据国务院决定,由地方人民政府授权的部门或机构持有,并委派股权代表。

国家股从资金来源上看,主要有三条渠道,第一是现有国有企业整体改组为股份公司时所拥有的净资产;第二是现阶段有权代表国家投资的政府部门向新组建的股份公司的投资;第三是经授权代表国家投资的投资公司、资产经营公司、经济实体性总公司等机构向新组建股份公司的投资。如果以国有资产折价入股的,需按国务院及国家国有资产管理部门的有关规定办理资产评估、确认、验证等手续。在实际资金来源上,部分国有股是由国家计划投资所形成的固定资产、拨付的流动资金和各种专用拨款形成的,还有一部分是由各级政府的财政部门、经济主管部门以及国有企业等部门投资所形成.

国家股是国有股权的一个组成部分,国有股权的另一组成部分是国有法人股。国有资产管理部门是国有股权的专职行政管理机构。国有股权可由国家授权投资的机构持有。在国家授权投资的机构未明确前,则由国有资产管理部门持有或由国有资产管理部门代政府委托其他机构或部门持有。如果国有股权为委托持有的,国有资产管理部门一般要与被委托单位办理委托手续,订立委托协议。如果国家授权投资的机构持有国家股权,国有资产管理部门代授权方拟定有关协议。国有股股利收入由国有资产管理部门监督收缴,依法纳入国有资产经营预算,并根据国家有关规定安排使用。国家股权可以转让,但转让应符合国家制定的有关规定。国有资产管理部门应考核、监督国有股持股单位权利的正确行使和义务的履行,以维护国家股的权益。国家有三种持股策略方式,即控制企业 100%的股份、控制企业 50%以上的股份和控制企业50%以下的股份。国家控股程度,通常因企业与国计民生的关切程度不同而异。

(二) 法人股

法人股是国有法人股和社会法人股的总称,是指企业法人或具有法人资格的事业单位和社会团体,以其依法可经营的资产向公司非上市流通股权部分投资所形成的股份。如果该法人是国有企业、事业及其他单位,那么该法人股为国有法人股;如果是非国有法人资产投资于上市公司形成的股份则为社会法人股。作为发起人的企业法人或具有法人资格的事业单位和社会团体,在认购股份时,可以用货币出资,也可以用其他形式的资产,如实物、工业产权、非专利技术、土地使用权等作价出资,但对其他形式资产必须进行评估作价,核实财产,不得高估或者低估作价。

根据法人股认购的对象,可将法人股进一步分为境内发起法人股、外资法人股和募集法人股三个部分。日常股市中说的C股,就是进入协议转让的法人股。

法人股不得随意转让,国家对法人股的转让有严格的限制性规定:

1. 股份公司发起人持有本公司股份自公司成立之日起一年内不得转让;
2. 公司法及其他法律法规规定不得从事营利性活动的主体,不得受让公司股份,如商业银行不得向非银行金融机构和企业投资;
3. 法人股只能在法人之间转让,不能转让给自然人或其他非法人组织;
4. 上市公司收购中,收购方持有的上市公司股票,在收购行为完成后六个月内不得转让;
5. 除为核减公司资本或与持有本公司股票的其他单位合并,公司不得收购本公司股票;
6. 属于国家禁止或限制设立外资企业的行业的公司股权,禁止或限制向外商转让。

现有的法人股流通转让的方式主要有协议转让、拍卖、质押和回购。由于缺乏更广泛的投资者参与,法人股的流通受到制约,很难通过股票市场的交易来体现其真正的价值。

(三) 社会公众股

社会公众股是指社会公众依法以其拥有的财产投资进入股份公司时形成的可上市流通的股份。在社会募集方式下,股份公司发行的股份,除了由发起人认购一部分外,其余部分应该向社会公众公开发行。我国《公司法》规定,社会募集公司股本总额少于人民币4亿的,它向社会公众发行的股份,不得少于公司股份总数的25%。公司股本总额超过人民币4亿元的,向社会公开发行股份的比例应在15%以上。

(四) 外资股

外资股是指股份公司向外国和我国香港、澳门、台湾地区投资者发行的股票。这是我国股份公司吸引外资的一种方式。外资股按上市地域可以分为境内上市外资股和境外上市外资股。

1. 境内上市外资股

境内上市外资股原来是指股份有限公司向境外投资者募集并在我国境内上市的股份,投资者限于外国和我国香港、澳门、台湾地区的投资者。这类股票成为B股,B股以人民币标明股票面值,以外币认购、买卖。但从2001年2月B股市场对境内投资者开放之后,境内投资者逐渐成为B股市场的重要投资主体,B股的性质也发生了变化。

2. 境外上市外资股

境外上市外资股是指股份有限公司向境外投资募集并在境外上市的股份。它也采用记名股票形式,以人民币标明面值,以外币认购。在境外上市时,可以采取境外存股证形式或者股票的其他派生形式。在境外上市的外资股除了应符合我国的有关法规外,还须符合上市所在地国家或者地区证券交易所制定的上市条件。依法持有境外上市外资股、其姓名或者名称登记在公司股东名册上的境外投资人,为公司的境外上市外资股股东。公司向境外上市外资股股东支付股利及其他款项,以人民币计价和宣布以外币支付。

境外上市外资股主要由H股、N股、S股等构成。H股是指注册地在内地、上市地在香港的外资股。香港的英文是Hong Kong,取其字首,在港上市外资股就叫做H股。依此类推,纽约的第一个英文字母是N,新加坡的第一个英文字母是S,伦敦的第一个英文字母是L,在纽约、新加坡、伦敦上市的外资股就分别称为N股、S股、L股。

第二节　债　券

一、债券的含义、基本要素和特征

(一) 债券的含义

债券(Bond)是政府或企业向社会借债筹措资金时,向投资者发行的,承诺按一定利率支付利息并按约定条件偿还本金的债权债务关系凭证。债券的本质是债的证明书,具有法律效力。债券购买者与发行者之间是一种债权债务关系,债券发行人即债务人,投资者(或债券持有人)即债权人。

债券的含义包含四个方面的内容:其一,债券的发行人是资金的借入者;其二,投资者是资金的出借者;其三,发行人需要在一定时间内还本付息;其四,债券反映了发行者和投资者之间的债权、债务关系,而且是这一关系的法律凭证。

(二) 债券的基本要素

债券作为证明债权债务关系的凭证,一般是以有一定格式的票面形式来表现。通常,债券票面上的基本要素有四个:

1. 债券的面值

债券的面值是指债券的票面价值,是发行人对债券持有人在债券到期后应偿还的本金数额,也是企业向债券持有人按期支付利息的计算依据。债券的面值与债券实际的发行价格并不一定是一致的,发行价格大于面值称为溢价发行,小于面值称为折价发行。债券的票面价值的确定要规定票面价值的币种,即以何种货币作为债券价值的计量标准。确定币种主要考虑债券的发行对象。一般来说,在国内发行的债券通常以本国货币作为面值的计量单位;在国际金融市场筹资,则通常以债券发行地所在国家的货币或以国家通用货币为计量标准。另外,还要确定债券的票面金额,不同的投资者所能承受的票面金额大小不同。债券票面金额的确定还要根据债券的发行对象、市场资金供给情况及债券发行费用等因素综合考虑。

2. 债券的偿还期限

债券的偿还期限是指债券从发行之日至偿清本息之日的时间。各种债券有着不同的偿还期限,短则几个月,长则几十年,习惯上有短期债券、中期债券和长期债券之分。发行人在确定债券期限时,要考虑多种因素的影响。一是要考虑资金使用方向。债务人借助资金可能是为了弥补自己临时性资金周转之短缺,也可能是为了长期资金的需求。在前者情况下可以发行一些短期债券,在后者情况下可以相应地发行中长期债券。二是要考虑市场利率变化。债券偿还期限的确定应根据对市场利率的预期,当未来市场利率预期下降时,应选择发行期限较短的债券,这样可以避免市场利率下跌后仍负担较高的利息;当未来市场利率趋于上升时,应选择发行期限较长的债券这样能在市场利率趋高的情况下保持较低的利息负担。第三要考虑债券变现能力。流通市场越发达,债券越容易变现;如果流通市场不发达,投资者买了长期债券而又急需资金时不能变现,长期债券的销售就会受到影响。

3. 债券的票面利率

债券票面利率是债券年利息与债券票面价值的比率,通常用年利率与百分数表示债券利息。对于债务人来说,是筹资成本,利率高则负担重,利率越低,负担越低。债券利率有单利、复利和贴现利率等很多种。债券利率受多种因素影响,主要有借贷资金市场利率水平,债券发行人的资信,债券期限长短等。市场利率水平高,要求债券的利率也要高。发行人资信差,要求高利率进行补偿,期限越长,风险越大,流动性越大,要求补偿的利率就高。

4. 债券的付息期

债券的付息期是指企业发行债券后的利息支付的时间。它可以是到期一次支付,或一年、半年或者三个月支付一次。在考虑货币时间价值和通货膨胀因素的情况下,付息期对债券投资者的实际收益有很大影响。到期一次付息的债券,其利息通常是按单利计算的,而年内分期付息的债券,其利息是按复利计算的。

5. 债券发行者名称

债券发行者名称用以表明负有债券偿还义务的债务主体,为债权人到期追索本金和利息提供了法律依据。

(三) 债券的特征

1. 收益性

收益性是指债券能够为投资者带来一定的收入,这种收入主要表现为利息收入。债券收益可以表现为两种形式:一种是债权人将债券一直持有到期满日为止,这样,在债券存续期间内,可以按约定的条件分期、分次取得利息或者到期一次取得利息;另一种是债务人在债券期满之前将债券转让,这样,可以获得超过购入时债券价格的价差收入,还可以获得一定的利息收入。由于市场利率会不断变化,债券在市场上的转让价格将随市场利率的升降而上下波动,而这种价格的波动也可能会导致损失。债券的收益率(即利率)与债券的价格之间是反向变动关系,当利率下跌时,债券的市场价格便上涨;当利率上升时,债券的市场价格将则下跌。债券持有者能否获得转让差价,存在很大的不确定性。债券投资是一种直接投资,投资者本人直接承担了投资风险,同时也减少了投资过程中间环节,所以债券投资的收益一般要高于银行存款。

2. 流动性

债券的流动性是指债券在偿还期限到来之前，能够在证券市场上自由流通转让的特性。流动性首先取决于市场对转让所提供的便利程度，其次还表现为债券在迅速转变为货币时，是否在以货币计算的价值上受到损失。

3. 安全性

安全性是指债券持有人的收益相对固定，不随发行经营者收益的变动而变动，并且可按期收回本金。与股票相比，其投资风险较小。一般来说，具有高度流动性的债券同时也是较安全的，因为它不但可以迅速地转换为货币，而且还可以按一个较稳定的价格转换。债券的安全性主要表现在以下两个方面：一是债券利息事先确定，即使是浮动利率债券，一般也有一个预定的最低利率界限，以保证投资者在市场利率波动时免受损失；二是投资的本金在债券到期后可以收回。

需要指出的是，债券的上述三个特性一般无法兼顾。安全性高的债券收益率可能较低，而收益率高的债券可能其投资风险又较大。因此，对于投资者来说，应根据自己的情况和要求，在这三者中间选择最适合自己的投资方式和组合。

4. 偿还性

偿还性是指债券必须在规定的偿还期限，债务人必须按期向债权人支付利息和偿还本金。债券的偿还性使得资金筹措者不能无限期地占用债券购买者的资金，双方之间的借贷关系将随偿还期结束、还本付息手续完毕而消失。历史上，也曾有国家发行过永久性公债。这种公债无固定偿还期，持券者不能要求政府清偿，只能按期取息，但是现在已经没有了这种债券。

二、债券的分类

债券的历史悠久，种类很多，可以依据不同的标准分成不同的类型。

（一）按照发行主体的不同，债券可分为政府债券、金融债券、公司债券和国际债券。

1. 政府债券

政府债券的发行主体是政府。它是指政府财政部门或其所属机构为解决由政府投资的公共设施或重点建设项目的资金需要发行的债券。政府债券因发行的主体不同，可以分为三种类型。第一类是由国家政府部门直接发行的债券，其所筹集的资金和还本付息列入国家预算，这是中央政府债券。第二类是由地方政府发行的债券，其所筹资金和还本付息，列入地方政府预算，称为地方政府债券。第三类是政府所属机构发行并由政府作担保的债券，称为政府保证债。常见的政府债券是中央政府债券和地方政府债券，中央政府债券通常称为国债，因其信用高，也称为金边债券。

国家债券按照偿还期限的长短可分为短期国债（一年以内的通常称为国库券）、中期国债和长期国债，但各国的划分标准不尽一致。

政府债券发行以政府的信用作为担保，同时部分政府（如我国）债券利息收入免缴个人所得税。因此，政府债券应具有以下明显的特征：

（1）安全性高

政府债券是政府发行的债券，由政府承担还本付息的责任，是国家信用的体现。在各类债券中，政府债券的信用等级是最高的。投资者购买政府债券，是一种较安全的投资选择。

(2) 流动性强

政府债券是一国政府的债务，它的发行量一般都比较大，同时，由于政府债券的信誉好，市场规模大，在一些国家，政府债券的市场十分发达，不仅允许证券交易所上市交易，还允许在场外市场进行买卖，使其流通性大大增强。

(3) 收益稳定

投资者购买政府债券，可以得到稳定的利息收入。政府债券的付息由政府保证，其信誉度最高，风险最小，故对于投资者来说，投资政府债券的收益比较稳定，价格一般不会出现大的波动。

国家债券由国家承担偿还本息的责任。它可以全部在证券交易所上市，也可以在到期前用作抵押贷款的担保品。因而，它的信誉好、风险小、流动性强、抵押代用率高，是最受投资者欢迎的金融资产之一。国家债券的发行量和交易量在证券市场一般都占有相当大的比重，不仅在金融市场上起着重要的融资作用，而且是各国中央银行进行公开市场业务的重要手段。

2. 金融债券

金融债券是由银行和非银行金融机构发行的债券。在英、美等欧美国家，金融机构发行的债券归类于公司债券。在我国及日本等国家，金融机构发行的债券称为金融债券。金融机构一般有雄厚的资金实力，信用度较高，所以，金融债券的利率通常低于一般的企业债券，但高于风险更小的国债和银行储蓄存款利率。银行和非银行金融机构是社会信用的中介，它们的资金来源主要靠吸收公众存款，他们发行债券的目的主要有两个：一是筹资用于某种特殊用途；二是改变了本身的资产负债结构。对于金融机构来说，吸收存款和发行债券都是它的资金来源，构成了它的负债。发行债券是金融机构的主动性负债，金融机构有更大的主动权和灵活性。金融证债券的期限以中期较为多见。

我国的金融债券由中国国债登记结算公司负责登记托管和结算，全部在银行间债券市场上交易，只向特定的投资者发行债券，为私募方式。到目前为止，我国的金融债券有央行票据、证券公司债券、商业银行的次级债券、保险公司次级债券、证券公司短期融资债券和混合资本证券。

3. 公司债券

公司债券是公司依照法定程序发行、约定在一定期限还本付息的有价证券。公司债券是公司债的表现形式，基于公司债券的发行，在债券的持有人和发行人之间形成了以还本付息为内容的债权债务法律关系。因此，公司债券是公司向债券持有人出具的债务凭证。公司债券的发行主体指股份公司，但有些国家也允许非股份公司的企业发行债券，所以，一般归类时，公司债券和企业发行的债券合在一起，可直接称为公司(企业)债券。公司发行债券的主要目的是为了满足公司经营资金的需要。公司债券有中长期的，也有短期的，视公司的需要而定。

公司债券有以下特点：

(1) 风险性大。公司债券的还款来源依赖于公司的经营利润，但是任何一家公司的生产经营情况都存在很大的不确定性，一旦公司破产，公司债券持有人便要承担损失利息和本金的风险。

(2) 收益率较高。由于公司债券风险较大，因此要求提供给债券持有人较高的投资收益。

(3) 选择权。对于某些公司债券而言,发行者与持有者之间可以相互给予一定的选择权,因此公司债券也就有了附权债券和不附权债券之分。

公司债券有利于提高资本市场融资效率,稳定资本市场。公司债券的发行丰富了金融投资工具,降低了市场风险。公司债券还有利于改善企业资本结构,优化企业治理结构。公司债券作为健全的资本市场中的重要组成部分,对于当前我国的资本市场的健康成长和企业自身完善其治理结构、建立现代企业制度有着重要的意义。

4. 国际债券

国际债券是指一国借款人在国际证券市场上以外国货币为面值,向外国投资者发行的债券。这是一种跨国发行的债券,涉及两个或两个以上的国家,同国内债券相比,具有一定的特殊性。国际债券的发行人,主要是各国政府、政府所属机构、银行或其他金融机构、工商企业及一些国际组织等。国际债券的投资者,主要是银行或其他金融机构、各种基金会、工商财团和自然人。国际债券的发行和交易,既可用来平衡发行国的国际收支,也可用来为发行国政府或企业引入资金从事开发和生产。

(1) 国际债券的特征

资金来源广,发行规模大;存在汇率风险;有国家主权保障;以自由兑换货币作为计量货币。国际通用货币有美元、英镑、欧元、日元和瑞士法郎。

(2) 国际债券的分类

国际债券主要分为外国债券和欧洲债券两类。

外国债券是指某一国借款人在本国以外的某一国家发行以该国货币为面值的债券。它的特点是债券发行人属于一个国家,债券的面值货币和发行市场则属于另一个国家。欧洲债券是指借款人在本国境外市场发行的,不以发行市场所在国货币为面值的国际债券。它的特点是债券发行者、债券发行地点和债券面值所使用的货币可以分别属于不同的国家。由于它不以发行市场所在国的货币为面值,故也称无国籍债券。

在美国发行的外国债券被称为扬基债券,它是由非美国居民在美国市场发行的吸收美国资金的债券。在日本发行的外国债券称为武士债券,它是外国发行人在日本债券市场上发行的以日元为面值的债券。

欧洲债券和外国债券在很多方面有一定的差异。如在发行方式方面,外国债券一般由发行地所在国的证券公司、金融机构承销,而欧洲债券则由一家或几家大银行牵头,组成十几家或几十家国际性银行在一个国家或几个国家同时承销。在发行法律方面,外国债券的发行受发行地所在国有关法规的管制和约束,并且必须经官方主管机构批准,而欧洲债券在法律上所受的限制比外国债券宽松得多,它不需要官方主管机构的批准,也不受货币发行国有关法令的管制和约束。在发行纳税方面,外国债券受发行地所在国的税法管制,而欧洲债券的预扣税一般可以豁免,投资者的利息收入也免缴所得税。

1987 年 10 月,我国财政部在德国法兰克福发行了 3 亿马克的公募债券,这是我国经济体制改革后政府首次在国外发行债券。

(二) 按照计息方式的不同,有单利债券、复利债券、贴现债券和累进利率债券等。

1. 单利债券

单利债券是指在计算利息时,不论期限长短,仅按本金计息,所生利息不再加入本金计算下期利息的债券。

2. 复利债券

复利债券与单利债券相对应,它是指计算利息时,按一定期限将所生利息加入本金再计算利息,逐期滚动计算的债券。复利债券的利息包含了货币的时间价值。在名义利率相同的情况下,复利债券的实得利息要多于单利债券。

3. 贴现债券

贴现债券是指在票面上不规定利率,发现时以低于票面金额的某一折扣价格发行,到期时仍按面值偿还本金的债券。贴现债券属于折价方式发行的债券,其发行价格与票面金额(即偿还价格)的差额,构成了实际的利息。贴现债券与上述单利债券或复利债券的区别在于前者实在发现时将利息预先扣除,而后者是在债券发行后才按期支付利息。贴现债券由于没有票面利率,所以其收益不用缴纳利息所得税。

4. 累进利率债券

累进利率债券是指将利息以逐年累积方法计算的债券。与单利债券或复利债券利率在偿付期内固定不变不同,累积利率债券的利率随着时间的推移而递增,后期利率比前期利率高,呈累积状态。这种债券的期限往往是浮动的,但有最短持有期和最长持有期的规定。

(三) 按利率是否固定,可以分为固定利率债券和浮动利率债券。

1. 固定利率债券

固定利率债券是指在发行时规定利率在整个偿还期内不变的债券。固定利率债券不考虑市场变化因素,因而其筹资成本和投资收益可以事先预计,不确定性较小。但债券发行人和投资者仍然必须承担市场利率波动的风险。如果未来利率下降,发行人能以更低的利率发行新债券,则原来发行的债券成本就显得相对高昂,而投资者则获得了相对现行市场利率更高的报酬,原来发行的债券价格将上升;反之,如果未来市场利率上升,新发行债券的成本增大,则原来发行的债券成本就显得相对较低,而投资者的报酬则低于购买新债券的收益,原来发行的债券价格将下降。

固定利息债券通常在市场利率相对稳定的条件下发行,当市场利率不断发生较大变化时,将会对债券发行人或债券投资人造成风险,影响债券的发行条件和发行效果。80 年代以后,欧洲债券市场上开始出现了一些固定利率债券的变型,其中最典型的为可撤销债券(Retractable Bond),此种债券将债券期限分为若干期,发行时仅固定第一期利率,其后每期均另外确定利率,以此来克服固定利息债券自身的缺陷。

2. 浮动利率债券

浮动利率债券是指利率可以变动的债券。这种债券的利率与市场利率挂钩,一般高于市场利率的一定百分点。当市场利率上升时,债券的利率也相应上浮;反之,当市场利率下降时,债券的利率就相应下调。这样,浮动利率债券就可以避开因市场利率波动而产生的风险。

浮动利率债券往往是中长期债券。浮动利率债券的利率通常根据市场基准利率加上一定的利差来确定。美国浮动利率债券的利率水平主要参照 3 个月期限的国债利率,欧洲则主要参照伦敦同业拆借利率(LIBOR)。

（四）按照债券券面形态可以分为实物债券、凭证式债券和记账式债券。

1. 实物债券

实物债券是一种具有标准格式实物券面的债券。在标准格式的债券券面上，印有债券面额、债券利率、债券期限、债券发行人全称、还本付息方式等各种债券票面要素。有时债券利率、债券期限等要素也可以通过公告向社会公布而不再在债券券面上注明。无记名国债就属于这种实物债券，它以实物券的形式记录债权、面值等，不记名，不挂失，可上市流通。实物债券是一般意义上的债券，很多国家通过法律或者法规对实物债券的格式予以明确规定。

2. 凭证式债券

凭证式债券的形式是债权人认购债券的一种收款凭证，而不是债券发行人制定的标准格式的债券。我国通过银行系统发行的凭证式国债，券面上不印制金额，而是根据认购者的认购额填写实际的缴款金额，是一种国家储蓄债，可记名和挂失，以《凭证式国债收款凭证》记录债权，不能上市流通，从购买之日起计息。在持有期内，持券人如遇特殊情况需要提取现金，可以到购买网点提前贴现兑取。

3. 记账式债券

记账式债券是没有实物形态的债券，只在电脑账户中做记录。在我国，上海证券交易所和深圳证券交易所已为证券投资者建立了电脑证券账户，因此，可以利用证券交易所的交易系统来发行和买卖债券。投资者进行记账式债券买卖，必须在证券交易所设立账户。由于记账式债券的发行和交易均无纸化，收益效率高、成本低、交易安全。

（五）按照是否有财产担保，债券可以分为抵押债券和信用债券。

1. 抵押债券

抵押债券是以财产作为担保的债券，按抵押品的不同又可以分为一般抵押债券、不动产抵押债券、动产抵押债券和证券信用抵押债券。抵押债券可以分为封闭式和开放式两种。封闭式公司债券发行额会受到限制，不能超过其抵押资产的价值。开放式公司债券发行额不受限制。抵押债券的价值取决于担保资产的价值。抵押品的价值一般超过它所提供担保债券价值的25%—35%。

2. 信用债券

信用债券是不以任何财产作担保，完全凭信用发行的债券。其持有人只对的非抵押资产具有追索权。因为信用债券没有财产担保，所以在债券契约中都要加入保护性条款，如不能将资产抵押其他债权人，不能兼并其他企业，未经债权人同意不能出售资产，不能发行其他长期债券等。

（六）按照是否存在选择权，债券可以分为普通债券和含权债券

在这里，普通债权是指不具有任何选择权的债券，而含权债券则附有一定的选择权。主要有可转换公司债券、可分离交易转换债券和其他的含权债券。

三、可转换公司债券

（一）可转换公司债券的定义及特征

1. 可转换公司债券的定义

可转换公司债券（Convertible Bond）的全称为可转换为股票的公司债券，是指发行人依照法定程序发行，在一定期限内依照约定的条件可以转换为股票的公司债券，通常称为可转债。这种债券兼具债权和股权双重属性。

2. 可转换公司债券的特征

可转换公司债券是一种介于债券和股票之间的金融衍生工具，具有以下特点：

(1) 债权性。与其他债券一样，可转换债券也有规定的利率和期限，投资者可以选择持有债券到期，收取本息。

(2) 股权性。可转换债券在转换成股票之前是纯粹的债券，但在转换成股票之后，原债券持有人就由债权人变成了公司的股东，可参与企业的经营决策和红利分配，这也在一定程度上会影响公司的股本结构。

(3) 可转换性。可转换性是可转换债券的重要标志，债券持有人可以按约定的条件将债券转换成股票。转股权是投资者享有的，一般债券所没有的选择权。可转换债券在发行时就明确约定，债券持有人可按照发行时约定的价格将债券转换成公司的普通股票。如果债券持有人不想转换，则可以继续持有债券，直到偿还期满时收取本金和利息，或者在流通市场出售变现。如果持有人看好发债公司股票增值潜力，在宽限期之后可以行使转换权，按照预定转换价格将债券转换成为股票，发债公司不得拒绝。正因为具有可转换性，可转换债券利率一般低于普通公司债券利率，企业发行可转换债券可以降低筹资成本。

(4) 可赎回性。可转换债券持有人还享有在一定条件下将债券回售给发行人的权利。发行人也可以在一定条件下拥有强制赎回债券的权利。

（二）可转换公司债券的发行

可转换公司债券的发行市场也被称为一级市场。一个公司如果要发行可转换公司债券，不但要符合一定的发行程序，还必须经过一番适当的设计后，才能得以发行。

为了规范可转换公司债券的发行，1997 年我国颁布了《可转换公司债券管理暂行办法》，2001 年 4 月中国证监会发布了《上市公司发行可转换公司债券实施办法》，公司法也对发行可转换公司债券做出如下规定：

(1) 只有上市公司经股东大会决议后才可发行可转换公司债券。有限责任公司无股票一说，自然谈不上发行可转换公司债券；不上市股份有限公司股票不上市交易，这一点与债券的流通性经常不符。另外，限制发行可转换公司债券的主体，也利于对证券市场的管理。

(2) 发行可转换公司债券，除具备发行公司债券的条件外，还应当符合股票发行的条件。可转换公司债券一经换发，即为股票，在性质上发生根本变化，自然要求发行可转换公司债券必须具备发行股票的实质要求。

(3) 发得可转换公司债券，应当报请国务院证券管理部门批准，并在公司债券募集办法中规定具体的转换办法。

(4) 发行可转换公司债券,应当在债券上标明“可转换债券”字样,并在公司债券存根簿上载明可转换公司债券的数额。

(5) 发行可转换公司债券的,公司应当按照其转换办法向债券持有人换发股票,但债券持有人对转换股票或不转换股票有选择权。一般来讲,公司债券有固定的收益,转换成股票能否获得更高的收益,在分红派息方案公布前不可能确定,而且股票风险更大,所以,可转换公司债券的转换以债权人选择为前提是很有必要的。

第三节 证券投资基金

一、证券投资基金的概念与特点

(一) 证券投资基金的概念

证券投资基金是指一种利益共享、风险共担的集合证券投资方式,即通过发行基金单位,集中众多投资者的资金,由基金托管人托管,由基金管理人管理和运用资金,从事股票、债券等金融工具投资,并将投资收益按基金投资者的投资比例进行分配的一种间接投资方式。

基金起源于1868年的英国。证券投资基金在不同的国家有不同的称谓,美国称“共同基金”或“互助基金”;英国和中国香港称“单位信托基金”;日本、韩国和中国台湾称“证券投资信托基金”。

证券投资基金是一种积少成多集合投资制度。证券投资基金也是一种信托投资方式,这种信托投资既有契约关系(契约型基金),又有股权委托关系(公司型基金)。对广大投资者来讲,证券投资基金还是一种证券投资工具。投资者通过购买基金券完成投资行为,并凭之分享证券投资基金的投资收益,承担证券投资基金的投资风险。证券投资基金实际上是一种金融中介机构,它存在于投资者与投资对象之间,起着把投资者的资金转换成金融资产,通过专门机构在金融市场上再投资,从而使货币资产得到增值的作用。

(二) 证券投资基金的特点

1. 专业理财

证券投资基金由专业的基金管理公司来运作管理,基金管理公司的管理人员一般都受过专门训练,具有比较丰富证券投资经验的专业人员运用各种技术手段搜集、分析各种信息资料,预测金融市场上各种品种的价格变动趋势,制订投资策略和投资组合方案,从而最大限度地避免投资决策失误,提高投资收益。对于那些没有时间,或者对市场不太熟悉的中小投资者来说,投资于基金,可以获得基金管理人在市场信息、投资经验、金融知识和操作技术等方面所拥有的优势,从而尽可能地避免盲目投资带来的失误。

2. 集合投资

基金的特点是将零散的资金汇集起来,交给专业机构投资于各种金融工具,以谋取资产的增值。基金对投资的最低限额要求不高,投资者可以根据自己的经济能力决定购买数量,有些基金甚至不限制投资额大小，因此，基金可以最广泛的吸收社会闲散资金，汇成规模大的资金。参与证券投资时，资本越雄厚，优势越明显，而且可能享有大额投资在降低成本上的相对优势，从而获得规模收益的好处。

3. 分散风险

以科学的投资组合降低风险、提高收益是基金的另一大特点。要实现投资组合资产的多样化，需要一定规模的资金，分散风险。基金利用庞大的资金规模，在法律规定的投资范围内进行科学的组合，分散投资于多种证券，实现资产组合多样化。通过多元化的投资组合，既可以使每个投资者面临的投资风险较小，又能达到分散风险的目的。根据统计研究，投票投资中，要通过构造投资组合，分散风险，至少要有10种以上的股票，中小投资者往往难以做到这一点。

4. 流动性较强

封闭式基金可以在证券交易所或者柜台市场上市交易，在T+1个交易日变现；开放式基金的投资者可以直接进行T+5赎回变现，这样使投资者需要资金时能够快速周转。

5. 投资门槛低

对于股票和部分其他投资产品来讲，有时价格较高，即使购买最少的份额也需要一大笔资金，使很多投资者望而却步。而证券投资基金最低投资额一般较低。在我国，每份基金单位面值为人民币1元，最低投资限额为1 000个基金单位。投资者可以根据自己的财力购买基金份额。并且，由于基金集中了大量资金进行证券交易，交易费用通常较低。

（三）证券投资基金与股票的区别

1. 反映的经济关系不同

股票反映的是所有权关系，契约型投资基金反映的是信托关系，公司型投资基金反映的是所有权关系基础上的收益关系。

2. 资金投向不同

股票是融资工具，它所筹集的资金主要投向实业，是一种直接投资工具。而证券投资基金是间接投资工具，它所筹集的资金主要投向有价证券。

3. 风险和收益不同

股票的收益是不确定的，其收益取决于发行公司的经营效益，投资股票有较大风险。证券投资基金采取组合投资，能够在一定程度上分散风险，风险小于股票，收益也较股票小。

4. 投资回收方式不同

股票是一种长期投资工具，股票投资者不能要求退股，只能在二级市场出售变现。开放式基金的投资者可以按资产净值赎回基金单位，封闭式基金的投资者在基金存续期内不能赎回基金单位，只能在交易所或者柜台市场上出售，但存续期满投资者可以得到投资本金的退还。

（四）证券投资基金与债券的区别

债券是政府、金融机构、工商企业等机构直接向社会借债筹措资金时，向投资者发行，并且承诺按一定利率支付利息并按约定条件偿还本金的债权债务凭证。证券投资基金与债券的区别表现在以下几个方面：

1. 反映的经济关系不同

债券反映的是债权债务关系，契约型投资基金反映的是信托关系，公司型投资基金反映的是所有权关系基础上的收益关系。

2. 资金投向不同

债券是融资工具，它所筹集的资金主要投向实业，是一种直接投资工具。证券投资基金所筹集的资金主要投向有价证券，是一种间接投资工具。

3. 风险和收益不同

债券的收益一般是事先确定的，其投资风险较小。证券投资基金的投资风险高于债券，收益也高于债券。

二、证券投资基金的分类

（一）按照基金的组织形式不同，基金可以分为契约型基金和公司型基金。

1. 契约型基金

契约型基金又称单位信托基金，是指将投资者、管理人、托管人作为基金的当事人，通过签订基金契约的形式发行受益凭证而设立的一种基金。契约型基金起源于英国，在新加坡、日本等东南亚国家非常流行。

契约型基金有以下特点：

(1) 契约型基金是依据信托契约而组建的基金公司，在组织结构上，不设董事会，基金经理公司自己作为委托公司设立基金，自行或再聘请经理人代为管理基金的经营和操作，并通常指定其他证券公司或承销公司代为办理受益凭证（基金份额）的发行、买卖、转让、交易、利润分配、收益及本益偿还支付。

(2) 受托人接受基金经理公司的委托，并且以信托人或信托公司的名义为基金注册和开户。基金户头完全独立于基金保管公司的账户，即使基金保管公司因经营不善而倒闭，其债权方都不能动用基金的资产。其职责是负责管理、保管处置信托财产、监督基金经理人的投资工作、确保基金经理人遵守公开说明书所列明的投资规定，使他们采取的投资组合符合信托契约的要求。在基金出现问题时，信托人对投资者负索偿责任。

2. 公司型基金

公司型基金是以发行股份的方式募集资金，投资者购买基金公司的股份后，以基金持有人的身份成为基金公司的股东，凭其持有的股份依法享有投资收益的投资基金。公司型基金是按照《公司法》以公司形式组成的，具有独立法人资格并以盈利为目的的基金公司。公司型基金在组织形式上与股份有限公司类似，基金公司的资产为投资者（股东）所有，由股东选举董事会，由董事会选聘基金管理公司，基金管理公司负债管理基金业务，基金持有人大会是基金的权力机构。公司型基金有以下的特点：

(1) 公司型基金所募集的资金为公司法人的资本，即股份。

(2) 基金公司的设立程序类似于一般股份公司基金公司，本身为具有独立法人资格的组织机构。但不同于一般股份公司的是，它是委托基金管理公司作为专业的财务顾问或管理公司来经营与管理基金资产。

(3) 基金公司的组织机构与一般股份公司类似，设有董事会和持有人大会。基金资产归公司所有，投资者是这家公司的股东，股东按其所拥有的股份大小在股东大会上行使权利。

3. 契约型基金与公司型基金的区别

(1) 法律性质不同。契约型基金不具有独立的法人资格；公司型基金具有独立的法人资格。契约型基金是由管理公司发起并通过发行受益凭证方式募集资金的，也就是管理公司成立在先，单个投资基金设立在后，一个管理公司可以发起或者接受多个信托基金，每个基金通过与信托人签订信托契约后，单独开立保管账户，单独核算；而公司型基金本身就是具有法人资格的股份有限公司，基金由股份构成。

(2) 投资者的地位不同。约型基金的投资者通过购买基金单位成为契约关系的当事人，即受益者，享有基金受益分配请求权，但对基金的运作管理不具有发言权，双方是委托关系。公司型基金的投资者则是基金的股东，享有股息分配、参加股东大会、行使公司经营管理的权力。契约型基金是依照基金契约组成的，受益人、经济公司、保管人之间的关系是按照契约的规定来确定的，其投资运作也是按照契约来完成的；而公司型基金的设立是按照公司法组建的。

(3) 基金的营运依据不同。契约型基金依据契约营运基金，公司型基金依据公司章程营运基金。契约型基金，契约期满则基金解除，退回本金和收益，基金运营也就结束。公司型基金，除非依据《公司法》需要破产、清算，否则公司一般都具有永久性。

(二) 按基金是否可自由赎回和基金规模是否固定，基金可分为封闭式基金和开放式基金。

1. 封闭式基金

封闭式基金是指经核准的基金份额总量在基金合同期限内固定不变，基金份额可以在依法设立的证券交易场所交易，但基金份额持有人不得申请赎回的基金。由于封闭式基金在封闭期内不能追加认购或赎回，投资者只能通过证券经纪商在二级市场上进行基金的买卖。

封闭式基金的期限是指基金的存续期，即基金从成立起到终止之间的时间。决定基金期限长短的因素主要有两个：一是基金本身投资期限的长短。如果基金目的是进行中长期投资，其存续期就可长一些。如果基金目的是进行短期投资，其存续期可短一些。二是宏观经济形式。如果经济稳定增长，基金存续期可长一些，否则应相对的短一些。当基金期限届满时，基金将被终止，管理人应组织清算小组对基金资产进行清产核算，并将清产核算后的基金净资产按照投资者的出资比例进行公正合理的分配。

2. 开放式基金

开放式基金是指基金的份额或基金单位的发行总数可以随时变动，即可根据市场供求状况追加发行或赎回基金份额的投资基金。为满足投资者赎回变现的要求，开放式基金一般都从所筹资金中留出一定比例，以现金形式保持这部分资产。

开放式基金不上市交易，一般通过银行申购和赎回，基金规模不固定，基金单位可随时向投资者出售，也可应投资者要求买回的运作方式。实际上，开放式基金在发行结束后都有一段时间的封闭期，在该封闭期内不能申购和赎回。另外，开放式基金还可以根据需要暂停申购。

封闭式基金有固定的存续期，期间基金规模固定，一般在证券交易场所上市交易，投资者通过二级市场买卖基金单位。

3. 封闭式基金与开放式基金的主要区别如下

(1) 存续期限不同

封闭式基金有固定的封闭期，通常在五年以上，一般为十年或十五年，经受益人大会通过并经主管机关同意可以适当延长期限。而开放式基金没有固定期限，如果基金的运作得到基金持有人的认可，就可以一直运作下去。投资者可随时向基金管理人赎回基金单位，若大量赎回甚至会导致清盘。

(2) 基金规模限制不同

封闭式基金的基金规模是固定的，在封闭期限内未经法律认可不能增加或减少。开放式基金没有发行规模限制，投资者可随时提出申购或赎回申请，基金规模也随之增加或减少。管理好的开发式基金，规模会越滚越大；相反，业绩差的开放式基金，会遭到投资者的抛弃，规模逐渐萎缩，直到规模小于某一标准时，被清盘为止。

(3) 基金份额的交易不同

封闭式基金的份额在封闭期限内不能赎回，持有人只能在证券交易所出售给第三者，交易在基金投资者之间完成。开放式基金只有一级市场，没有二级市场。开放式基金的投资者则可以在首次发行结束一段时间后，随时向基金管理人或中介机构提出申购或赎回申请，绝大多数开放式基金不上市交易，交易在投资者与基金管理人或其代理人之间进行。

(4) 基金份额的交易价格计算标准不同

封闭式基金与开放式基金的基金份额除了首次发行价都是按面值加一定百分比的购买费计算外，以后的交易价格形成方式不同。封闭式基金的买卖价格受市场供求关系的影响，常出现溢价或折价现象，并不必然反映单位基金的净资产值。开放式基金的交易价格则取决于基金每单位净资产值的大小，其申购价一般是基金单位净资产值加上一定的购买费，赎回则是基金单位净值减去一定的赎回费，不直接受市场供求影响。

(5) 基金份额的资产净值公布时间不同

封闭式基金一般每周或更长时间公布一次，开放式基金一般在每个交易日结束后当天公布。

(6) 交易费用不同

投资者在购买封闭式基金时在基金价格之外要支付手续费。投资者在买卖开放式基金是则要支付申购费和赎回费。

(7) 激励约束机制与投资策略不同

由于封闭式基金不能随时被赎回，其募集得到的资金可全部用于投资，这样基金管理公司便可据以制定长期的投资策略，取得长期经营绩效。而开放式基金则必须保留一部分现金，以便投资者随时赎回，而不能全部用于长期投资，一般在投资组合上需将部分资金投资于流动性强的金融工具。

(三) 根据投资对象的不同，可以分为股票型基金、债券型基金、货币市场基金等

1. 股票型基金

股票型基金是指以在证券市场上市交易的股票为主要投资对象的证券投资基金。股票基

金的投资目标侧重于追求资本利得和长期资本增值。基金管理人拟定投资组合,将资金投放到一个或几个国家甚至全球的股票市场,以达到分散投资、降低风险的目的。

股票型基金是最重要的基金品种,它的优点是资本的成长潜力较大,投资者不仅可以获得资本利得,还可以分红获利,从而在实现降低风险的同时保持较高收益的投资目标。根据基金投资的分散化程度可将股票基金划分为一般股票基金和专门化股票基金。前者分散投资于各种普通股票,风险较小;后者专门投资于某一行业、某一地区的股票,风险相对较大。由于股票投资资金聚集了巨额资金,几只甚至一只大规模的基金就可以引发股市动荡,所以各国政府对股票基金的监督都十分严格,不同程度地规定了基金购买某一家上市公司的股票总额不得超过基金资产净值的一定比例,以防止基金过度投机和操纵股市。

2. 债券型基金

债券型基金是一种以债券为主要投资对象的证券投资基金。由于债券的年利率固定,因而这类基金的风险较低,适合于稳健型投资者。债券型基金既可以投资政府债券,也可以投资公司债券;既可以投资国内债券,也可以投资于国际债券。债券型基金的收益通常受货币市场利率的影响,当市场利率下调时,其收益就会上升;反之,若市场利率上调,则基金收益率下降。除此以外,汇率也会影响基金的收益,管理人在购买非本国货币的债券时,往往还在外汇市场上做套期保值。

3. 货币市场基金

货币市场基金是以货币市场工具为投资对象的一种基金,其投资(对象)期限在一年内,对象包括银行短期存款、国库券、公司债券、银行承兑票据及商业票据等货币市场工具。

根据《货币市场基金管理暂行规定》的规定,我国货币基金的投资范围包括:现金、一年以内(含一年)的银行定期存款和大额存单、剩余期限在三百九十七天以内(含三百九十七天)的债券、期限在一年以内(含一年)的债券回购、期限在一年以内(含一年)的中央银行票据、中国证监会和中国人民银行认可的其他具有良好流动性的货币市场工具。

货币市场基金最主要的特点是安全性好、流动性高,因为其投资的货币市场工具大多数风险较低,比如现金、一年期内的银行定期存款、大额存单、央行票据、国债、债券回购、高信用等级的短期融资券等等,这些投资标的都很易于变现,国内相当多的货币市场基金已经实现 T+1 日到账,即今天发出赎回指令,明天就可以拿到现金。经过基金管理人的投资运作,货币市场基金的收益率通常明显高于同期活期存款利率,有时甚至超过一年期定期存款利率。

4. 指数基金

指数基金就是指按照某种指数构成的标准被动地购买该指数包含的证券市场中的全部或者一部分证券的基金,其目的在于达到与该指数同样的收益水平。

指数基金最突出的特点就是费用低廉和延迟纳税,这两方面都会对基金的收益产生很大影响。而且,这种优点将在一个较长的时期里表现得更为突出。此外,简化的投资组合还会使基金管理人不用频繁地接触经纪人,也不用选择股票或者确定市场时机。指数基金的特点主要表现在以下几个方面:

(1) 费用低廉。这是指数基金最突出的优势。费用主要包括管理费用、交易成本和销售费用三个方面。管理费用是指基金经理人进行投资管理所产生的成本;交易成本是指在买卖证券时发生的经纪人佣金等交易费用。由于指数基金采取持有策略,不用经常换股,这些费用远远低于积极管理的基金，这个差异有时达到了1%—3%，虽然从绝对额上看这是一个很小的数字，但是由于复利效应的存在，在一个较长的时期里累积的结果将对基金收益产生巨大影响。

(2) 风险较小。由于指数资金的投资非常分散，可以完全消除投资组合的非系统风险，而且可以避免由于基金持股集中带来的流动性风险。另一个方面，由于指数基金所钉住的指数一般都具有较长的历史可以追踪，因此，在一定程度上指数基金的风险是可以预测的。

(3) 延迟纳税。由于指数基金采取了一种购买并持有的策略，所持有股票的换手率很低，只有当一个股票从指数中剔除的时候，或者投资者要求赎回投资的时候，指数基金才会出售持有的股票，实现部分资本利得，这样，每年所交纳的资本利得税(在美国等发达国家中，资本利得属于所得纳税的范围)很少，再加上复利效应，延迟纳税会给投资者带来很多好处，尤其在累积多年以后，这种效应就会愈加突出。

(4) 非主动管理。由于运作指数基金不用进行主动的投资决策，所以基金管理人基本上不需要对基金的表现进行管理控制。指数基金管理人的主要任务就是被动地跟踪对应指数的变化，以保证指数基金的组合构成与之相适应。

我国目前的指数基金有上证50指数基金，沪深300指数基金等。

5. 黄金基金

黄金基金是指以黄金或其他贵金属及相关产业的证券为主要投资对象的基金。其收益率一般随贵金属的价格波动而变化，但收益相对稳定，因为贵金属的价格一般是较为稳定的。

6. 衍生证券投资基金

衍生证券投资基金是一种以衍生证券为投资对象的基金，包括期货基金、期权基金、认股权证基金等。这种基金的风险大，因为衍生证券一般是高风险的投资品种。

(四) 根据投资目标的不同，基金可分为成长型基金、收入型基金和平衡型基金。

1. 成长型基金

成长型基金是基金中最常见的一种，它追求的基金资产的长期增值。成长型基金比较注重资本的长期收益，兼顾经常性收益，基金的投资对象主要集中于升值潜力较大的股票，特别是一些市场表现较好的绩优股，一旦买入会在较长时期内持有，以获得最大的资本利得为目标，因此有时又被称为“长期成长型基金”。成长型基金又可以分为稳健成长型基金和积极成长型基金。

2. 收入型基金

收入型基金主要投资于可带来现金收入的有价证券，以获取当期的最大收入为目的。收入型基金投资的对象主要是一些利息较高的货币市场工具或股利分配较多的股票，相对于成长型基金来说，收入型基金损失本金的风险较小，但资本成长的潜力也要小很多。收入型基金可分为固定收入型基金和股票收入型基金。固定收入型基金的主要投资对象是债券和优先股，因而尽管收益率较高，但长期增长的潜力较小，而且当市场利率波动时，基金净值容易受到影响。股票收入型基金的成长潜力较大，但易受股市波动的影响。

3. 平衡型基金

平衡型基金将资产分别投资于两种不同特征的证券上，并在以取得收益为目的的债券及优先股和以资本增值为目的的普通股之间进行平衡。这种基金一般将25%—50%的资产投资于债券及优先股,其余的投资于普通股。平衡型基金的主要目的是从其投资组合的债券中得到适当的利息收益。投资者既可获得当期收入,又可得到资金的长期增值。平衡型基金的特点是风险比较低,缺点是成长的潜力不大。

(五) 创新基金

如果你无法判断谁是下一阶段表现最好的基金经理,那你就去买ETF(交易型开放式指数基金)。

——罗杰斯

近几年,中国证券市场出现许多创新的基金品种,在此简单做一下介绍。

1. ETF

ETF(Exchange Traded Fund)称为交易所交易基金,又称交易型开放式指数证券投资基金,简称"交易型开放式指数基金",ETF是一种跟踪某一指数,按照指数所包含的股票成分和比例进行投资,且在证券交易所上市交易的基金。ETF是开放式基金的一种,它综合了封闭式基金和开放式基金的优点,既可以在交易所买卖交易,也可以进行申购、赎回。买进(申购)基金份额有两种方式,一是现金,二是用一揽子股票。但在卖出或赎回时,投资者得到的是一揽子股票而非现金。ETF最大的作用在于投资者可以借助这个金融产品具备的指数期货、商品期货的特性套利操作,有助于提高股市的成交量。ETF最早产生于加拿大,在美国发展成熟。ETF因其在产品设计上的种种创新而在国际市场中迅速崛起,有很多优点。ETF采用指数化投资策略。ETF与标的指数偏离度小,投资ETF能获得与标的指数相近的收益。ETF可以在二级市场上市交易。ETF费用低廉,通过复制指数和实物申赎机制,ETF大大节省了研究费、交易费和管理费等费用。ETF能分散投资,降低投资风险,透明度高,交易成本低廉,比开放式基金申购赎回费低。ETF已经不再仅仅是一个投资产品,而是一个越来越工具化的产品。

早在2001年,上海证券交易所就提出了最初的ETF构想。2004年1月2日,上海证券交易所推出上证50指数,为国内首只ETF的推出铺平了道路。2004年7月6日,上海证券交易所与华夏基金签订上证50指数使用许可协议,华夏基金获得了与上海证券交易所合作开发首批ETF产品的资格。

2. LOF

LOF(Listed Open-Ended Fund),译为上市型开放式基金,是指在交易所上市交易的开放式证券投资基金。该基金发行结束后,投资者可以在指定销售网点申购与赎回基金份额,也可以在交易所买卖该基金。投资者如果是在指定网点申购的基金份额,想到交易所上网出售,需办理转托管手续。同样,如果是在交易所网上买进的基金份额,想要在指定网点赎回,也要办理转托管手续。

LOF可以在一级、二级两个市场进行交易,通过投资人在市场间的套利机制使得基金价格尽量贴近单位净值,通过向交易所市场转换增加基金流动性。在交易时,交易所是LOF的二级市场,可以按照市场价格进行买卖;而在销售网点可以按照单位净值进行申购赎回。LOF兼具封闭式基金交易方便,交易成本较低和开放式基金价格贴近净值的优点。还具有交易方式多样,结算效率高以及套利机会等优势。

LOF与ETF的区别表现在：ETF本质上是指数型的开放式基金，是被动管理型基金，而LOF则是普通的开放式基金增加了交易所的交易方式，它可能是指数型基金，也可能是主动管理型基金；在申购和赎回时，ETF与投资者交换的是基金份额和“一篮子”股票，而LOF则是与投资者交换现金；在一级市场上，即申购赎回时，ETF的投资者一般是较大型的投资者，如机构投资者和规模较大的个人投资者，而LOF则没有限定；在二级市场的净值报价上，ETF每15秒钟提供一个基金净值报价，而LOF则是一天提供一个基金净值报价。此外，LOF为基金公司增加了销售渠道，缓解了银行的销售瓶颈。

LOF与ETF相同之处是都同时具备了场外和场内的交易方式，既可以在销售网点申购赎回，也可以在二级市场买卖，为投资者提供了套利的可能。

三、证券投资基金的主要当事人

开放式基金的当事人主要包括：基金持有人（投资者）、基金管理人、基金托管人以及基金销售机构、注册登记机构、注册会计师及律师等中介机构。

（一）证券投资基金持有人

基金持有人是指持有基金单位或基金股份的自然人和法人。他们是基金资产的实际所有者，享有基金信息的知情权、表决权和受益权。基金的一切投资活动都是为了增加投资者的收益，一切风险管理都是围绕保护投资者利益来考虑的，持有人是基金一切活动的中心。

基金持有人的基本权利包括对基金收益的享有权、对基金单位的转让权和在一定程度上对基金经营活动的决策权。对于不同类型的基金，持有人对投资决策的影响方式是不同的。在公司型基金中，基金持有人通过股东大会选举产生基金公司的董事会来行使对基金公司重大事项的决策权利。而在契约型基金中，基金持有人只能通过召开基金收益人大会对基金的重大事项作出决议，但对基金日常决策一般不能施加直接影响。

（二）证券投资基金管理人

基金管理人是指凭借专门的知识与经验，运用所管理基金的资产，根据法律、法规及基金章程或基金契约的规定，按照科学的投资组合原理进行投资决策，谋求所管理的基金资产不断增值，并使基金持有人获取尽可能多收益的机构。基金管理人是负责基金的具体投资操作和日常管理的机构。在我国，按照《证券投资基金管理暂行办法》的规定，基金管理人由基金管理公司承担。基金管理公司通常由证券公司、信托投资公司或其他机构等发起成立，具有独立法人地位。

基金业绩在很大程度上取决于基金管理人的管理能力和职业操守。为了保护基金投资者利益，各国和地区资本市场监管部门均对基金管理人特别是其从业人员的资格做出严格规定。基金管理人作为受托人，必须履行诚信义务，为基金持有人谋利益。

（三）证券投资基金托管人

基金托管人是为基金资产提供安全保管及清算交割等服务的机构，通常由依法设立并取得基金托管资格的有实力的商业银行或信托投资公司担任。基金托管人是基金资产的名义持有人和保管人。为充分保障基金投资者的权益，防止基金资产被挪作他用，各国的证券投资信托法规都规定:基金都要有某一托管机构,即基金托管人来对基金管理机构的投资操作进行监督和保管基金资产。基金托管人是依据基金运行中"管理与保管分开"的原则对基金管理人进行监督和保管基金资产的机构,是基金持有人权益的代表,通常由基金托管人与基金管理人签订托管协议,在托管协议规定的范围内履行自己的职责并收取一定的报酬。基金托管人在基金的运行过程中起着不可或缺的作用。基金托管人和基金管理人是一种既相互合作,又相互制衡、相互监督的关系。

(四)持有人与管理人之间的关系

在基金当事人中,基金持有人通过购买基金收益凭证或基金股份,参加基金投资并将资金交给管理人管理,且享有投资收益的分配权,是基金的实际所有者和证券投资收益的受益人。基金管理人则是经接受基金持有人的委托,负债对所筹集的信托资金进行具体的投资决策和日常管理,并有权委托基金托管人保管基金资产的金融中介机构。因此,基金持有人与基金管理人之间的关系是委托人、受益人与受托人的关系,也是所有者和经营者的关系。

(五)管理人与托管人之间的关系

基金管理人与托管人的关系是经营与监督的关系。基金管理人由投资专业人员组成,负债基金资产的经营;托管人由主管机关认可的金融机构担任,负债基金资产的保管,依据基金管理机构的指令处置基金资产并监督管理人的投资运作是否合法合规。对基金管理人而言,处理有关证券、现金收付的具体事务交由基金托管人办理,自己就可以专心从事资产的运用和投资决策。基金管理人和基金托管人均对基金持有人负债。他们的权利和义务在基金契约或基金公司章程中已预先界定清楚,任何一方有违规行为,对方都应当监督并及时制止,直至请求更换违规方。这种相互制衡的运行机制,有利于基金信托财产的安全和基金运行的绩效。但是这种机制的作用得以有效发挥的前提是基金托管人与基金管理人必须严格分开,由不具有任何关联关系的不同机构或公司担任,两者在财务、人事、法律地位上应该完全独立。

(六)持有人与托管人之间的关系

基金持有人与托管人的关系是委托与受托的关系,也就是说,基金持有人将基金资产委托给基金托管人管理。对持有人而言,将基金资产委托专门的机构管理,可以确保基金资产的安全。对基金托管人而言,必须对基金持有人负责,监管基金管理人的行为,使其经营行为符合法律法规的要求,为基金持有人的利益而勤勉尽职,保证资产安全,提高资产的报酬。

四、证券投资基金的运行

(一)证券投资基金的设立

1. 证券投资基金的设立条件

根据我国《证券投资基金管理暂行办法》,基金发起人须具备下列条件:

(1) 主要发起人为按照国家有关规定设立的证券公司、信托投资公司、基金管理公司；

(2) 每个发起人的实收资本不少于3亿元，主要发起人有三年以上从事证券投资经验、连续盈利的记录，但是基金管理公司除外；

(3) 发起人、基金托管人、基金管理人有健全的组织机构和管理制度，财务状况良好，经营行为规范；

(4) 基金托管人、基金管理人有符合要求的营业场所、安全防范设施和与业务有关的其他设施；

(5) 中国证监会规定的其他条件。

申请设立开放式基金，除具备上述条件外，还应当有明确、合法、合理的投资方向；有明确的基金组织形式和运作方式；基金托管人、基金管理人近一年内无重大违法、违规行为。

2. 证券投资基金设立的程序

证券投资基金的设立主要包括四个步骤。

(1) 确定基金性质。是公司型投资基金还是契约型投资基金，是开放型投资基金和封闭型两种投资基金，基金发起人首先应对此进行选择。

(2) 选择共同发起人、基金管理人与托管人，制定各项申报文件。根据有关对基金发起人资格的规定慎重选择共同发起人，签订《合作发起设立证券投资基金协议书》，选择基金保管人，制定各种文件，规定基金管理人、托管人和投资人的责、权、利关系。根据《证券投资基金管理暂行办法》及其实施细则，基金发起人在申请设立基金时应当向证监会准备相关文件。

(3) 向主管机关提交规定的报批文件。同时进行人员培训工作，为基金成立做好各种准备。

(4) 发表基金招募说明书，发售基金券。一旦招募的资金达到有关法规规定的数额或百分比，基金即告成立，否则，基金发起便告失败。

(二) 证券投资基金的销售

根据基金的不同运作方式，其销售方式也不尽相同。我国封闭式基金都是采用自办发行方式，通过证券交易所交易系统进行基金券发行的。但开放式基金由于其交易(认购、申购、赎回)是在投资者与基金管理人或其代理人之间进行的，故开放式基金券除了由基金管理人自办发行外，一般还选择一些机构(如银行、证券公司等)代理销售。

1. 封闭式基金的销售

在我国，封闭式基金的管理人应当自收到中国证监会核准文件之日起六个月内进行基金的发售，募集期限一般为三个月。封闭式基金份额的发售，由基金管理人负责办理，发售价格一般采用1元基金份额面值加计0.01元发售费用的方式加以确认。只有在募集期限内募集的资金超过该基金批准规模的80%时，该基金方可成立。

2. 开放式基金的销售

开发式基金的发售，由基金管理人负责办理。基金的管理人应当自收到中国证监会核准文件之日起六个月内进行基金的发售，募集期限一般为三个月。在募集期限内净销售额超过两亿元时，基金方可成立。在募集期内购买基金份额的行为通常被称为基金的“认购”。开放式基金的认购需缴纳一定比例的认购费用。认购费用、认购金额、认购份数之间的关系可以用公式表示为：

$$认购费用=认购金额\times认购费率$$

$$净认购金额=认购金额-认购费用$$

$$认购份数=净认购金额\div基金份额面值$$

例 某基金认购费率为1%，某投资者以10 000元认购该基金，请确定该投资者认购基金的份额数量。

$$认购费用=10\,000\times1\%=100（元）$$

$$净认购金额=10\,000-100=9\,900（元）$$

$$认购份数=9\,900\div1=9\,900（份）$$

如果基金的发行募集未达到上述成立的要求，基金的发行即告失败，基金发起人应承担募集费用，并将已募集资金加计银行活期存款利息于三十日内退还给基金认购人。

（三）证券投资基金的投资

证券投资基金一般应当以分散风险、确保资金安全、追求长期投资利得以及使投资人获得稳定的收益为目标。因此，为减少基金投资的风险，增加投资收益，保护基金持有人的权益，大多数国家均对基金的投资方向和范围做了限制。基金的主要投资范围为有价证券，包括股票、政府公债、银行存单、银行票据、地方公债、公司债券、政府担保公债、可转换公司债券、金融债券、认股权证等。

由于基金的运作方式不同，封闭式基金和开发式基金的投资策略也不尽相同。封闭式基金在封闭期间基金规模不会减少，因此从理论上可以把资金大部分甚至全部用来长期投资，基金资产的投资组合能有效地在预定计划内进行。开发式基金因基金份额可以随时赎回，为了应付投资者随时赎回的兑现，所以募集的资金不能全部用来投资，更不能把全部资金用于长期投资，必须保持基金资产的流动性，在投资组合上必须保留一部分现金和高流动性的金融产品。

（四）证券投资基金的交易

基金交易方式因基金性质不同而不同：封闭式基金因有封闭期规定，在封闭期内基金规模稳定不变，既不接受投资者的申购也不接受投资者的赎回。因此，为满足投资者的变现需要，封闭式基金成立后通常申请在证券交易所挂牌，交易方式类似股票，即是在投资者之间转手交易；而开放式基金因其规模是"开放"的，在基金存续期内其规模是变动的，除了法规允许自基金成立日始基金成立满三个月募集期间，依基金契约和招募说明书规定，可只接受申购不办理赎回外，其余时间如无特别原因，应在每个交易日接受投资者的申购与赎回。因此，开放式基金的交易方式为场外交易，在投资者与基金管理人或其代理人之间进行交易，投资者可至基金管理公司或其代理机构的营业网点进行基金的买卖，即办理基金的申购与赎回。

1. 封闭式基金的交易

我国封闭式基金单位的买卖和交易所上市公司股票的交易一样，采用集合竞价和连续竞价两种方式。集合竞价是指对一段时间内接收的买卖申请一次性集中撮合的竞价方式。连续竞价是指对买卖申报逐笔连续撮合的竞价方式。遵循“公开、公平、公正”的“三公”原则和“价格优先、时间优先”的原则。价格优先是指交易价格买进申报优于较低价格买进申报，较低价格卖出申报优于较高价格卖出申报。时间优先是指当买卖方向和价格相同时，先申报者优先于后申报者成交。以标准手数为单位进行集中无纸化交易，电脑自动撮合，跟踪过户。

在一般情况下，封闭式基金单位的市场价格应围绕基金单位净资产值而上下波动。由于封闭式基金成立后，在存续期内其基金规模是稳定不变的。因此，市场供求状况对基金交易价格产生重要影响。一般而言，当市场需求增加时，基金单位的交易价格就上升；反之，就下跌。从而使基金价格相对其单位净值而言经常出现溢价或折价交易的现象。

2. 开放式基金的认购、申购和赎回

投资者在开放式基金募集期间，基金尚未成立时购买基金单位的过程称为认购。通常认购价为基金单位面值 1 元加上一定的认购费率，基金初次发行时一般会对投资者有费率上的优惠。

当开放式基金宣布成立后，投资者通过基金管理公司或其销售代理机构申请购买基金单位的过程称为申购。申购基金单位的金额是以申购日的基金单位资产净值为基础计算的；投资者为变现其基金资产，将手持基金单位按一定价格卖给基金管理人，并收回现金的过程称为赎回。赎回金额也是以当日的单位基金资产净值为基础计算的。开放式基金的交易价格即为申购、赎回价格。

开放式基金的申购：

申购总额＝申购金额＋申购费用。

申购金额＝申购份额×申购日单位基金净值

申购费用＝申购金额×申购费率

申购份额＝申购总额÷〔申购日单位基金净值×(1＋申购费率)〕

例　某 A 开放式基金的资产净值为每份 1.5 元，基金的申购费率为 2%，某投资者欲申购 10 万元的 A 基金，试问投资者可以申购多少份额 A 基金？

申购份额＝申购总额÷〔申购日单位基金净值×(1＋申购费率)〕
＝100 000÷〔1.5×(1＋2%)〕＝65 359.477(份)

开发式基金的赎回：

赎回总额＝赎回数量×赎回日基金净值

赎回费用＝赎回数量×赎回日基金净值×赎回费率

赎回金额＝赎回总额－赎回费用
＝赎回数量×赎回日基金净值×(1－赎回费率)

例　某投资者持有 B 开放式基金 10 000 份，基金单位净值为 1.5 元，基金的赎回费率为 2%，请问该投资者欲赎回 B 基金，可以收回多少投资？

赎回金额＝赎回数量×赎回日基金净值×(1－赎回费率)

$$=10\,000\times1.5\times(1-2\%)$$
$$=14\,700(\text{元})$$

（五）基金的信息披露

为了加强对基金投资运作的监管，提高基金运作的透明度，保障基金持有人合法权益，基金必须履行严格的信息披露业务。基金管理人除了要按期公布投资组合公告、中期报告、年度报告等，还要定期公布基金资产净值，并保证所披露信息的真实性、准确性和完整性。对于开放式基金，公开披露的信息还包括基金份额申购、赎回价格。在我国，由于基金的运作方式不同，封闭式基金和开放式基金对于基金份额资产净值公布的要求也不同。封闭式基金一般每周或者更长时间公布一次，开放式基金一般在每个交易日连续公布。

（六）基金的收益、费用及收益分配

1. 基金的收益

基金的收益是基金资产在运作过程中所产生的超过自身价值的部分。基金收益包括以下五类：

(1) 股利收入，是指因投资于股票而定期所得的股息红利收益；

(2) 资本利得，是指因买卖证券而获取的差价收益；

(3) 利息收入，是指因购买债券、商业票据、可转让定期存单和其他短期票据以及建现金存入银行而获取的各种利息收入；

(4) 是指经理人在进行基金营运过程中，由于基金投资的证券的增值，使基金的总资产和基金单位的净资产也随之增长，从而使投资人所持有的相同基金单位的实际财产价值也相应增加。这部分增加额即为基金的资本增值；

(5) 其他收入，是指运用基金资产而带来的成本或费用的节约等，如基金因大额交易而从证券公司得到的交易佣金优惠等杂项收入。

2. 基金的费用

由于基金的操作、营运及派息等活动都是以委托的方式由管理人和托管机构代为进行的，这些主体的活动均为有偿服务，因此为了保证基金的政策营运和不断发展，基金需要支付费用，主要包括管理费、托管费、其他费用等，这些费用直接从基金资产中扣除。

(1) 基金管理费，指基金管理人管理基金资产所收取的费用。基金管理人可按固定费率或固定费率加提业绩表现费的方式收取管理费。业绩表现费指固定管理费之外的支付给基金管理人的与基金业绩挂钩的费用。按固定费率收取的管理费按基金资产净值的一定比例逐日计算，定期提取。管理费费率的大小通常与基金规模成反比，与风险成正比。在各种基金中，货币市场基金的年管理费率为最低，约为基金资产净值的 0.25%—1%；其次为债券基金，约为 0.5%—1.5%；股票基金居中，约为 1%—1.5%；认股权证基金约为 1.5%—2.5%。我国基金的年管理费率最初为 2.5%，有逐步调低的倾向。

每日计提的管理费＝计算日基金资产净值×管理费率÷当年天数。

(2) 基金托管费。指基金托管人托管基金资产所收取的费用，通常按基金资产净值的一

定比例逐日计算，定期提取。我国证券投资基金的年托管费率最初为基金资产净值的0.25%，托管费也出现下调的趋势。

每日计提的托管费＝计算日基金资产净值×托管费率÷当年天数。

(3) 其他费用。包括注册登记费、席位租用费、证券交易佣金、律师费、会计师费、信息披露费和持有人大会费等。该部分费用一般为固定值，基金的规模越大，每单位基金所分摊的费用越少。

3. 基金的收益分配

证券投资基金在获取投资收益并扣除费用后，需将投资利润分配给受益人。基金分配通常有三种方式：一是分配现金，这是最普遍的分配方式；二是分配基金单位，即将应分配的净收益折为等额的新的基金单位送给受益人；三是不分配，将净收益列入本金进行再投资，体现为基金单位净资产值的增加。我国有关法规规定基金收益分配的原则是：

(1) 封闭式基金的收益分配。根据有关法律规定，封闭式基金的收益分配，每年不得少于一次，封闭式基金年度收益分配比例不得低于基金年度已实现收益的90%。封闭式基金当年收益应先弥补上一年的亏损，如当年发生亏损则不进行收益分配。封闭式基金一般采用现金分红方式。

(2) 开放式基金的收益分配。开放式基金的基金合同应当约定每年基金收益分配的最多次数和基金收益分配的最低比例。实践中，许多基金合同规定每年至少一次。开放式基金当年收益也应弥补上一年的亏损，如当年发生亏损则不进行收益分配。分红方式有现金分红和红利再投资转换为基金份额两种。开放式基金的基金份额持有人可以事先选择将所获分配的现金收益，按照基金合同有关基金份额申购的约定转为基金份额。基金份额持有人事先未做出选择的，基金管理人应当支付现金。

(3) 货币市场基金的收益分配。根据有关法律法规，对于每日按照面值进行报价的货币市场基金，可以在基金合同中将收益分配的方式约定为红利再投资，并在基金合同中约定收益分配的方式：即是按每日结转收益还是按月结转收益。当日申购的基金份额自下一个工作日起享有基金收益的分配权益。

(七) 证券投资基金的投资风险

证券投资基金是一种集中资金、专家管理、分散投资、降低风险的投资工具，但投资者投资于基金仍有可能面临风险。证券投资基金投资存在的风险主要有：

1. 市场风险

基金主要投资于证券市场，证券市场价格会因经济因素、政治因素、投资心理和交易制度等各种因素的影响而产生波动，导致基金收益水平和净值发生变化，从而给基金投资者带来风险。证券市场风险主要包括政策风险、经济周期风险、利率风险、购买力风险、产业风险、信用风险、上市公司经营风险、流动性风险、国际竞争风险等，这些风险会给基金投资者带来不同程度的影响。

2. 管理风险

基金可能因为基金管理人和基金托管人的管理水平、管理手段和管理技术等因素，而影响基金收益水平。

3. 技术风险

当计算机、通讯系统、交易网络等技术保障系统或信息网络支持出现异常情况时，可能导致基金日常的申购或赎回无法按正常时限完成、注册登记系统瘫痪、核算系统无法按正常时限显示产生净值、基金的投资交易指令无法及时传输等风险。

4. 巨额赎回风险

这是开放式基金所特有的风险。若因市场剧烈波动或其他原因而连续出现巨额赎回，并导致基金管理人出现现金支付困难，基金投资者在赎回基金单位时，可能会遇到部分顺延赎回或暂停赎回等风险。

5. 投资者自身的风险

很多基金投资者认为基金净值高就是价格贵，上涨空间小，从而偏好购买净值低的便宜基金。事实上，基金净值的含义与股票价格不同，基金净值代表相应时点上基金资产的总市值扣除负债后的余额，反映了单位基金资产的真实价值。投资基金收益的高低与买入时基金净值高低并无直接关系，真正决定投资者收益的是其持有期间基金的净值增长率。

6. 基金收益风险

相对股票而言，投资者购买基金能分散投资和发挥专家理财优势。基金投资虽能在一定程度上消除部分非系统性风险，但市场的系统风险却无法消除，基金收益仍有其不确定性。同时，由于基金管理人在知识水平、管理经验、信息渠道和处理技巧等方面的差异，其经营能力不同，给投资者带来的回报也会有所不同，有时甚至会带来亏损。

7. 其他风险

战争、自然灾害等不可抗力可能导致基金资产面临遭受损失的风险，以及证券市场、基金管理人及基金销售代理人可能因不可抗力无法正常工作，从而有影响基金的申购和赎回按正常时限完成的风险。

第四节　金融衍生工具

一、金融衍生工具的概念与特征

（一）金融衍生工具的概念

金融衍生工具(Financial Derivative)，又称金融衍生产品，是指建立在基础金融工具或基础金融变量之上，其价格随基础金融产品的价格或数值变动而变动的派生金融产品。这里所说的基础金融工具不仅包括债券、股票、银行定期存款单等金融现货产品，也包括金融衍生工具。作为金融衍生工具基础的变量则包括利率、汇率、股票价格指数等。

金融衍生工具是上世纪金融创新的结果，它是以支付少量保证金签订金融远期合约、金融期货合约、金融期权合约和金融互换合约等。其初始目的是为了规避汇率、利率及股价指数等金融价格剧烈波动风险而进行的重大产品创新。随着金融国际化和自由化的发展，金融衍生品功能和市场发展迅速，在国际金融市场发挥着巨大作用。

（二）金融衍生工具的特征

1. 跨时期性

金融衍生工具是交易双方通过对利率、汇率、股票等因素变动趋势的预测，约定在未来某一时间按照一定条件进行交易或选择是否交易的合约。无论是哪一种金融衍生工具，都涉及未来某一时间金融资产的转移，跨期交易的特点十分突出。这就是要求交易双方对利率、汇率、股价等价格因素的未来变动趋势做出判断，而判断的准确与否直接决定了交易者在交易中的成败。

2. 高杠杆性

金融衍生工具交易一般只需要支付少量的保证金就可签订远期大额合约或互换不同的金融工具。保证金可以分为初始保证金和维持保证金。我国现行的最低保证金比率为交易金额的5%，一般在5%—8%之间，国际上一般在3%—8%之间。5%的保证金，也就是说某一项交易如果价值100万，交易方只需要交付5万元的保证金即可交易，或者交易者可以控制20倍于所投资金额的合约资产，实现以小搏大。在收益可能成倍放大的同时，投资者所承担的风险与损失也会成倍放大，基础工具价格的轻微变动也许就会带来投资者的巨大盈亏。

3. 高风险性

金融衍生工具操作的成败依赖于交易者对未来市场价格的预测和判断，金融工具价格的多变性导致金融衍生工具交易盈亏的不确定性。金融衍生工具的高风险性仅仅是金融衍生工具价格不确定性的一个方面，金融衍生工具有多种风险，一是信用风险，即交易中对方违约，没有履行交易承诺造成损失的风险。二是市场风险，是指因资产或指数价格不利变动可能带来损失的风险。三是流动性风险，指因市场缺乏交易对手而导致投资者不能平仓或变现所带来的风险。四是操作风险，指因交易或管理人员的人为错误或系统故障、控制失灵而造成的风险。五是法律风险，指因合约不符合所在国法律，无法履行或合约条款遗漏及模糊导致的风险。诸多风险的存在导致金融衍生工具具有高风险性。

4. 套期保值和投机性

金融衍生工具产生的直接动因是套期保值，也就是规避风险。但是，单一的套期保值一方面不能消除风险，另一方面使很多人无法参与金融衍生工具的交易，限制了金融衍生工具的市场化发展，需要有大量活跃的参与者加入，释放风险，增加交易的连续性和活跃性。金融衍生工具的高收益性和高杠杆性吸引了大量的投机者，使很多投机者甘愿冒高风险一试高低。不论投机者出于何种动机，他们已经成为金融衍生工具市场不可缺少的角色，承担并分散了市场上的风险，为市场注入了活力，提高了市场运作效率，使避险者能轻易地在这个市场上转移风险。多重交易目的的存在和大量投资者的参与使金融衍生工具得以存在和不断发展。

5. 零和博弈

在标准化合约中由于可以交易是不确定的，交易双方的盈亏完全负相关，交易双方的收益之和为零，因此称为零和博弈。

三、金融衍生工具的分类

金融衍生产品自诞生以来，其内涵和外延就在动态的变化和发展当中，尤其是进入 20 世纪 80 年代之后，金融创新的蓬勃发展使得金融衍生品得以通过进一步的衍生、分解和组合，形成新的种类。但这些新的金融衍生产品大都可以归为金融远期合约、金融期货合约、金融期权合约和金融互换合约等金融衍生品大类中。具体说来，有以下几类金融衍生产品：

（一）根据产品形态划分

根据产品形态，金融衍生产品可以分为金融远期合约、金融期货合约、金融期权合约和金融互换合约四类。金融远期合约和金融期货合约都是交易双方当前约定在未来某一交易的方式。金融期货合约与金融远期合约相比是更加标准化的合约，是由期货交易所事先设计好了的；金融期权合约交易是买卖权利的交易，购买方只有权利没有义务；金融互换合约是交易双方约定未来一系列现金流交换的合约。

（二）根据基础工具的种类划分

按照基础工具种类的不同金融衍生产品可以分为股权式衍生工具、货币衍生工具、利率衍生工具和商品衍生工具。股权式衍生工具是指以股票或股票指数为基础工具的金融衍生工具，主要包括股票期货、股票期权、股票指数期货、股票指数期权以及上述合约的混合交易合约；货币衍生工具是指以各种货币作为衍生工具的金融衍生工具，主要包括远期外汇合约、货币期货、货币期权、货币互换以及上述合约的混合交易合约；利率衍生工具是指利率或利率的载体为基础工具的金融衍生工具，主要包括远期利率协议、利率期货、利率期权、利率互换以及上述合约的混合交易合约；商品衍生工具是指以实物商品为基础工具的衍生工具，主要包括：原油期货、贵金属期货、农产品期货等交易合约。

（三）根据有无固定交易场所划分

根据有无固定交易场所，金融衍生品可分为场内交易金融衍生品和场外交易金融衍生品。场内交易，又称交易所交易，指所有的供求方集中在交易所进行竞价交易的交易方式。所有的交易者集中在一个场所进行交易，这就增加了交易的密度，一般可以形成流动性较高的市场。期货交易和部分标准化期权合同交易都属于这种交易方式；场外交易，又称柜台交易，指交易双方直接成为交易对手的交易方式，可以根据每个使用者的不同需求设计出不同内容的产品。由于每个交易的清算是由交易双方相互负责进行的，交易参与者仅限于信用程度高的客户。掉期交易和远期交易是具有代表性的柜台交易的衍生产品。

四、金融衍生工具的产生与发展

二战以后，世界经济开始复苏，欧洲复兴、日本崛起，国与国之间竞争加剧。从 20 世纪 60 年代开始，国际宏观经济环境发生了重大变化，金融机构原有的经营模式和业务逐渐失去市场，不得不开发新的业务和市场，冲破来自内外部的约束，进行大量的金融创新活动。进入 70 年代以后，随着布雷顿森林体系的瓦解、世界石油危机的爆发以及国际债务危机的发生，国际利率和汇率出现了剧烈波动。同时，计算机与通讯技术快速发展，使金融创新成本却日益降低。80 年代以来，西方国家的政府纷纷放松金融管制，出现了金融体系自由化的趋势。在以上多种因素的作用下，金融衍生工具得到了迅速发展。

（一）规避风险

规避风险是金融衍生工具产生的根本原因。20 世纪 70 年代以来，随着美元的不断贬值，布雷顿森林体系崩溃，汇率和利率的剧烈波动，金融市场的风险急剧放大，商业银行、投资机构等为了回避市场风险，不得不寻找能够进行套期保值的金融工具，金融期货、期权等金融衍生工具应运而生。

（二）追逐利润

利润驱动是金融衍生工具产生和迅速发展的重要原因。金融机构通过金融衍生工具的设计开发和运作，促进了金融衍生工具的发展。早期，金融衍生工具业务属于表外业务，既不影响资产负债状况，又能带来手续费等项收入。金融机构也可以利用自身在金融衍生工具方面的优势，直接进行自营交易，扩大利润来源。

（三）金融自由化

金融业历来是政府管制较严的部门。对内，一国政府往往限制金融机构的业务经营范围及存贷款利率；对外，一国政府则限制外国金融机构进入本国金融业及金融市场，限制外国银行在本国经营业务的范围及对外汇流出入的管制。随着经济的发展，许多金融管制措施在很大程度上影响了该国金融业的正常的运行机制，阻碍了金融业的发展。从上世纪 70 年代末起，西方国家开始放松金融管制，并且形成了巨大的金融管制自由化的浪潮。汇率方面，英国和瑞士在 70 年代末取消了限制资本流出的外汇管制，日本在 1980 年修改了新的外汇管理法，1984 年允许日元国际化，1986 年法国和意大利也基本取消了外汇管制。利率方面，美国国会 1980 年通过了《对存款机放松管制与货币控制法》，规定将逐步取消联邦储备委员会《管理条例 Q》关于存款利率上限的规定，加拿大、联邦德国、意大利、英国等国也相继取消了对银行存款利率的限制。在业务范围上，长期以来各国政府一般都禁止混业经营，80 年代美国新银行法出台后，美国的商业银行和非银行金融机构业务开始交叉，其他国家也纷纷效仿。英国于 1986 年金融业"大爆炸"后，允许外国证券公司进入英国，日本也允许部分外国证券公司进入其股票交易所。此外，美国建立了国际银行便利，日本建立了离岸金融市场。

（四）计算机和信息技术

计算机和信息技术的发展为金融衍生工具的产生与发展提供了物质基础。由于计算机技术的突飞猛进，电脑网络、信息处理在国际金融市场的广泛应用，使得个人和机构从事金融衍生工具交易更加方便。同时，也使金融衍生工具的设计和运作迅速发展，大量的金融衍生工具能够被快速开发出来。

（五）证券化

融资证券化是指在金融市场上金融衍生工具发展的新趋势。筹资手段的证券化是指 80 年代以后，国际金融市场上的筹资格局发生了重大变化，人们改变了长期以来主要依靠金融中介间接筹措资金的方式,转而由利用债券市场和股票市场直接融资。在70年代,尽管国际债券市场有了较大的发展,但是国际资本市场仍以银行贷款为主。到80年代以后情况发生了变化,国际证券的筹资比重不断上升,到1986年,国际资本市场的债券发行额已远远超过银行贷款额。

整个金融衍生工具产生和发展,既有期货、期权和互换工具等风险转移型金融创新,还有增强流动性的流动型创新,以可转换债券为代表的信用创造型创新以及加强资本充足率的股权创造型创新。不管哪种类型的创新,都为金融衍生工具和金融市场的发展做出了贡献。

五、期货

(一)期货与金融期货

期货是指由期货交易所统一制定的,约定在将来某一特定时间和地点交割一定数量标的物的标准化合约。期货通常代指期货合约,这里所说的期货标的物,是指期货合约所对应的现货产品,既可以是实物商品,如贵金属、原油和农产品,称为实物商品期货;也可以是金融商品,如利率、外汇、债券甚至金融指数,称为金融商品期货,简称金融期货。

金融期货,也称为金融期货合约,是指协议双方同意在约定法人将来某个日期按约定的条件(包括价格、交割地点、交割方式等)买入或卖出一定标准数量的某种标的金融资产的标准化协议。合约中规定的价格就是金融期货合约价格。

期货合约的买方,如果将合约持有到期,他就要履行买入期货合约对应的标的物的义务。期货合约的卖方,如果将合约持有到期,他就要履行卖出期货合约对应的标的物的义务,对部分金融期货来讲,有些期货合约在到期时不进行实物交割而是结算差价,股指期货就是如此。一般情况下,大多数期货合约都在到期前以对冲方式了结,只有极少数要进行实物交割。

(二)期货交易的特点

作为一种特殊的交易形式,期货具有以下特点:

1. 交易商品特殊化

期货交易对期货商品有特殊的要求。能够进行交易的商品并不一定适合期货交易。商品是否能作为期货商品进行期货交易,需要具备以下条件:一是商品比较重要,关系国计民生,或具有重要的战略地位;二是便于贮藏运输,能够分割;三是等级、规格、质量等标准明确,容易评定划分;四是价格波动频繁,需要规避价格风险,或能够套期保值和投机获利。一般而言,能够作为期货交易产品有贵金属、农产品、原油以及股价指数等。

2. 期货合约标准化

期货合约是标准化的合约,这种标准化是指进行期货交易的商品的品级、数量、质量等都是预先规定好的,合约的格式也是标准化的格式,只有标的物的价格是变动的。期货合约标准化,简化了交易手续,降低了交易成本,减少了交易双方因对合约条款理解不同而产生的争议,极大地促进了期货交易的发展。

3. 交易场所固定化

期货交易是在固定的期货交易所内进行的,一般不允许进行场外交易,交易场所具有高度组织化的特征。期货交易所是买卖双方聚集在一起并进行期货交易的场所,期货交易所旨在为交易双方提供期货交易的场所和设施,制定交易规则,充当交易的组织者,本身并不介入期货交易活动,也不干预期货价格的形成。

4. 交易目的和结算方式多样化

期货交易的投资者有一部分是为了规避风险,套期保值,他们不愿承担价格风险给生产经营造成的不利影响,在期货交易所买入期货合约。还有一部分投资者不是为了套期保值,而是为了获取期货标的物价格变动的收入。由于交易目的的不同,使得合约到期时履约的形式不一样,包括套期保值者在内的交易者多以对冲了结手中的期货合约,即交付或收取差价,而最终进行实物交割的只占很小的比例,实物交割必须在指定的交割仓库,严格按照品级标准进行。

5. 保证金制度

期货交易具有高杠杆性,这种高杠杆性是通过保证金制度实现的。进行期货交易需要交纳一定比例的保证金,交易者在进入期货市场开始交易前,必须按照交易所的有关规定交纳一定的履约保证金,并应在交易过程中维持一个最低保证金水平,以便为所买卖的期货合约提供一种保证。保证金制度的实施,不仅使期货交易具有以小博大的功能,吸补众多交易者参与,而且使得结算所为交易所内达成并经结算后的交易提供履约担保,确保交易者能够履约。

6. 自动平仓制度

期货交易一项非常大的风险来自自动平仓制度。由于实行保证金制度,一旦交易者购买的期货合约出现亏损,并且亏损额超过了保证金的数额,如果收盘前不能及时追缴保证金,就会被交易所强行将期货合约交割,自动平仓,造成巨大损失。

表 5-1　沪深 300 指数期货合约

合约标的	沪深 300 指数
合约乘数	每点 300 元
报价单位	指数点
交易代码	IF
合约月份	当月、下月及随后两个季月
最小变动价位	0.2 点
每日价格最大波动限制	不超过上一交易日结算价±10%
最后交易日	合约到期月份的第三个周五,遇法定假日顺延
交易时间	上午 9:15—11:30　下午 13:00—15:15
最后交易日交易时间	上午 9:15—11:30　下午 13:00—15:00
最低交易保证金	合约价值的 12%
交割日期	同最后交易日
上市交易所	中国金融期货交易所

（三）期货交易与现货交易的区别

1. 交易对象不同

期货交易的对象是标准化合约，是买进或卖出多少手或多少张标准化的期货合约。现货交易的对象是实货商品。

2. 交易目的不同

期货交易中，套期保值者的目的是规避风险，获得低风险收益；投机者的目的是获得投机利润。现货交易的目的是通过获得或让渡商品的所有权，获取买卖价差。

3. 交易的场所与方式不同

期货交易在高度组织化的期货交易所中以公开竞价的方式进行。现货交易一般在不固定的场所面对面或通过通讯手段以协商的方式进行。

4. 对交易品种的要求不同

期货交易商品比较特殊，仅限于几类商品，一般要求该品种有较大的交易量，可长时间储藏，品质较易标准化，价格波动频繁等。现货交易对商品无特殊要求，任何商品都能进行现货交易。

5. 结算方式不同

期货交易实行保证金的每日无负债结算制度，必须每日计算盈亏，实行逐日盯市制度，结算价格以成交价为依据计算的。现货交易一般采取到期一次性结清或分期付款。

（四）期货交易的种类

按照交易目的不同，将期货交易行为可以分为三类：套期保值、投机、套利。

1. 套期保值

套期保值（hedge），就是交易者在现货市场买入或卖出一定数量现货同时，在期货市场上卖出或买入同等数量的期货合约，以期在未来某一时间通过期货合约的收益来补偿现货市场价格变动所带来的实际价格风险。

套期保值可分为买入套期保值和卖出套期保值。买入套期保值是指通过期货市场买入期货合约以防止因现货价格上涨而遭受损失的行为；卖出套期保值则指通过期货市场卖出期货合约以防止因现货价格下跌而造成损失的行为。

套期保值交易有以下特点：交易商品种类相同，交易数量相等，交易方向相反，交易时间相同或相近。

无论是农产品期货市场，还是金属、能源期货市场，其产生都是源于生产经营过程中面临现货价格剧烈波动而带来风险时自发形成的买卖远期合同的交易行为。套期保值有效缓冲了商品价格波动的风险，保证了生产经营活动的正常进行。

2. 投机交易

投机交易（Speculate），是指交易者根据对市场的判断，利用市场出现的价差买卖期货合约从中获取利润的交易行为。

根据持有期货合约时间的长短，投机交易可分为三类：

(1) 长线投机者,此类交易者在买入或卖出期货合约后,通常将合约持有几天、几周甚至几个月,待价格对其有利时才将合约平仓获利。

(2) 短线交易者,交易者在一个交易日完成期货合约买卖交易,获取价差,其持仓合约不过夜。

(3) 逐小利者,又称抢帽子者,是利用微小的价格变动进行交易来获取微利,一个交易日之内他们可以做多个回合的买卖交易。

3. 套利交易

套利交易(Spreads),是指买入一种期货合约的同时卖出另一种不同的期货合约。这里的期货合约既可以是同一期货品种的不同交割月份,也可以是相互关联的两种不同商品,还可以是不同期货市场的同种商品。套利交易者同时在一种期货合约上做多,而在另一种期货合约上做空,通过两个合约间价差变动来获利,与绝对价格水平关系不大。

套利交易的特点:风险较小,由于不同期货合约的价差变化没有绝对价格水平变化大,因此降低了风险。容纳资金量大,套利交易能够吸引大资金,由于双边持仓,主力机构很难逼迫套利交易者斩仓出局。收益率稳定,由于套利交易是利用市场上不合理的价差关系进行操作,且多数情况下不合理的价差很快就会恢复正常,因此套利交易有较高的成功率。

套利一般可分为三种:跨期套利、跨市套利和跨商品套利。

(1) 跨期套利,是指在同一市场买卖同种商品不同到期月份的期货合约,利用不同到期月份合约的价差变动来获利的套利模式。

(2) 跨市套利,是指在某一期货市场买入或卖出某一月份商品期货合约的同时在另一市场卖出或买入同种合约以期在有利时机对冲获利了结的方式。

(3) 跨商品套利,是利用两种不同的但相互关联的商品之间的价格变动进行套期图利,即买入某种商品某一月份期货合约的同时卖出另一相互关联商品相近交割月份期货合约。主要有相关商品间套利,如铜、铝之间的套利,原料与成品之间套利,如大豆与豆粕之间的套利。

(五) 期货的基本功能

期货的基本功能主要有两方面:

1. 价格发现功能

价格发现功能是指在一个公开、公平、高效、竞争的期货市场中,通过集中竞价形成的期货价格具有真实性、预期性、连续性和权威性的特点,能够比较真实地反映出未来商品价格变化的趋势。期货市场的价格发现功能为交易者提供了价格参考的依据,使企业能根据期货价格的变化来决定商品的生产规模,而且能够影响大宗商品的交易价格。

2. 风险转移功能

在实际的生产经营过程中,为避免商品价格的千变万化导致成本上升或利润下降,可利用期货交易进行套期保值,即在期货市场上买进或卖出与现货市场上数量相等但交易方向相反的商品,使两个市场交易的损益相互抵补。同时,还可以利用风险的转移和价格的波动获取收益。

（六）期货的交易制度

1. 保证金制度

在期货交易中，任何交易者必须按照其所买卖期货合约价值的一定比例缴纳资金，作为其履行期货合约的保证，然后才能参与期货合约的买卖，并视价格变动情况确定是否追加资金，这就是保证金制度。保证金制度集中体现了期货交易特有的杠杆效应。保证金分为结算准备金和交易保证金。保证金的收取是分级进行的，分为期货交易所向会员收取的保证金和期货经纪公司即会员向客户收取的保证金，即分为会员保证金和客户保证金。

2. 强行平仓制度

强行平仓制度，是指当会员或客户的交易保证金不足并未在规定的时间内补足，或者当会员或客户的持仓量超出规定的限额时，或者当会员或客户违规时，交易所为了防止风险进一步扩大，将交易者的期货合约对冲平仓、强行交易的制度。

3. 每日结算制度

期货交易的结算是由交易所统一组织进行的。期货交易所实行每日无负债结算制度，当每日交易结束后，交易所按当日结算价结算所有合约的盈亏、交易保证金及手续费等费用，对应收应付的款项进行划转，相应增加或减少会员的结算准备金。期货交易的结算实行分级结算，即交易所对其会员进行结算，期货经纪公司对其客户进行结算。这种每日无负债的结算制度也称为逐日盯市制度。

4. 涨跌停制度

涨跌停制度又称每日价格最大波动限制，即指期货合约在一个交易日中的交易价格波动不得高于或低于规定的涨跌幅度，超过该涨跌幅度的报价将被视为无效，不能成交。

涨跌停制度的实施，能够有效地减缓、抑制一些突发性事件和过度投机行为对期货价格的冲击而造成的暴涨暴跌，减缓价格波动，控制交易损失，保证当日期货价格波动达到涨跌停板时也不会出现透支情况。

5. 持仓限额制度

持仓限额制度是指期货交易所为了防范操纵市场价格的行为和防止期货市场风险过度集中于少数投资者，对会员及客户的持仓数量进行限制的制度。超过限额，交易所可按规定强行平仓或提高保证金比例。

6. 大户报告制度

大户报告制度是指当会员或客户某品种持仓合约的投机头寸达到交易所对其规定的头寸持仓限量（一般为80%）时，会员或客户应向交易所报告其资金情况、头寸情况等，客户须通过经纪会员报告。大户报告制度是与持仓限额制度紧密相关的又一个防范大户操纵市场价格、控制市场风险的制度。

六、期　权

（一）期权与金融期权

期权（Option），是一种选择权，是交易者购买的，能在未来特定时间以特定价格买进或卖出一定数量的特定资产的权利。交易者可以履行这种权利，也可以不履行这种权利，即是一种选择权，可以选择是否履行。金融期权是指以金融商品或金融期货合约为标的物的期权交易形式，如个股期权和股指期权。

期权交易是一种权利的交易。在期权交易中，期权买方在支付了期权费之后，便获得期权合约赋予的，在规定时间按事先确定的价格（执行价格）向期权卖方买进或卖出一定数量标的合约的权利。期权卖方在收取期权买方所支付的权利金之后，在合约规定时间，只要期权买方要求行使其权利，期权卖方必须无条件地履行期权合约规定的义务。期权交易中的买卖双方权利和义务不对等，买方支付权利金后，有执行和不执行的权利而非义务；卖方收到权利金，无论市场情况如何不利，一旦买方提出执行，则负有履行期权合约规定的义务的责任。

期权费就是期权的价格，也叫作权利金，是指期权买方为获得期权合约所赋予的权利而向期权卖方支付的费用。对期权买方来说，不论标的合约的价格怎样变动，他面临的最大损失超不过期权费。这使期权买方获得了控制投资风险的能力。而期权卖方则从买方那里收取期权费，作为承担市场风险的回报。

（二）期权的要素

1. 履约价格

履约价格也称施权价或执行价格，指期权合同中约定的买方行使权利时事先规定的标的物买卖价格。

2. 行权期限

行权期限是期权合约中规定的行使期权权利的有效期限。

3. 标的资产

标的资产指期权合同中规定的买入或售出的资产。

4. 期权费

期权费是期权的买方支付的期权价格，即买方为获得期权而支付给期权卖方的费用。

5. 期权数量

期权数量指期权合约中明确规定的期权买方有权买入或卖出的标的资产的数量。

（二）期权的特点

1. 独特的损益结构

与股票、期货等投资工具相比，期权的与众不同之处在于其非线性的损益结构。对于看涨期权来讲，当标的资产的市场价格小于或等于期权合约约定的价格时，期权买方选择不履行期权权利，此时的损失仅为期权费；当期权标的资产的市场价格等于期权合约约定的价格与期权费之和时，期权的买方处于盈亏平衡状态；当期权标的资产的市场价格大于期权合约约定的价格与期权费之和时，期权的买方盈利。看跌期权与此相反。正是期权的非线性的损益结构，使期权在风险管理、组合投资方面具有了明显的优势。通过不同期权、期权与其他投资工具的组合，投资者可以构造出不同风险收益状况的投资组合。

2. 不对称的风险状态

期权交易中，买卖双方的权利义务不同，使买卖双方面临着不同的风险状态。从理论上来讲，期权买方的风险处于有限的可控状态，可控的底线就是期权费；期权卖方的风险处于不可控状态，他有无条件履约的义务，风险很大，双方处于不对称的风险状态。期权多头的风险底线已经确定和支付，其风险控制在期权费范围内。期权空头持仓的风险则存在与期货部位相同的不确定性。由于期权卖方收到的期权费能够为其提供相应的担保，从而在价格发生不利变动时，能够抵消期权卖方的部分损失。

（四）期权的种类

1. 根据标的物属性不同，期权可以分为商品期权和金融期权

商品期权是以实物商品作为标的物的期权，如农产品、能源等。金融期权是以金融产品作为标的物的期权，如利率、货币、股票、指数等。例如 2015 年 2 月 9 日推出的上证 50ETF 期权。

2. 根据标的物的时间属性，期权可以分为现货期权与期货期权

现货期权的标的为现货资产，买方提出执行后，双方一般要进行实物资产的交割。如股票期权，其标的为股票，买权提出履约时，买方买入股票，卖方要卖出股票。期货期权的标的则是期货合约，期权履约后，买卖双方的期权部位将转换为相应的期货部位。

3. 根据买方的权利性质，期权可分为买权和卖权

(1) 看涨期权，又称买入期权，是指期权买方有权按照执行价格和规定时间向期权卖方买进一定数量的相关期货合约。在期权规定的有效期限内，期权卖方有义务应期权买方要求，以期权合约预先规定的执行价格卖出相关的期货合约。

(2) 看跌期权，又称卖出期权，是指期权买方有权按照执行价格和规定时间向期权卖方卖出一定数量的相关期货合约。在期权规定的有效期限内，期权卖方有义务应期权买方要求，以期权合约预先规定的执行价格买进相关的期货合约。

4. 根据执行时间的不同，期权可以分为欧式期权和美式期权

欧式期权是指期权合约买方在合约到期日才能决定其是否执行权利的一种期权。

美式期权是指期权合约的买方，在期权合约的有效期内的任何一个交易日，均可决定是否执行权利的一种期权。

美式期权比欧式期权更灵活，赋予买方更多的选择，而卖方则时刻面临着履约的风险，因此，美式期权的权利金相对较高。

（五）期权交易与期货交易的区别

1. 权利义务关系不同

期货交易的买、卖双方均负有履行合同的义务；期权交易的买方有权行使期权，也可以放弃权利，而卖方必须履行合约中约定的义务。

2. 保证金支付不同

期货交易的买、卖双方都必须支付保证金；在期权交易中，买方不需交纳履约保证金，只要

求卖方交纳履约保证金，以表明他具有相应的履行期权合约的能力。

3. 价格波动不同

期货交易的价格与现货价格波动相关联；期权交易在一定价格范围内与现货价格波动相关联，超出一定价格范围时则与现货行情无关。

4. 风险与收益不同

期货交易的买、卖双方的风险及收益均无限大；期权交易买方风险有限，收益无限，卖方风险无限，收益有限。

5. 套期保值的作用与效果不同

期货的套期保值不是对期货而是对期货合约的标的金融工具的实物（现货）进行保值，由于期货和现货价格的运动方向会最终趋同，故套期保值能收到保护现货价格和边际利润的效果。期权也能套期保值，对买方来说，即使放弃履约，也只损失保险费，对其购买资金保了值；对卖方来说，要么按原价出售商品，要么得到保险费也同样保了值。

（六）期权履约方式

1. 对冲平仓

期权的对冲平仓方法与期货基本相同，都是将先前买进（卖出）的合约卖出（买进）。只不过，期权的报价是期权费（权利金）。如果买进看涨期权，卖出同执行价格、同到期日的看涨期权对冲平仓。如果卖出看涨期权，买进同执行价格、同到期日的看涨期权对冲平仓。如果买进看跌期权，卖出同执行价格、同到期日的看跌期权对冲平仓。如果卖出看跌期权，买进同执行价格、同到期日的看跌期权对冲平仓。

例如，某投资者以 30 元/吨买进 10 手 5 月份到期执行价格为 1 800 元/吨的小麦看涨期权。如果小麦期货价格上涨到 1 900 元/吨，那么期权费也上涨，比如上涨到 40 元/手，那么该客户发出如下指令：以 40 元/吨卖出（平仓）10 手 5 月份到期、执行价格为 1 800 元/吨的小麦看涨期权。

期权的平仓盈亏与期货类似，是买卖期权的期权费差价，卖出价减去买入价只要是正数就赚钱，是负数就亏钱，是零就不盈不亏（不考虑交易手续费）。比如买进时是期权费 30 元/吨（不管买权还是卖权），卖出平仓时是 40 元/吨，则赚取 10 元/吨。

2. 执行履约

期权的买方（客户通过其开户的期货经纪公司）在合约规定的有效期限内的任一交易日闭市前均可通过交易下单系统下达执行期权指令，交易所按照持仓时间最长原则指派并通知期权卖方（客户由其开户的期货经纪公司通知），期权买卖双方的期权部位在当日收市后转换成期货部位。对于看涨期权多头，按照执行价格获得多头期货部位；对于卖出看涨期权，按照执行价格，卖方被指派，获得空头期货部位。对于买进看跌期权，按照执行价格，买方获得空头期货部位；对于卖出看跌期权，按照执行价格，卖方被指派，获得多头期货部位。

例如，执行价格为 1 800 元/吨的 11 月小麦看涨期权执行后，买方获得 1 800 元/吨的 11 月份小麦期货多头部位；卖方获得 1 800 元/吨的 11 月份小麦期货空头部位。如果期权买方已经持有开仓价格为 1 900 元/吨的 11 月小麦空头期货合约，也可用执行买权获得的多头期货部位与已经持有的空头期货部位平仓,获利100元/吨。

3. 期权到期

到期时,如果期权没有对冲平仓,也没有提出执行,在当日结算时,投资者的期权持仓就会被自动了结。按照惯例,在期权到期时,实值期权会被自动执行。因此,买方放任到期的一般为虚值期权。实践中,期权买方可以不执行期权,让期权到期。而期权卖方除对冲平仓和应买方要求履约外,只能等待期权到期。随着到期日的临近,期权的时间价值呈加速衰减。在到期日,期权的时间价值为零。时间是期权卖方的"朋友",是期权买方的"敌人"。对于期权的买方,应尽量避免看对了方向,看错了时间,当期货价格向有利方向变动时,期权已经到期了。

（七）期权的理论价格及其影响因素

期权是一种权利的交易。在期权交易中,期权的买方为获得期权合约所赋予的权利而向期权的卖方支付的费用就是期权的价格,期权价格受多种因素影响。从理论上说,期权价格由两个部分组:一是内在价值,二是外在价值。

1. 内在价值

内在价值也称履约价值,是期权合约本身所具有的价值,也就是期权的买方如果立即执行该期权所获得的收益。一种期权有无内在价值以及内在价值的大小取决于该期权的协定价格与其标的物市场价格之间的关系。协定价格是指期权的买卖双方在期权成交时约定的,在期权合约被执行时交易双方实际买卖标的物的价格。根据协定价格与标的物市场价格的关系,可将期权分为实值期权、虚值期权和平价期权三种类型。

对看涨期权而言,若将市场价格高于协定价格,期权的买方执行期权有利可图,此时为实值期权;市场价格低于协定价格期权的买方将放弃执行期权,为虚值期权。对看跌期权而言,市场价格低于协定价格为实值期权;市场价格高于协定协定价格为虚值期权;若市场价格等于协定价格,则看涨期权和看跌期权均为平价期权。

从理论上说,实值期权的内在价值为正,虚值期权的内在价值为负,平价期权的内在价值为零。但实际上,无论是看涨期权还是看跌期权,也无论期权标的物的市场价格处于什么水平,期权的内在价值都必然大于零或等于零,而不可能为负值。这是因为期权合约赋予双方执行期权与否的选择权,而没有规定相应的义务,当期权的内在价值为负时,买方可以选择放弃期权。

2. 外在价值

外在价值就是时间价值,是指期权的买方购买期权时,实际交付的价格超过该期权内在价值的那部分价值。在现实的期权交易中,各种期权通常是以高于内在价值买卖的,即使是平价期权或虚值期权,也会以大于零的价格成交。期权的买方之所以愿意支付额外的费用,是因为希望随着时间的推移和标的物市场价格的变动,该期权的内在价值得以增加,使虚值期权或平价期权变为实值期权,或使实值期权的内在价值进一步提高。期权的时间价值不易直接计算,一般以期权的实际价格减去内在价值求得。

七、可转换证券

（一）可转换证券的含义

可转换证券是指持有者可以在一定时期内按照约定的条件将其转换成一定数量其他证券的证券。可转换证券通常是转换成普通股票，当股票价格上涨时，可转换债券的持有人行使转换权利较有利，从这一点来看，可转换证券实质上是一种普通股票的看涨期权。可转换证券包括可转换债券和可转换优先股票。可转换债券是指证券持有者依据一定的转换条件可将信用债券转换成发行人的普通股票的证券。可转换优先股票是指证券持有者可依据一定转换条件将优先股票转换成发行人的普通股票的证券。通常所讲的可转换证券指的是可转换公司债券。

可转换证券可以节省发行费用，降低筹集资金的成本，吸引机构投资者。对投资者来讲，它能够在一定范围内使投资者规避风险但又不放弃收益的选择权。

（二）可转换证券的特征

1. 可转换证券是一种附有认股权的证券，兼有公司债券和股票的双重特征

可转换证券具有债券和股票的双重属性，因而具有公司债券和股票的双重特点。在转换前，它是一种公司债券，具有债券的特征，体现的是债权债务关系，持有人是债权人；在转换成股票后，它变成了股票，具备股票的一般特征，体现所有权关系，持有者由债权人变成了股权所有人。

2. 可转换证券具有双重选择权的特征

可转换证券具有双重选择的权利。一方面，投资者可自行选择是否转换成股票；另一方面，可转换证券发行人有是否实施赎回条款的权利，并为此要支付比没有赎回条款的转债更高的利率。双重选择权是可转换公司债券最主要的金融特征，它的存在使投资者和发行人的风险、收益限定在一定的范围以内。

3. 低利息率和稀释性

由于可转换证券具有选择是否转换成股票的权利，使得可转换债券的利息率往往比较低。一旦转换成股票，由于可转换证券的发行量一般都比较大，所以转换成股票的数量也比较大，增加了普通股的数量，使原有股东的股权比例得到稀释。

（三）可转换证券的要素

1. 有效期和转换期

可转换证券的有效期，指可转换证券从发行日到偿清本息日的存续时间。转换期是指可转换证券转换为普通股的起始日到结束日的期间。可转换证券的发行人一般都规定一个特定的转换期限，在该期限内，允许可转换证券的持有人按转换比例或转换价格转换成发行人的股票。我国《可转换公司债券管理暂性办法》规定，可转换公司债券的期限最短为 3 年，最长 5 年，自发行之日起 6 个月后即可转换成公司股票。

2. 票面利率或股息率

可转换公司债券的票面利率指可转换债券作为一种债券的票面年利率，可转换优先股的股息率指可转换优先股的年股息率，票面利率或股息率由发行人根据市场利率水平、公司债券资信等级和发行条款确定，一般低于相同条件的不可转换证券。可转换证券应半年或一年付息一次，到期后五个工作日内应偿还未转股证券的本金及最后一期利息或股息。

3. 转换比例或转换价格

转换比例是指一定面额可转换证券可转换成普通股的股数，转换比例＝可转换证券面值÷转换价格。

转换价格是指可转换证券转换为每股普通股份所支付的价格，转换价格＝可转换证券面值÷转换比例。

4. 赎回条款与回售条款

赎回是指发行人在发行一段时间后，可以提前买回未到期的发行在外的可转换公司债券。赎回条件一般是当公司股票价格在一段时间内连续高于转换价格达到一定幅度时，公司可按照事先约定的赎回价格买回发行在外尚未转股的可转换公司债券。

回售是指公司股票在一段时间内连续低于转换价格达到某一幅度时，可转换公司债持有人按事先约定的价格将所持可转债卖给发行人的行为。

赎回条款和回售条款是可转换证券在发行时事先规定的具体市场条件。

5. 转换价格修正条款

转换价格修正是指发行人在发行可转换证券后，由于公司的送股、配股、增发股票、分立、合并等原因导致发行人股份发生变动，引起公司股票名义价格下降时而对转换价格所做的必要调整。

（四）可转换证券的价值和价格

可转换证券在不同的条件下具有不同的价值，包括转换价值、理论价值及市场价格。

1. 可转换证券的转换价值

转换价值(CV)是可转换证券实际转换时，按转换成普通股后的市场价格计算出来的理论价值。转换价值等于每股普通股的市场价格(P)乘以转换比例(R)，即转换价值＝股票市场价格×转化比例。例如，某可转换债券面值100元，规定的转换价格为5元，则转换比例为20，那么每100元的债券可以按照5元的价格转换成20股普通股票。如果股票的市场价格为6元，则该可转换债券的转换价值＝6×20＝120元。

因为可转换债券在普通股票价格上涨时转换较为有利，所以股票的市场价格越高，转换价值越大。如果股票目前的市价为P_0，股票价格将来会按照每期r的比率上涨，那么，一段时间(t)后股票的价格$P_t=P_0(1+r)^t$。那么，t期末可转换证券的转换价值$CV_t=P_t\times R=P_0(1+r)^t\times R$。如果上例中预期股票价格将来会按照每期10%的比率上涨，则：

$$CV_t=P_t\times R=P_0(1+r)^t\times R=6\times(1+10\%)^5\times 20=193.26(\text{元})$$

2. 可转换证券的理论价值

(1) 投资价值

将可转换证券视为一般的债券或优先股所具有的价值为投资价值。这一价值相当于将未来债券利息或股息收入加上面值按一定市场利率折算成的现值，即不可转换债券或优先股的理论价值，这种价值实际上是未来收益本息的贴现值。

(2) 理论价值

可转换证券的特征在于投资者可按规定的条件将它转换成普通股票。大多购买可转换债券的投资者并不希望债券还本，而是希望能够将可转换证券转换成普通股。因此，可转换债券的理论价值(P_b)应为未来一系列利息或股息收入与转换价值(CV)的现值之和。

例如，某一可转换债券，面值为 100 元，票面利率为 8%，每年支付 8 元利息，转换比例为 20，转换年限为 5 年。当前的普通股市场价格为每股 6 元，股票价格预期每年上涨 10%，而投资者预期的可转换债券到期收益率为 9%。则该债券的理论价值为：

$$
\begin{aligned}
P_b &= 8/(1+0.09)+8/(1+0.09)^2+8/(1+0.09)^3+8/(1+0.09)^4 \\
&\quad +8/(1+0.09)^5+193.26/(1+0.09)^5 \\
&\approx 156.59(\text{元})
\end{aligned}
$$

当可转换证券的转换价值大于其理论价值时，投资者就会将可转换证券转换成普通股票，抛售获利。在转换价值小于其理论价值时，投资者可继续持有债券，一方面可得到每年固定的债息，另一方面可等待普通股价格的上涨。如果直至债券的转换期满，普通股价格上涨幅度仍不足以使其转换价值大于投资价值，投资者可以要求在债券期满时按面值偿还本金，或者投资者可以将它可转换债券作为普通债券出售。当然，可转换债券的理论价值和转换价值都是可变的，其理论价值主要随市场利率的变化而变动，转换价值则随普通股市价涨跌而变动。一般而言，只要股票价格看涨，可转换债券的理论价值就大于其转换价值。

(3) 可转换证券的市场价格

可转换证券的市场价格以理论价值为基础并受供求关系的影响。在可转换债券到期以前，只要投资者对其所转换普通股票的价格看涨，可转换债券的市场价格就会高于它的转换价值。从理论上说，当市场价格与转换价值相同时，称为转换平价；如果市场价格高于理论价值，称为转换升水；市场价格低与转换价值，称为转换贴水。

可转化债券的市场价格至少应相当于转换价值和投资价值两者中的较高者。市场中，通常以一种具有相同信用等级和相似投资特征的不可转换债券的收益来贴现可转换债券的未来现金流。如果可转换债券不以上述两个价值中较高的价值销售，将出现套利机会。上例中，其他条件相同，面值为 100 元的可转换债券的投资价值为：

$$
\begin{aligned}
P &= 8/(1+0.09)+8/(1+0.09)^2+8/(1+0.09)^3 \\
&\quad +8/(1+0.09)^4+8/(1+0.09)^5+100/(1+0.09)^5 \\
&\approx 96.02(\text{元})
\end{aligned}
$$

由于投资价值为 96.02 元，当前的转换价值为 120 元，那么就存在套利机会，如果投资者以 96.02 元买入可转换债券，以 120 元卖出，就会有 23.98 元的无风险套利收益。如果投资价值大于转化价值并以转换价值交易，投资者也可以按转换价值买入可转换债券并持至债券期满,从中套取高于转换价值的收益。套利的结果,使可转换债券的市场价格必然等于或高于转换价值或投资价值两者中的较高者。

扩展阅读

红筹股、蓝筹股、对冲基金等

1. 红筹股

20 世纪 90 年代初期,在香港股票市场上,香港与国际的投资者把在中国境外注册、在香港上市的带有中国内地概念的股票称为红筹股。

对红筹股的具体定义,有人认为是母公司在港注册,接受香港法律约束并在香港上市的中资企业才称为红筹股。另一种观点认为应按业务范围来区分,如果某上市公司的主要业务在中国内地,其盈利大部分来自该业务,那么这只在中国境外注册、在香港上市的股票,就是红筹股。还有一种观点认为应按权益多少来区分,如果某上市公司股东权益大部分直接或间接来自中国内地,也就是为中资所控股,那么这只在中国境外注册、在香港上市的股票,才算红筹股。恒生红筹股指数 1997 年开始编制时,就是按照这一标准来划定的。

早期的红筹股,主要是一些中资公司收购香港的中小型上市公司后重组而形成的。此后出现的红筹股,主要是内地一些省市或中央部委将其在香港的窗口公司改组并在香港上市后形成的。红筹股已经成为内地企业进入国际资本市场筹资的一条重要渠道。但红筹股不属于外资股。

2. 蓝筹股

蓝筹股也称为绩优股或实力股,是指经营管理良好,创利能力稳定,能连年回报股东的公司股票。这类公司在行业景气和不景气时都有能力赚取利润,风险较小。蓝筹股在市场上受到追捧,因此价格较高。在海外股票市场上,投资者把那些在其所属行业内占有重要支配性地位、业绩优良,成交活跃、红利优厚的大公司股票称为蓝筹股。

"蓝筹"一词源于西方赌场。在西方赌场中,有三种颜色的筹码、其中蓝色筹码最为值钱,红色筹码次之,白色筹码最差,投资者把这些行话套用到股票。随着公司经营状况的改变及经济地位的升降,蓝筹股的排名也会变更。在香港股市中,最有名的蓝筹股当属全球最大商业银行之一的汇丰控股。有华资背景的"长江实业"和中资背景的中信泰富等,也属蓝筹股之列。中国内地的股票市场虽然历史较短,但发展十分迅速,也逐渐出现了一些蓝筹股。蓝筹股有很多,可以分为一线蓝筹股、二线蓝筹股、绩优蓝筹股、大盘蓝筹股、中国蓝筹股,还有蓝筹股基金等。

3. 对冲基金

对冲基金(Hedge Fund),译为风险对冲过的基金,是指利用期货、期权等金融衍生工具,在相关联的股票买卖时,进行反向风险对冲的操作,规避和化解证券投资风险的投资基金。目前,对冲基金早已失去风险对冲的内涵。现在人们普遍认为对冲基金实际上是基于新的投资理论和极其复杂的金融市场操作技巧,充分利用各种金融衍生产品的杠杆效用,承担高风险、追求高收益的投资模式。

与一般的投资基金相比,对冲基金有很多特点。在筹资方式上,由于对冲基金的高风险和复杂的投资机理，对冲基金一般都是私募，采取合伙人制，合伙人一般控制在100人以下，他们提供大部分资金但不参与投资活动，以保证其操作上的高度隐蔽性和灵活性。基金管理者以资金和技巧入伙，负责基金的投资决策。在信息披露上，由于对冲基金多为私募性质，规避了法律对公募基金信息披露的严格要求。在投资方式上，对冲基金可利用一切可操作的金融工具和组合，最大限度地使用基金，牟取超额回报，具有高度隐蔽性、灵活性、杠杆性。在操作模式上，基金管理人在购入一种股票后，同时购入这种股票的一定价位和时效的看跌期权。当股票价位跌破期权限定的价格时，卖方期权的持有者可将手中持有的股票以期权限定的价格卖出，从而使股票跌价的风险得到对冲。如果股票上涨，则放弃履行期权合约，损失期权费，获得股票收益。对冲基金具有很高杠杆性。典型的对冲基金往往利用银行信用，以极高的杠杆借贷(Leveradge)在其原始基金量的基础上几倍甚至几十倍地扩大投资资金，从而达到最大程度地获取回报的目的。对冲基金的证券资产的高流动性，使得对冲基金可以利用基金资产方便地进行抵押贷款。一个资本金只有2亿美元的对冲基金，可以通过反复抵押其证券资产，贷出高达上百亿美元的资金。这种打杆效应的存在，使得在一笔交易后扣除贷款利息，净利润远远大于仅使用2亿美元的资本金运作可能带来的收益。当然，由于这种高杠杆性，对冲基金如果操作不当则会面临巨大损失。

对冲基金起源于20世纪50年代初的美国。1949年世界上诞生了第一个有限合作制的琼斯对冲基金。虽然对冲基金在20世纪50年代已经出现，但是，它在接下来的三十年间并未引起人们的太多关注，直到上世纪80年代，随着金融自由化的发展，对冲基金才有了更广阔的投资机会，从此进入了快速发展的阶段。20世纪90年代，世界通货膨胀的威胁逐渐减少，同时金融工具日趋成熟和多样化，对冲基金进入了蓬勃发展的阶段。对冲基金中最著名的是乔治·索罗斯的量子基金及朱里安·罗伯逊的老虎基金，它们都曾创造过高达40%至50%的复合年度收益率。在1969年量子基金成立时注入该基金的1美元在1996年底东南亚金融危机前已增值至3万美元，增长了3万倍。虽然对冲基金收益巨大，但是由于其投机性太强，给世界经济造成了很大损失。1992年狙击英镑，索罗斯的量子基金卖空了相当于70亿美元的英镑，买进了相当于60亿美元的马克，在一个多月时间内净赚15亿美元，而欧洲各国中央银行共计损伤了60亿美元，该事件以英镑在1个月内汇率下挫20%而告终。1997年7月，量子基金大量卖空泰铢，迫使泰国放弃维持已久的与美元挂钩的固定汇率而实行自由浮动，从而引发了一场泰国金融市场前所未有的危机。随后量子基金联合老虎基金，使危机很快波及所有东南亚实行货币自由兑换的国家和地区，东南亚各国货币汇率下挫，股市暴跌，贸易锐减，经济衰退，失业增加，演变成东南亚金融危机，对我国经济也产生了巨大的影响。

4. 创业基金

创业基金，又称风险资本(Venture Capital)，是为支持那些有发展前途的新兴产业而融通资金的机构，其经营方针是在高风险中追求高收益。它的投资目标主要是那些不具备上市资格的小企业和新兴企业，甚至是那些还处于构思之中的企业。我国的产业投资基金即属于创业基金。世界上知名的风险资本有美国的高盛和摩根两家投资银行。

创业基金的投资对象是处于创业期的未上市的新兴中小型企业，尤其是新兴高科技企业。在美国，创业基金约80%的资金投资于创业期的高科技企业。创业基金以高风险高回报著称，其投资需要5年左右才可能收回，期间通常没有收益，一旦失败则本利全无，如果成功，则可获得丰厚的回报。创业基金均以私募方式向特定的投资群体募集资金。

5. 可分离基金

可分离基金是指基金份额自动分成两部分，交易时两部分可分开买卖的开放式基金。可分离基金在基金合同生效后将自动分成两类份额，两类份额分别证券交易所采用不同交易代码上市交易，一类份额在三年封闭期间具有相对稳定的收益，另一类份额在三年封闭期间享有杠杆收益，并同时承担相应风险。理论上，A和B两类份额内在价值由当天的基金净值和合同约定的未来收益决定。

2009年5月6日，国内首只可分离基金——长盛同庆基金发行。根据基金合同，投资者初始认购的长盛同庆基金份额，在募集期结束后将按4∶6的比例自动分离为风险收益特征不同的A、B两类份额，并分别以不同代码单独在深交所上市交易。长盛同庆基金本身则封闭运作三年，期间不开放申购赎回，投资者买卖基金仅可在二级市场进行。三年运作期满，同庆A份额可能获得每年单利5.6%的约定收益及可能的超额收益分配；在优先分配同庆A份额本金及约定收益后，同庆B份额全额享有整个基金资产的收益或损失。

习　题

一、名词解释

股票	普通股	优先股	债券
国债	金融债券	公司债券	国际债券
投资基金	开放式基金	封闭式基金	契约型基金
公司型基金	期货	套期保值	套利交易
期权	看涨期权	看跌期权	可转换证券

二、复习思考题

1. 股票的含义是什么？股票的特征有哪些？
2. 什么是优先股、优先股有哪些特征？
3. 按投资主体性质不同分，我国现有的股票类型有哪些？
4. 外资股按上市地域不同分为哪些类型？
5. 什么是债券？债券的票面基本要素有哪些？
6. 什么是政府债券？政府债券的特征有哪些？
7. 债券按计息与付息方式如何分类？
8. 什么是外国债券和欧洲债券？
9. 什么是证券投资基金？证券投资基金有哪些特点？
10. 按基金运作方式不同，基金可分为哪些类型？
11. 封闭式基金如何交易？
12. 简要论述几种主要的金融衍生工具的概念和特点。
13. 金融期货的基本功能有哪些？
14. 什么是什么是看涨期权、看跌期权？

15. 按权证的内在价值分类，权证可以分为哪些种类？

三、单项选择题

1. 股票按股东享有权利的不同，可以分为(　　)。

A. 普通股票和优先股票　　B. 记名股票和无记名股票
C. 有面额股票和无面额股票　　D. 份额股票和比例股票

2. 记名股票的特点不包括(　　)。

A. 股东权利归属于记名股东　　B. 转让相对复杂或受限制
C. 便于挂失，相对安全　　D. 认购股票时要求一次缴纳出资

3. 优先股票的特征不包括(　　)。

A. 一般无表决权　　B. 股息率不固定
C. 剩余资产分配优先　　D. 股息分派优先

4. H 股采取记名股票形式，以(　　)标明股票面值，以(　　)认购、买卖，在境外证券交易所上市交易。

A. 人民币、美元　　B. 美元、美元
C. 人民币、港元　　D. 港元、港元

5. 根据发行主体的不同，债券可以分为(　　)。

A. 零息债券、附息债券和息票累积债券　　B. 实物债券、凭证式债券和记账式债券
C. 政府债券、金融债券和公司债券　　D. 国债和地方债券

6. 债券与股票的区别论述错误的是(　　)。

A. 债券是债权凭证，股票是所有权凭证
B. 发行债券是公司追加资金的需要，发行股票则是股份公司创立和增加资本的需要
C. 债券一般有规定的偿还期，股票是一种无期投资
D. 因为股票风险较大，债券风险相对较小，所以股票的收益必然高于债券

7. 根据发行主体的不同，债券可以分为(　　)。

A. 零息债券、附息债券和息票累积债券　　B. 实物债券、凭证式债券和记账式债券
C. 政府债券、金融债券和公司债券　　D. 国债和地方债券

8. 证券投资基金通过发行基金单位集中的资金，交由(　　)管理和运用。

A. 基金托管人　　B. 基金承销公司　　C. 基金管理人　　D. 基金投资顾问

9. 以下各类基金中，管理费费率最低的是(　　)。

A. 认股权证基金　　B. 货币市场基金　　C. 股票基金　　D. 债券基金

10. 金融期货通过在现货市场与期货市场建立相反的头寸，从而锁定未来现金流的功能称为(　　)。

A. 套期保值功能　　B. 价格发现功能　　C. 投机功能　　D. 套利功能

11. 根据(　　)划分，金融期权可以分为欧式期权、美式期权和修正的美式期权。

A. 选择权的性质　　B. 合约所规定的履约时间的不同
C. 金融期权基础资产性质的不同　　D. 协定价格与基础资产市场价格的关系

四、多项选择题

1. 我国按投资主体的不同性质，将股票划分为（　　）。

A. 国家股　B. 法人股　C. 社会公众股　D. 外资股

2. 下面属于境内上市外资股的是（　　）。

A. H 股　B. B 股　C. N 股　D. S 股

3. 债券的票面要素包括（　　）。

A. 债券发行者名称　B. 债券的到期期限

C. 债券的票面价值　D. 债券的票面利率

4. 根据债券券面形态，国债可以分为（　　）。

A. 实物国债　B. 凭证式国债

C. 记账式国债　D. 附息票国债

5. 根据付息方式的不同，债券可以分为（　　）。

A. 零息债券、附息债券和息票累积债券　B. 实物债券、凭证式债券和记账式债券

C. 政府债券、金融债券和公司债券　D. 国债和地方债券

6. 按是否可自由赎回和基金规模是否固定，基金可分为（　　）。

A. 收入型基金　B. 封闭型基金

C. 开放型基金　D. 成长型基金

7. 作为证券市场一种重要的投资方式，证券投资基金具备的明显特点是（　　）。

A. 集合投资　B. 较高收益　C. 分散风险　D. 专家管理

8. 套期保值的基本做法是（　　）。

A. 持有现货空头，买入期货合约　B. 持有现货空头，卖出期货合约

C. 持有现货多头，卖出期货合约　D. 持有现货多头，买入期货合约

9. 根据选择权的性质划分，金融期权可以分为（　　）。

A. 看涨期权　B. 看跌期权　C. 欧式期权　D. 美式期权

五、判断题

1. 股份有限公司的资本划分为股份，每一股股份的金额相等。（　　）

2. 股票是要式证券的含义是：股票应具备《公司法》规定的有关内容，如果缺少规定的要件，股票就无法律效力。（　　）

3. 所谓记名股票，是指在股票票面和股份公司的股东名册上记载股东姓名的股票。（　　）

4. 红筹股是指在中国境外注册，在我国香港、澳门和台湾地区上市但主要业务在中国内地或大部分股东权益来自中国内地的股票。（　　）

5. 债券票面利率也称实际利率，是债券年利息与债券票面价值的比率。（　　）

6. 金融债券的发行主体是银行或非银行的金融机构。金融机构一般有雄厚的资金实力，信用度较高，通常被称为“金边债券”。（　　）

7. 债券一般有规定的偿还期，期满时债务人必须按时归还本金。因此债券是一种有期投资，不存在债券投资不能收回的情况。（　　）

8. 股票风险较大，债券风险相对较小；债券通常有规定的利率，股票的股息红利不固定。（　）

9. 证券投资基金是以资产组合方式进行证券投资活动的基金。（　）

10. 货币市场基金是以货币市场工具为投资对象的一种基金，其投资对象期限在 1 年以内。（　）

11. 金融衍生工具产生的最基本原因是为了获得高额收益。（　）

12. 从理论上说，价格发现意味着期货价格必然等于未来的现货价格。（　）

第三章　证券市场概述

学习内容和要求

1. 掌握证券市场的定义、特征、结构及基本功能；

2. 掌握证券市场参与者的构成；

3. 熟悉机构投资者的种类、证券市场中介的含义、证券交易所、证券业协会、证券监管机构的主要职责；

4. 熟悉证券市场产生的历史背景和发展阶段；

5. 了解旧中国的证券市场和建国初期的证券市场。

第一节　证券市场简介

证券市场是股票、债券、投资基金份额等有价证券发行和交易的场所。证券市场是市场经济发展到一定阶段的产物，是为解决资本供求矛盾而产生的市场。

一、证券市场的特征

1. 证券市场是价值直接交换的场所

有价证券都是价值的直接代表，他们本质上是价值的一种直接表现形式。

2. 证券市场是财产权利直接交换的场所

证券市场实际上是财产权利的直接交换场所。

3. 证券市场是风险直接交换的场所

有价证券的交换在转让出一定收益权的同时，也把该有价证券的风险转让出去。所以，从风险的角度分析，证券市场也是风险直接交换的场所。

二、证券市场的结构

1. 层次结构

按顺序关系划分，证券市场的构成可分为发行市场和交易市场。证券发行市场又称“一级市场”或“初级市场”，是发行人以筹集资金为目的，按照一定的法律规定和发行程序，向投资者出售新证券所形成的市场。证券交易市场又称“二级市场”或“次级市场”，是已发行的证券通过买卖交易实现流通转让的市场。

证券发行市场是流通市场的基础和前提，有了发行市场的证券供应，才有流通市场的证券交易，证券发行的种类、数量和发行方式决定流通市场的规模和运行。流通市场是证券得以持续扩大发行的必要条件，为证券的转让提供市场条件，使发行市场充满活力。

2. 品种结构

这种结构关系的构成主要有股票市场、债券市场、基金市场等。

股票市场交易的对象是股票，股票的市场价格除了与股份公司的经营状况和盈利水平有关外，还受到其他如政治、社会、经济等多方面因素的综合影响，因此，股票价格经常处于波动之中。

债券的发行人有中央政府、地方政府、金融机构、公司和企业。债券是债权凭证，债券持有者与债券发行人之间是债权债务关系。债券因有固定的票面利率和期限，因此，相对于股票价格而言，市场价格比较稳定。

封闭式基金在证券交易所挂牌交易，开放式基金则通过投资者向基金管理公司申购和赎回实现流通转让。

3. 交易场所结构

按交易活动是否在固定场所进行，证券市场可分为有形市场和无形市场。通常人们也把有形市场称作为“场内市场”，系指有固定场所的证券交易所市场。有形市场的诞生是证券市场走向集中化的重要标志之一。有时人们也把无形市场称作为“场外市场”，指没有固定交易场所的市场。

三、证券市场的基本功能

证券市场综合反映国民经济运行的各个维度，被称为国民经济的“晴雨表”，客观上为观察和监控经济运行提供了直观的指标，它的基本功能包括：

1. 筹资—投资功能

证券市场的筹资—投资功能是指证券市场一方面为资金需求者提供了通过发行证券筹集资金的机会，另一方面为资金供给者提供了投资对象。筹资和投资是证券市场基本功能不可分割的两个方面，忽视其中任何一个方面都会导致市场的严重缺陷。

2. 资本定价功能

证券的价格是证券市场上证券供求双方共同作用的结果。

3. 资本配置功能

证券市场的资本配置功能是指通过证券价格引导资本的流动从而实现资本的合理配置的功能。

第二节　证券市场的产生与发展

一、证券市场的产生

相对于商品经济而言，证券市场的历史要短暂得多。换句话说，在商品经济的历史长河

中,人类曾经历了一个长期没有证券市场的时代。证券市场从无到有,主要归因于以下三点:

(一)证券市场的形成得益于社会化大生产和商品经济的发展

在自给自足的小生产社会中,受生产力水平的制约,生产所需的资本极其有限,单个生产者的积累就能满足再生产的需要,不需要也不可能存在证券和证券市场。从自然经济向商品经济发展的初期,由于社会分工不发达,生产力水平低下,社会生产所需要的资本除了自身积累外,可以通过借贷资本来筹集,但当时的信用制度仍是简单落后的,证券市场无法形成。随着生产力的进一步发展,社会分工的日益复杂,商品经济日益社会化,社会化大生产产生了对巨额资金的需求,依靠单个生产者自身的积累难以满足需求,即使依靠银行借贷资本也不能解决企业自有资本扩张的需要。因此,客观上需要有一种新的筹集资金的机制以适应社会经济进一步发展的要求。在这种情况下,证券与证券市场应运而生。

(二)证券市场的形成得益于股份制的发展

随着商品经济的发展,生产规模日渐扩大,传统的独资经营方式和家族型企业已经不能满足对巨额资本的需求,于是产生了合伙经营的组织;随后又由单纯的合伙组织逐步演变成股份公司。股份公司通过发行股票、债券向社会公众募集资金,实现资本的集中,用于扩大生产。股份公司的建立、公司股票和债券的发行,为证券市场的产生提供现实的基础和客观的要求。

(三)证券市场的形成得益于信用制度的发展

只有当货币资本与产业资本相分离,货币资本本身取得了一种社会性质时,公司股票和债券等信用工具才会被充分运用。随着信用制度的发展,商业信用、国家信用、银行信用等融资方式不断出现,越来越多的信用工具随之涌现。信用工具一般都有流通变现的要求,而证券市场为有价证券的流通、转让创造了条件。因而,随着信用制度的发展,证券市场的产生成为必然。

二、证券市场的发展阶段

纵观证券市场的发展历史,其进程大致可分为5个阶段。

(一)萌芽阶段

在资本主义发展初期的原始积累阶段,西欧就已有了证券的发行与交易。15世纪的意大利商业城市中的证券交易主要是商业票据的买卖。16世纪的法国里昂、比利时安特卫普已经有了证券交易所,当时进行交易的是国家债券。16世纪中叶,随着资本主义经济的发展,所有权和经营权相分离的生产经营方式——股份公司出现,使股票、公司债券及不动产抵押债券依次进入有价证券交易的行列。1602年,在荷兰的阿姆斯特丹成立了世界上第一个股票交易所。1698年,在英国已有大量的证券经纪人,伦敦柴思胡同的乔纳森咖啡馆就是固有众多的经纪人在此交易而出名。1773年,英国的第一家证券交易所即在该咖啡馆成立,1802年获得英国政府的正式批准。这家证券交易所即为现在伦敦证券交易所的前身,最初主要交易政府债券,之后公司债券和矿山、运河股票逐渐上市交易。到19世纪中叶,一些地方性证券市场也在英国兴起,铁路股票盛行。美国证券市场是从买卖政府债券开始的。在独立战争中,美国的战时国会、各州和军队都发行了各种各样的中期债券和临时债券。战争结束后，美国政府为了取信于民，就以发行联邦债券的形式承担了这笔 8 000 万美元的债务。这项巨额债券的发行是由大量的证券经纪人出售的。证券交易首先从费城、纽约开始，其后向芝加哥、波士顿等大城市蔓延，为美国证券市场的发展打下了基础。1790 年成立了美国第一个证券交易所——费城证券交易所。1792 年 5 月 17 日，24 名经纪人在华尔街的一棵梧桐树下聚会，商定了一项名为“梧桐树协定”的协议，约定每日在梧桐树下聚会，从事证券交易，并订出了交易佣金的最低标准及其他交易条款。1793 年，一家名叫“汤迪”的咖啡馆在华尔街落成，于是露天的证券市场就在(穆进)汤迪咖啡馆经营。1817 年，参与华尔街汤迪咖啡馆证券交易的经纪人通过一项正式章程，并成立组织，起名为“纽约证券交易会”，1863 年改名为“纽约证券交易所”。独立战争结束后，美国工业革命开始。受工业革命影响，证券市场上的公司股票逐渐取代政府债券的地位，运输公司股票、铁路股票、矿山股票纷纷出现在证券市场上，同时银行股票、保险公司股票及一些非金融机构的公司股票也开始露面，股票交易开始盛行。

(二) 初步发展阶段

20 世纪初，资本主义从自由竞争阶段过渡到垄断阶段。正是在这一过程中，为适应资本主义经济发展的需要，证券市场以其独特的形式有效地促进了资本的积聚和集中，同时，其自身也获得了高速发展。首先，股份公司数量剧增。以英国为例，1911—1920 年建立了 64 000 家，1921—1930 年建立了 86 000 家。至此，英国 90%的资本都处于股份公司控制之下。与此同时，持股公司形成并获得了发展，而金融公司、投资银行、信托投资公司、证券公司等证券经营机构也获得了极大的发展。其次，在这一时期，有价证券发行总额剧增 1921—1930 年全世界有价证券共计发行 6 000 亿法国法郎，比 1890—1900 年增加近 5 倍。有价证券的结构也起了变化，在有价证券中占主要地位的已不是政府债券，而是公司股票和公司债券。据统计，1900—1913 年全世界发行的有价证券中，政府公债占发行总额的 40%，而公司股票和公司债券则占了 60%。

(三) 停滞阶段

1929—1933 年，资本主义国家爆发了严重的经济危机，导致世界各国证券市场的动荡，不仅证券市场的价格波动剧烈，而且证券经营机构的数量和业务锐减。危机的先兆就表现为股市的暴跌，而随之而来的经济大萧条更使证券市场遭受了严重打击。到 1932 年 7 月 8 日，道·琼斯工业股票价格平均数只有 41 点，仅为 1929 年最高水平的 11%。危机过后，证券市场仍一蹶不振。第二次世界大战爆发后，虽然各交战国由于战争的需要发行了大量公债，但整个证券市场仍处于不景气之中。与此同时，加大证券市场管制力度的呼声越来越强烈，使证券市场的拓展工作陷入前所未有的停滞之中。

(四) 恢复阶段

第二次世界大战后至 20 世纪 60 年代，因欧美与日本经济的恢复和发展以及各国的经济增长大大地促进了证券市场的恢复和发展，公司证券发行量增加，证券交易所开始复苏，证券市场规模不断扩大，买卖越来越活跃。这一时期，世界贸易和国际资本流动得到了一定程度的恢复与发展，因而证券市场国际化的进程也逐渐有所加快。但由于人们对经济危机和金融危机会不会卷土重来仍心存疑虑,加之在此阶段许多国家面临着资本稀缺和通货膨胀的双重压力,对资本的流动实行了严厉的管制,因而,证券市场的发展并不十分引人注目。

(五)加速发展阶段

从20世纪70年代开始,证券市场出现了高度繁荣的局面,不仅证券市场的规模继续扩大,而且证券交易日趋活跃。其主要标志是反映证券市场容量的重要指标——证券化率(证券市值/GDP)的提高。

三、国际证券市场发展现状与趋势

20世纪90年代以来,在高新技术快速发展和经济全球化的背景下,各国(地区)的证券市场发生了一系列深刻重要的变化。在有效推进金融自由化、加大金融业对外开放、国际金融竞争加剧以及随之而来的金融风险凸现的过程中,各国(地区)证券市场之间的联系更加密切,显示出全球化的趋势。这些全球性的变化主要表现在以下几方面:

(一)证券市场一体化

在经济全球化的背景下,国际资本流动频繁且影响深远,并最终导致全球证券市场相互联系日趋紧密,证券市场出现了一体化趋势。具体反映为以下几个方面:首先,从证券发行人或筹资者层面看,异地上市、海外上市以及多个市场同时上市的公司数量和发行规模日益扩大,海外发行主权债务工具的规模也非常巨大。其次,从投资者层面看,随着资本管制的放松,全球资产配置成为流行趋势,个人投资者可以借助互联网轻松实现跨境投资,以全球基金、国际基金为代表的机构投资者大量投资境外证券,主权国家出于外汇储备管理的需要,也形成对外国高等级证券的巨大需求。再次,从市场组织结构层面看,交易所之间跨国合并或跨国合作的案例层出不穷,场外市场在跨国购并等交易活动的驱动下,也渐趋融合。最后,从证券市场运行层面看,全球资本市场之间的相关性显著增强。此外,从产品设计与创新、投资理念、监管制度等角度看,全球化趋势也非常明显。

(二)投资者法人化

机构投资者主要是开放式共同基金、封闭式投资基金、养老基金、保险基金、信托基金,此外还有对冲基金、创业投资基金等。21世纪,国际证券市场发展的一个突出特点是各种类型的机构投资者快速成长,它们在证券市场上发挥出日益显著的主导作用。

(三)金融创新深化

创新是金融业永恒的主题,21世纪,在新的金融理论和金融技术的支持下,有关产品、组织、监管等方面的发展千变万化、日新月异。在有组织的金融市场中,结构化票据、交易所交易基金(ETF)、各类权证、证券化资产、混合型金融工具和新型衍生合约不断上市交易;从功能上看,天气衍生金融产品、能源风险管理工具、巨灾衍生产品、政治风险管理工具、信贷衍生品层出不穷,极大地扩展了“金融帝国”的范围。场外交易衍生产品快速发展以及新兴市场金融创新热潮也反映了金融创新进一步深化的特点。在场外市场中,以各类奇异型期权为代表的非标准交易大量涌现,成为风险管理的利器。而新兴市场在金融产品的设计和创新方面也开始从简单模仿和复制，逐步发展到独立开发具有本土特色的各类新产品，成为全球金融创新浪潮不可忽视的重要组成部分。

（四）金融机构混业化

20世纪90年代以来，全球范围内的国际金融市场竞争愈演愈烈，金融创新使金融机构和金融业务的界限日益模糊，原来对金融业实行分业经营的国家，政府管制和法律限制被不断突破，混业经营趋势不断增强。1999年11月4日，美国国会通过《金融服务现代化法案》，废除了1933年经济危机时代制定的《格拉斯-斯蒂格尔法案》，取消了银行、证券保险公司相互渗透业务的障碍，标志着金融业分业制度的终结。在此背景下，金融机构之间展开了大规模的购并和跨国购并，通过购并重组，不仅推动了金融机构的资产规模高速增长，而且形成了一些大型的跨国金融控股集团。这些大型的金融控股集团通过控股或全资拥有的投资银行、商业银行、保险公司、资产管理公司等，既实现了各类金融业务紧密结合、相互渗透，又顺应了新经济条件下客户对金融服务多样化、立体化、超级市场化的需求。

（五）交易所重组与公司化

进入新世纪以来，在证券市场上最引人注目的事件是欧洲证券交易所的重组。2000年3月18日，阿姆斯特丹交易所、布鲁塞尔交易所、巴黎交易所签署协议，合并为泛欧交易所；2002年又先后合并伦敦国际金融期权期货交易所（LIFFE）和葡萄牙交易所（BVIP）。2006年4月份，纳斯达克（NASDAQ）收购伦敦证券交易所（LSE）股份，至年底持有LSE28.75qo的股份。2006年6月，纽约证券交易所（NYSE）与泛欧证交所（EuronexL）达成总价约100亿美元的合并协议，组建全球第一家横跨大西洋的纽交所一泛欧证交所公司。2006年7月，澳大利亚证券交易所（ASX）与悉尼期货交易所（SFE）宣布合并。2006年10月份，芝加哥商业交易所（CME）和芝加哥期货交易所（CBOT）宣布合并，组成CME集团有限公司。此外，还有更多交易所之间通过产品交叉上市、共享交易代码和交易平台等方式实现了战略合作。交易所公司化是证券业应对激烈市场竞争的又一表现。从1993年斯德哥尔摩证券交易所挂牌上市到2002年12月6日芝加哥商业交易所（CME）在纽约证券交易所首次公开发行股票并上市，近10年来已有30多家证券交易所实现了公司化改制。其中斯德哥尔摩证券交易所、阿姆斯特丹证券交易所、澳大利亚证券交易所、新加坡交易所、悉尼期货交易所、巴黎交易所、伦敦证券交易所、芝加哥商业交易所、中国香港证券交易所、新泛欧交易所、德意志交易所已公开挂牌上市。

（六）证券市场网络化

随着电子计算机技术的发展，国际金融市场的交易手段越来越先进。自从1970年伦敦证券交易所采用市场价格显示装置、1971年美国建成全国证券商协会自动报价系统和纽约证券交易所创设市场间交易系统以来，这种交易过程的创新始终未曾停顿。最为典型的是由芝加哥商业交易所率先使用GLOBEX电子交易系统，以后又进一步采用新的金融信息交换（Financial Information Exchange）应用程序界面（Application Programnung Inter-face）搜术，即FIEAPI技术以来，其他交易所也纷纷仿效，使用电子交易系统来提高交易效率。电子交易系统的普遍采用，使国际证券市场突破了时间和空间的限制，实现了网络化。20世纪90年代以来，随着电子计算机技术的发展和信息经济的来临，出现了电子金融创新(E-Finance Innovation)。电子金融创新是电子商务(E-Business)在金融业的应用，它不是将电子计算机技术应用于金融资产的交易和交割过程，而是应用于金融信息的收集、分析、传播、交流和金融资产的管理过程。值得一提的是，以国际互联网或大型计算机网络为基础的比较系统和完整的金融信息分析和金融资产管理是近几年才出现的。

（七）金融风险复杂化

随着金融创新和金融交易的快速发展，各国(地区)金融相关度进一步提高，竞争的加剧、汇率的波动、国际短期资本的流动以及经济发展战略的失误都可能直接引发一国(地区)甚至多国(地区)发生金融危机，而一国(地区)的金融风险可能立即在局边国家(地区)传递，甚至影响国际金融市场正常运行。20 世纪 90 年代是国际金融风险频繁发生的时期，这一时期曾发生的主要金融风险有：1992 年，发生英镑危机，导致英国英镑和意大利里拉退出欧洲汇率机制；1993 年，日本泡沫经济破灭，将日本经济拖人漫长的衰退期；1994 年，发生墨西哥金融危机，墨西哥政府被迫宣布货币贬值，结果引起更大规模的资本外逃以及拉丁美洲地区金融市场的连锁反应；1995 年，发生巴林银行事件，导致这家有 223 年历史的英国老字号投资银行进入清算状态，最终被荷兰国际收购；1997 年 7 月，爆发东南亚危机，由泰铢贬值、泰国政府放弃实行多年的固定汇率开始，最后演变成一场严重的地区性经济危机；1997—1998 年，日本许多大型金融机构宣布破产，巨额坏账拖累日本金融和经济；1998 年 8 月，俄罗斯发生债务危机，引起国际金融市场的恐慌；1998 年 8 月，为应对国际投机者的攻击，中国香港金管局毅然采取不寻常的人市干预办法，成功维持了港币和恒生指数的稳定；1998 年 8 月，美国一家大型对冲基金长期资本管理公司因在国际债券期赞市场上投机失败而濒临倒闭；1999 年初，巴西爆发金融动荡，汇市、股市双双暴跌，堆后由国际货币基金组织出面组织援助。频频发生的金融危机使人们认识到，金融全球化不仅意味着全球金融活动一体化，而且意味着全球金融风险日益紧密联系并相互传递。金融风险已成为 20 世纪 90 年代以来影响世界经济稳定发展的最重要的因素。进入 21 世纪以来，全球市场风险发生了一些新的变化，新兴市场与成熟市场之间的风险因素互动加剧，成熟市场风险对新兴市场的影响不断增大。2007 年以来，主要发源于美国的次级按揭贷款和相关证券化产品危机广泛影响了全球金融机构和市场，我国一些商业银行也受到波及，同时，次级债危机引发的全球金融动荡还将在一定时期内继续对我国证券市场发展产生持续的影响。

（八）金融监管合作化

频繁发生的金融风险给各国(地区)带来深刻的教训，为此各国(地区)更加注重健全金融体系，推行金融改革；加强和改善金融监管，建立和完善保护投资者权益和信心的制度；完善宏观经济管理，保持国际收支基本平衡。鉴于金融危机的国际传递趋势，各国更注重加强国际金融合作和协调，运用国际资源提升防范国际金融危机的能力，防范和化解国际金融风险。2007 年开始的美国次级贷款危机，时至今日已经演变成了一场全球金融危机和经济危机。这场危机让人们对金融衍生产品的风险性、金融风险的复杂性、金融机构高杠杆经营的危害性有了更为深入的认识，全球金融市场都在深刻反思，各国(地区)金融监管部门纷纷采取必要的措施防止危机的进一步扩大。在此背景下，全球证券市场的发展也呈现出一些新的趋势，突出表现在以下几个方面：一是金融机构的去杠杆化。美国的投资银行、对冲基金、债券保险公司等非银行金融机构，由于没有严格的资本监管要求，缺乏稳定的资金来源和丰厚的资本金，他们一般会借助财务杠杆操作，大量持有证券、债券和复杂的信贷产品，以高杠杆投资方式将利润急剧放大，多次打包次贷产品，组合成投资工具，按风险等级划分后再出售到各国金融机构。高杠杆运作本身具有无法克服的先天缺陷。首先，投资银行等机构自有资金有限，主要靠货币市场上的大宗借款来放大资产倍数；其次，这些机构投资的衍生产品具有高杠杆属性，保证金交易制度使衍生产品投资的杠杆效应倍数放大；最后，无节制地开发过度打包的基础产品，导致产品的风险程度不透明，链条层次过长使得高杠杆运作的风险放大，不易被投资者察觉，加剧高杠杆产品风险的蔓延。所以，在市场流动性收紧引发房地产价格下跌等一系列资产价格泡沫的破灭后，这些金融机构的去杠杆化势在必行。二是金融监管的改革。随着金融危机的不断蔓延，各国(地区)监管机构逐步形成了对现行金融监管体系进行改革的共识，最主要的是要对金融监管边界的重新界定。自20世纪80年代初以来，西方国家掀起了一场以放松金融管制为主要目标的金融自由化运动。放松金融管制的实际结果是明显地缩小了监管的范围和边界，扩大了无监管或少监管的范围，尤其是对近年来出现的创新金融产品和基金业几乎没有监管。放松金融管制对解放金融生产力和促进金融业现代化起到了一定的积极作用，但也带来了很多问题。金融监管不平衡和不完全扭曲了金融机构之间的利益关系、盈利能力和风险承受能力，使一些金融机构千方百计地逃离监管边界的束缚，造成监管性套利活动泛滥，导致广泛性金融风险无限制地扩张，比如，不受监管的或较少受监管的结构性衍生金融产品、投资银行和单一险种保险商等，这些金融产品或金融机构一旦出现问题，便会对受监管较严的商业银行造成伤害。因此，要求重新界定金融监管边界的呼声越来越高。此外还包括调整政府金融行业监管结构、更严厉的清算和资本要求、改革破产制度和信用卡制度以及加强对金融机构薪酬制度的监管等。三是国际金融合作的进一步加强。一些经济学家建议，尽快建立一个全球性的监管协调机构，以增强全球金融监管的一致性和有效性。他们认为，在西方金融业普遍存在巨大的政治游说和干预势力的情形下，建立不受各国国内政治因索影响的高度专业化的、独立性较强的国际金融监管机构是极为必要的。具有较充分独立性的国际金融监管机构的主要职能是监督国际协议的执行和促进资本流动，而不是重新监管全球经济。

四、中国证券市场发展史简述

(一) 旧中国证券市场发展简史

证券在我国属于舶来品，最早出现的股票是外商股票，最早出现的证券交易机构也是由外商开办的上海股份公所和上海众业公所。上市证券主要是外国公司股票和债券。从19世纪70年代开始，清政府洋务派在我国兴办工业，随着这些股份制企业的兴起，中国自己的股票、公司债券和证券市场便应运而生。1872年设立的轮船招商局是我国第一家股份制企业。1914年北洋政府颁布的《证券交易所法》推动了证券交易所的建立。1917年，北洋政府批准上海证券交易所开设证券经营业务。1918年夏天成立的北平证券交易所是中国人自己创办的第一家证券交易所。1920年7月，上海证券物品交易所得到批准成立，是当时规模最大的证券交易所。此后，相继出现了上海华商证券交易所、青岛市物品证券交易所、天津市企业交易所等，逐渐形成了旧中国的证券市场。

（二）新中国的证券市场

20世纪70年代末期以来的中国经济改革大潮，推动了资本市场的重新萌生和发展。在过去的10多年间，中国资本市场从无到有，从小到大，从区域到全国，得到了迅速的发展。回顾改革开放以来中国资本市场的发展，大致可以划分为3个阶段。

1. 萌芽阶段(1978年—1987年)

1978年12月，以中国共产党第十一届三中全会的召开为标志，经济建设成为国家的基本任务，改革开放成为中国的基本国策。随着经济体制改革的推进，企业对资金的需求日益多样化，新中国资本市场开始萌生。

在这一萌芽阶段的主要特征为，国家和企业开始试行以发行公债和企业债券的方式从社会筹措资金；证券市场平台的开始搭建，以及企业开始股份制改革。

20世纪80年代初，若干小型国有和集体企业开始进行了多种多样的股份制尝试，开始出现股票这一新生事物。这一时期股票一般按面值发行，大部分实行保本保息保分红、到期偿还，具有一般债券的特性；发行对象多为内部职工和地方公众；发行方式多为自办发行，没有承销商。

1981年7月，我国改变传统"既无外债、有无内债"的计划经济思想，重启国债发行，向社会筹集资金。1982年和1984年，企业债和金融债开始出现。国家和国家骨干企业的筹资行为，为我国证券市场的形成和发展做出了两方面的贡献：一是国家和企业在宏观上促使了证券一级市场即发行市场的形成，二是为证券二级市场即流通市场准备了可供交易的商品。据不完全统计，截至1987年底，我国已发行的各类公债(包括国库券)和企业债券达1 200亿元左右。此外，在上海、沈阳、深圳等地还有部分股份制试点企业向社会公开发行一定量的股票。

随着证券发行的增多和投资者队伍的逐步扩大，证券流通的需求日益强烈，股票和债券的柜台交易陆续在全国各地出现，二级市场初步形成。伴随着一、二级市场的初步形成，证券经营机构的雏形开始出现。尽管当时证券市场的正式中介机构——证券公司尚未形成，而各地的国债推销委员会和各类专业银行就临时充当了供求双方之间的中间媒介。这样，萌芽状态的中国证券市场就逐步产生了。

总体上看，中国资本市场的萌生源自中国经济转轨过程中企业和社会公众的内生需求。在发展初期，市场处于一种自我演进、缺乏规范和监管的状态，并且以区域性试点为主。股票发行市场也一度出现过混乱。同时，对资本市场的发展在认识上也产生了一定的分歧。

2. 形成和初步发展阶段(1988年—1998年)

这一阶段有两个明显的标志：一个是二级市场(即流通市场)正式产生；另一个是证券市场的专业中介机构——证券公司相继问世。

1987年9月，中国第一家专业证券公司——深圳特区证券公司成立。1988年4月21日，国家正式批准1985年、1986年国库券上市交易，随后各类企业债务和部分企业股票相继上市。为适应国库券转让在全国范围内的推广，中国人民银行下拨资金，在各省组建了33家证券公司，同时，财政系统也成立了一批证券公司。证券公司的成立，促使并保证了我国证券市场的初步形成，它们不仅成为证券市场的中间机构，促使证券发行市场规范化运作，而且成为"市场制造者"，促使证券交易普及和繁荣。以上海为例，1989年上海发行的各类企业股票、政府公债、企业债券、企业短期融资券大部分都由证券公司代理发行，其中企业股票根据上海市人民银行规定只能由证券公司代理发行。1989 年上海各类有价证券交易总量为 8.6 亿元，其中证券公司交易量占绝大部分。

1990 年，国家允许在有条件的大城市建立证券交易所。1990 年 12 月 19 日和 1991 年 7 月 3 日，上海证券交易所和深圳证券交易所先后正式营业。同年 10 月，郑州粮食批发市场开业并引入期货交易机制，成为新中国期货交易的实质性发端。1992 年 10 月，深圳有色金属交易所推出了中国第一个标准化期货合约——特级铝期货标准合同，实现了由远期合同向期货交易的过渡。

1992 年 1 月—2 月邓小平同志在南方视察时指出："证券、股市，这些东西究竟好不好，有没有危险，是不是资本主义独有的东西，社会主义能不能用，允许看，但要坚决地试。看对了，搞一两年，对了，放开；错了，纠正，关了就是了。关，也可以快关，也可以慢关，也可以留一点尾巴。怕什么，坚持这种态度就不会犯大错误。有人说股票是资本主义的，我们在上海、深圳先试验了一下，结果证明是成功的，看来资本主义有些东西，社会主义制度也可以拿过来用，即使错了也不要紧嘛！错了关闭就是，以后再开，哪有百分之百正确的事情。"邓小平同志南巡讲话后，中国确立经济体制改革的目标是建立社会主义市场经济体制。这成为国有企业改革的方向，更多的国有企业实行股份制改造并开始在资本市场发行上市，中国证券市场在摸索中开始起步。

1992 年 10 月，国务院证券管理委员会（以下简称"国务院证券委"）和中国证监会成立，标志着中国资本市场开始逐步纳入全国统一监管框架，区域性试点推向全国，全国性市场由此开始发展。

1993 年，股票发行试点正式由上海、深圳推广至全国，打开了资本市场进一步发展的空间。

1997 年 11 月，中国金融体系进一步确定了银行业、证券业、保险业分业经营、分业管理的原则。

1998 年 4 月，国务院证券委撤销，中国证监会成为全国证券、期货市场的监管部门，建立了集中统一的证券、期货市场监管体制。

中国证监会成立后，推动了《股票发行与交易管理暂行条例》《公开发行股票公司信息披露实施细则》《禁止证券欺诈行为暂行办法》《关于严禁操纵证券市场行为的通知》等一系列证券、期货市场法规和规章的建设，资本市场法规体系初步形成，使资本市场的发展走上规范化轨道，为相关制度的进一步完善奠定了基础。

市场创建初期，国家采取了额度指标管理的股票发行审批制度，即将额度指标下达至省级政府或行业主管部门，由其在指标限度内推荐企业，再由中国证监会审批企业发行股票。在交易方式上，上海和深圳证券交易所都建立了无纸化电子交易平台。

随着市场的发展，上市公司公司数量、总市值和流通市值、股票发行筹资额、投资者开户数、交易量等都进入一个较快发展的阶段。沪、深证券交易所交易品种逐步增加，由单纯的股票陆续增加了国债、权证、企业债券、可转换债券、封闭式基金等。

伴随着全国性市场的形成和扩大，证券经营机构也得到快速发展。到 1998 年底，全国有证券公司 90 家，证券营业部 2 412 家。从 1991 年开始，出现了一批投资于证券、期货、房地产等市场的基金（统称为"老基金"）。1997 年 11 月，《证券投资基金管理暂行办法》颁布，规范证券投资基金的发展。同时,对外开放进一步扩大,推出了人民币特种股票(B股),境内企业逐渐开始在我国香港、纽约、伦敦和新加坡等海外市场上市;期货市场也得到初步发展。

至此,我国证券业在经过近10年的萌芽期后,随着我国金融业体制改革的不断深化、广大居民证券投资的不断增强和市场体系不断发展变化,逐渐开始发展壮大。证券交易市场的建立和证券公司的诞生标志着我国证券业和证券市场作为一个完整的行业结构和市场体系已经形成,并纳入金融业和金融市场的整体轨道。

3. 进一步规范和发展阶段(1998年至今)

1998年12月,我国《证券法》正式颁布并于1999年7月实施。这是新中国第一部规范证券发行与交易行为的法律,并由此确认了资本市场的法律地位。

在这个阶段,中国围绕完善社会主义市场经济体制和全面建设小康社会进行持续改革。随着经济体制改革的深入,国有和非国有股份公司不断进入资本市场。2001年12月,中国加入世界贸易组织,中国经济走向全面开放,金融改革不断深化,资本市场的深度和广度日益扩大和拓展。

自1998年建立了集中统一监管体制后,为适应市场发展的需要,证券、期货监管体制不断完善,实施了"属地监管、职责明确、责任到人、相互配合"的辖区监管责任制,并初步建立了与地方政府协作的综合监管体系。与此同时,执法体系逐步完善。

1999年伴随着商业银行降息、国有企业可以投资股票市场、券商自营证券可进行质押贷款这三大利好政策的出台,中国证券市场开始步入一个高速发展阶段。这一时期,政策面的利好相对稳定,上市公司和投资者的数量同步增加,市场扩容加速,股市持续牛市,1999年,由科技网络股带领的"5.19"行情、2000年大牛市使证券投资成为大家所广泛接受的投资方式。但是,在证券市场高速发展的同时,"庄家"操纵股价、虚假信息等市场阴暗面也逐步加大,股市的泡沫成分迅速增加。因此,从2001年国有股减持开始,证券市场步入了"挤泡沫"的调整阶段。

2001年是中国证券市场的监管年,中国证监会不断加强稽查执法基础性工作,在各证监局设立了稽核分支机构,并于2002年增设了专司操纵市场和内幕交易查处的机构。在这期间中国证监会依法履行监管职责,集中力量查办了琼民源、银广夏、中科创业、德隆、科隆、南方证券、闽发证券等一批大案、要案,坚决打击各类违法违规行为,切实保护广大投资者的合法权益,维护"公开、公平、公正"的市场秩序。传统的依靠资金优势抬升股价、牟取暴利的操作手法逐步退出历史舞台,投资者操作趋向理性化,上市公司的基本面和公司诚信备受重视。

但是,资本市场发展过程中积累的遗留问题、制度性缺陷和结构性矛盾也逐步开始显现。从2001年开始,市场步入持续4年的调整阶段:股票指数大幅下挫;新股发行和上市公司再融资难度加大、周期变长;证券公司遇到了严重的经营困难,到2005年全行业连续4年总体亏损。

这些问题产生的根源在于,中国资本市场是在向市场经济转轨过程中由试点开始而逐步发展起来的新兴市场,早期制度设计有很多局限,改革措施不配套。一些在市场发展初期并不突出的问题,随着市场的发展壮大,逐步演变成市场进一步发展的障碍,包括上市公司改制不彻底、治理结构不完善;证券公司实力较弱、运作不规范;机构投资者规模小、类型少;市场产品结构不合理,缺乏适合大型资金投资的优质蓝筹股、固定收益类产品和金融衍生产品;交易制度单一,缺乏有利于机构投资者避险的交易制度等。

为了积极推进资本市场改革开放和稳定发展,国务院于2004年1月发布了《关于推进资本市场改革开放和稳定发展的若干意见》,为资本市场新一轮改革和发展奠定了基础。2005年11月,修订后的《证券法》颁布,并于2006年1月1日起实施。2007年,为适应市场发展的需要,证券执法体制又进行了重大改革,建立了集中统一指挥的稽核体制。2007年新修订的《期货交易管理条例》发布实施。同年,《证券公司监督管理条例》和《证券公司风险处置条例》正式发布实施,有关资本市场监管法规和部门规章也得到了相应的调整与完善。在加强资本市场法律法规建设的同时,主要包括实施股权分置改革,通过完善上市公司监管体制、强化信息披露、规范公司治理、清欠违规占用上市公司资金等方式全面提高上市公司质量;对证券公司进行综合治理,进一步健全发行制度,大力发展机构投资者,改善投资者结构等。我国资本市场发生了一系列深刻的变化。

2006年,在众多历史遗留问题得到妥善解决、机构投资者迅速壮大、法律体系逐步完善的基础上,中国资本市场出现了一系列积极而深刻的变化。为充分发挥资本市场的功能,市场各方对多层次市场体系和产品结构的多样化进行了积极的探索。中小板市场的推出和代办股份转让系统的出现,是中国在建设多层次资本市场体系方面迈出的重要一步。可转换公司债券、银行信贷资产证券化产品、住房抵押贷款证券化产品、企业资产证券化产品、银行不良资产证券化产品、企业或证券公司发行的集合收益计划产品以及权证等新品种出现,QFII、QDII、CDR等的实施,丰富了资本市场交易品种。

2007年末,沪、深市场总市值位列全球资本市场第三;2007年首次公开发行股票融资4 595.79亿元,位列全球第一;日均交易量1 903亿元,成为全球最为活跃的市场之一。在市场规模和交易量成倍增长的情况下,交易结算系统和监管体系基本保持了平稳运行,未发生影响市场正常运行的异常事件。同时,债券市场得到初步发展,中国证券市场规模有所增加,市场交易规则逐步完善,债券托管体系和交易系统等基础建设不断加快。期货市场开始恢复性增长。

2010年3月31日,融资融券试点正式推出,而股指期货也于4月16日推出。中国资本市场持续了20年的单边市场已然成为历史,这对于中国的股市发展来说具有深远的意义。

五、美国证券市场发展史简述

美国作为一个移民国家,其证券市场产生并不是最早的。但是,19世纪末以来,随着美国经济迅速崛起并成为世界经济第一强国,美国证券市场也发展成为世界上规模最大的证券市场。特别是20世纪80年代以后,在第四次产业革命——信息通讯科技革命和经济全球化的推动下,美国证券市场更是发展成为自动化和国际化程度最高、流动性最强的证券市场。虽然伴随着重重的光环,但是美国证券市场的发展并不是一帆风顺的,下面我们来简述一下美国证券市场200年的发展历史。

(一) 美国证券市场的建立(18世纪)

美国最早的证券交易可以追溯到1725年的商品拍卖市场,但是,在美国独立前后还没有专业化的金融市场和证券组织机构,也没有专业化的证券交易经纪人。

美国证券交易的初次繁荣始于联邦政府成立时发行的战争债券。1789年,首任总统华盛顿决定签发价值8 000万美元的政府债券,用以支付战争带来的费用。这项巨额债券通过大量的经纪人进行的发行。证券交易首先从费城、纽约开始,其后向芝加哥、波士顿等大城市蔓延。1790 年成立了美国第一个证券交易所——费城证券交易所。

在美国最早的证券交易参与者中最多的是商人和拍卖师,而不是经纪人。直到 1790 年的政府债券投机风潮后,商品交易者和证券经纪人才开始分化。1792 年 5 月 17 日,24 名经纪人签名通过了一份可视为纽约交易所历史上第一部章程的协定——《梧桐树协定》,并定出了交易佣金的最低标准及其他交易条款。室内交易始于 1793 年,证券交易从"梧桐树"下搬进华尔街一家叫"汤迪"的咖啡馆。经纪人在交易所内设有座位,至此,美国证券市场向交易正规化迈出了重要一步。1817 年 3 月 8 号纽约经纪人成立了正式的经纪人联合会,并制定了具体章程,选出了执行官,同时选定华尔街 40 号作为固定场所。后又几经迁址,直到 1863 年才搬到现址,并更名为纽约证券交易所。

(二) 美国证券市场的早期发展(19 世纪)

从 18 世纪末开始直到 19 世纪 30 年代以前,美国证券市场都处于持续低迷状态,生意最惨淡的时候一天只有两只股票成交了 31 股,成交量仅 3 470 美元。不过,此后到 19 世纪末,随着美国的西部开发和工业化的进展,证券市场又出现了几次高潮。

1. 19 世纪 30 年代的铁路热潮

1830 年美国发行了最早的铁路股。紧接着,铁路、银行、运河及公路公司争相来纽约交易所上市。据 1835 年《纽约晚邮报》资料,当时在纽约交易股票共 96 种,其中包括 36 家银行、12 家铁路公司、32 家保险公司和 7 家石油、煤炭和运河公司。到 1838 年,总计发行了 1.75 亿美元的股票。在 19 世纪 30 年代中期掀起的经济投机中,银行大量放贷给房地产业,同时欧洲投机资金流入,造成房价、地价猛涨,数月之内很多铁路和运河类股价也翻了 2 到 3 倍。这一轮泡沫最终因 1836 年的粮食欠收及次年的地价暴跌而破灭,直到 19 世纪 40 年代,由于电讯业起步,纽约交易所才渐渐恢复过来。

2. 19 世纪 50 年代的淘金热潮

19 世纪 50 年代早期,大量财富从加利福尼亚的金矿涌来,又一次投机疯狂开始。这次矿业和铁路股票成为热门货。到 1854 年,美国各类公司的证券发行总额达到 11.78 亿美元。银行的放贷和透支再一次助长了投机,1 500 美元的保证金可以透支交易 10 万至 30 万美元。狂热历时 1 年多后,伦敦突然开始抛售美国股票,接着银行收回放贷,市场瞬间崩溃。

3. 19 世纪 60 年代南北战争期间的黄金投机和债券发行

美国的南北战争令证券市场掀起了一次空前的投机热,证券、黄金、商品交易空前活跃。战争期间,南部联盟和北部联盟都发行了大量债券,各州政府和州银行也发行了债券,因此造成了严重的通货膨胀,当时的 1 美元现钞只相当于原来的 35 分。当政府拒赎钞票后,带来了疯狂的黄金抢购。直到 1869 年 9 月,政府宣布卖出黄金,金交所内金价才开始狂跌。战争期间至少有四家交易所运营,纽约交易所也从此得名。

4. 19 世纪 70 年代后的西部开发热潮

19 世纪 70 年代,随着工业化进展,西部大开发、铁路建设、制造业的发展以及公司数量的增加和公司组织形式的变化,大大刺激了证券业的发展。电话系统将交易所与场外机构紧密联系在一起,无形中扩大了交易。此时,纽约交易所的会员增加到 1 060 个。经协议,交易席位和会员资格不再继续增加,只能通过个人之间买卖获得。交易所制定了新的章程,一个集执行、立法、司法职能于一身的管理委员会成立。铁路引起的繁荣因 Jay Cooke 公司和北方太平洋铁路公司前身的经营失败而于 1873 年突然停止，经济陷入严重衰退。这次危机使 40 000 多家企业倒闭，300 万工人失业，同时，纽约交易所的 57 个交易会员和一些大公司也应声而倒。惊慌笼罩华尔街，交易所甚至被迫关门，此后几年交易都很萧条。

(三) 美国证券市场近现代的飞速发展(19 世纪末至今)

19 世纪末，美国证券市场开始飞速发展。1870 年美国在纽约和伦敦两家交易所上市的股票总数分别只有 27 家和 9 家，发展到 1900 年，这个数字已经大幅增加到 273 家和 135 家。19 世纪末期至今，美国证券市场根据起伏可以将其划分为以下几大周期：

1. 第一次周期(19 世纪末到 20 世纪初)

19 世纪末，由于金融业与垄断企业的联合，美国诞生了一批新兴的金融巨头，他们出身于铁路家、银行家和工业家，如摩根家族、洛克菲勒家族、卡耐基家族等。

19 世纪 80 年代后，美国证券业出现了新的繁荣，纽约交易所的年交易量由 1896 年的 5 700万股上升到 1901 年的 265 亿股，债券交易量同期从 3.94 亿元增至 10 亿元。在此期间，美国股市虽也曾因 1893 年严重衰退而出现下挫，但整个经济仍在快速发展中，股市也是振荡向上的。1900 年 7 月到 1901 年 6 月短短 11 个月，市盈率突然增长 43%而达到 25.2 的阶段高峰。不久，美国股市开始盘旋下降。在经历了 1903 年，特别是 1907 年的严重衰退后，股市下降速度加快。

1914 年，在第一次世界大战前夕，欧洲投资者持续抛售股票以换取黄金保值。7 月 31 日伦敦股指急跌，为防止外国资金撤出引发美国股票市场崩盘，纽约交易所不得不做出无限期休市的决定。而在第一次世界大战中，美国在经济和贸易方面赶上了千载难逢的机遇，战争刺激了证券市场，当时人们争相购买政府债券。据估计，战前只有 20 万人拥有证券，而战后却有 2 000万，其中包括大量政府债券持有者。危机也加快了美国联邦储备银行体系的建立，《联邦储备法》于 1913 年正式生效。但在 1920—1921 年的衰退中，股价降到了新低点。

2. 第二次周期(20 世纪 20 年代中开始)

在经历了 1920—1921 年短暂而严重的衰退后，美国垄断公司利用几百亿美元的战争利润，大规模地更新固定资产和扩大生产，股票也随之迅速上涨。资本市场上新发行股票由 1921 年的 1822 支增加到 1929 年的 6 417 支；1921 年新股票发行只占市场发行总量的 15%，1929 年却占到 62%；上市股票的总市值也从 1925 年的 217 亿美元，增至 1929 年 9 月的 897 亿；道·琼斯工业指数在 1921 年低位时只有 63.90 点，1929 年 9 月道指达到最高点 386.1，是 1921 年低点时的 6 倍，股价大大偏离了实际价值。投资者逐渐失去理智，宽松的信贷条件也助长了投机狂潮。

随着生产与消费矛盾的激化，证券市场变得异常脆弱，信心开始动摇。从 1929 年 10 月下旬开始，道·琼斯工业指数劲跌，到该月末抛售股票已达到不计价格的程度。从 1930 年 5 月到 1932 年 11 月，股市连续出现了 6 次暴跌。道·琼斯指数 1932 年 7 月最低跌至 40.92 点，相比 1929 年最高点 386.1 点下跌 89%。市场总值从高点时的 897 亿美元跌至 156 亿美元。此后，美国熊市足足持续了五年之久，许多银行纷纷倒闭，而美国经济遭到破坏的严重程度在历史上也是空前的。

1929 年以前,美国政府奉行的是经济自由主义,在大危机的背景下,国家直接干预的要求成为必然。1933 年罗斯福宣布实行"新政",借助国家干预措施来拯救濒临崩溃边缘的美国经济。四部重要的联邦法律在此期间出台:1933 年的《银行业法案》、1933 年的《证券法案》、1934 年的《证券交易所法案》、1935 年的《公用设施公司法案》。一系列"新政"对缓和经济危机起了一定作用,但不久又发生了衰退,美国股市一直在低谷中徘徊。

3. 第三次周期(20 世纪 50—60 年代)

美国在战争中大发"战争财",并且战后本国和其他国家对资本和商品的需求非常强烈,这些都为美国经济的发展提供了巨大的需求推动,使经济保持平稳上升。进入 20 世纪 50 年代后,美国经济发展进入一个较为迅速的时期,尤其是 1961—1969 年,美国经济进入 9 年的繁华时期,GNP 平均年增长达 4.34%,美国证券市场也随之迎来有史以来最长的牛市,历时整个 50 年代和 60 年代。从 1950 年起,证券市场先经历了一个缓进高潮,1954 年道指突破 1929 年高峰。60 年代,因经济向好,美国证券市场出现了长达 106 个月的经济扩张期。乐观情绪鼓励着投资,股市投机气氛日渐浓厚。1973 年 12 月,美国因石油危机而引发严重经济衰退,进入了长达 10 年的经济"滞胀"。道指从 1973 年的 1 050 点左右的高峰跌到 1974 年底 570 点的谷底,跌幅达 45%左右。这是进入 20 世纪后美国第三次股市周期的终结。

4. 第四次周期(20 世纪 80 年代)

1981 年里根上台后提出的《经济复兴计划》。经济从 1982 年底走出衰退,1983—1988 年年均增长 3.9%,保持 73 个月较快增长,到 80 年代中美国已走出了滞胀。经济的持续上升带动了股市的新的繁荣。

1982 年中期新一轮牛市启动,1987 年 8 月见顶于 2 746.65 点,比 1982 年 8 月的最低点 776.8 点上升了 25 倍。股市的这种异常繁荣主要是非理性投机在其中起了重要作用。1987 年 10 月 19 日是美国股市的黑色星期一,道·琼斯工业平均指数单日下跌 508 点,跌幅达 22.6%。股市暴跌后,政府采取了一些措施,继续实施膨胀性财政政策;加强与西方国家的政策协调;加强美国证券市场管理等。一直到 1988 年下半年道指才重新站稳 2 000 点并拾级而上,1989 年 8 月以后几次上冲 1987 年的制高点并获突破。

5. 第五次周期(90 年代以来的"新经济"时期)

"海湾战争"初期,由于担心再次爆发石油危机,美国消费者信心下跌,美国经济从 1990 年夏天开始衰退,8 月股市出现崩盘,两个月就下跌了 30%。但"海湾战争"的胜利提高了美国的威望,大量外资涌入,道·琼斯 30 种工业股票平均首次收在 3 000 点以上。以"海湾战争"胜利为契机,美国经济于 1991 年 3 月走出衰退,1992—1995 年的年均增长为 3.1%,1996—2000 年五年年均增长达 4%,走出二次大战后最长的一次持续 120 个月的增长期,构成高增长、低通胀、低失业率的"新经济"时期。这次经济长周期的形成,与 80 年代中后期从美国开始的以微电子技术为核心的第四次科技革命密切相关。同时,1993 年克林顿上台后采取的财政、货币、科技、产业和贸易政策,也有利于当时的经济和技术发展。随着美国经济经济的持续增长,美国股票市场也走上了十年的大牛市之路。

90 年代中期开始在各种理性的和非理性的、经济的和非经济的因素推动下,2000 年 3 月美国股票市场攀升到顶峰,纳指最高达 5 132.52 点,道指最高达 11 119.9 点。泡沫的破裂只是迟早问题。就在股指升到历史新位不久后,首先是纳指出现持续巨幅下跌,到 2000 年年底已跌至 2 470 点。受纳指惨跌的影响，道指也开始下跌，2001 年 3 月美国经济进入衰退后，道指出现明显下挫。而且此后发生的一连串事情，如“9·11”事件、2001 年的财务丑闻及信任危机、“倒萨战争”，都使美国经济和股市复苏缓慢。

“9·11 事件”发生以后，美国经济增长放缓。为了刺激经济增长，美联储连续 13 次降息，逐次调低到 1%。此举虽然对经济增长起到了刺激作用，但其副作用也不容忽视。一方面，实际利率过低令国内信贷尤其是房地产贷款膨胀，增加了美元供给；另一方面，低利率令美元贬值，为全球流动性泛滥埋下隐患。2003 年年底，道指很快重上 10 000 点，2005 年底再次逼向 11 000点。2006 年 5 月 9 日，收于 11 640 点，离历史最高点位 11 723 点仅一步之遥。但是，次贷危机也随之到来。

2007 年 3 月 13 日美国第二大次级抵押贷款机构——新世纪金融公司濒临破产的消息使纽约股市首次因次级抵押贷款市场危机遭到重创。不过投资者当时并未意识到危机的严重性，股市很快重拾上升。2007 年 6 月，因美国第五大投资银行贝尔斯登公司旗下两只基金因涉足次级抵押贷款债券市场出现亏损，纽约股市再次大跌。2007 年 8 月 9 日，法国巴黎银行宣布暂停旗下三只涉足美国房贷业务的基金的交易，次贷危机全面爆发。一场次贷危机最终导致了全球的经济危机，全球的资本市场也随之进入萧条。

进入 2009 年后，全球经济逐步走向好转。2009 年 3 月，道·琼斯指数从最近 11 年的最低点开始上涨，到 2010 年初，道指高点累计上涨近 65%。未来美国证券市场的走势如何，我们也无法预计，究竟美国证券市场何时再进入新一轮的经济周期，我们也无法预言。但是，美国作为全球最大的证券市场，其对全球经济的影响都将是深远的。

第三节　证券市场参与者的构成

一、证券发行人

证券发行人是指为筹措资金而发行债券、股票等证券的发行主体。证券发行人是证券发行的主体，如果没有证券发行人，证券发行及其后的证券交易就无从展开，证券市场也就不可能存在。一般而言，发行人主要包括以下四大类：

（一）政府和政府机构

随着国家干预经济理论的兴起，政府（中央政府和地方政府）和中央政府直属机构已成为证券发行的重要主体之一，但政府发行证券的品种仅限于债券。

由于中央政府拥有税收、货币发行等特权，通常情况下，中央政府债券不存在违约风险，因此这一类证券被视为无风险证券，相对的证券收益率被称为无风险利率，是金融市场上最重要的价格指标。

中央银行作为证券发行主体，主要涉及两类证券：第一类是中央银行股票；第二类是中央银行出于调控货币供给量目的而发现的特殊债券。中国人民银行从 2003 年起发行中央银行票据，期限从 3 个月到 3 年不等，用于对冲金融体系中过多的流动性。

（二）股份公司

对筹设中的股份有限公司而言，发行股票是为了达到法定注册资本从而设立公司；而对已经成立的股份有限公司而言，发行股票和债券的目的是为了扩大资金来源，满足生产经营发展的需要。

（三）金融机构

金融机构作为证券市场的发行主体，既发行债券，也发行股票。欧美等西方国家能够发行证券的金融机构，一般都是股份公司，所以将金融机构发行的证券归入了公司证券，而我国和日本则把金融机构发行的债券定义为金融债券，从而突出了金融机构作为证券市场发行主体的地位，但股份制的金融机构发行的股票并没有定义为金融证券，而是归类于一般的公司股票。

（四）企业

非股份公司的企业经过批准，可在证券市场上发行企业债券筹集资金。

二、证券投资人

证券投资人是指通过证券而进行投资的各类机构法人和自然人，相应的，证券投资人可分为机构投资者和个人投资者两大类。

（一）机构投资者

机构投资者主要有政府机构、金融机构、企业和事业法人及各类基金等。

1. 政府机构

政府机构参与证券投资的目的主要是为了调剂资金余缺和进行宏观调控。

中央银行以公开市场操作作为政策手段，通过买卖政府债券或金融券，影响货币供应量进行宏观调控。

我国国有资产管理部门或其授权部门持有国有股，履行国有资产的保值增值和通过国家控股、参股来支配更多社会资源的职责。

从各国的具体实践看，出于维护金融稳定的需要，政府还可成立或指定专门机构参与证券市场交易，减少非理性的市场震荡。

2. 企业和事业法人

企业可以用自己的积累资金或暂时不用的闲置资金进行证券投资。企业可以通过股票投资实现对其他企业的控股或参股，也可以将暂时闲置的资金通过自营或委托专业机构进行证券投资以获取收益。我国现行的规定是，国有企业、国有资产控股企业、上市公司可参与股票配售，也可投资于股票二级市场；事业法人可用自有资金和有权自行支配的预算外资金进行证券投资。

3. 金融机构

参与证券投资的金融机构包括证券经营机构、银行、保险公司等。

(1) 证券经营机构。证券经营机构是证券市场上主要的投资者,以其自有资本和营运资金进行证券投资。

(2) 商业银行。商业银行受自身业务特点和政府法令的制约,一般仅限于政府债券和地方政府债券,而且通常以短期国债作为其超额储备。

(3) 保险公司。各国政府对保险公司的证券投资都加以严格管理,对投资政府债券一般不加限制,但对地方政府债券、公司债券均以高等级为限,通常禁止和限制投资于股票。

我国有关政策规定,包括银行、财务公司、信用合作社等在内的金融机构可用自有资金及人行规定的可用于投资的资金进行证券投资,但仅限于投资于国债。信托投资公司可以受托经营资金信托业务和投资基金业务,而保险公司则允许通过购买证券投资基金进行间接的股票投资。2004 年 2 月 1 日发布的《国务院关于推进资本市场改革开放和稳定发展若干意见》指出,“支持保险资金以多种方式直接投资资本市场,逐步提高社会保障基金、企业补充养老基金、商业保险资金等投入资本市场的比例”,“使基金管理公司和保险公司为主的机构投资者成为资本市场的主导力量”。

4. 各类基金

基金性质的机构投资者包括证券投资基金、社保基金和社会公益基金。

(1) 证券投资基金。证券投资基金是指通过公开发售基金份额筹集资金,由基金管理人管理,基金托管人托管,为基金份额持有人的利益,以资产组合方式进行证券投资活动的基金。《中华人民共和国证券投资基金法》(简称《基金法》)规定我国的证券投资基金可投资于股票、债券和国务院证券监督管理机构规定的其他证券品种。

(2) 社保基金。在一般国家,社保基金分为两个层次:其一是国家以社会保障税等形式征收的全国性基金;其二是由企业定期向员工支付并委托基金公司管理的企业年金。由于资金来源不一样,且最终用途不一样,这两种形式的社保基金管理方式亦完全不同。全国性社会保障基金属于国家控制的财政收入,主要用于支付失业救济和退休金,是社会福利网的最后一道防线,对资金的安全性和流动性要求非常高。这部分资金的投资方向有严格限制,主要投向国债市场。而由企业控制的企业年金,资金运作周期长,对账户资产增值有较高要求,但对投资范围限制不多。

在我国,社保基金也主要由两部分组成:一部分是社会保障基金,另一部分是社会保险基金。

(3) 社会公益基金。社会公益基金是指将收益用于指定的社会公益事业的基金,如福利基金、科技发展基金、教育发展基金、文学奖励基金等。我国有关政策规定,各种社会公益基金可用于证券投资,以求保值增值。

5. 合格境外机构投资者(QFII)

为吸引外资和有条件地开发本国资本市场,部分发展中国家实行了 QFII 制度。所谓 QFII 制度,是指允许经核准的合格境外机构投资者,在一定的规定和限制下汇入一定额度的外汇资金,并转换为当地货币,经过严格监管的专门账户投资当地证券市场,其资本利得、股息等经审核后可转换为外汇汇出的一种市场开放模式。

QFII 制度是一种与限度地引进外资、开放资本市场的过渡性制度。在一些国家和地区,特别是新兴市场经济国家和地区,由于货币没有完全自由兑换,资本项目尚未开放,外资介入有可能对其证券市场带来较大的负面冲击。而通过 QFII 制度，管理层可以对外资进行必要的限制和引导，使之与本国的经济发展和证券市场发展相适应，控制外来资本对本国经济独立性的影响，抑制境外投机资金对本国经济的冲击，推动资本市场逐步国际化，促进资本市场健康发展。

我国作为一个没有实现资本项目完全兑换的国家，为了尽快培育机构投资者和实现证券市场对外有序开发，中国证监会和中国人民银行于 2002 年 11 月 7 日公布了《合格境外投资者境内证券投资管理暂行办法》，并自 2002 年 12 月 1 日起施行，这标志着中国证券市场正式引入 QFII。

（二）个人投资者

个人投资者是指从事证券投资的社会自然人，他们是证券市场最广泛的投资者。

个人进行证券投资应具备一些基本条件，这些条件包括国家有关法律、法规关于个人投资者投资资格的规定和个人投资者必须具备一定的经济实力。

三、证券市场中介机构

证券市场中介机构是指为证券的发行与交易提供服务的各类机构。在证券市场起中介作用的机构是证券公司和其他证券服务机构，通常把两者合称为“证券中介机构”。

（一）证券公司

证券公司又称证券商，是指依照《公司法》规定和经国务院监督管理机构批准从事证券经营业务的有限责任公司或股份有限公司。证券公司的主要业务有证券承销、经纪、自营、投资咨询以及购并、受托资产管理和基金管理等。证券公司一般分为综合类证券公司和经纪类证券公司。

2004 年根据《国务院关于推进资本市场改革和稳定发展的若干意见》的精神，中国证监会进一步推出创新试点类公司评审办法及规范类证券公司评审办法，对于获得创新试点资格的证券公司允许开展相应的创新活动。

（二）证券服务机构

证券服务机构是指依法设立的从事证券服务业务的法人机构，主要包括证券登记结算公司、证券投资咨询公司、会计师事务所、资产评估机构、律师事务所和证券信用评级机构等。

四、自律性组织

自律性组织包括证券交易所和证券业协会。

（一）证券交易所

根据我国《证券法》的规定，证券交易所是提供证券集中竞价交易场所、不以营利为目的的法人。其主要职责有：提供交易场所与设施；制定交易规则；监管在该交易所上市的证券以及会员交易行为的合规性、合法性，确保市场的公开、公平和公正。

（二）证券业协会

证券业协会是证券业的自律性组织，是社会团体法人。证券业协会的权力机构为由全体会员组成的会员大会。根据我国《证券法》的规定，证券公司应当加入证券业协会。证券业协会应当履行协助证券监督管理机构组织会员执行有关法律，维护会员的合法权益，为会员提供信息服务，制定规则，组织培训和开展业务交流，调解纠纷，就证券业的发展开展研究，监督、检查会员行为及证券监督管理机构赋予的其他职责。

五、证券监管机构

在我国，证券监管机构是指中国证券监督管理委员会（以下简称“中国证监会”）及其派出机构。中国证监会是国务院直属的证券管理监督机构，按照国务院授权和依照相关法律法规对证券市场进行集中、统一监管。它的主要职责是：负责行业性法规的起草，负责监督有关法律法规的执行，负责保护投资者的合法权益，对全国的证券发行、证券交易、中介机构的行为等依法实施全面监管，维持公平而有序的证券市场。

扩展阅读

纳入正规投资军　迎来私募大时代

2014年，私募基金行业迎来了发展的春天，一边是私募基金牌照发放以及新“国九条”明确提出培育私募市场投资者等政策利好释放，私募行业地位大大提升，行业发展蓄势待发；一边是A股在沪港通正式开启、央行降息等利好政策刺激下，走出了波澜壮阔的大牛市，作为资产管理的主力投资者之一，阳光私募净值亦随之“水涨船高”。

1. 私募备案制掀起行业发展新纪元

2014年私募基金正式告别野蛮生长，纳入正规军。自2014年4月中国证券投资基金业协会公布首批50家私募基金管理人以来，已有超过4 500家私募基金管理人通过备案进入证券投资市场，截止2014年12月底，新备案的私募产品超过1 500只。

私募备案制的实施大幅降低了私募产品的发行成本，为整个证券投资行业带来一股新风，资管行业的门槛大大降低，不仅促使大量新私募崭露头角，还吸引了大量原公募基金的明星基金经理创立自己的私募公司。

2014年私募基金业迎来前所未有的发展机遇，理论上私募基金可以抛开通道方，独立发行私募产品，未来还可以拓展公募基金业务。“我们认为私募在灵活的激励机制和公平的市场竞争环境下将不断壮大，为我国的资产管理行业做出越来越大的贡献。”好买基金研究中心对此这样表示。

2. 定增产品数量业绩双丰收

2014年是定向增发大年，截止12月24日，2014年进行定向增发的上市公司达337家，募资总额近6 000亿。伴随着定向增发的火爆，定增产品的发行也非常火爆，大量私募也借机试水进入定增领域，据好买基金研究中心不完全统计，市面上的定增产品数量已近

200只，较去年增长近一倍。受益于下半年市场的迅速回暖，这些产品近一年收益普遍在20%以上。

定向增发是并购重组的重要承载形式。目前我国正处在经济转型、升级的重要时期，旧经济企业寻求转型、升级，资产重组是重要的手段；而新兴产业公司由于有高估值的优势，可积极通过低估值并购重组，兑现业绩承诺和预期。因而作为并购重组主要承载形式的定向增发，将是未来较长一段时间的投资主线，定增产品将迎来持续的大发展行情，为投资者带来大量投资机遇。

3. 2014年196名基金经理离职 公募基金经理投身私募大时代

196名基金经理离职的数量，又一次创造了公募基金业年离职人数的最高水平。值得注意的是，在离职大潮中，奔私成为“另有打算”的一批离职基金经理中最偏爱的选择。从兴业全球副总经理兼投资总监王晓明、到宝盈基金的明星人物有着“公募一姐”美誉的王茹远、再到南方基金投资总监 邱国鹭 等公募大佬的相继奔私，奔私浪潮势不可挡。

历年来公募基金经理“奔私”早已屡见不鲜，私募较为灵活的机制和较高的收益分成，成为近年来大量基金经理奔“私”的主要原因。值得一提的是，在当下如火如荼的牛市氛围下，再加上另一个不可忽视的因素是与管理层鼓励私募基金发展的政策大环境相关，尤其是在新国九条中，首次将培育私募市场提到了空前地位，私募地位大升级，使得“笨私潮”有愈演愈烈之势。

4. 私募掘金新玩法：凶猛举牌一二级市场联动

私募深度介入上市公司的投资模式渐成气候。近一个月以来，诸多上市公司遭到证券私募基金举牌。继宁波联合之后，泽熙投资先后举牌美邦服饰、康强电子景林资产则不断增持黄山旅游，进而在日前突破5%的举牌线。除在二级市场举牌外，私募通过协议转让、定向增发等方式获得超过5%的大比例股份案例也屡见不鲜。

私募控股上市公司，进而影响上市公司决策，开创了阳光私募行业的先例。“这表明随着私募基金的不断发展壮大，私募基金已经不再满足于二级市场的资本利得，通过进入上市公司决策层，从而拥有更多话语权，进而影响上市公司股价已成为私募基金掘金的新模式。”私募排排网对此点评称。

5. 私募今年分红次数创纪录

私募排排网数据中心统计，截至11月底，成立满一年以来有业绩记录的2 170只私募基金产品中，有2 026只实现了正收益，占比高达93.36%。在获得了实实在在的利润后，私募基金也开始分红兑现收益，回馈投资者。自2006年以来，阳光私募基金中具有明确公开公告的分红有683次。自2009年以来，私募基金分红次数有所增多，共有30次分红，此后历年逐年增多。其中2013年、2014年私募分红次数为历年最多，分别分红188次、221次。

投资者不能简单地将私募分红现象归为“好”或者“坏”，毕竟分红只是判断这只基金近期运作效果的一个指标，对总资产并无任何实质影响。但值得注意的是，分红之后，股市走势会给选择不同分红方式的投资者带来不同的收益。比如，如果私募基金选取的现金分红时点能够踏准市场节奏，则可以很好地保护投资者的既得利益。否则，如果分红时点没能踏准市场节奏，很可能造成分红后市场大涨，错过行情。

《投资快报》2014年12月31日

习　题

一、名词解释

证券市场　证券发行市场　证券流通市场　机构投资者　证券市场中介机构自律性组织　证券监管机构　证券化率

二、复习思考题

1. 证券市场的特征有哪些？
2. 证券市场有哪些种类？
3. 证券市场有哪些功能？
4. 简述机构投资者的特征和种类。
5. 证券市场中介机构有哪些？
6. 简要论述我国证券市场的发展状况。

三、单项选择题

1. 证券的基本功能不包括（　　）。

A. 筹资—投资功能　　B. 定价功能
C. 资本配置功能　　D. 规避风险功能

2. 证券服务机构是指依法设立的从事证券服务业务的法人机构，不包括（　　）。

A. 证券登记结算公司、证券投资咨询公司和资产评估机构
B. 会计师事务所和律师事务所
C. 证券信用评级机构
D. 证券公司

3. 证券业协会和证券交易所属于（　　）。

A. 政府机构　　B. 政府在证券业的分支机构
C. 自律性组织　　D. 证券业最高监管机构

四、多项选择题

1. 按交易活动是否在固定场所进行，证券市场可分为（　　）。

A. 有形市场　　B. 上市市场　　C. 无形市场　　D. 非上市市场

2. 证券的机构投资者主要有（　　）。

A. 政府机构　　B. 金融机构　　C. 企业和事业法人　　D. 各类基金

3. 证券市场中介机构不包括（　　）。

A. 证券服务机构　　B. 证券公司　　C. 证券业协会　　D. 证券市场

4. 证券市场的形成主要归因于（　　）。

A. 社会化大生产和商品经济的发展　　B. 股份制的发展
C. 信用制度的发展　　D. 国家政策的支持

五、判断题

1. 有形市场,系指有固定场所的证券交易所市场。 （ ）

2. 证券投资人可分为机构投资者和个人投资者两大类。 （ ）

3. 证券市场的资本配置功能是指通过证券市场供求关系引导资本的流动从而实现资本的合理配置的功能。 （ ）

4. 美国第一个证券交易所是纽约证券交易所。 （ ）

第四章 证券市场运行

学习内容和要求

1. 掌握发行市场的含义、作用、构成；
2. 掌握证券交易所的定义、特征、职能；
3. 掌握股票价格平均数和股票价格指数的概念和功能；
4. 掌握《证券法》和《公司法》的调整对象、范围和主要内容；
5. 了解证券市场监管的原则和手段；
6. 掌握我国的证券市场监管机构；
7. 掌握对证券发行及上市、证券交易市场、上市公司、证券经营机构的监管内容；
8. 熟悉证券上市的条件和程序。

第一节 发行市场和交易市场

证券市场是证券买卖交易的场所，也是资金供求的中心。证券市场可分为证券发行市场和证券交易市场。证券发行市场又称一级市场、初级市场；证券交易市场又称二级市场、次级市场。证券市场的两个组成部分，既相互依存，又相互制约。证券发行市场是交易市场的基础和前提，交易市场是发行市场得以持续扩大的必要条件。此外，交易市场的交易价格制约和影响着证券的发行价格。

一、证券发行市场

(一) 证券发行市场的含义

证券发行市场通常无固定场所，是一个无形的市场。证券发行市场的作用主要表现在以下三个方面：(1) 为资金需求者提供筹措资金的渠道；(2) 为资金供应者提供投资和获利的机会，实现储蓄向投资转化；(3) 形成资金流动的收益导向机制，促进资源配置的不断优化。

(二) 证券发行市场的构成

证券发行市场由证券发行人、证券投资者和证券中介机构三部分组成。

1. 证券发行人

在市场经济条件下，资金需求者筹集外部资金主要通过两条途径：向银行借款和发行证券,即间接融资和直接融资。发行证券已成为资金需求者最基本的筹资手段。证券发行人主要是政府、企业和金融机构。

2. 证券投资者

证券发行市场上的投资者包括个人投资者和机构投资者,后者主要是证券公司、商业银行、保险公司、社保基金、证券投资基金、信托投资公司、企业和事业法人及社会团体等。

3. 证券中介机构

中介机构主要包括证券公司、证券登记结算公司、会计师事务所、律师事务所、资产评估事务所等为证券发行与投资服务的中立机构。

(三) 证券发行与承销制度

1. 证券发行制度

(1) 注册制。证券发行注册制即实行公开管理原则。

(2) 核准制。证券发行核准制实行实质管理原则。

我国的股票发行实行核准制并配之以发行审核制度和保荐人制度。

2. 证券发行方式

(1) 股票发行方式

① 上网定价发行方式。② 向二级市场投资者配售方式。③ 对一般投资者上网发行和对法人配售相结合的发行方式。

(2) 债券发行方式

① 定向发行。又称私募发行,私下发行,即面向少数特定投资者发行。属直接发行。

② 承购包销。

③ 招标发行。根据中标规则不同,可分为荷兰式招标(单一价格中标)和美式招标(多种价格中标)。

3. 证券承销方式

发行人推销证券的方法有两种,自销和承销。承销方式有包销和代销两种。包销可分为全额包销和余额包销两种。

(四) 证券发行价格

1. 债券的发行价格

债券的发行价格是债券发行者发行债券时所确定的债券发售价格。债券的发行价格一般有三种:

(1) 平价发行也称面额发行,债券的票面金额即为发行价;

(2) 折价发行,也叫贴水发行,即债券发行价低于债券的面值;

(3) 溢价发行,也叫升水发行,即债券发行价高于债券票面金额。

2. 股票的发行价格

股票的发行价格是指股份公司发行股票时所确定的股票发售价格。股票的发行价格一般有:

(1) 平价发行，即面额发行，是指股份公司在发行股票时，直接以票面金额作为发行价格出售；

(2) 溢价发行，即发行价高于股票面额。

3. 发行价格的确定

(1) 股票发行的定价方式，可以采取协商定价方式，也可以采取询价(初步询价和累计投标询价)方式、上网竞价方式等；

(2) 债券发行的定价方式以公开招标最为典型，按照标的不同可分为价格招标和收益率招标；按定价方式不同，分为荷兰式招标和美式招标。

二、证券交易市场

证券交易市场是指对已经发行的证券进行买卖，转让和流通的市场。在二级市场上销售证券的收入属于出售证券的投资者，而不属于发行该证券的公司。

证券交易市场是买卖证券的场所，它为证券发行后证券所有权的转移提供了条件。证券交易市场分为两大类：一类是大型、活跃而有秩序的场内交易，即在证券交易所内进行的交易；另一类是没有固定地点的场外交易，大多是电话中成交。

(一) 证券交易所

证券交易所是依据国家有关法律，经政府证券主管机关批准设立的集中进行证券交易的有形场所。证券交易所应当创造公开、公平的市场环境，提供便利条件从而保证股票交易的正常运行。最早的是1613年成立的荷兰的阿姆斯特丹证券交易所。中国最早的是1905年设立的“上海众业公所”。

1. 证券交易所的定义、特征与功能

(1) 定义

交易所是整个证券市场的核心。证券交易所本身并不买卖证券，也不决定证券价格，而是为证券交易提供一定的场所和设施，配备必要的管理和服务人员，并对证券交易进行周密的组织和严格的管理，为证券交易顺利进行提供一个稳定、公开、高效的市场。

(2) 证券交易所的特征

① 有固定的交易场所和交易时间；

② 参加交易者为具备会员资格的证券经营机构，交易采取经纪制，即一般投资者不能直接进入交易所买卖证券，只能委托会员作为经纪人间接进行交易；

③ 交易的对象限于合乎一定标准的上市证券；

④ 通过公开竞价的方式决定交易价格；

⑤ 集中了证券的供求双方，具有较高的成交速度和成交率；

⑥ 实行“公开、公平、公正”原则，并对证券交易加以严格管理。

(3) 证券交易所的功能。

① 为交易双方提供了一个完备、公开的证券交易场所；

② 形成较为合理的价格；

③ 引导社会资金的合理流动和资源的合理配置；

④ 及时、准确地传递上市公司的财务状况、经营业绩，以及随时公布市场成交数量、成交价格等行情信息；

⑤ 对整个证券市场进行一线监控。

2. 证券交易所的组织形式

证券交易所的组织形式大致可以分为两类，即公司制和会员制。会员制的证券交易所是一个由会员自愿组成的、不以营利为目的的社会法人团体。

交易所设会员大会、理事会和监察委员会。会员大会是证券交易所的最高权力机构，具有以下职权：

(1) 制定和修改证券交易所章程；

(2) 选举和罢免会员理事；

(3) 审议和通过理事会、总经理的工作报告；

(4) 审议和通过证券交易所的财务预算、决算报告；

(5) 决定证券交易所的其他重大事项。

理事会是证券交易所的决策机构，其主要职责是：

(1) 执行会员大会的决议；

(2) 制定、修改证券交易所的业务规则；

(3) 审定总经理提出的工作计划；

(4) 审定总经理提出的财务预算、决算方案；

(5) 审定对会员的接纳；

(6) 审定对会员的处分；

(7) 根据需要决定专门委员会的设置；

(8) 会员大会授予的其他职责。

我国内地有两家证券交易所，分别是上海证券交易所和深圳证券交易所。上海证券交易所于1990年11月26日成立，当年12月19日正式营业；深圳证券交易所于1989年11月15日筹建，1991年4月11日经中国人民银行总行批准成立，7月3日正式营业。两家证券交易所均按会员制方式组成，是非营利性的事业法人。组织机构由会员大会、理事会、监察委员会和其他专门委员会、总经理及其他职能部门组成。

3. 证券上市制度

股份有限公司申请股票上市必须符合下列条件：

(1) 股票经国务院证券管理部门批准已向社会公开发行；

(2) 公司股本总额不少于人民币5 000万元；

(3) 公司最近3年连续盈利，原国有企业改组设立为股份有限公司，或者公司主要发起人为国有大中型企业的，可连续计算；

(4) 持有股票面值达人民币1 000元以上的股东人数不少于1 000人，向社会公开发行的股份达公司股份总数的25%以上；公司股本总额超过人民币4亿元的，向社会公开发行股份的比例可以适当降低，最低可为15%；

(5) 公司在最近3年内无重大违法行为，财务会计报告无虚假记载；

(6) 国务院规定的其他条件。

4. 证券交易所的运作系统

通常包括交易系统、结算系统、信息系统和监察系统四部分。

(1) 交易系统。通常由撮合主机、通信网络和柜台终端三部分组成。

(2) 结算系统。

(3) 信息系统。信息系统发布网络可由以下渠道组成：

① 交易通信网；② 信息服务网；③ 证券报刊；④ 互联网。

(4) 监察系统。日常监控包括以下四方面：① 行情监控；② 交易监控；③ 证券监控；④ 资金监控。

5. 交易原则和交易规则

证券交易所采用经纪制交易方式。

(1) 交易原则。证券交易通常都必须遵循价格优先原则和时间优先原则。

(2) 交易规则。主要的交易规则有：① 交易时间。② 交易单位。③ 价位。④ 报价方式。⑤ 价格决定。⑥ 涨跌幅限制。⑦ 大宗交易。

6. 证券交易所的职能

(1) 提供证券交易的场所和设施；

(2) 制定证券交易所的业务规则；

(3) 接受上市申请、安排证券上市；

(4) 组织、监督证券交易；

(5) 对会员进行监管；

(6) 对上市公司进行监管；

(7) 设立证券登记结算机构；

(8) 管理和公布市场信息；

(9) 证监会许可的其他职能。

（二）其他交易市场

1. 场外交易市场的定义和特征

场外交易市场是在证券交易所以外的证券交易市场的总称，常见形式有柜台市场或店头市场、电话市场、网络市场。

场外交易市场有以下特征：

(1) 场外交易市场是一个分散的无形市场；

(2) 场外交易市场的组织方式采取做市商制；

(3) 场外交易市场是一个拥有众多证券种类和证券经营机构的市场，以未能或无须在证券交易所批准上市的股票和债券为主；

(4) 场外交易市场是一个以议价方式进行证券交易的市场；

(5) 场外交易市场的管理比证券交易所宽松。

2. 场外交易市场的功能

(1) 场外交易市场是证券发行的主要场所。

(2) 场外交易市场为政府债券、金融债券、企业债券以及按照有关法规公开发行而又不能或一时不能到证券交易所上市交易的股票提供了流通转让的场所,为这些证券提供了流动性的必要条件,为投资者提供了兑现及投资的机会。

(3) 场外交易市场是证券交易所的必要补充。

3. 代办股份转让市场

我国的代办股份转让市场是经国务院同意,由中国证券业协会建立的为退市公司社会公众持有的股份提供代办转让股份服务的场所。该市场又称三板市场。三板市场是指证券公司以其自有或租用的业务设施,为非上市公司提供股份转让服务的市场。在三板市场上市的公司由两部分组成:一是在原 NET 系统挂牌的东方实业、中兴实业、建北集团、湛江供销、广东广建和在原 STAQ 系统挂牌的沈阳长白、海国实、华凯股份、恒通置业、五星三环、杭州大自然等 11 家公司。二是退市的上市公司。

一家公司只能委托一家证券公司代办其股份转让业务。股份转让采用定期、非连续方式进行,根据股份转让公司的质量不同,分为每周 3 次转让和 5 次转让两种。股份转让以集合竞价的方式配对撮合,转让价格不设指数,设 5%的涨幅限制,不设跌幅限制。

第二节　股票价格指数

股票价格指数就是用以反映整个股票市场上各种股票市场价格的总体水平及其变动情况的指标。简称为股票指数。它是由证券交易所或金融服务机构编制的表明股票行市变动的一种供参考的指示数字。由于股票价格起伏无常,投资者必然面临市场价格风险。

对于具体某一种股票的价格变化,投资者容易了解,而对于多种股票的价格变化,要逐一了解,既不容易,也不胜其烦。为了适应这种情况和需要,一些金融服务机构就利用自己的业务知识和熟悉市场的优势,编制出股票价格指数,公开发布,作为市场价格变动的指标。投资者据此就可以检验自己投资的效果,并用以预测股票市场的动向。同时,新闻界、公司老板乃至政界领导人等也以此为参考指标,来观察、预测社会政治、经济发展形势。

这种股票指数,也就是表明股票行市变动情况的价格平均数。编制股票指数,通常以某年某月为基础,以这个基期的股票价格作为 100,用以后各时期的股票价格和基期价格比较,计算出升降的百分比,就是该时期的股票指数。投资者根据指数的升降,可以判断出股票价格的变动趋势。并且为了能实时的向投资者反映股市的动向,所有的股市几乎都是在股价变化的同时即时公布股票价格指数。

一、股价平均数和股价指数

计算股票指数时,往往把股票指数和股价平均数分开计算。按定义,股票指数即股价平均数。但从两者对股市的实际作用而言,股价平均数是反映多种股票价格变动的一般水平,通常以算术平均数表示。人们通过对不同的时期股价平均数的比较,可以认识多种股票价格变动水平。而股票指数是反映不同时期的股价变动情况的相对指标,也就是将第一时期的股价平均数作为另一时期股价平均数的基准的百分数。通过股票指数,人们可以了解计算期的股价比基期的股价上升或下降的百分比率。由于股票指数是一个相对指标,因此就一个较长的时期来说,股票指数比股价平均数能更为精确地衡量股价的变动。

(一) 股票价格平均数

分为简单算术股价平均数、加权股价平均数和修正股价平均数。

1. 简单算术股价平均数

简单算术股价平均数是以样本股每日收盘价之和除以样本数

简单算术股价平均数的优点是计算简便,但也存在两个缺点:第一,发生样本股送配股、拆股和更换时会使股价平均数失去真实性、连续性和时间数列上的可比性;第二,在计算时没有考虑权数,即忽略了发行量或成交量不同的股票对股票市场有不同影响这一重要因素。简单算术股价平均数的这两点不足,可以通过加权股价平均数和修正股价平均数来弥补。

2. 加权股价平均数

加权股价平均数或称加权平均股价,是将各样本股票的发行量或成交量作为权数计算出来的股价平均数。其计算公式见教材。

3. 修正股价平均数

修正股价平均数是在简单算术平均数法的基础上,当发生拆股、增资配股时,通过变动除数,使股价平均数不受影响。修正除数的计算公式如下:

新除数=计算期股价总额/修正股价平均数

目前在国际上影响最大、历史最悠久的道·琼斯股价平均数就采用修正平均股价法来计算股价平均数,每当股票分割、发放股票股息或增资配股数超过原股份10%时,对除数作相应的修正。

(二) 股票价格指数

1. 股票价格指数的编制步骤

股票价格指数的编制分为四步:

(1) 选择样本股;

(2) 选定某基期,并以一定方法计算基期平均股价或市值;

(3) 计算计算期平均股价或市值,并作必要的修正;

(4) 指数化。

2. 股票价格指数的编制方法

股价指数的编制方法有简单算术股价指数和加权股价指数两类。

(1) 简单算术股价指数又有相对法和综合法之分。相对法是先计算各样本股的个别指数,再加总求算术平均数;综合法是将样本股票基期价格和计算期价格分别加总,然后再求出股价指数。

(2) 加权股价指数是以样本股票发行量或成交量为权数加以计算,又有基期加权、计算期加权和几何加权之分。

基期加权股价指数又称拉斯贝尔加权指数(Laspeyre Index)。

计算期加权股价指数又称派许加权指数(Paasche Index),采用计算期发行量或成交量作为权数。

几何加权股价指数又称费雪理想式(Fisher's Index Formula)。

二、我国主要的证券价格指数

股票价格指数是描述股票市场总的价格水平变化的指标。它是选取有代表性的一组股票,把他们的价格进行加权平均,通过一定的计算得到。各种指数具体的股票选取和计算方法是不同的。

(一) 我国主要股票价格指数

我国主要股票价格指数包括以下几种,下面将分别阐述。

1. 上证综合指数

上海证券交易所从 1991 年 7 月 15 日起编制并公布上海证券交易所股价指数,它以 1990 年 12 月 19 日为基期,以全部上市股票为样本,以股票发行量为权数,按加权平均法计算。其计算公式为:

$$本日股价指数=本日股票市价总值/基期股票市价总值\times 100$$

其中:
$$本日股票市价总值=\sum 本日收盘价\times 发行股数$$

$$基期股票市价总值=\sum 基期收盘价\times 发行股数$$

随着上市股票品种逐渐增加,上海证券交易所在这一综合指数的基础上,从 1992 年 2 月起分别公布 A 股指数和 B 股指数;从 1993 年 5 月 3 日起正式公布工业、商业、地产业、公用事业和综合五大类分类股价指数。其中上证 A 股指数以 1990 年 12 月 19 日为基期,上证 B 股指数以 1992 年 2 月 21 日为基期,分别以全部上市的 A 股和 B 股为样本,以发行量为权数进行加权计算。上证分类指数以 1993 年 5 月 1 日为基期,按同样方法计算。

2. 深证综合指数

深圳证券交易所综合指数包括:深证综合指数、深证 A 股指数和深证 B 股指数。它们分别以在深圳证券交易所上市的全部股票、全部 A 股、全部 B 股为样本股,以 1991 年 4 月 3 日为综合指数和 A 股指数的基期,以 1992 年 2 月 28 日为 B 股指数的基期,基期指数定为 100,以指数股计算日股份数为权数进行加权平均计算。当有新股票上市时,在其上市后当天纳入指数计算。

3. 上证成分股指数

上证成分股指数,简称上证 180 指数。

上证成分股指数的样本股共有 180 只股票,选择样本股的标准是遵循规模(总市值,流通市值)、流动性(成交金额,换手率)、行业代表性三项指标,即选取规模较大、流动性较好且具有行业代表性的股票作为样本。上证 180 指数是 1996 年 7 月 1 日起正式发布的上证 30 指数的延续,从 2002 年 7 月 1 日起正式发布,基点为 2002 年 6 月 28 日上证 30 指数的收盘点数 3 299.05点。

4. 上证 50 指数

2004 年 1 月 2 日,上海证券交易所发布了上证 50 指数,以 2003 年 12 月 31 日为基日,以该日 50 支成分股的调整市值为基期,基期指数定为 1 000 点。上证 50 指数采用派许加权方法,按照样本股的调整股本数为权数进行加权计算。

5. 深证成分股指数

深证成分股指数由深圳证券交易所编制,通过对所有在深圳证券交易所上市的公司进行考察,按一定标准选出 40 家有代表性的上市公司作为成分股,以成分股的可流通股数为权数,采用加权平均法编制而成。深证成分股指数包括深证成分指数、成分 A 股指数、成分 B 股指数等。成分股指数以 1994 年 7 月 20 日为基日,基日指数为 1 000 点。

深圳证券交易所选取成分股的一般原则是:有一定的上市交易时间;有一定的上市规模,以每家公司一段时期内的平均可流通股市值和平均总市值作为衡量标准;交易活跃,以每家公司一段时期内的总成交金额和换手率作为衡量标准。

6. 深证 100 指数

深圳证券信息有限公司于 2003 年初发布深证 100 指数。深证 100 指数成分股的选取主要考察 A 股上市公司流通市值和成交金额两项指标,从在深交所上市的股票中选取 100 只 A 股作为成分股,以成分股的可流通 A 股数为权数,采用派许综合法编制。根据市场动态跟踪和成分股稳定性原则,深证 100 指数将每半年调整一次成分股。深证 100 指数以 2002 年 12 月 31 日为基准日,基准指数定为 1 000 点,从 2003 年第一个交易日开始编制和发布。

深证 100 指数采用派许加权法编制。

每个交易日集合竞价开市后用成分股的开市价计算开市指数,其后在交易时间内用成分股的实时成交价计算实时指数,收市后用成分股的收市价计算收市指数。成分股当日无成交的,取上一交易日收市价。成分股暂停交易的,取最近成交价。根据不同情况,在开市前对指数实时计算公式中的有关数据项分别或同时进行调整。

7. 恒生指数

恒生指数是由香港恒生银行于 1969 年 11 月 24 日起编制公布、系统反映香港股票市场行情变动最有代表性和影响最大的指数。它挑选了 33 种有代表性的上市股票为成分股,用加权平均法计算。成分股主要根据以下四个标准选定:第一,股票在市场上的重要程度;第二,股票成交额对投资者的影响;第三,股票发行在外的数量能应付市场旺盛时的需要;第四,公司的业务应以香港为基地。这 33 种成分股中包括金融业 4 种、公用事业 6 种、地产业 9 种、其他工商业 14 种。基期改为 1984 年 1 月 13 日,并将该日收市指数的 975.47 点定为新基期指数。

8. 台湾证券交易所发行量加权股价指数

台湾证券交易所目前发布的股价指数中,以发行股数加权计算的有 26 种,包括发行量加权股价指数,未含金融股发行量加权股价指数,未含电子股发行量加权股价指数,22 种产业分类股价指数,以及与英国富时(FTSE)共同编制的台湾 50 指数;另外还有以算术平均法计算的综合股价平均数和工业指数平均数。

此处主要介绍台湾证券交易所发行量加权股价指数。该指数包括台湾证券交易所全部挂牌交易股票，以1966年平均数为基期，基期指数为100点。

（二）我国的债券指数

1. 上证国债指数

上海证券交易所自2003年1月2日起发布上证国债指数。上证国债指数以在上海证券交易所上市的、剩余期限在1年以上的固定利率国债和一次还本付息国债为样本，按照国债发行量加权，基日为2002年12月31日，基点为100点。

上证国债指数采用派许法计算加权综合价格指数，以样本国债的发行量为权数。

当出现以下情况时，国债指数需要修正：

（1）新上市国债自第2个交易日起计入指数；

（2）国债付息在除息日前修正指数；

（3）当某一成分国债暂停交易时，不做调整，用该国债暂停交易的前一交易日收盘价计算指数；

（4）凡有成分国债发生发行量变动，在成分国债的发行量变动日前修正指数。

在每月的最后一个交易日，将剩余期限不到1年的国债从指数样本中剔除，指数做相应调整。

2. 深市企业债指数

深圳证券信息有限公司于2003年2月17日起发布企业债指数。该指数以在交易所上市交易的固定利率且不附带转股、优先购买股票权利、剩余期限在1年以上（含1年）的企业债券为样本，以2002年12月31日为基准日，基日指数为100，采用派许加权法编制。需要对成分债券进行调整的情况是：新的企业债券发行上市且符合选取原则时，调入指数；成分债券剩余期限不足1年时，调出指数。

3. 中国债券指数

2002年12月31日，中央国债登记结算有限责任公司开始发布中国债券指数系列，该指数体系包括国债指数、企业债指数、政策性银行金融债指数、银行间国债券指数、交易所债券指数、中短期债券指数和长期国债指数等，覆盖了交易所市场和银行间市场所有发行额在50亿元人民币以上，待偿期限在1年以上的债券，指数样本债券每月月末调整一次。

该指数系列以2001年12月31日为基日，基期指数为100，每工作日计算一次。样本债券价格选取日终全价。

（三）我国的基金指数

基金指数由上证基金指数和深证基金指数组成。上证基金指数的选样范围为在上海证券交易所上市的所有证券投资基金。该指数的基日指数为1 000点，指数代码为000011，于2000年5月9日开始正式发布。深证基金指数的样本包括已在深圳证券交易所上市的所有证券投资基金。新上市的基金自上市后第2个交易日起纳入指数计算范围。深证基金指数的编制采用派许加权综合指数法计算，权数为各证券投资基金的总发行规模，以2000年6月30日为基日，基日指数为1 000点。基金指数的计算方法、修正方法与股票指数大致相同，只是基金指数不纳入上证综合指数等任何一个股价指数的编制范围。

三、国际主要股票市场及其价格指数

(一) 道·琼斯工业股价平均数

道·琼斯工业股价平均数,是世界上最早、最享盛誉和最有影响的股票价格平均数,由美国道·琼斯公司编制并在《华尔街日报》上公布。现在人们所说的道·琼斯指数实际上是一组股价平均数,包括5组指标:

(1) 工业股价平均数。30家著名大工商业公司股票为编制对象,能灵敏反映经济发展水平和变化趋势。平时所说的道·琼斯指数就是指道·琼斯工业股价平均数。

(2) 20家具有代表性的运输业公司股票为编制对象的运输业股价平均数。

(3) 15种具有代表性的公用事业大公司股票为编制对象的公用事业股价平均数。

(4) 以上述65家公司股票为编制对象的股价综合平均数。

(5) 以700种不同规模或实力的公司股票作为编制对象的道·琼斯公正市价指数。

道·琼斯股价平均数以1928年10月1日为基期,基期指数为100。道·琼斯指数的编制方法原为简单算术平均法,由于这一方法的不足,从1928年起采用除数修正的简单平均法,使平均数能连续、真实地反映股价变动情况。

长期以来,道·琼斯股价平均数被视为最具权威性的股价指数,被认为是反映美国政治、经济和社会状况最灵敏的指标。

(二) 金融时报证券交易所指数

金融时报证券交易所指数(也译为“富时指数”)是英国最具权威性的股价指数,由《金融时报》编制和公布。这一指数包括三种:一是金融时报工业股票指数,又称30种股票指数。该指数包括30种最优良的工业股票价格,该指数是反映伦敦证券市场股票行情变化的重要尺度。它以1935年7月1日为基期,基期指数为100。二是100种股票交易指数,三是综合精算股票指数。

(三) 日经225股价指数

日经225股价指数是《日本经济新闻社》编制和公布的反映日本股票市场价格变动的股价指数。

现在日经股价指数分成两组:一是日经225种股价指数,二是日经500种股价指数。

(四) NASDAQ市场及其指数

NASDAQ的中文全称是全美证券交易商自动报价系统,于1971年正式启用。NASDAQ采取的模式是孪生式或称为附属式,即把创业板市场分为两个部分:一个是NASDAQ全国市场,它是NASDAQ市场的主要部分,占总市值的95%左右。另一个是NASDAQ小型资本市场,它是为一些有发展潜力的小型公司准备的。它的市值占总市值的5%左右。在小型资本市场上市的财务要求较低,但公司治理标准和全国市场一样。

NASDAQ市场设立了13种指数,NASDAQ综合指数是以在NASDAQ市场上市的,所有本国和外国的上市公司的普通股为基础计算的。该指数按每个公司的市场价值来设权重,这意味着每个公司对指数的影响是由其市场价值所决定的。市场总价是所有已公开发行的股票在每个交易日的卖出价总和。该指数是在1971年2月5日启用的,基准点为100点。

第三节 证券市场监管与法律制度

所谓证券市场监管,是指证券管理机关运用法律的、经济的以及必要的行政手段,对证券的募集、发行、交易等行为以及证券投资中介机构的行为进行监督与管理。证券市场监管是一国宏观经济监督管理体系的重要组成部分,对证券市场的健康发展、宏观经济稳定运行意义重大。

为了有效地防范和化解证券市场风险,促进证券市场健康发展,必须营造公开、公正、公平的市场环境,保护投资者利益,这是证券市场监管的主要任务。

一、证券市场监管的原则和方针

(一) 依法监管原则

依法监管首先要求"有法可依",我国正在逐步健全证券法律法规体系;其次,依法监管还要求"有法必依",加强对证券市场违法违规行为的查处力度,维护证券市场的正常秩序。

(二) 保护投资者利益原则

投资者是证券市场存在和发展的基石。保护投资者利益,让投资者树立信心,是培育和发展证券市场的重要环节,是证券监管机构的首要任务和宗旨,它关系到经济社会的持续发展。尤其是中小投资者的利益保护至关重要,由于信息的不对称,中小投资者常常在市场中处于弱势地位,需要重点保护。

(三)"三公"原则

建立和维护证券市场的公开、公平、公正的"三公"原则,是保护投资者合法利益不受侵犯的基本原则,也是保护投资者利益的基础。"三公"原则的具体内容包括:

1. 公开原则

公开原则,又称信息公开原则。公开原则的核心要求是实现市场信息的公开化,即要求市场具有充分的透明度。信息披露的责任主体包括证券发行人、证券经营、中介机构和市场监管机构。证券发行人和证券中介机构在开展证券发行、交易业务时,必须真实、准确且完整地披露各种有关的重要信息,不得在信息披露中出现虚假陈述、重大误导和遗漏,保证投资者对所投资的证券有充分、全面和准确的了解。监管当局在重大的监管法律、法规、政策出台或变动前,应征求市场主体的意见,广泛宣传,克服监管当局与被监管者之间的信息不对称。

2. 公平原则

证券市场的公平原则,要求证券发行、交易活动中的所有参与者都有平等的法律地位,各自的合法权益能够得到公平的保护。这里,公平尤指投资者机会平等,接触信息的机会平等,杜绝欺诈、操纵市场、内幕交易、虚假陈述、不平等交易等行为，营造一个所有市场参与者进行公平竞争的环境。

3. 公正原则

公正原则是针对证券监管机构的监管行为而言的，它要求证券监督管理部门在公开、公平原则的基础上，依法实施监管，不得越权监管，尊重市场规则，不得干预正常的市场交易；对一切被监管的对象给予公正待遇，站在公正立场上处理监管事务，不得徇私舞弊，不得接受不正当利益。公正原则是实现公开、公平原则的保证。

(四) 监督与自律相结合的原则

这一原则是指在加强政府、证券监管机构对证券市场监管的同时，也要加强从业者的自我约束、自我教育和自我管理。国家对证券市场的监管是证券市场健康发展的保证，而证券从业者的自我管理是证券市场正常运行的基础。

(五) 发展证券市场的"八字"方针

我国确立了指导证券市场健康发展的"八字"方针，所谓"八字"方针就是"法制、监管、自律、规范"。"八字"方针中的法制强调的是立法，科学完整的法律制度是保证市场沿着正确轨道健康发展的基本条件；监管强调的是执法，需要强有力的监管机构对市场实行有效管理，控制风险；自律强调的是市场主体的守法和自我约束，相互监督；规范强调的是证券市场需要达到的运作目标和运作状态，是证券市场运行机制和监管机制的完善和成熟。"八字"方针是建立在我国证券市场发展的实际情况基础上、保证证券市场健康发展的长期指导方针。

二、证券市场监管的目标与手段

(一) 证券市场监管的目标

证券市场监管的目标在于，运用和发挥证券市场机制的积极作用，限制其消极作用；保护投资者合法权益，保障合法的证券交易活动，监督证券中介机构依法经营；防止人为操纵市场、证券欺诈等不法行为，维持证券市场的正常秩序；

根据国家宏观经济管理的需要，运用灵活多样的方式，调控证券发行与证券交易规模，引导投资方向，使之与经济发展相适应。

国际证监会的三个监管目标：一是保护投资者；二是保证证券市场的公平、效率和透明；三是降低系统性风险。

(二) 证券市场监管的手段

1. 法律手段

这是证券市场监管的主要手段，具有较强的威慑力和约束力。国家通过建立完善的证券法律、法规体系，将证券市场运行的各种行为纳入法制轨道。

2. 经济手段

政府通过运用利率政策、公开市场业务、信贷政策、税收政策等经济手段，对证券市场进行干预。这种手段相对比较灵活，但调节过程较慢，存在时滞。

3. 行政手段

政府通过制订计划、政策等对证券市场进行直接的干预和管理。行政性手段强制干预效果明显，但运用不当可能违背市场规律，无法发挥作用甚至遭到惩罚。一般多在证券市场发展初期，法制尚不健全、市场机制尚未理顺或遇到突发性事件时使用。

三、证券市场监管机构

我国证券市场经过近20多年的发展，逐步形成了以中国证券监督管理委员会及其派出机构监管为主导，证券交易所、行业协会自律管理为一体的多层次的监管体系。

（一）中国证券监督管理委员会及其派出机构

1. 中国证券监督管理委员会

中国证券监督管理委员会(简称"中国证监会")是国务院直属机构，是全国证券、期货市场的主管部门，按照国务院授权履行行政管理职能，依照相关法律、法规对全国证券、期货市场实行集中统一监管，维护证券市场秩序，保障其合法运行。中国证监会成立于1992年10月，并在全国各地设36个派出机构。中国证监会依据《证券法》，在对证券市场实施监督管理中履行的主要职责包括：起草证券、期货法律、法规，制定管理规则和实施细则，并依法行使审批或者核准权；统一管理证券、期货市场，按规定对证券、期货监管机构实行垂直领导；对有价证券的发行、上市、交易、登记、托管、结算等进行监管；依法对证券发行人、上市公司、证券交易所、证券公司、证券登记结算机构、证券投资基金管理机构、证券投资咨询机构、资信评估机构以及从事证券业务的律师事务所、会计师事务所、资产评估机构的证券业务活动进行监督管理；依法对证券业协会的业务活动进行指导和监管；依法监督检查证券发行和交易的信息公开情况；依法(规)对证券、期货违法违规行为进行查处；会同有关部门管理证券、期货市场信息，对有关信息咨询进行监管；法律、法规规定的其他职责。

（二）自律性管理机构

1. 证券交易所的自律管理

我国证券法在借鉴他国经验的基础上，将原由政府部门行使的一部分权力授予了证券交易所，从而确认了证券交易所的组织特性和监管特性。根据重新公布的《证券交易所管理办法》，证券交易所的监管职能包括对证券交易活动进行管理，对会员进行管理，以及对上市公司进行管理。如发生以下情况，证券交易所应当暂停上市公司的股票交易，并要求上市公司立即公布有关信息：该公司的股票交易发生异常波动、有投资者发出收购该公司股票的公开要约、上市公司依据上市协议提出停牌申请、证监会依法作出暂停股票交易的决定时以及证券交易所认为必要时。

2. 中国证券业协会的自律管理

证券业协会是证券业的自律性组织，是社会团体法人。中国证券业协会正式成立于1991年8月28日，是依法注册的具有独立法人地位的，由经营证券业务的金融机构自愿组成的行业性自律组织。它的设立是为了加强证券业之间的联系、协调、合作和自我控制，以利于证券市场的健康发展。中国证券业协会采取会员制的组织形式,证券公司应当加入中国证券业协会。中国证券业协会的权力机构为全体会员组成的会员大会。中国证券业协会章程由会员大会制定,并报中国证监会备案。中国证券业协会根据我国《证券法》履行下列职责：

① 协助证券监督管理机构教育和组织会员执行证券法律、行政法规；

② 依法维护会员的合法权益,向证券监督管理机构反映会员的建议和要求；

③ 收集整理证券信息,为会员提供服务；

④ 制定会员应遵守的规则,组织会员单位从业人员的业务培训,开展会员间的业务交流；

⑤ 对会员之间,会员与客户之间发生的纠纷进行调解；

⑥ 组织会员就证券业的发展、运作及有关内容进行研究；

⑦ 监督、检查会员行为,对违反法律、行政法规或者协会章程的,按照规定给予纪律处分；

⑧ 国务院证券监督管理机构赋予的其他职责。

四、证券市场监管的重点对象

(一) 对证券发行上市的监管

1. 证券发行核准制

证券发行上市监管的核心是发行决定权的归属,我国目前对证券发行实行的是核准制。核准制是指发行人申请发行证券,不仅要公开披露与发行证券有关的信息,符合《公司法》和《证券法》所规定的条件,而且要求发行人将发行申请报请中国证监会决定的审核制度。

证券发行监管以强制性信息披露为中心,完善“事前问责、依法披露和事后追究”的监管制度,增强信息披露的准确性、时效性和完整性;同时加大对证券发行和持续信息披露中违法违规行为的打击力度。

2. 信息披露制度

信息披露制度是证券市场的核心制度,也是保护投资者利益最主要的制度。信息披露制度产生的理论基础是契约理论、交易成本理论和信息不对称理论。

根据契约理论,上市公司是一系列契约的联结,股东是契约关系的一方。由于所有权和经营权的分离,经营者与股东的目标是相冲突的。股东一旦将资本投入上市公司,就可能受到经营者谋取私利的剥削;股东监督经理人的重要途径,就是要求经理人向其披露公司经营管理信息。

交易成本理论是科斯用比较制度分析方法研究经济组织制度的理论。科斯认为,交易成本是获取准确市场信息、谈判、达成契约及履约的费用,包括信息搜寻成本、谈判成本、缔约成本、监督履约的成本与处理违约的成本。解决成千上万投资者单独搜寻信息的成本、避免社会资源的浪费,就要强制上市公司的信息披露。

信息不对称理论是有斯蒂格利茨等3位美国经济学家提出的。该理论认为,证券市场存在严重的信息不对称,投资者对上市公司的了解不可能像经理人一样充分,因此会产生交易前的逆向选择和交易后道德风险。逆向选择是指“不良公司”通过财务包装夸大业绩、粉饰问题欺骗投资者。如果投资者充分占有信息,就不会选择预期收益低且风险大的不良公司,而尽量选择预期收益高且风险小的优质公司。道德风险是指庄家和上市公司联手推动股价上涨，引诱、欺骗中小投资者跟风；大股东通过挪用公司资金、担保借贷等手段损害中小股东的权益。这些问题导致一定程度的市场失灵，必须引入政府这只“看得见的手”，制定并强制执行信息披露制度，才能从根本上解决信息不对称的问题。

(1) 信息披露的基本要求

① 全面性。是指信息披露义务人应当充分披露可能影响投资者投资判断的有关资料，不得有任何隐瞒或重大遗漏。

② 真实性。是指信息披露义务人公开的信息资料应当准确、真实，不得有虚假记载、误导或欺骗。

③ 时效性。是指向公众投资者公开的信息应当具有最新性、及时性。公开资料反映的公司状态应为公司的现实状况，公开资料交付的时间不得超过法定期限。

(2) 证券发行与上市的信息公开制度

① 证券发行信息的公开。

我国《证券法》规定，“证券发行申请经核准，发行人应当按照法律、行政法规的规定，在证券公开发行前，公告公开发行募集文件，并将该文件置备于指定场所供公众查阅。发行证券的信息依法公开前，任何知情人不得公开或者泄露该信息。”

② 证券上市信息的公开。

我国《证券法》规定：“股票上市交易申请经证券交易所审核同意后，签订上市协议的公司应当在规定的期限内公告股票上市的有关文件，并将该该文件置备于指定场所供公众查阅。”同时规定：“签订上市协议的公司除公告前条规定的文件外，还应当公告下列事项：股票获准在证券交易所交易的日期；持有公司股份最多的前十名股东的名单和持股数额；公司的实际控制人；董事、监事、高级管理人员的姓名及其持有本公司股票和债券的情况。”

(3) 持续信息公开制度。

我国《证券法》规定，“上市公司和公司债券上市交易的公司，应当在每一会计年度结束之日起四个月内，向中国证监会和证券交易所报送记载以下内容的年度报告，并予公告：公司概况；公司财务会计报告和经营情况；董事、监事、高级管理人员简介及其持股情况；已发行的股票、公司债券情况，包括持有公司股份最多的前十名股东名单和持股数额；公司的实际控制人；中国证监会规定的其他事项”。又规定，“上市公司和公司债券上市交易的公司，应当在每一会计年度的上半年结束之日起两个月内，向中国证监会和证券交易所报送记载以下内容的中期报告，并予公告：公司财务会计报告和经营情况；涉及公司的重大诉讼事项；已发行的股票、公司债券变动情况；提交股东大会审议的重要事项；中国证监会规定的其他事项”。

除了强制披露年度报告、中期报告外，我国还要求上市公司披露每 3 个月营业情况的季度报告；为解决定期报告的时滞问题，当上市公司发生影响投资的特别事项时，需向市场披露临时报告。

(4) 信息披露虚假或重大遗漏的法律责任

发行人、证券公司保荐人在招募说明书、上市公告书、公司报告及其他文件中作出虚假陈述的，《证券法》规定的处罚有：责令改正，给予警告，没收违法所得，罚款；情节严重的，暂停或撤销有关业务许可，撤销任职资格或从业资格等。

律师事务所、会计师事务所、资产评估机构出具的法律意见书、审计报告、资产评估报告或其他文件有虚假陈述、重大遗漏的,《证券法》规定的处罚有:责令改正、没收业务收入,暂停或撤销证券服务业务许可,罚款、撤销责任人的证券从业资格等。

3. 证券发行保荐制度

企业发行上市不但要有保荐人进行保荐,还需要具有保荐代表人资格的从业人员具体负责保荐工作。监管部门对符合条件的证券公司及其从业人员注册登记为保荐人和保荐代表人。

企业首次公开发行和上市公司再次公开发行证券都需要保荐人和保荐代表人保荐。保荐期间分尽职推荐和持续督导两个阶段,各个阶段都有明确的保荐期限。保荐人和保荐代表人在向监管部门推荐企业上市前,要对企业进行辅导和尽职调查,要在推荐文件中对发行人的信息披露质量、发行人的独立性和持续经营能力等作出必要的承诺。

(二) 对证券交易市场的监管

1. 证券交易所的信息公开制度

我国《证券法》规定,证券交易所应当为组织公平的集中交易提供保障,公布证券交易即时行情,并按交易日制作证券市场行情表,予以公布。未经证券交易所许可,任何单位和个人不得发布证券交易即时行情。

证券交易所对证券交易实行实时监控,并按照中国证监会的要求,对异常的交易情况提出报告。

证券交易所应当督促上市公司、相关信息披露义务人,依法及时、准确的披露信息。

2. 对操纵市场行为的监管

操纵市场是指某一组织或个人以获取利益或者减少损失为目的,利用其资金、信息等优势,或者滥用职权,影响证券市场价格,制造证券市场假象,诱导或致使投资者在不了解事实真相的情况下做出证券投资决定,扰乱证券市场秩序的行为。

(1) 操纵市场的行为方式

① 虚买虚卖。是指以影响证券市场行情为目的,人为创造证券交易的虚假繁荣,从事所有权非真实转移的交易行为。其构成要件有两个:一是行为人主观上有创造市场虚假繁荣、诱导公众投资者盲目跟进从而达到影响市场行情的目的;二是行为人客观上达成交易,但证券未交割、财产所有权未转移。在证券市场上,虚买虚卖的手法主要有以下几种:第一种是交易双方同时委托同一经纪商在证券交易所相互申报买进卖出,都作相互应买应卖,但其间并无证券或款项的交割行为;第二种是投机者分别下达预先配好的委托给两家经纪商,由一经纪商买进,另一经纪商卖出,但所有权并未发生实质性转移;第三种手法是投机者(称为"做手")先卖出一定数额的股票,由预先安排的同伙买进,继而又将证券退还给做手,取回价款的行为。

② 合谋。是指行为人欲影响市场行情而与他人同谋,由一方做出交易委托,另一方按对方委托的内容,在同一时间、地点,以同等数量和价格反向委托,并达成交易的行为。其要件是交易双方有通谋行为,委托在时间、价格、数量上具有相似性。

③ 连续交易操纵。是指以抬高或者压低证券交易价格为目的,而自行或与一个或更多的

人连续买卖在交易所上市的证券，蓄意造成证券交易繁荣现象的行为。构成连续交易操纵的要件有两个：一个是连续交易导致一定的市场表象或价格的变化；另一个是行为者以抬高或者压低证券交易价格为目的。

（2）操纵市场行为

① 通过单独或者合谋，集中资金优势、持股优势联合或者连续买卖，操纵证券交易价格。

② 与他人串通，以事先约定的时间、价格和方式相互进行证券交易或者相互买卖并不持有的证券，影响证券交易价格或者证券交易量。

③ 以自己为交易对象，进行不转移所有权的自买自卖，影响证券交易价格或者证券交易量。

④ 以其他方式操纵证券交易价格。

对操纵市场行为的监管包括事前监管和事后处理。事前监管是指在发生操纵行为前，监管机构采取必要的手段防止这类行为发生。事后处理是指对操纵行为者的处罚和受损害者通过民事诉讼可以获得损害赔偿。

3. 对欺诈客户行为的监管

欺诈客户是指证券经营机构、证券登记、清算机构及证券发行人或者发行代理人等，以获得非法利益为目的，违反法律法规，在证券发行、交易及相关活动中，从事欺诈客户或虚假陈述等行为。

欺诈客户行为包括：违背客户的委托为其买卖证券，或未经客户委托擅自为客户买卖证券，或假借客户名义买卖证券；挪用客户账户的证券或资金；为牟取佣金收入，诱使客户进行不必要的证券买卖；传播虚假或误导投资者的信息；其他违背客户真实意愿、损害客户利益的行为。

对欺诈客户行为的监管主要是禁止任何单位或个人在证券发行、交易及其相关活动中欺诈客户。证券经营机构、证券登记或清算机构以及其他各类从事证券业的机构有欺诈客户行为的，将根据不同情况，限制或者暂停证券业务及其他处罚。因欺诈客户行为给投资者造成损失的，应当依法承担赔偿责任。

4. 对内幕交易的监管

所谓内幕交易，又称知内情者交易，是指公司董事、监事、经理、职员、主要股东、证券市场内部人员或市场管理人员，以获取利益或减少经济损失为目的，利用地位、职务等便利，获取发行人未公开的、可以影响证券价格的重要信息，进行有价证券交易，或泄露该信息的行为。

（1）内幕交易的行为主体

下列人员为知悉证券交易内幕信息的知情人员：发行股票或者公司债券的公司董事、监事、经理、副经理及有关高级管理人员；持有公司5%以上股份的股东；发行股票公司的控股公司的高级管理人员；由于所任公司职务可以获取公司有关证券交易信息的人员；证券监督管理机构工作人员以及由于法定职责对证券交易进行管理的人员；由于法定职责而参与证券交易的社会中介机构或者证券登记结算机构、证券交易服务机构的有关人员；国务院证券监督管理机构规定的其他人员。

（2）内幕信息

在证券交易活动中，涉及公司的经营、财务或者对该公司证券的市场价格有重大影响的尚未公开的信息，为内幕信息，下列各项信息皆属内幕信息：本法第六十二条第二款所列重大事件；公司分配股利或者增资计划；公司股权结构的重大变化；公司债务担保的重大变更；公司营业用主要资产的抵押、出售或者报废一次超过该资产的30%；公司的董事、监事、经理、副经理或者其他高级管理人员的行为可能依法承担重大损害赔偿责任；上市公司收购的有关方案；国务院证券监督管理机构认定的对证券交易价格有显著影响的其他重要信息。

(3) 内幕交易的行为方式

内幕交易的行为方式主要表现为：行为主体知悉公司内幕信息，且从事有价证券的交易或其他有偿转让行为，或者泄露内幕信息或建议他人买卖证券等。

(4) 对内幕交易的监管

内幕交易行为包括：

① 内幕人员利用内幕信息买卖证券或者根据内幕信息建议他人买卖证券；

② 内幕人员向他人泄露内幕信息，使他人利用该信息进行内幕交易；

③ 非内幕人员通过不正当的手段或者其他途径获得内幕信息，并根据该信息买卖证券或者建议他人买卖证券等。

我国《证券法》规定："证券交易内幕信息的知情人和非法获取内幕信息的人，在内幕信息公开前，不得买卖该公司的证券，或者泄露该信息，或者建议他人买卖该证券。"内幕交易行为造成损失的，行为人应当依法承担赔偿责任。

（三）对证券经营机构的监管

1. 证券经营机构准入监管

我国《证券法》规定，设立证券公司必须经中国证监会审查批准，任何单位和个人未经审查批准，均不得经营证券业务。

2. 对证券从业人员的监管

证券从业人员需要具备证券从业资格，中国证监会对证券公司董事、监事和高级管理人员的任职资格实行核准制，对从事保荐业务的保荐代表人实行注册制，对一般从业人员，授权中国证券业协会进行证券从业资格考试和注册管理。

3. 对证券公司的日常监管

证券监管机构对证券公司的日常监管，分为现场监管和非现场监管两种方式。现场监管是证券监管机构的工作人员直接到证券公司的经营场所，通过现场检查方式检查证券公司经营的合规性、正常性和安全性情况，并采取相应监管措施的监管方式。非现场监管主要是证券监管机构对证券公司及其股东、实际控制人报送的信息和资料进行统计分析，并采取相应监管措施的监管方式。

五、证券市场监管模式

证券市场的监管，是国家金融监管的重要组成部分。由于各国证券市场发育程度不同，政府宏观调控手段不同，所以，各国证券市场的监管模式也不尽相同，主要有国家集中统一监管模式和自律模式。

（一）国家集中统一监管模式

在这种模式下，由政府下属的部门，或由直接隶属于立法机关的国家证券监管机构对证券市场进行集中统一监管，而各种自律性组织只是起协助作用。集中统一监管模式以美国、日本、韩国、新加坡等国家为代表。美国根据《证券交易法》设立了证券交易管理委员会（SEC），它直接隶属于国会，独立于政府，对全国的证券发行、交易、券商、投资公司等依法实施全面管理。

集中监管体制的优点在于，能公平、公正、高效、严格的发挥监管作用，并能够协调全国证券市场，防止出现过度投机的混乱局面；具有统一的证券法规体系，使证券市场相关业务活动有法可依、提高了证券市场监督的权威性；监管者地位相对超脱，更注重保护投资者的利益。集中监管的不足在于，证券法规的制定者和监管者超脱于市场，从而使市场监管可能脱离实际，缺乏效率；对市场发生的意外行为反应较慢，可能处理不及时。

（二）自律模式

自律模式通常没有制定直接的证券市场管理法规，而是通过一些间接的法规来制约证券市场的活动；同时，这种模式不设立全国性的证券管理机构，而是仅依靠证券市场的参与者，如证券交易所、券商协会等进行自我管理。英国、德国、意大利、荷兰等国是自律模式的代表。以英国为例，英国没有证券法和证券交易法，只有一些间接的、分散的法规；英国虽然设立了专门的证券管理机构，称为证券投资委员会，依据法律享有极大的监管权力，但它既不属于立法机关，也不属于政府内阁，实际监管工作主要通过英国证券理事会和证券交易协会为核心的非政府机构进行自我监管。

自律监管的优点：能充分发挥市场的创新和竞争意识，有利于市场活跃；允许券商参与制定证券市场监管规则，从而使市场监管更切合实际，制定的监管法律法规具有更大的灵活性、效率更高；自律组织对市场发生的违规行为，能够作出迅速而有效的反应。自律模式的缺点：通常把重点放在市场的有效运行和充分保护证券交易所会员的经济利益上，对投资者利益往往没有提供充分的保障；由于没有立法作为后盾，监管的手段较为软弱；没有统一的监管机构，难以实现全国证券市场的协调发展，容易造成混乱。

（三）我国证券监管模式

我国目前证券市场监管模式是集中统一监管，但也赋予证券交易所以自律管理职能，并设立了中国证券业协会作为行业自律管理组织。因为我国证券市场起步较晚，历史短暂，正处于发展阶段，缺乏完善的证券法制体系，市场自律功能较差，存在政府直接参与、多部门管理问题。要改变这种格局，我国证券监管模式的设计应当从实际出发，在政府统一管理、调控、监督、指导下，充分发挥地方政府的作用和证券市场的自律功能，综合运用法律手段和市场调节手段，实施中央监管、地方监管和市场自律相结合的管理模式，不断完善和发展中国的证券市场。

六、证券市场的法律法规建设

证券市场的科学监管最终需要通过健全的法律和法规来实现，监管行为必须纳入法制的轨道上来才能最大限度的发挥效率和作用。随着我国证券市场的发展，相关的法律法规也在不断完善，至今已经形成了以《证券法》、《公司法》等为主体的全方位、四个层次的法律监管体系。

（一）法律

主要包括《证券法》《公司法》《证券投资基金法》《刑法》《会计法》等。

1.《中华人民共和国证券法》

《中华人民共和国证券法》（简称《证券法》）是第十届全国人民代表大会常务委员会第十八次会议对原《证券法》进行全面修订后，并 2006 年 1 月 1 日起正式施行，是证券领域的母法。

《证券法》的调整范围涵盖了在中国境内的股票、公司债券和国务院依法认定的其他证券的发行、交易和监管，其核心旨在保护投资者的合法权益，维护社会经济秩序和社会公共利益。《证券法》共分 12 章，分别为总则、证券发行、证券交易、上市公司的收购、证券交易所、证券公司、证券登记结算机构、证券服务机构、证券业协会、证券监督管理机关、法律责任和附则。

2.《中华人民共和国公司法》

《中华人民共和国公司法》（简称《公司法》）根据 2013 年 12 月 28 日第十二届全国人民代表大会常务委员会第六次会议，对原《公司法》进行第三次全面修正，于 2014 年 3 月 1 日起实施。

《公司法》的调整范围包括股份有限公司和有限责任公司，其核心旨在保护公司、股东和债权人的合法权益，维护社会经济秩序。最核心内容是规范公司法人治理结构的关系。《公司法》确立了我国公司的法律地位及其设立、组织、运行和终止等过程的基本法律准则。

3.《中华人民共和国刑法》对证券犯罪的规定

《中华人民共和国刑法》及修正案关于证券犯罪或与证券有关的主要的规定有以下几点：

（1）欺诈发行股票、债券罪

它是指在招股说明书、认股书、公司企业债券募集办法中隐瞒重要事实或者编造重大虚假内容，发行股票或者公司、企业债券，数额巨大、后果严重或者有其他严重情节。个人犯此罪的，处 5 年以下有期徒刑或者拘役，并处或者单处非法募集资金金额 1%以上 5%以下罚金；单位犯此罪的，对单位判处罚金，并对其直接负责的主管人员和其他直接责任人员，处 5 年以下有期徒刑或者拘役（《刑法》第一百六十一条）。

（2）提供虚假财务会计报告罪

它是指公司向股东和社会公众提供虚假或者隐瞒重要事实的财务会计报告，严重损害股东或者其他人利益。对公司直接负责的主管人员和其他直接责任人员，处 3 年以下有期徒刑或者拘役，并处或者单处 2 万元以上 20 万元以下罚金（《刑法》第一百六十一条）。

（3）擅自发行股票和公司、企业债券罪

它是指未经国家有关主管部门批准，擅自发行股票或者公司、企业债券，数额巨大、后果严重或者有其他严重情节的，处 5 年以下有期徒刑或者拘役，并处或者单处非法募集资金金额 1%以上 5%以下罚金。单位犯前款罪的，对单位判处罚金，并对其直接负责的主管人员和其他直接责任人员，处5年以下有期徒刑或者拘役(《刑法》第一百七十九条)。

(4) 内幕交易、泄露内幕信息罪

证券、期货交易内幕信息的知情人员或者非法获取证券、期货交易内幕信息的人员，在涉及证券的发行，证券、期货交易或者其他对证券、期货交易价格有重大影响的信息尚未公开前，买入或者卖出该证券，或者从事与该内幕信息有关的期货交易，或者泄露该信息，情节严重的，处5年以下有期徒刑或者拘役，并处或者单处违法所得1倍以上5倍以下罚金；情节特别严重的，处5年以上10年以下有期徒刑，并处违法所得1倍以上5倍以下罚金。单位犯前款罪的，对单位判处罚金，并对其直接负责的主管人员和其他直接责任人员，处5年以下有期徒刑或者拘役。内幕信息、知情人员的范围，依照法律、行政法规的规定确定(《中华人民共和国刑法修正案(二)》第一百八十条)。

(5) 编造并传播影响证券交易虚假信息罪、诱骗他人买卖证券罪

编造并且传播影响证券、期货交易的虚假信息，扰乱证券、期货交易市场，造成严重后果的，处5年以下有期徒刑或者拘役，并处或者单处1万元以上10万元以下罚金。证券交易所、期货交易所、证券公司、期货经纪公司的从业人员，证券业协会、期货业协会或者证券期货监督管理部门的工作人员，故意提供虚假信息或者伪造、变造、销毁交易记录，诱骗投资者买卖证券、期货合约，造成严重后果的，处5年以下有期徒刑或者拘役，并处或者单处1万元以上10万元以下罚金；情节特别恶劣的，处5年以上10年以下有期徒刑，并处2万元以上20万元以下罚金。单位犯前两款罪的，对单位判处罚金，并对其直接负责的主管人员和其他直接责任人员，处5年以下有期徒刑或者拘役(《中华人民共和国刑法修正案(二)》第一百八十一条)。

(6) 操纵证券市场罪

有操纵证券、期货交易价格，获取不正当利益或者转嫁风险，情节严重的等情形之一，处5年以下有期徒刑或者拘役，并处或者单处违法所得1倍以上5倍以下罚金；单独或者合谋，集中资金优势、持股或者持仓优势或者利用信息优势联合或者连续买卖，操纵证券、期货交易价格的；与他人串通，以事先约定的时间、价格和方式相互进行证券、期货交易，或者相互买卖并不持有的证券，影响证券、期货交易价格或者证券、期货交易量的；以自己为交易对象，进行不转移证券所有权的自买自卖，或者以自己为交易对象，自买自卖期货合约，影响证券、期货交易价格或者证券、期货交易量的；以其他方法操纵证券、期货交易价格的。单位犯前款罪的，对单位判处罚金，并对其直接负责的主管人员和其他直接责任人员，处5年以下有期徒刑或者拘役(《中华人民共和国刑法修正案(二)》第一百八十二条)。

(二) 国务院行政法规

主要包括《证券公司监督管理条例》《证券公司风险处置条例》《股份有限公司境内上市外资股的管理规定》《国务院关于股份有限公司境外募集股份及上市的特别规定》《中华人民共和国公司登记管理条例》《企业债券管理条例》等。

(三) 证券监管部门规章

主要包括《证券发行与承销管理办法》《证券公司融资融券业务试点管理办法》《证券市场禁入规定》《首次公开发行股票并上市管理办法》《上市公司信息披露管理办法》《首次公开发行股票并在创业板上市管理暂行办法》《公开发行证券的公司信息披露编报规则》等。

(四) 沪深证券交易所对上市公司的自律管理规则

主要包括《上海证券交易所股票上市规则》《上海证券交易所交易规则》《上海证券交易所上市公司信息披露管理制度指引》《深圳证券交易所股票上市规则》《深圳证券交易所交易规则》《深圳证券交易所上市公司信息披露工作指引》等。

第四节　证券上市制度

一、证券上市的条件

证券上市制度是指已经发行的证券在证券交易所挂牌交易的一系列法律法规和制度的总称,包括上市交易的条件和程序,暂停和终止上市的制度规定,证券发行人的责任和义务等。

(一) 股票上市的条件

1. 根据《中华人民共和国证券法》第五十条,股份有限公司申请股票上市,应当符合下列条件:

(1) 股票经国务院证券监督管理机构核准已公开发行;

(2) 公司股本总额不少于人民币三千万元;

(3) 公开发行的股份达到公司股份总数的百分之二十五以上;公司股本总额超过人民币四亿元的,公开发行股份的比例为百分之十以上;

(4) 公司最近三年无重大违法行为,财务会计报告无虚假记载。

证券交易所可以规定高于前款规定的上市条件,并报国务院证券监督管理机构核准。

2. 股份公司首次公开发行股票(IPO)上市的主要条件

根据《中华人民共和国证券法》、《股票发行与交易管理暂行条例》和《首次公开发行股票并上市管理办法》的有关规定,首次公开发行股票并上市的有关条件与具体要求如下:

(1) 主体资格。A股发行主体应是依法设立且合法存续的股份有限公司;经国务院批准,有限责任公司在依法变更为股份有限公司时,可以公开发行股票。

(2) 公司治理。发行人已经依法建立健全股东大会、董事会、监事会、独立董事、董事会秘书制度,相关机构和人员能够依法履行职责;发行人董事、监事和高级管理人员符合法律、行政法规和规章规定的任职资格;发行人的董事、监事和高级管理人员已经了解与股票发行上市有关的法律法规,知悉上市公司及其董事、监事和高级管理人员的法定义务和责任;内部控制制度健全且被有效执行,能够合理保证财务报告的可靠性、生产经营的合法性、营运的效率与效果。

(3) 独立性。应具有完整的业务体系和直接面向市场独立经营的能力;资产应当完整;人员、财务、机构以及业务必须独立。

(4) 同业竞争。与控股股东、实际控制人及其控制的其他企业间不得有同业竞争;募集资金投资项目实施后,也不会产生同业竞争。

(5) 关联交易。与控股股东、实际控制人及其控制的其他企业间不得有显失公平的关联交易;应完整披露关联方关系并按重要性原则恰当披露关联交易,关联交易价格公允,不存在通过关联交易操纵利润的情形。

(6) 财务要求。发行前三年的累计净利润超过 3 000 万人民币；发行前三年累计净经营性现金流超过 5 000 万人民币或累计营业收入超过 3 亿元；无形资产与净资产比例不超过 20%；过去三年的财务报告中无虚假记载。

(7) 股本及公众持股。发行前不少于 3 000 万股；上市股份公司股本总额不低于人民币 5 000万元；公众持股至少为 25%；如果发行时股份总数超过 4 亿股，发行比例可以降低，但不得低于 10%；发行人的股权清晰，控股股东和受控股股东、实际控制人支配的股东持有的发行人股份不存在重大权属纠纷。

(8) 其他要求。发行人最近三年内主营业务和董事、高级管理人员没有发生重大变化，实际控制人没有发生变更；发行人的注册资本已足额缴纳，发起人或者股东用作出资的资产的财产权转移手续已办理完毕，发行人的主要资产不存在重大权属纠纷；发行人的生产经营符合法律、行政法规和公司章程的规定，符合国家产业政策；最近三年内不得有重大违法行为。

(二) 债券上市的条件

1. 根据《中华人民共和国证券法》的规定，申请债券上市交易的公司，需要满足的条件为：

(1) 公司债券的期限为一年以上；

(2) 公司债券实际发行额不少于人民币五千万元；

(3) 公司申请其他债券上市时仍符合法定的公司债券发行条件。

2. 在目前还没有统一的债券上市规则的情况下，上海和深圳证券交易所分别制定了基本相同的上市规则，申请上市的企业债券除法律法规规定的条件外还必须符合下列条件：

(1) 经国务院授权的部门批准并公开发行；

(2) 债券的信用等级不低于 A 级；

(3) 债券有担保人担保，其担保条件符合法律、法规规定；资信为 AAA 级且债券发行时主管机关同意豁免担保的债券除外；

(4) 交易所认可的其他条件。

二、证券上市的程序

(一) 股票上市的程序

股份有限公司申请股票上市，必须经过一定的程序。按照《股票发行与交易管理暂行条例》与《中华人民共和国公司法》的规定，股票上市的程序如下：

1. 股票上市申请

发行人在股票发行完毕后，召开股东大会，完成公司注册登记，向证券交易所提出上市申请。

2. 审查批准

《股票发行与交易管理暂行条例》规定，符合公开发行股票条件的股份有限公司，申请其股票在证券交易所交易，应当向证券交易所的上市委员会提出申请；上市委员会应当自收到申请之日起二十个工作日内作出审批，确定上市时间，审批文件报证监会备案，并抄报证券委。《公司法》规定，股份有限公司申请其股票上市交易，应当报经国务院或者国务院授权证券管理部门批准，依照有关法律、行政法规的规定报送有关文件。国务院或者国务院授权证券管理部门对符合本法规定条件的股票上市交易申请，予以批准；对不符合本法规定条件的，不予批准。

3. 申请股票上市应当报送的文件

股份公司向交易所的上市委员会提出上市申请，申请时应报送下列文件：

(1) 上市申请书；

(2) 公司登记文件；

(3) 股票公开发行的批准文件；

(4) 经会计师事务所审计的公司近 3 年或成立以来的财务报告和由 2 名以上的注册会计师及所在事务所签字盖章的审计报告；

(5) 证券交易所会员的推荐书；

(6) 最近一次招股说明书；

(7) 其他交易所要求的文件。

4. 签订上市协议书

股份有限公司被批准股票上市后，即成为上市公司。在上市公司股票上市前，还要与证券交易所签订立市协议，确定上市的具体日期，明确双方的权利与义务并向证券交易所缴纳上市费用。

5. 发布上市公告

根据《公司法》的规定，股票上市交易申请经批准后，发行人应在挂牌交易首日前 3 个工作日发布上市公告，并将其申请文件存放在指定地点供公众查阅。上市公司的上市公告一般要刊登在证监会指定的，全国性的证券报刊上。上市公告的内容，除了应当包括招股说明书的主要内容外，还应当包括下列事项：

(1) 股票获准在证券交易所交易的日期和批准文号；

(2) 股票发行情况，股权结构和最大的 10 名股东的名单及持股数；

(3) 公司创立大会或股东大会同意公司股票在证券交易所交易的决议；

(4) 董事、监事、高级管理人员简历及持有本公司证券的情况；

(5) 公司近 3 年或者开业以来的经营业绩和财务状况以及下一年盈利预测文件；

(6) 证券交易所要求载明的其他情况。

6. 股票上市交易

(二) 债券上市的程序

公司证券的发行者依法向有关部门提出申请，经有关部门批准后，在证券交易所上市交易

三、证券暂停及终止上市交易

(一) 股票暂停及终止上市交易的条件

1. 股票暂停交易的条件

(1) 股本总额、股权分布等发生变化不再具备上市条件；

(2) 不按照规定公开其财务状况，或对财务会计报告作虚假记载，可能误导投资者；

(3) 有重大违法行为；

(4) 最近 3 年连续亏损；

(5) 其他情形。

2. 股票终止上市的条件

(1) 股票被暂停上市后，未能在法定期限内披露最近一期年度报告；

(2) 股票被暂停上市后，在法定期限内披露的最近一期年度报告显示公司亏损；

(3) 股票被暂停上市后，在法定期限内披露了最近一期年度报告，但未能在其后五个交易日内提出恢复上市申请；

(4) 恢复上市申请未被受理；

(5) 恢复上市申请未获同意；

(6) 公司股本总额、股权分布等发生变化不再具备上市条件，在本所规定的期限内仍不能达到上市条件；

(7) 在股票暂停上市期间，股东大会作出终止上市决议；

(8) 公司解散或被宣告破产；

(9) 上海证券交易所规定的其他情形。

被终止上市的股票会进入三板市场，可到规定的公司，就是具备三板交易的证券公司开立证券账户进行买卖。

(二) 特别处理的几种情况

沪深证券交易所在 1998 年 4 月 22 日宣布，根据 1998 年实施的股票上市规则，将对财务状况或其他状况出现异常的上市公司的股票交易进行特别处理。由于“特别处理”的英文是 Special treatment(缩写是“ST”)，因此这些股票就简称为 ST 股。ST 股是指境内上市公司连续两年亏损，被进行特别处理的股票。*ST 股是指境内上市公司连续三年亏损的股票。

1. 财务状况异常指

(1) 最近两个会计年度的审计结果显示的净利润均为负值；

(2) 最近一个会计年度的审计结果显示其股东权益低于注册资本，即每股净资产低于股票面值；

(3) 注册会计师对最近一个会计年度的财务报告出具无法表示意见或否定意见的审计报告；

(4) 最近一个会计年度经审计的股东权益扣除注册会计师、有关部门不予确认的部分，低于注册资本；

(5) 最近一份经审计的财务报告对上年度利润进行调整，导致连续两个会计年度亏损；

(6) 经交易所或中国证监会认定为财务状况异常的。

2. 其他异常状况指

(1) 由于自然灾害、重大事故等导致上市公司主要经营设施遭受损失，公司生产经营活动基本中止，在三个月以内不能恢复的；

(2) 公司涉及负有赔偿责任的诉讼或仲裁案件，按照法院或仲裁机构的法律文书，赔偿金额累计超过上市公司最近经审计的净资产值的50%的；

(3) 公司主要银行账号被冻结，影响上市公司正常经营活动的；

(4) 公司出现其他异常情况，董事会认为有必要对股票交易实行特别处理的；

(5) 人民法院受理公司破产案件，可能依法宣告上市公司破产的；

(6) 公司董事会无法正常召开会议并形成董事会决议的；

(7) 公司的主要债务人被法院宣告进入破产程序，而公司相应债权未能计提足额坏账准备，公司面临重大财务风险的；

(8) 中国证监会或交易所认定为状况异常的其他情形。

在上市公司的股票交易被实行特别处理期间，其股票交易应遵循下列规则：

(1) 股票报价日涨跌幅限制为5%；

(2) 股票名称改为原股票名前加“ST”，例如ST四环(000605)；

(3) 上市公司的中期报告必须审计。

3. 股票名称前特殊冠名的含义

(1) ST——公司经营连续两年亏损，特别处理；

(2) *ST——公司经营连续三年亏损，退市预警；

(3) SST——公司经营连续两年亏损，特别处理 还没有完成股改；

(4) S*ST——司经营连续三年亏损，退市预警 还没有完成股改；

(5) S——公司还没有完成股改。

4. 特别转让

特别转让(PT)即英文Particular Transfer的缩写。依据《公司法》和《证券法》规定，上市公司出现连续三年亏损等情况，其股票将暂停上市。沪深交易所从1999年7月9日起，对这类暂停上市的股票实施“特别转让服务”，并在其简称前冠以“PT”，称之为“PT股票”。被冠以“PT”的股票，就是停止任何交易，价格清零，等待退市的股票。

PT股是基于为暂停上市流通的股票提供流通渠道的特别转让服务所产生的股票品种。证券交易所为投资者提供“特别转让服务”。

“特别转让服务”是指：

(1) 投资者在每周星期五(法定节假日除外)开市时间内申报转让委托；

(2) 申报价格不得超过上一次转让价格上下5%(上一次转让价格显示在行情系统中的昨日收盘价栏目中)；

(3) 每周星期五收市后对有效申报按集合竞价方法进行撮合成交，并向本所会员发出成交回报；

(4) 转让信息不在交易行情中显示，由指定证券报刊设专门栏目在次日公告；

(5) 公司股票不计入指数计算，成交数据不计入市场统计。公司股票暂停上市期间，非流通股的协议转让及流通股的定价收购，按照证券交易所的有关规定办理。公司股票暂停上市期间，公司其他权利义务不变。公司在股票暂停上市后，达到上市条件，申请恢复上市的，按照中国证监会的有关规定办理。

2001年，中国证监会发布了《亏损上市公司暂停上市和终止上市实施办法》，对原交易规则进行了修订，发布了新的退市办法，于2002年1月1日起实施。该办法取消了PT制度，也就停止了暂停上市的股票的“特别转让服务”。

（三）债券暂停及终止上市交易的条件

《证券法》第55条规定，公司债券上市交易后，公司有下列情形之一的，由国务院证券监督管理机构决定暂停其公司债券上市交易：

(1) 公司有重大违法行为；
(2) 公司情况发生重大变化，不符合公司债券上市条件；
(3) 公司债券所募资金不按照审批机关批准的用途使用；
(4) 未按照公司债券募集办法履行义务；
(5) 公司最近两年连续亏损。

《证券法》等56条对公司债券上市终止的情形规定如下：

(1) 公司有重大违法行为，经查实后果严重；
(2) 公司情况发生重大变化不符合公司债券上市条件，在限期内未能消除；
(3) 公司债券所募集的资金不按照审批机关批准的用途使用，在限期内未能消除；
(4) 未按照公司债券募集办法履行义务，经查实后果严重；
(5) 公司最近2年连续亏损，在限期内未能消除；
(6) 公司解散、被依法责令关闭或者被宣告破产。

四、涨跌幅规定

上海和深圳证券交易所对证券的涨跌幅度作出以下规定：

（一）涨跌幅限制规定

1. 对股票、基金交易实行价格涨跌幅限制，涨跌幅比例为10%，其中ST股票和*ST股票价格涨跌幅比例为5%。股票、基金涨跌幅价格的计算公式为：涨跌幅价格＝前收盘价×(1±涨跌幅比例)。

2. 可转换公司债涨幅限制为前收盘价的100%，跌幅限制为前收盘价的－50%。

（二）无涨跌幅限制的规定

1. 公司债券实行全价交易模式，现货交易不设涨跌幅限制；
2. 权证交易不设涨跌幅限制；
3. 属于下列情形之一的，首个交易日无价格涨跌幅限制，
(1) 首次公开发行上市的股票和封闭式基金；
(2) 增发上市的股票；
(3) 暂停上市后恢复上市的股票；
(4) 交易所认定的其他情形。

（三）无价格涨跌幅限制的证券，集合竞价阶段有效申报价格的规定(上海)

1. 股票交易申报价格不高于前收盘价格的900%，并且不低于前收盘价格的50%；
2. 基金、债券交易申报价格最高不高于前收盘价格的150%，并且不低于前收盘价格的

70%。集合竞价阶段的债券回购交易申报无价格限制。

扩展阅读

万福生科造假案

2011 年 9 月 27 日，万福生科在创业板成功挂牌上市，发行价 25 元，当天报收 29.04 元。

2012 年 8 月，湖南证监局对上市不满一年的万福生科进行例行现场检查。督导小组竟然发现万福生科存在三套账本：税务账、银行账及一套公司管理层查阅的实际收支的业务往来账，万福生科造假上市问题由此浮现。

2012 年 9 月 14 日，湖南证监局将现场检查发现的线索上报中国证监会，证监会决定对万福生科立案调查。随后，证监会抽调稽查总队骨干人员数十人奔赴湖南常德，进行全面调查。

2013 年 3 月 2 日，万福生科发布公告，承认在 2008 年—2011 年累计虚增收入约 7.4 亿元，虚增营业利润约 1.8 亿元，虚增净利润 1.6 亿元左右。

2013 年 3 月 29 日，万福生科发布致歉公告，因公司自 2008 年—2011 年财务数据存在虚假记载，已被深交所谴责过两次，若再受公开谴责，按照创业板上市规则，上市三年内遭受三次公开谴责，将面临退市风险。

2013 年 4 月 3 日，证监会媒体通气会介绍称，万福生科现场调查工作基本结束，下一步将对相关责任人及相关中介机构进行处理。根据证监会的调查，万福生科在首发上市过程中，存在虚增原材料、虚增销售收入、虚增利润等行为，涉嫌欺诈发行股票；同时，万福生科在 2011 年年报和 2012 年年报涉嫌虚假记载；造假手法隐蔽，资金链条长，调查对象涉及数十个县乡镇。

2013 年 5 月 10 日，证监会公布对万福生科造假案作出处罚，对发行人万福生科、保荐机构平安证券、会计师事务所中磊会计师事务所和律师事务所湖南博鳌律师事务所各自给予处罚，相应的责任人也受到了处分。

（2013 年 05 月 11 日　证券时报）

习　题

一、名词解释

注册制　核准制　包销　代销　全额包销　余额包销　证券交易所
代办股份转让系统　证券价格指数　简单算术股价平均数　加权股价平均数
修正股价平均数操纵市场　信息虚假　内幕交易

二、复习思考题

1. 证券发行市场的构成有哪些？
2. 证券承销方式有哪些种类？
3. 证券承销方式有哪些？

4. 债券发行按价格决定方式分类，分为哪些招标类型？
5. 证券交易所的职能有哪些？
6. 证券交易所组织形式有哪些？
7. 证券交易所的运作系统包括哪些部分？
8. 证券交易的原则有哪些？
9. 场外证券交易市场的特征有哪些？
10. 股价平均数有哪些？
11. 我国主要的股票价格指数有哪些？
12. 证券市场的法律法规分为哪些层次？
13.《证券法》的调整对象是什么？
14. 证券市场监管的原则有哪些？
15. 证券市场监管的常用手段有哪些？

三、单项选择题

1. 证券公司代发行人发售证券，在承销期结束时，将未售出的证券全部退还给发行人的承销方式是（　　）。

A. 代销　B. 余额包销　C. 全额包销　D. 包销

2. 根据标的物不同，招标发行可分为（　　）。

A. 荷兰式招标和美式招标
B. 单一价格中标和多种价格中标
C. 价格招标、单一价格中标和多种价格中标
D. 价格招标、收益率招标和缴款期招标

3. 定向发行又称（　　），即面向少数特定投资者发行。一般由债券发行人与某些机构投资者，如人寿保险公司、养老基金、退休基金等直接洽谈发行条件和其他具体事务，属直接发行。

A. 直接发行　B. 私募发行　C. 招标发行　D. 承购包销

4. 在证券发行市场上联系发行人和投资者的是（　　）。

A. 证券发行人　B. 证券投资者
C. 证券中介机构　D. 监管部门

5.（　　）是整个证券市场的核心。

A. 证券交易所　B. 证券投资者　C. 证券发行人　D. 证券公司

6. 朱镕基提出的指导我国证券市场健康发展的八字方针是（　　）。

A. 公开、公平、公正、守信　B. 法制、监管、自律、规范
C. 公开、公平、公正、诚信　D. 法律、监管、规范、发展

四、多项选择题

1. 债券的发行方式有（　　）。

A. 定向发行
B. 承购包销

C. 招标发行

D. 对一般投资者上网发行和对法人配售相结合的发行方式

2. 根据中标规则不同，债券的招标发行可分为(　　)。

A. 荷兰式招标和美式招标　　B. 价格招标和收益率招标

C. 单一价格中标和多种价格中标　　D. 收益率招标和缴款期招标

3. 证券交易所的职能包括(　　)。

A. 提供证券交易的场所和设施　　B. 制定证券交易所的业务规则

C. 接受上市申请、安排证券上市　　D. 组织、监督证券交易

4. 集中竞价交易系统通常包括(　　)。

A. 交易系统　　B. 结算系统　　C. 信息系统　　D. 监察系统

5. 关于场外交易市场的描述，正确的是(　　)。

A. 场外交易市场是证券交易所以外的证券交易市场的总称

B. 场外证券交易通常在证券经营机构之间或是证券经营机构与投资者之间间接进行，也就是说需要中介人进行中介服务

C. 在场外交易市场上，证券买卖采取一对一的交易方式，对同一种证券的买卖不可能同时出现众多的买方和卖方，也就不存在公开的竞价机制

D. 没有固定的、集中的交易场所，而是由许多各自独立经营的证券经营机构分别进行交易

6. 属于国家法律的是(　　)。

A.《关于首次公开发行股票试行询价制度若干问题的通知》

B.《证券法》

C.《基金法》

D.《证券发行上市保荐制度暂行办法》

7. 证券市场监管内容是(　　)。

A. 信息披露　　B. 操纵市场　　C. 欺诈行为　　D. 内幕交易

8. 内幕交易的行为包括(　　)。

A. 内幕人员利用内幕信息买卖证券

B. 内幕人员根据内幕信息建议他人买卖证券

C. 内幕人员向他人泄露内幕信息，使他人利用该信息进行内幕交易

D. 非内幕人员通过不正当手段获取内幕信息进行证券买卖

五、判断题

1. 债券的发行价格可以分为：平价发行、折价发行和溢价发行。　(　　)

2. 我国内地有两家证券交易所——上海证券交易所和深圳证券交易所，两家证券交易所均按公司制方式组成，是非营利性的事业法人。　(　　)

3. 证券交易市场通常分为证券交易所市场和场外交易市场。　(　　)

4. 场外交易市场与证券交易所共同组成证券交易市场，而场外交易市场是证券发行的主要场所。　(　　)

5. 场外交易市场的价格决定机制不是公开竞价，而是买卖双方协商议价。　(　　)

6.《中华人民共和国证券法》于 1999 年 12 月 29 日第九届全国人民代表大会常务委员会第六次会议通过。 ( )

7.《基金法》调整的核心是规范证券投资基金活动,保护投资人及相关当事人的合法权益,促进证券投资基金和证券市场的健康发展。 ( )

8. 证券监管机构对证券公司的日常监管,分为现场监管和非现场监管两种方式。( )

9. 在证券交易活动中,涉及公司的经营、财务或者对该公司证券的市场价格有重大影响的尚未公开的信息,为内幕信息。 ( )

10. 中国证券业协会采取会员制的组织形式,证券公司应当加入证券业协会。 ( )

第五章　证券交易实务

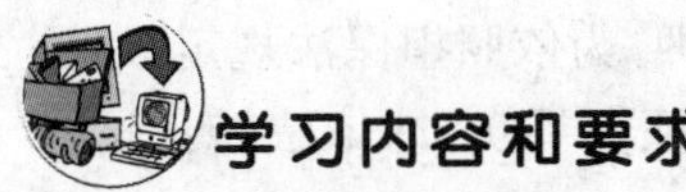

学习内容和要求

1. 掌握证券交易的含义、方式及种类；
2. 熟悉证券交易的开户程序和委托程序、新股认购程序、特征、职能；
3. 熟悉股票交易规则、银证转账方法；
4. 了解我国股指期货的品种；
5. 了解基金交易规则；
6. 了解配股、可转债行权、回购交易规则。

我不理会股市的涨跌，不担心经济形势的变化，不相信任何预测，不接受任何内幕消息，我只注意两点：一是买什么股票；二是买入价格。

——沃伦·巴菲特

随着商品经济的发展和世界经济形势的变化，证券交易的方式也在不断发展与更新，出现了金融期货交易和期权交易，在国际金融市场一体化潮流的背景下，掉期交易也应运而生。按照证券交易从订约到履约的期限关系，证券交易可分为现货交易、信用(融资融券)交易、期货交易和期权交易。

第一节　证券交易概述

一、证券交易的含义

证券交易是指证券持有人依照交易规则，将证券转让给其他投资者的行为，即证券的买卖和流通。证券交易除应遵循《证券法》规定的证券交易规则，还应同时遵守《公司法》及《合同法》规则。

证券交易一般分为两种形式：一种形式是上市交易或叫场内交易，是指证券在证券交易所集中交易挂牌买卖。凡经批准在证券交易所内登记买卖的证券称为上市证券。如我国上海、深圳证券交易所的主板、中小板和创业板股票。这些证券能在证券交易所上市交易的公司，称为上市公司；另一种形式是柜台交易或叫场外交易，是指公开发行但未达证券交易所上市标准的证券在柜台市场交易买卖。如我国的新三板报价转让交易。

众多的股份有限公司发行了股票，但不是所有的股票都可以自由上市或上柜交易的。股票要上市或上柜交易，必须按一定条件和标准进行审查，符合相关规定的才能上市或上柜自由买卖。已上市股票如上市条件变坏，达不到上市的标准，证券交易所可以停止其上市资格。

二、证券交易的特点

1．证券交易是特殊的证券转让

证券转让是指证券持有人依转让意思及法定程序，将证券所有权转移给其他投资者的行为，其基本形式是证券买卖。在广义上，证券转让还包括依照特定法律事实将全部或部分证券权利移转给其他人的行为或者设定证券质押行为等。所谓依照特定法律事实发生的转移，包括因赠与、继承和持有人合并等发生的证券权利转移；所谓设定质押，为依照担保法规定，以证券作为债务担保的行为。根据《证券法》第30条，证券交易主要指证券买卖，即依法转让证券权利而发生的转让行为。

2．证券交易是反映证券流通性的基本形式

流通性是确保证券作为基本融资工具的基础。证券发行完毕后，证券即成为投资者的投资对象和投资工具，赋予证券以流通性和变现能力，可使得证券投资者便利地进入或者退出证券市场。不同证券的流通性存有差异，股份公司依法发行和上市的股票，除社会公众股股票可依照证券交易所规定的交易规则自由转让外，公司发起人及其他高级管理人员所持股份在法定期限内不得转让，国家股和法人股的流通性受到影响。

3．证券转让须借助证券交易场所完成

证券交易场所是依法设立、进行证券交易的场所，包括进行集中交易的证券交易所以及依照协议完成交易的无形交易场所。前者如国际上著名的纽约证券交易所、伦敦证券交易所和法兰克福证券交易所，我国上海证券交易所以及深圳证券交易所也属于集中交易场所。后者如美国全美证券商自动报价系统（NASTAQ）以及各国的柜台交易场所，我国场外交易场所主要是新三板，全称是“代办股份转让系统”。

4．证券交易须遵守相应交易规则

为确保证券交易的安全与快捷，维护资本市场的稳定与发展，我国颁布和制定了一系列法律法规。《证券法》是调整证券交易的法律，《公司法》对股份及公司债券转让的规定有原则性规则，《合同法》作为调整交易关系的一般法律规范，同样适用于对证券交易关系的调整。其他法律法规如《民法通则》、《银行法》、《保险法》和《刑法》也直接或间接地调整着证券交易关系。证券交易所颁布的自律性规范，也具有法律约束力。

三、证券交易的方式

证券交易方式是证券买卖的方法和形式。任何证券流通都是通过一定的具体的交易方式去实现的。在商品经济的发展过程中，随着证券流通市场规模的扩大，流转交易额的增长，证券交易方式是从简单到复杂、从低级到高级、从单一到复合地发展起来的。按证券交易完成交割期限及标的物，可分为现货交易、期货交易、期权交易、信用交易以及约定购回式交易：

1．证券现货交易

现货交易是证券交易双方在成交后即时清算交割证券和价款的交易方式。现货交易的双方，分别为持券待售者和持币待购者。持券待售者意欲将所持证券转变为现金，持币待购者则希望将所持货币转变为证券。现货交易最初是在成交后即时交割证券和钱款，即“一手交钱、一手交货”。在现代现货交易中，证券成交与交割间通常都有一定时间间隔，时间间隔长短依证券交易所规定的交割日期确定。证券成交与交割日期可在同一日，也可不是同一日期。在国际上，现货交易的成交与交割的时间间隔一般不超过20日。

证券交易所为了确保证券交易所和证券公司有充分的时间处理财务事宜（包括准备证券交付和款项往来），都会对证券成交和交割的时间间隔作出规定。为防止该时间间隔过长而影响交割安全性，交割日期通常有当日交割、次日交割和例行交割。当日交割，也称“T＋0”交割，为成交当日进行交割；次日交割则称“T＋1”交割，为成交完成后下一个营业日办理交割；例行交割，也称“T＋N”交割，依照交易所规定确定，在成交后N个营业日内进行交割。目前，我国上海、深圳证券交易所对A股实行T＋1交割规则，证券经纪机构与投资者在成交后的下一个营业日办理完交割手续，如果下一个营业日正逢法定节假日，则交割日期顺延至该法定节假日结束后的第一个营业日。对B股实行T＋3交割规则。

在现货交易中，证券出卖人必须持有证券，证券购买人必须持有相应的货币，成交日期与交割日期相对比较接近，交割风险较低。现货交易有利于稳定交易秩序，作为历史上最古老的证券交易方式，适应信用制度相对落后和交易规则相对简单的社会环境，有助于减少交易风险，是一种较安全的证券交易形式，也是目前场内交易和场外交易中最广泛采用的证券交易形式。

2. 证券期货交易

证券期货交易是通过在期货交易所买卖标准化的证券期货合约而进行的一种有组织的交易方式，它是在现货交易的基础上发展起来的。证券期货交易有以下特点：

（1）标准化合约。证券期货交易的对象是标准化的合约，这种标准化是指进行期货交易的商品的品级、数量、质量等都是预先规定好的，只有价格是变动的。期货合约的标准化，大大简化了交易手续，降低了交易成本，最大程度地减少了交易双方因对合约条款理解不同而产生的争议与纠纷。

（2）期货合约期限通常比较长，有些金融资产的期货合约期限可能长达数月，甚至一年。在合约期限来临前，期货合约持有人可依公开市场价格向他人出售合约，并借此转让期货合约项下权利。所以，在合约期限来临前，合约持有人可因转让期货合约而发生若干变化。

（3）在证券交易所制订标准期货合约时，参考了该证券资产当时的市场价格，但在期货合约期限内，证券资产的实物价格会发生变动，且在交割证券资产时，其期货价格可能已接近实物资产的市场价格。

由于期货交易具有预先成交、定期交割和价格独立的特点，买卖双方在达成证券期货合同时并无意等到指定日期到来时实际交割证券资产，而是期盼在买进期货合约后的适当时机再行卖出，即进行“对冲”，以谋取利益或减少损失，从而出现“多头交易”和“空头交易”。

在期货合约期限届满前，有一定交割期限。在该期限内，期货合约持有人有权要求对方向其进行实物交割。证券交易所为保持信誉和交割安全性，会对此提供担保，并同时要求交割方存入需交割的证券或金钱。

3. 证券期权交易

证券期权交易指根据期权交易合同，期权的购买者在支付期权费后，拥有在约定期限以事先约定的价格，向期权的出售者买进或卖出一定数量的某种证券的权利，并可以转让或放弃这种权利的证券交易方式。由于投资者在购买期权后即拥有自行决定是否实现、转让或放弃期权的权利，因而期权交易也称之为“选择权交易”。证券期权交易具有以下特点：

（1）期权交易的对象是一种买卖证券的权利，而不是证券本身；

（2）期权交易中的期权购买人可以是证券的购买者，也可以是证券的出售者；

（3）在期权交易合同有效期内，只有期权的出售者承担义务，而期权的购买者无须承担任何义务；

（4）期权购买者可以转让或者放弃期权；

（5）期权合同通常是由交易所提供的一种格式合同。

期权交易分为看涨期权和看跌期权两种基本类型。根据看涨期权，期权持有人有权在某一确定时间，以某一确定价格购买标的资产即有价证券。根据看跌期权，期权持有人有权在某一确定的时间，以某一确定价格出售标的资产。

4. 证券信用交易

证券信用交易通常是指投资者凭借自己提供的保证金和信誉，取得经纪人信用，在买进证券时由经纪人提供贷款，在卖出证券时由经纪人贷给证券而进行的交易。因此，凡符合以下条件的证券交易，均属于信用交易：

（1）典型的信用交易必须是保证金交易，即投资者向经纪人交付一定数额的保证金（一般为交易金额的10%），并在此基础上进行交易。

（2）经纪人向投资者提供借款购买证券或者经纪人提供证券以供投资者出售，前者称为融资信用交易，后者称为融券信用交易；我国目前证券交易实践已经允许进行“融资交易”与“融券交易”。

（3）信用交易是证券交易所依照法律规定创设的证券交易方式，具有活跃市场、创造公正市场价格和满足投资者需求的优点。但也存在投资风险，需均衡证券信用交易优劣，设置合理、周密和严格的风险控制制度。

5. 证券约定购回式交易

证券约定购回式交易是指符合条件的客户以约定价格向托管其证券或其指定交易的证券公司卖出标的证券，并约定在未来某一日期客户按照另一约定价格从证券公司购回标的证券的交易行为，待购回期间，标的证券所产生的相关权益根据证券交易所的规定划转给客户。证券约定购回式交易包括初始交易和购回交易两次交易。

实际上，证券预约回购交易就是证券持有者以持有的证券作抵押，获得一定期限内的资金使用权，期满后则须归还借贷的资金，并约定支付一定的利息。债券持有者进行回购交易的目的是通过这种方式融通资金，满足短期资金的需求；债券的购买者也就是资金的贷出方，则暂时放弃相应的资金使用权，从而获得融资方的债券抵押权，并于回购期满时归还对方抵押的债券，收回融出资金并获得一定利息。债券购买者的目的是通过回购交易运用剩余资金，获得利息收益。所以，债券回购交易是一种以有价证券作为抵押品拆借资金的信用行为，也是证券市场的一种重要的融资方式。我国1993年开始在上海和深圳两个证券交易所开办了以国债为主要品种的回购交易，其当时的目的主要是发展我国的国债市场，活跃国债交易，发挥国债这一金边债券的信用功能，为社会提供一种新的融资方式。另外，证券预约回购交易也逐渐成为央行调节货币资金重要手段。

证券预约回购交易作为附有购回或卖出条件的债券交易，主要有两种交易形式，一种是卖出回购交易，又称为回购交易或正回购，另一种是买入回购交易，又称为反回购交易或逆回购。

一般回购交易是指在卖出债券时，事先约定在一定时期按规定价格再从对方买回债券的交易。也就是附加买还条件的交易。回购交易的目的是筹措短期资金，弥补临时性资金不足。采用回购交易方式取得资金实际上是一种短期借款，但是由于它可以用该种债券作为借款抵押，因此它的安全性高，成本较低。

反回购交易是指在买进一种债券时，事先约定在一定期限后按规定价格再卖还给对方的债券交易，又称附加卖还条件的交易。反回购交易的目的是通过暂时性持有债券，使暂时闲置的短期资金得到充分运用，从中获得持有期间的利息收益。债券持有期间的利息有两种支付方式，一种是债券买进价格低于债券卖还价格，其差额为利息收入；另一种是买进价格与卖还价格相同，卖出债券方向对方额外支付一定的利息。

实际上回购交易与反回购交易，是一笔交易但从不同当事人的角度进行划分。在一笔回购交易中，对于债券所有者来说，它进行的是回购交易，而对于资金所有者来说，他进行的是反回购交易。

四、证券交易机制

（一）证券交易机制种类

证券交易机制种类可以从不同角度划分。按交易时间的连续性划分，有定期交易系统和连续交易系统；按交易价格的决定方式划分，有指令驱动系统和报价驱动系统。

1. 定期交易系统和连续交易系统

在定期交易系统中，成交的时点是不连续的。在某一段时间到达的投资者的委托订单并不马上成交，而是要先存储起来，然后在某一约定的时刻加以匹配。在连续交易系统中，并非意味着交易一定是连续的，而是指在营业时间里订单匹配可以连续不断地进行。因此，两个投资者下达的买卖指令，只要符合成交条件，就可以立即成交，而不必再等待一段时间定期成交。

这两种交易机制有着不同的特点。定期交易系统中，批量指令可以提供价格的稳定性；指令执行和结算的成本相对比较低。连续交易系统，市场为投资者提供了交易的即时性；交易过程中可以提供更多的市场价格信息。

2. 指令驱动系统和报价驱动系统

指令驱动系统是一种竞价机制，也称为订单驱动机制。在竞价市场中，证券交易价格是由市场上的买方订单和卖方订单共同驱动的。如果采用经纪商制度，投资者在竞价市场中将自己的买卖指令报给自己的经纪商，然后经纪商持买卖订单进入市场，市场交易中心以买卖双向价格为基准进行撮合。

报价驱动系统是一种连续交易商机制，也称作市商机制，做市商实际上是一种公开的庄家。在这一市场中，证券交易的买价和卖价都由做市商给出，做市商将根据市场的买卖力量和自身情况进行证券的双向报价。投资者之间并不直接成交，而是从做市商手中买进证券或向做市商卖出证券。做市商在其所报的价位上接受投资者的买卖要求，以其自有资金或证券与投资者交易。做市商的收入来源是买卖证券的差价。

这两种交易机制也有着不同的特点。通过指令驱动系统，证券交易价格由买方和卖方的力量直接决定；投资者买卖证券的对手是其他投资者。而报价驱动系统的证券成交价格的形成由做市商决定；投资者买卖证券都以做市商为对手，与其他投资者不发生直接关系。

（二）集合竞价交易制度与连续竞价交易制度

集合竞价交易制度与连续竞价交易制度都属于竞价交易机制。竞价交易指的是买卖双方的订单直接进入或由经纪商呈交到交易市场，在市场的交易中心以投资者所申报的买卖价格为基准进行撮合交易。

1. 集合竞价交易制度

所谓集合竞价，即在某一规定时间内，由投资者按照自己所能接受的价格自由地进行买卖申报，由电脑交易处理系统对全部申报按照价格优先、时间优先的原则排序，并在此基础上，找出一个基准价格，使它同时能满足以下 3 个条件：

（1）成交量最大，且高于基准价格的买入申报和低于基准价格的卖出申报都能成交；

（2）与基准价格相同的买卖双方中有一方申报能全部成交；

（3）该基准价格即被确定为成交价格，集合竞价方式产生成交价格的全部过程，完全由电脑交易系统进行程序化处理，将处理后所产生的成交价格显示出来。

需要说明的是，集合竞价方式下价格优先、时间优先原则体现在电脑主机将所有的买入和卖出申报按价格由高到低排出序列，同一价格下的申报原则按电脑主机接受的先后顺序排序；集合竞价过程中，若产生一个以上的基准价格，即有一个以上的价格同时满足集合竞价的 3 个条件时，沪市选取这几个基准价格的中间价格为成交价格，深市则选取离前收盘价最近的价格为成交价格。

集合竞价中需要注意的是：

（1）所有在集合竞价成交的委托，无论委托价格高低，其成交价均为开盘价，所有高于开盘价的买入委托和低于开盘价的卖出委托均可成交，与开盘价相同的部分委托也可成交。

（2）沪深两地股票的开盘价是由集合竞价产生的，如果集合竞价未能找出符合上述 3 个条件的成交价格，则开盘价将在其后进行的连续竞价中产生，连续竞价的第一笔成交价格则为该股当日的开盘价，如果某只股票因刊登公告等原因于上午停牌一小时，则 10 时 30 分起直接进入连续竞价，其第一笔成交价格则为该股当日的开盘价。

（3）沪深两市每日集合竞价时间为上午 9 时 15 到 25 分，在这段时间内交易所只接受申报，不进行撮合，9 时 15 到 20 分可以撤单，20 到 25 分不接受撤单申报。9 时 25 至 30 分之间的 5 分钟既不能报单也不能撤单，9 时 27 分由集合竞价产生开盘价，9 时 30 分开始进入连续竞价阶段。

（4）深交所从 14:57—15:00 是集合竞价时间。在此期间接受申报，不接受撤单申请，也不进行撮合。在 15:00 收盘的时候进行一次性撮合，撮合的价格作为收盘价。

（5）配股、债券（包括国债、企业债等）以及新股申购都没有集合竞价，只有在正常交易时间进行连续竞价。可转换债券上市首日的开盘价由集合竞价产生，之后的交易与债券相同。

（6）深交所上市新股集合竞价时有效价格范围为 1 500 档，1 档为人民币 1 分，上市当日无涨跌幅限制。

2. 连续竞价交易制度

连续竞价是指对每一笔买卖委托输入电脑自动撮合系统后，当即判断并进行不同的处理，能成交者予以成交，不能成交者等待机会成交，部分成交者则让剩余部分继续等待。

连续竞价交易制度有两个基本原则：

(1) 价格优先原则，是指价格较高的买入申报优先于价格较低的买入申报，价格较低的卖出申报优先于价格较高的卖出申报。

(2) 时间优先原则，同价格申报，按照申报时间先后决定优先顺序，即买卖方向、价格相同的，先申报者优先于后申报者。先后顺序按交易所交易主机接受申报的时间确定。

在我国证券市场上，上海证券交易所连续竞价交易时间为正常交易日上午 9 时 30 分 至 11 时 30 分，下午 13 时至 15 时；深圳证券交易所连续竞价交易时间为正常交易日上午 9 时 30 分至 11 时 30 分，下午 13 时至 14 时 57 分。

按照我国证券交易所的有关规定，在无撤单的情况下，委托当日有效。另外，开盘集合竞价期间未成交的买卖申报，自动进入连续竞价。深圳证券交易所还规定，连续竞价期间未成交的买卖申报，自动进人收盘集合竞价。

五、证券交易的一般规定

允许交易的证券，必须是依法发行并交付的证券。所谓依法发行并交付，是指证券的发行是完全按照有关法律的规定进行的，符合法律规定的条件和程序，具有法律依据，通过发行程序并将证券已经交付给购买者。也就是说，进行证券交易的当事人依法买卖的证券，是其合法持有的证券。非依法发行的证券，即证券的发行，没有按照法律规定的条件和程序进行，这样的证券，不得买卖。

依法发行的股票或者公司债券及其他证券，都允许依法进行交易。依法发行的证券可以进行交易，但并不排除法律根据证券的性质和其他情况，对某些证券的交易做出限制性规定。在现实中，对某些证券的转让期限做出限制是可能存在的。如有些债券，只允许在发行后满一定期限才可转让。对于股票，如我国《公司法》对股份有限公司发起人持有的股份有限公司的股份的转让限定为 3 年之内不得转让。凡是法律对转让期限做出限制性规定的，在限定的期限内，该种证券不得买卖。

经依法核准的上市交易的证券在证券交易所挂牌交易，必须采用公开的集中竞价交易方式。公开的集中竞价，是所有有关买卖该证券的买主和卖主集中在一个市内公开申报、竞价交易，每当买卖出价相吻合就构成一笔买卖，交易依买卖组连续进行，每个买卖形成不同的价格。公开的集中竞价具有过程公开性、时间连续性、价格合理性和对快速变化的适应性等特点。

证券交易的集中竞价实行价格优先、时间优先的原则。即买方出价高的优先于买方出价低的，卖方出价低的优先于卖方出价高的，多数卖方中出价最低的与多数买方中出价最高的优先成效，以此类推，连续竞价。并在出价相同时，由最先出价者优先成交。

证券交易以现货进行交易，即证券交易达成后，按当时的价格进行实物交割的交易方式。买卖双方的资金和股票发生转移，购买者以直接持有股票为目标，相对其他交易形式来讲更具有投资性。

证券交易所、证券公司、证券登记结算机构从业人员、证券监督管理机构工作人员和法律、行政法规禁止参与股票交易的其他人员，在任期或者法定限期内，不得直接或者以化名、借他人名义持有、买卖股票，也不得收受他人赠送的股票。任何人在成为上列人员时，其原已持有的股票必须依法转让。为股票发行出具审计报告、资产评估报告或者法律意见书等文件的专业机构和人员，在该股票承销期内和期满后6个月内，不得买卖该种股票。此外，为上市公司出具审计报告、资产评估报告或者法律意见书等文件的专业机构和人员，自接受上市公司委托之日起至上述文件公开后5日内，不得买卖该种股票。

持有一个股份有限公司已发行股份5%的股东，应当在其持股数额达到该比例之日起3日内，向该公司报告，公司必须在接到报告之日起3日内向国务院证券监督管理机构报告；属于上市公司的，应当同时向证券交易所报告。上述股东将其所持有的股票在买入后6个月内卖出，或者在卖出后6个月内又买入，由此所得收益归该公司所有，公司董事会应当收回该股东所得收益。公司董事会不按规定执行的，其他股东有权要求董事会执行。如董事会不执行，以致公司遭受损害的，负有责任的董事依法承担承带赔偿责任。但是，证券公司从事证券包销业务，因购入售后剩余股票而持有5%以上股份的，卖出该部分股票时不受6个月时间的限制，即可以在6个月之内将该部分股票卖出。

第二节　证券交易程序及制度

证券交易是指已发行的证券在证券市场上买卖或转让的活动。由于证券交易有场内与场外之分，它们的交易程序并不完全相同。场内交易，即证券交易所条件下的证券交易，有具体、严格的特点，其步骤主要分为开户、委托、成交、清算、交割、过户等步骤。

一、证券交易的程序

（一）开立证券交易账户

开立证券交易账户，是证券投资者在进行证券买卖前到证券公司开设证券账户和资金账户的行为。这是从事交易的前提。证券交易账户根据规定包括证券账户和资金账户。证券账户是存储、管理投资者所持证券的特别账户，无论是买方还是卖方，其买卖的证券都存在此账户上。在我国，证券不同，投资者开立账户时遵守的规定也不同。但都应当向设在当地的证券登记公司办理相关手续。证券账户有深圳、上海交易所之区别。投资者开立证券账户后，可以选择一家证券公司申请开立资金账户。根据现行的“指定交易制度”，投资者只能在一家证券公司开立一个资金账户。开立资金账户的最低资金限额由证券公司根据营业规则确定。投资者在买卖证券之前，要到证券经纪人处开立户头，开户之后，才有资格委托经纪人代为买卖证券。

1. 证券账户

证券账户是证券登记机关为投资者设立的，用于准确登记投资者所持的证券种类、名称、数量及相应权益变动情况的一种账册。我国证券账户分为个人账户和法人账户两种。

个人开户必需持有效身份证件；

法人开户需要提供的证件有，有效法人证明文件（营业执照）及其复印件、法定代表人证明书及其身份证、法人委托书及代办人身份证。

一般的证券账户只能进行A股、基金和证券现货交易；进行B股交易和债券回购交易需另行开户和办理相关手续。投资者投资于上海和深圳股市，需分别在上海证券交易所和深圳证券交易所开设证券账户。上海证券账户是在上海证券中央登记结算公司或其委托的证券登记机构或证券经营机构办理开户手续；深圳证券账户由深圳证券结算公司或其授权的证券登记公司或证券经营机构办理开户。证券账户开设成功后，证券交易所会给投资者发放两张股东卡，即上海证券交易所股东卡和深圳证券交易所股东卡。证券账户即上海证券交易所股东卡和深圳证券交易所股东卡全国通用，投资者可以在开通上海或深圳证券交易业务的任何一家证券营业部委托交易。

证券账户的收费标准为：个人投资者深 A 人民币 50 元，沪 A 人民币 40 元，深 B 港币 120 元，沪 B 美元 19 元；对机构开户的收费标准：深 A 人民币 500 元，沪 A 人民币 400 元，深 B 港币 580 元，沪 B 美元 85 元。

2. 资金账户

资金账户是投资者在证券商处开设的资金专用账户，用于存放投资者买入证券所需资金或卖出证券取得的资金，记录证券交易资金的币种、余额和变动情况。资金账户类似于银行的活期存折，投资者可以随时提取存款，也可以获得活期存款的利息。由于我国证券交易推行银证合作，开立资金账户必须配备银行信用卡。这一方式是将证券营业部资金核算电脑系统与银行储蓄网络系统实现联网，投资者可在银行开立储蓄账户、申领借记卡，并在向证券营业部和银行申请开通银证转账功能后，可以通过银行的 POS 机或电话银行功能，实现证券交易结算资金账户和银行储蓄账户之间的转账。这种方式是为适应证券市场发展和客户需求，利用电脑网络技术，开展银行、证券之间的业务合作而发展起来的一种新的客户资金管理方式。开通银证转账业务，一般做法是投资者向证券营业部提出申请，由投资者本人如实填写《银行借记卡申请表》，并附身份证复印件。证券营业部应由专人负责受理、审核，并将有关资料送交联网银行为投资者办理借记卡。银行办妥后将借记卡及密码封送交证券营业部经办人签收，证券营业部再将借记卡和密码封发给投资者本人并签收。

投资者在证券公司完成开户手续即意味着双方建立了委托关系，投资者在买卖证券时既可以使用证券账户也可以使用资金账户。证券公司有义务执行投资者下达的委托指令，为投资者代理买卖证券并保守机密，同时有权利依法收取佣金。《中华人民共和国合同法》关于委托合同的规定是这种委托关系的法律依据。

（二）交易委托

交易委托是指投资者决定买卖证券时，通过委托单、电话等形式向证券商发出买卖指令的过程。由于投资者不能进入交易所直接交易，所有的买卖都是通过证券商来完成的。投资者进行证券交易委托前，必须与证券公司签订委托协议。委托协议是一种格式合同，由中国证券业协会规定，主要有《风险提示书》《证券交易委托代理协议》《授权委托书》《网上委托协议书》等。投资者委托证券经纪人买卖某种证券时，要签订委托契约书，填写年龄、职业、身份证号码、通讯地址、电话号码等基本情况。下达交易委托指令时，需要详细说明买卖方向、证券名称、买卖数量、证券代码、及买卖价格等因素。投资者的委托指令一经下达，即开始生效，在其委托未成交之前，如果反悔可以进行撤单处理，撤单程序与买卖委托的过程基本相同。

根据投资者委托的不同内容，证券委托可有不同的分类。

1. 从买卖证券的数量来看，有整数委托和零数委托之分。

(1) 整数委托是指投资者委托经纪人买进或卖出的证券数量是以一个交易单位为起点或

是一个交易单位的整数倍。一个交易单位称为“一手”。“手”的概念来源于证券交易初期的一手交钱一手交货，现已发展为标准手。如上海、深圳交易所规定，A股、B股、基金的标准手就是每100股或1 000基金单位为一手；债券以100元面值为一张，10张即1 000元为一标准手。

(2) 零股委托是指委托买卖的证券数量不足一个交易单位。若以一手等于100股为一个交易单位，则1—99股便为零股。一般规定，只有交易额达到一个交易单位或交易单位的整数倍，才允许进交易所内交易，零股则必须由经纪人凑齐为整数股后，才能进行交易。

2. 从委托的价格看，有市价委托和限价委托之分。

(1) 市价委托是指投资者向经纪人发出委托指令时，只规定某种证券的名称、数量，对价格由经纪人随行就市，不做限定。

(2) 限价委托即由投资者发出委托指令时，提出买入或卖出某种证券的价格范围，经纪人在执行时必须按限定的最低价格或高于最低价格卖出，或按限定的最高价格或低于最高价格买进。

3. 从委托方式来看，在电子化交易方式下，可分为柜台递单委托、电话自动委托、电脑自动委托和远程终端委托。

(1) 柜台递单委托是指投资者持身份证和账户卡，由投资者在证券商柜台填写买进或卖出委托书，交由柜台工作人员审核执行；

(2) 电话自动委托是指投资者用电话拨号的方式通过证券商柜台的电话自动委托系统，用电话机上的数字和符号键输入委托指令；

(3) 电脑自动委托是指投资者用证券商在营业厅或专户室设置的柜台电脑自动委托终端亲自下达买进或卖出的指令；

(4) 远程终端委托指投资者通过与证券商柜台电脑系统联网的远程终端或联网下达买进或卖出指令。

4. 从委托的有效期看，有不定期委托与定期委托之分。

(1) 不定期委托也称有效委托，即投资者发出委托指令时不规定指令的有效期限，只要不宣布撤销委托，则指令一直有效。

(2) 定期委托也称限时委托，是指投资者发出委托买卖指令时，对交易的时间有一定的限制，超过时限，则委托指令自动失效，而不论买卖是否成交。若投资者仍有买卖意向，则需重新提出委托。我国证券交易中的有效期限分为当日有效和5日内有效两种。

(三) 竞价

经纪人在接受投资者委托后，即按投资者指令进行申报竞价，然后拍板成交。

1. 从证券交易发展的过程来看，申报竞价的方式一般有口头竞价、牌板竞价、书面竞价和电脑竞价等几种。

口头竞价是指场内交易员在交易柜台或指定区域内大声喊出自己买入卖出的证券价格、数量直至成交，同时辅以手势，以手指变动表示不同的数字，掌心向内表示买进，掌心向外表示卖出；

牌板竞价指买方的出价和卖方的要价都书写在交易牌板上来表示，经纪通过牌板竞价直至成交；

书面竞价是场内交易员将买卖要求填写在买卖登记单上交给交易所的中介人，通过中介人撮合成交；

电脑终端申报竞价是指证券公司交易员在电脑终端机上将买卖报价输入到交易所的电脑主机，然后由电脑主机配对成交，目前，这是世界各国证券交易所采用的主要竞价方式。

2. 从价格的形成来看，竞价可以分为集合竞价和连续竞价。

(1) 集合竞价

首先，在有效价格范围内，选取所有有效委托产生最大成交量的价位。如果有两个以上这样的价位，则依以下规则选取成交价：高于选取价格的所有买方有效委托和低于选取价格的所有卖方有效委托价格能够全部成交，与选取价格相同的委托的一方必须全部成交。

其次，进行集中撮合处理。所有买方有效委托按照委托限价由高到低的顺序排列，限价相同者按照进入撮合主机的时间先后排列。所有委托卖方有效委托按照委托限价由低到高的顺序排列，限价相同者按照进入撮合的时间先后排列，即按照“价格优先，同等价格下时间优先”的成交顺序一次成交，直到成交条件不满足为止。所有成交都以同一成交价成交。

(2) 连续竞价

集合竞价结束后，集合竞价中未能成交的委托，自动进入连续竞价。当进入一笔委托时，若能成交，即根据相应规则进行竞价撮合；如不能成交，则以“价格优先，时间优先”的顺序派对等待。对于已进入撮合系统的有效委托，根据成交价格确定规则逐笔撮合，直至系统内已有的所有买卖不能成交，即已有买卖盘达到平衡状态，然后再逐笔处理新进入系统的委托。如此循环往复，直至收市。

3. 竞价原则。

证券交易所内的证券交易按“价格优先、时间优先”的原则竞价成交。

(1) 价格优先

价格优先原则是指价格较高的买进申报优先于价格较低的买进申报，价格较低的卖出申报优先于价格较高的卖出申报。

(2) 时间优先

时间优先原则指同价格申报，依照申报时序决定优先顺序，即买卖方向、价格相同的，先申报者优先于后申报者。先后顺序按证券交易所交易主机接受申报的时间确定。

(3) 撮合原则

为防止人为造价、压低或抬高股价，在不违背价格优先的前提下，用下列两个原则取代了中间价成交的撮合原则：

如果买入委托先申报，且买入价高于卖出价，则以买入价撮合成交；

如果卖出委托先申报，且卖出价低于买入价，则以卖出价撮合成交。

目前，上海、深圳证券交易所同时采用集合竞价和连续竞价两种方式。在每个交易日上午 9 点 15 分至 9 点 25 分电脑撮合系统对接收的全部有效委托进行集合竞价处理。

4. 在世界所有证券或证券衍生产品市场，成交价的决定基本上按价格的形成是否连续分为连续竞价和集合竞价，相应的交易市场分为连续市场和集合市场两种。

(1) 连续市场是指当买卖双方投资人连续委托买进或卖出证券时，只要彼此符合成交条件，交易均可在交易时段中任何时点发生，成交价格也不断依买卖供需而出现涨跌变化。连续市场是形成价格的市场主导力量，区分为委托单驱动市场和报价驱动市场。

委托单驱动市场的主要特点，是市场价格直接反映市场投资者的供需，如日本、韩国、新加坡等国家和我国香港的证券市场均是委托单驱动市场，我国的上海、深圳证券交易所也属于委托单驱动市场。报价驱动市场的主要特点是市场价格直接反映市场中介人的多寡，如美国的纳斯达克、英国伦敦等证券市场均是报价驱动市场。

(2) 集合市场是指买卖双方投资人间隔一段较长的时间，市场积累买卖申报后一次竞价成交。世界大多数证券市场在大部分交易时间均采用连续竞价方式交易，少部分时间采取集合竞价交易方式。

(四) 清算

清算是价款结算的过程，指证券买卖双方在证券交易所进行的证券买卖成交以后，通过证券交易所将各证券商买卖证券的数量和金额分别予以抵消，计算应收、应付证券和应收、应付股款的差额的一种程序。

证券的结算方式有逐笔结算和净额结算两种。

1. 逐笔结算是指买卖双方在每一笔交易达成后对应收应付的证券和资金进行一次交收，可以通过结算机构进行，也可以由买卖双方直接进行，比较适合以大宗交易为主、成交笔数少的证券市场和交易方式，如CEDEL国际清算中心就采用此方式。

2. 净额结算是指买卖双方在约定的期限内将已达成的交易进行清算，按资金和证券的净额进行交收。该方式比较适合于投资者较为分散、交易次数频繁、每笔成交量较小的证券市场和交易方式。净额结算通常需要经过两次结算，即首先由证券交易所的清算中心与证券商之间进行结算，称为一级结算；然后由证券商与投资者之间进行结算，称为二级结算。

(五) 交割

交割是指投资者与接受委托的证券商就已成交的买卖办理股款以及证券数量清算的手续。

清算交割的具体程序如下，证券公司营业部在委托成交后将成交情况进行公布，投资者可以此公告为准，亦可通过证券商的行情系统自行查询，在确认自己的委托已成交后，可到证券商营业部的交割柜台办理交割，打印交割单。交割单的内容包括成交的证券名称、成交数量、成交时间、价格以及投资者成交前的资金余额、成交后资金余额和成交的清算金额等。投资者应妥善保管交割单，以备查询使用。

我国目前证券结算对A股实行T+1，对B股实行T+3，对债券和期货实行T+0，对开放式非交易型基金实行T+5。

(六) 过户

股票过户是办理股权变更的一种程序，投资者持有的股票只有在该公司的登记部门或代理机构办理了股东名册变更以后才能成为该公司的股东，享有应有的股权。

过户有两种形式，即交易过户和非交易过户。

1. 交易过户是指投资者在证券市场上买卖股票而引起的过户，对此投资者不需要亲自去办理过户，而由证券登记结算公司通过电脑统一办理，过户与交易同步进行。

2. 非交易过户是指由于婚变、继承、赠送等原因形成，一般均需投资者亲自办理过户登记，各地证券登记结算公司是专门的办理机构。

二、新股申购基本程序

（一）申购当日，投资者按委托买入股票的方式，以发行价格填写委托单，进行申购，并由证券交易所反馈申购受理情况。委托时申购数量须为 1 000 股，或 1 000 股的整数倍，委托上限为公开发行数量的 1‰。

（二）申购日后的第一天（T+1），由证券交易所的登记结算公司将申购资金冻结在申购专户内。

（三）申购曰后第二天（T+2），登记结算公司配合主承销商和会计师事务所对申购资金进行验资。如果有效申购总量等于股票发行量，那么每个投资者都可以按其有效申购量认购股票；若有效申购总量小于股票发行量，投资者按其有效申购量认购股票后，余下未申购的部分根据承销协议处理；而当有效申购总量大于股票发行量时，那么就需要对有效申购数进行连续配号，由交易所电脑主机自动按每 1 000 股确定为一个申报号，证券交易所随后公布中签率（中签率＝股票发行量÷有效申购量）。

（四）申购日后的第三天（T+3），由主承销商负责组织摇号抽签，并于当日公布中签结果，交易所根据中签结果办理清算交割和股东登记。

（五）申购日后第四天（T+4），交易所将认购款项划入主承销商指定账户，并对未中签部分的申购款予以解冻。

（六）申购日后第五天（T+5），主承销商将认购款项划入发行公司的指定账户，股票发行筹资活动结束。

三、交易费用

证券交易的费用成本根据交易的证券品种的不同而不同，并且各种费用在不同时期收取的标准也不同。

（一）证券交易的费用成本有以下几种情况：

1. 沪 A

佣金（各券商不同，最高 3‰）＋印花税（1‰）＋过户费（1 元/1 000 股）

2. 沪 B

佣金（各券商不同，最高 3‰）＋印花税（1‰）＋结算费（0.5‰）

3. 深 A

佣金（各券商不同，最高 3‰）＋印花税（1‰）

4. 深 B

佣金（各券商不同，最高 3‰）＋印花税（1‰）＋交易规费（0.341‰）＋结算费（0.5‰）

5. 封闭式基金

只收佣金（各券商不同，最高 3‰），不收其他费用。

6. 最低收费

A股和封闭式基金,最低5元。

过户费,最低1元。

沪B股,佣金最低1美元。

深B股,佣金最低5港币。

7. 其他费用

如通讯费,委托费,各地不同,一般为5元/笔,有时不收取。

(二) 各种费用说明

1. 交易佣金

通常称为手续费,根据相关规定,按不高于成交金额的3‰且不低于最低收费5元的标准收取。各券商可以根据证券市场和自身的情况灵活确定,这是各券商展开竞争的常用手段,佣金在券商处可以打折,网上交易折扣最低,以营业部卡机交易为最高,多为全额收取,电话委托交易次之。

2. 过户费

按成交面额的1‰计,但不少于一元,一般用成交数量来计算,此项费用只上海证券交易所收取,深圳证券交易所不收。

3. 印花税

印花税是股票成交后对买卖双方投资者按照规定的税率分别征收的税金。印花税是政府调控证券市场发展的一种政策工具,在证券市场的不同时期印花税率不一样,当证券市场繁荣时会提高印花税的税率,当证券市场萧条时会降低印花税税率,印花税对证券市场的运行影响很大。目前,我国证券交易印花税,按成交金额1‰收取(卖出时收取,买入时不收)。

我国证券交易印花税自1990年首先在深圳开征,当时主要是为了稳定初创的股市及适度调节炒股收益,由卖出股票者按成交金额的6‰交纳。同年11月份,深圳市对股票买方也开征6‰的印花税,内地双边征收印花税的历史开始。

1991年10月,深圳市将印花税税率调整到3‰,上海也开始对股票买卖实行双向征收,税率为3‰。

1992年6月,国家税务总局和国家体改委联合发文,明确规定股票交易双方按5‰缴纳印花税。

1997年5月,证券交易印花税税率从3‰提高到5‰。

1998年6月,证券交易印花税税率从5‰下调至4‰。

1999年6月,B股交易印花税税率降低为3‰。

2001年11月,财政部决定将A、B股交易印花税税率统一降至2‰。

2005年1月,财政部又将证券交易印花税税率由2‰下调为1‰。

2007年5月30日起,财政部将证券交易印花税税率由1‰调整为3‰

2008年4月24日起,调整证券(股票)交易印花税税率,由现行3‰调整为1‰。

4. 委托费

此项费用为固定值，大多数券商不收，有的券商设置在某一固定的资金账户余额下收取，余额上不收取。此项费用是否有收取，收取多少，可到券商处查询，或直接询问营业部工作人员。

四、除权与除息

上市公司发放股息红利有四种形式，但沪深股市的上市公司进行利润分配一般只采用股票红利和现金红利两种，即通常所说的送红股和派现金。当上市公司向股东分派股息时，就要对股票进行除息；当上市公司向股东送红股时，就要对股票进行除权。

上市公司以股票红利分配给股东，也就是公司的盈余转为增资时，或进行配股时，就要对股价进行除权（简称为 XR，即 EXCLUD RIGHT）。上市公司将盈余以现金分配给股东，股价就要除息（简称为 XD，即 EXCLUD DIVIDEN）。DR 表示当天是这只股票的除息、除权日，D 为 DIVIDEN（利息）的简称，R 为 RIGHT（权利）的简称。

当某一上市公司宣布上年度有利润可供分配并准备予以实施时，则该只股票就称为含权股，因为持有该只股票就享有分红派息的权利。在这一阶段，上市公司一般要宣布一个时间称为"股权登记日"，即在该日收市时持有该股票的股东就享有分红的权利。

在早期的股票有纸交易中，为了证明对上市公司享有分红权，股东们要在公司宣布的股权登记日予以登记，且只有在此日被记录在公司股东名册上的股票持有者，才有资格领取到上市公司分派的股息红利。实际股票的无纸化交易后，股权登记都通过计算机交易系统自动进行，股民不必到上市公司或登记公司进行专门的登记，只要在登记日的收市时还拥有股票，股东就自动享有分红的权利。

进行股权登记后，股票将要除权除息，也就是将股票中含有的分红权利予以解除。除权除息都在股权登记日的收盘后进行。除权之后再购买股票的股东将不再享有分红派息的权利。

在股票的除权除息日，证券交易所都要计算出股票的除权除息价，以作为股民在除权除息日开盘的参考。

因为在收盘前拥有股票是含权的，而收盘后的次日其交易的股票将不再参加利润分配，所以除权除息价实际上是将股权登记日的收盘价予以变换。这样，除息价就是登记日收盘价减去每股股票应分得的现金红利，其公式为：

除息价＝登记日的收盘价－每股股票应分的股利现金额。

股权登记日的收盘价格除去所含有的股权，就是除权报价，其计算公式为：

除权价＝股权登记日的收盘价/（1＋每股送股率）

若股票在分红时即有现金红利又有红股，则除权除息价为：

除权价＝（股权登记日的收盘价－每股应分的现金红利）/（1＋每股送股率）

上市公司有时也将配股与分红派息同时进行，其除权除息价的计算公式为：

除权价＝（股权登记日的收盘价－每股应分的现金红利＋配股率×配股价）/（1＋每股送股率＋每股配股率）

例 某只股票在股权登记日的收盘价为 15 元,拟定的分配方案分别为:1. 每 10 股派息 8 元;2. 每 10 股送股 8 股;3. 每 10 股送 5 股派息 3 元;4. 每 10 股送 5 股派 3 元配 4 股,配股价 5 元,分别计算除息、除权价。

解

1. 每 10 股派息 8 元,计算除息价:

除息价=登记日的收盘价—每股股票应分的股利
=15—0.8=14.2(元)

2. 每 10 股送 8 股,计算除权价:

除权价=股权登记日的收盘价/(1+每股送股率)
=15/(1+0.8)
=8.33(元)

3. 每 10 股送 5 股派息 3 元,计算除权除息价:

除权价=(股权登记日的收盘价－每股应分的现金红利)/(1+每股送股率)
=(15－0.3)/(1+0.5)
=9.80(元)

4. 每 10 股送 5 股派 3 元配 4 股,配股价 5 元,计算除权除息价:

除权价=(股权登记日的收盘价－每股应分的现金红利+配股率×配股价)/(1+每股送股率+每股配股率)
=(15－0.3+0.4×5)/(1+0.5+0.4)
=8.87(元)

五、指定交易制度和转托管制度

(一) 指定交易制度

指定交易制度,是指投资者必须指定某一证券营业部作为自己委托证券买卖、交易清算的唯一代理机构,并将其所属的证券账户指定于该机构所属席位号方能进行交易的制度。投资者在与该证券营业部签订协议并完成一定的登记程序后,便可以通过指定的证券营业部进行委托、交易、结算、查询以及享有其他市场服务。投资者一旦采用指定交易方式,便只能在指定的券商处办理相关的委托交易,而不能再在其他地方进行证券的买卖。当然,投资者也可以更换券商,并重新指定新的证券经营机构进行交易。一般来说,指定交易这一概念是特别针对上海证券市场的交易制度而言的,是上海证券交易所为了明确客户与券商关系以及防范股票盗卖风险所采取的一项交易措施。

指定交易制度,首先可防止股票被盗卖;其次可办理现金红利的自动领取。

在上海证券交易所成立之初,交易系统和清算交收系统是合为一体的。上海证券交易所的电脑系统不仅承担着交易撮合的职能,同时也承担着交易前和交易后的登记、存管、清算和过户等一系列职能。为此,上海证券交易所采取了中央托管、一级账户制度,即上海证券交易所在自己的主机系统上为每一个投资者设立证券账户,直接掌握着每一个账户的证券余额及变更资料,并在交易过程中进行即时的核对和过户。由于上交所直接面对每一个最终的持股人,因而在各个证券商处并无具体投资者的股份资料。投资者无论在哪一家证券商处买卖股票,其股份的增减都由交易所的存管系统直接进行实时处理。因此,投资者可以在任何一处证券经营柜台发出自己的委托买卖指令,即可以进行通买通卖操作。上海证券交易所的这种特殊的账户制度及通买通卖的做法,在世界各国证券市场的发展历史上是绝无仅有的。在我国证券市场发展初期,当大量涌入的个体投资者与相对缺乏的交易场所发生矛盾时,这种可以随处买卖的交易方式对于便利股民、吸引投资者起到了一定的作用。同时,由于通过交易所在主机上对每笔交易进行核对,也避免了卖空现象的发生。但是,随着我国证券市场的迅速发展,证券数量和品种越来越多,投资者队伍不断扩大,面对上千万的股民和由此形成的巨大的各类业务流量,由于通讯手段、系统容量及自动处理等方面的局限,导致上交所在一些涉及股东的服务如股份查询等方面变得困难,时滞也很长。

为进一步明确券商与客户的法律关系,也为了能有效防范股票的被盗卖,上海证券交易所从 1998 年 4 月 1 日起,实行全面指定交易制度。所有在上海证券市场从事证券交易的投资者,都必须事先指定一家证券经营机构作为其委托交易和清算的代理机构。投资者如不办理指定交易,上交所的电脑交易系统将自动拒绝其发出的交易申报指令。这意味着所有的证券交易都必须在指定交易的方式下进行,所以称为全面指定交易。与此同时,上交所在每日收市后,将投资者当日的交易数据传送到其指定的证券营业部,从而为证券商对投资者提供进一步的服务创造了条件。随着这一交易制度的最终实现,无疑将在增强市场监管和提高风险的防范能力,有效地保证投资者证券的安全性,进一步完善现行交易机制,明确券商与客户关系,更好地促进证券商为投资者提供全方位服务等方面起到越来越积极的作用。

(二) 转托管制度

转托管制度,是指投资者将其托管在某一证券商那里的在深圳证券交易所上市的证券转到另一个证券商处托管,是投资者的一种自愿行为,是针对在深圳证券交易所上市的证券托管转移的一项制度。在托管中,投资者若要将其托管股份从一个券商处转移到另一个券商处托管,就必须办理相关的手续,实现股份委托管理的转移,即所谓的转托管。转托管制度涉及证券交易和结算环节。在托管券商制度下,深圳市场的投资者需要将自己持有的股份托管在自己选定的一个或几个证券营业部,由该证券营业部管理其名下的明细证券资料。投资者的证券托管是自动实现的,投资者在哪一个营业部买入证券,该证券就自动托管在该营业部。投资者可以利用自己的深市证券账户在国内任何一个证券营业部买入证券,但是卖出该证券必须在买入的那个营业部才能卖出。投资者所选定的这些券商为投资者提供证券买卖、分红派息自动到账、证券与资金的查询、转托管等各项业务服务。目前,深交所的转托管业务与前几年有所不同,现行的转托管业务的是通过深圳证券交易所的交易系统进行办理的,但注意的是,利用交易系统办理转托管的证券品种只包括在深交所挂牌的 A 股、基金、可转换债券等,权证、国债不能转托管。

1. 转托管制度特点

与上海证券交易所采用的指定交易制度相比,转托管制度主要特点表现在:

(1) 托管券商制度下,投资者可以在多家券商处委托买卖。而指定交易制度下,投资者只能指定唯一一家券商委托买卖证券。在托管券商制度下,投资者可以将每只证券托管在不同的券商处,也可以将同一只证券分量托管在多个券商处,而不受已有托管券商的限制。显然,这对投资者是很方便的。有的投资者为了方便就近操作,将自己的股份分别托管在工作地与住宿地的券商处,或其他任何方便地方的券商处。

(2) 无论是托管券商制度还是指定交易制度,实际都有一个证券托管到某一个券商处的概念。但在托管的具体实现上,两者却有本质的不同。目前,托管券商制的"股份托管"是自动实现的,投资者在任一券商处认购新股或买入证券,这些股份或证券也就自动托管在该券商处,并不需要同券商签订什么协议。从这个意义上来讲,托管券商制对于证券的买入是"通买"的,投资者可以利用同一个证券账户在国内任何一个证券营业部买入证券。在指定交易制度下,投资者必须与券商签署指定协议。

(3) 由于托管券商制度下同一投资者的同一只证券或多只证券可以在多家券商处托管,所以与指定交易制度下同一投资者的所有证券都必须指定在同一券商处相比较,股份管理相对复杂。托管券商制度下,登记结算公司与证券商共同管理明细股份,每日进行对账,使投资者购入与托管的股份有了双重备份和保险,不易出现股份盗卖现象。

与指定交易制度相比,托管券商制度下的结算系统在系统功能上更加复杂,所需的存储空间也要大得多,系统运行的时间也要长些。这方面投资者是感觉不到的,券商系统也相差不大,主要负荷都压在中央结算系统上。因此,在托管券商制度下对中央结算系统的硬件设施要求更高。

2. 转托管制度业务程序

(1) 投资者向转出券商提出转托管申请,填写《转托管申请书》,在申请书中认真填写转出证券账户代码、证券品种、数量等,务必注意填写转入券商的名称及与其相符的席位号。转出券商收到申请书后,认真核对投资者的身份证及申请书内容是否正确,核对无误后,在交易时间内,通过交易系统向深交所报盘转托管,当日停牌证券不可以转托管,转托管委托报盘后,在当日闭市前也可报盘申请撤单。

(2) 每个交易日收市后,深圳证券结算公司将处理后的转托管数据打入结算数据包,通过结算通讯系统发给券商,券商根据所接收的转托管数据及时修订相应的股份明细账。转托管证券 T+1 日(即下一个交易日)到账,投资者可在转入证券商处委托卖出。转出券商每次受理转托管业务时,向投资者收取 30 元人民币的转托管费。转托管成功后,投资者在原转出券商处的深圳账户如不销户,仍可继续使用,但还是要在哪儿买,哪儿卖,否则要办转托管。

3. 转托管注意事项

办理转托管需要注意以下问题:

(1) 转托管只有深市有,沪市没有转托管制度;

(2) 由于深市 B 股实行的是 T+3 交收,深市投资者若要转托管需在买入成交的 T+3 日交收过后才能办理;

(3) 转托管可以是一只股票或多只股票,也可以是一只证券的部分或全部,投资者可以选择转其中部分股票或同股票中的部分股票;

(4) 投资者转托管报盘在当天交易时间内允许撤单;

(5) 转托管证券 T+1 日(即下一个交易日)到账,投资者可在转入证券商处委托卖出;

(6) 权益派发日转托管的,红股和红利在原托管券商处领取,遇停牌、配股或在停止转托管期间的证券不得办理转托管手续;

(7) 配股权证不允许转托管;

(8) 通过交易系统报盘办理 B 股转托管的业务目前仅适用于境内结算会员;

(9) 境内个人投资者的股份不允许转托管至境外券商处;

(10) 转托管期间,账户内的股票及资金不可参与交易;

(11) 若转出证券出现错误或转托管不成功(转出券商接收到转托管未确认数据),将被退回原转出证券商处,投资者应立即向转出券商询问,以便券商及时为投资者向深圳证券结算公司查询原因。

第三节　证券交易常识

一、交易规则

(一) 交易单位

1. 买入股票或基金时,数量只能是 100 股或 100 股的整数倍;

2. 卖出股票或基金时,可以用零股(不满 100 股称为零股,如 1 股、48 股等)进行委托。

(二) 涨跌幅限制

1. 上海、深圳证券交易所自 1996 年 12 月 16 日起,分别对上市交易的股票(含 A、B 股)、基金类证券的交易实行价格涨跌幅限制,即在一个交易日内,上述证券的交易价格相对于上一个交易日收盘价格的涨跌幅度不得超过 10%。

2. 首日上市的新股无涨跌幅限制。

3. ST 类股票涨跌幅限制为 5%。

(三) 清算交割

1. A 股、B 股及封闭式基金交易均实行 T+1 交易制度。当日(T 日,T 为 today 第一个字母的大写)买入的证券,当日不能卖出,须在下一个交易日(T+1 日)以后才能卖出。但当日卖出证券的资金,可以继续进行证券买入。

2. A 股市场当日卖出证券所得资金,次交易日(T+1)才能提取;B 股市场当日卖出证券所得资金,T+4 日才能提取。

3. 投资者可在次日打印交割清单。

(四) 分红派息

1. 红股在上市交易日自动到达投资者的资金账户。

2. 红利到账日其资金将直接划入投资者的资金账户。

3. 如果投资者在股权登记日后办理了深圳股票转托管,其红股仍在原托管券商处领取。

二、证券代码说明

（一）沪市证券代码

1. 沪市挂牌上市证券代码

(1) A股代码:600×××,601×××

(2) 可转换债券转股代码:181×××

(3) B股代码:900×××

(4) 证券投资基金代码:500×××

(5) 国债现券代码:01××××

中间2位数字为该国债的发行年份后2位数字为其顺序编号;2000年以前国债现券代码为00××××。

(6) 企业债券代码:12××××

中间2位数字为该债券的上市年份,最后2位数字为该债券的上市顺序编号。

2. 沪市临时代码

(1) 新股发行申购代码:730×××

后3位数字为其挂牌上市证券代码的后3位。

(2) 新股增发申购代码:731×××

(3) 新股申购款代码:740×××

(4) 新股配号代码:741×××

(5) 新股配售代码:737×××

(6) 新股配售的配号(又称"新股值号"):747×××

(7) 可转换债券发行申购代码:733×××

(8) 证券投资基金的发行申购代码:735×××

(9) 新发行国债分销代码:751×××

(10) 流通股配股认购代码:700×××

以上后3位数字为其相对应的A股代码的后3位数。

(11) 转配股配股认购代码:701×××

(12) 职工股配股认购代码:702×××

(13) B股配股权证交易代码:970×××

(11)、(12)、(13)中后3位数字为其相对应的B股代码的后3位。

(14) 609×××为深市中小企业板沪市市值配售代码。

（二）深市证券代码

1. A股证券:000×××

2. A股增发:070×××

3. 国债现货:1019×××

4. 债券:1110×××

5. 可转换债券:125×××
6. B股证券:200×××
7. 证券投资基金:1846××,1847××
8. 中小企业版代码:002×××
9. 003×××为沪股深市市值配售代码

三、交易规定

(一) 有关撤单的规定

1. 非集合竞价时间的可以撤销已经提交的订单。

2. 开盘集合竞价的订单收集阶段分为两个阶段,其中9点15分至9点20分阶段允许撤销已经提交的订单;9点20分至9点25分阶段不允许撤销已经提交的订单。

3. 在开盘集合竞价时间内的有效委托报单未成交,则自动有效进入9点30分开始的连续竞价。

(二) 有关委托的规定

1. 单笔委托上限

上交所,股票、基金、权证交易单笔申报最大数量应当不超过100万股(份),债券交易和债券质押式回购交易单笔申报最大数量应当不超过1万手,债券买断式回购交易单笔申报最大数量应当不超过5万手。

深交所,股票(基金)竞价交易单笔申报最大数量应当不超过100万股(份),债券和债券质押式回购竞价交易单笔申报最大数量应当不超过10万张。

2. 停牌期间委托的有效性

当营业部将停牌期间的委托报单储存在本营业部柜面委托系统时,股票复牌后,此类委托报单会自动发送至交易所电脑主机配对系统,此时的停牌委托有效。

当营业部将投资者停牌期间的委托报单即时发送至交易所电脑主机配对系统时,会被交易所作为废单处理,此时的停牌委托无效。

3. 市价委托的申报方式

上海交易所:
(1) 最优五档即时成交剩余撤销申报
(2) 最优五档即时成交剩余转限价申报
深圳交易所:
(1) 对手方最优价格申报
(2) 本方最优价格申报
(3) 最优五档即时成交剩余撤销申报
(4) 即时成交剩余撤销申报
(5) 全额成交或撤销申报

最优五档即时成交剩余撤销申报,是指以对手方价格为成交价格,与申报进入交易主机时集中申报簿中对手方最优五个价位的申报队列依次成交，未成交部分自动撤销。

最优五档即时成交剩余转限价申报，是指以对手方价格为成交价格，与申报进入交易主机时集中申报簿中对手方最优五个价位的申报队列依次成交，未成交部分转为限价申报。

即时成交剩余撤销申报，是指以对手方价格为成交价格，与申报进入交易主机时集中申报簿中对手方所有申报队列依次成交，未成交部分自动撤销。

全额成交或撤销申报，是指以对手方价格为成交价格，如与申报进入交易主机时集中申报簿中对手方所有申报队列依次成交能够使其完全成交的，则依次成交，否则申报全部自动撤销。

需要注意的是，根据交易所规定，没有涨跌幅限制证券的证券交易暂不采用市价申报方式。

四、保证金第三方存管业务

1. 客户保证金银行存管的含义

客户保证金银行存管，简称银行存管，是客户证券交易结算资金(即客户保证金)第三方存管的方式之一，指证券公司客户的保证金交由银行存管，由存管银行按照法律、法规的要求，负责投资者资金的存取、转账与资金交收。

2. 保证金第三方存管的优点

(1) 资金更放心。券商管证券、银行管资金，客户保证金的安全有国有银行和券商的双重信用作为保障，确保客户资金的兑付，客户资金的安全得到保障。

(2) 划转更省心。客户可以通过银行柜台、电话银行以及券商端的原有转账等多种方式完成资金的划转。

(3) 业务更灵活。除了在券商营业部办理之外，在银行网点可办理资金业务。

(4) 服务更贴心。投资者同时成为券商和银行的客户，不仅继续享受以前证券投资服务，而且还可以享受银行各种综合理财服务。

4. 办理第三方存管的业务流程

(1) 到银行签约、开户

客户签约并领取保证金管理账户卡需携带本人身份证、证券资金台账(即资金账号)，营业部取款密码和存管银行结算账户存折/卡(如没有，可现场开设)。

代理人代为领取保证金管理账户卡，需携带委托人和代理人的身份证、资金账号、《客户代理关系证明》(在营业部办理)、营业部取款密码和存管银行存折/卡。

机构客户领取保证金管理账户卡，需携带被授权代理人身份证、资金账号、《机构客户信息确认函》(在营业部办理)、营业部取款密码和开设对公结算账户的相关证明。

(2) 领卡、确认

所有客户办理第三方存管时需先到证券公司营业部确认客户密码，然后到存管银行指定网点办理签约并领取保证金管理账户卡；如是代理人，需先到证券营业部办理代理人关系确认书《客户代理关系证明》，再到存管银行指定网点领取保证金管理账户卡；机构客户先到证券公司营业部领取《机构客户信息确认函》，再到存管银行指定网点领取保证金管理账户卡，开设对公结算账户。

(3) 首次存取保证金时须到银行签约并领取保证金管理账户卡。

(4) 个人客户新开户需携带本人身份证和股东账户卡(如已开)到证券公司营业部办理;如未办理股东账户卡,需到证券公司营业部办理。机构客户则还要带营业执照副本及复印件(加盖法人印章),法人代表证明书和身份证复印件及代理人身份证,并预留印章。

(5) 外币保证金账户(B股账户)管理不变,仍按照原办法进行。客户无需办理任何手续。

5. 客户账户资料的修改

如需办理银行存折/卡、取款密码等资料变更,由客户持本人身份证、证券保证金管理账户卡到存管银行营业网点进行变更;如需办理联系地址、邮政编码、电话、E-mail、联系人、身份证件号、证券账户、代理人权限、交易密码的变更须客户持相关证件到证券公司营业部办理。

6. 交割、对账、查询保证金余额的办理

证券交易的交割、对账、账户查询等业务,需持相关证件到中信建投证券营业部办理;客户保证金账户可用余额到券商营业部查询,可取余额的查询需到存管银行营业网点办理。

7. 客户保证金账户的挂失、解挂的办理

银行网点负责办理客户保证金管理账户卡的挂失与解挂,挂失后客户不能从保证金管理账户卡取款,挂失客户可随时在银行柜台办理解挂手续。

8. 客户证券资金台账、股东账户的冻结、解冻的办理

客户证券资金台账、股东账户的冻结、解冻需客户本人持相关证件到中信建投证券营业部办理。

9. 存取、划转证券保证金的办理

(1) 通过存管银行的电话银行系统实现保证金账户与存管银行账户折/卡之间的保证金实时划转。(电话银行系统的开通必须由存管银行账户折/卡持有者本人办理)

(2) 通过证券公司营业部的电话委托或网上交易办理保证金转账业务。

(3) 持存管银行账户折/卡到存管银行的网点办理保证金的现金存取业务。

10. 销户手续的办理

T日(当日)客户本人持相关资料(客户本人身份证、股东账户卡、保证金管理账户卡;如果是代理人须提供代理关系证明书及代理人身份证明),在证券公司营业部办理销户手续(须提前办理完毕撤销指定交易及转托管手续;客户当日有交易不能办理销户手续);T+1日客户持相关资料到存管银行营业网点办理客户保证金账户的销户手续。

五、股指期货常识

1. 目前我国股指期货的品种

股指期货是一种以股票指数合约作为买卖对象的期货,交易的对象是股票指数合约而不是股票,虽然我国还没有正式推出股指期货,但目前初步确定沪深300指数为首个股指期货的标的指数。

2. 股指期货合约乘数与合约价值

合约乘数是指每个指数点对应的人民币金额。根据沪深300指数期货合约(暂定),目前

合约乘数暂定为300元/点。沪深300指数期货的合约价值为沪深300指数期货报价点位乘以合约乘数。如果当时指数期货报价为3 000点，那么沪深300指数期货合约价值为3 000点×300元/点=900 000元。

3. 股指期货合约的最小变动价位

股指期货合约报价是按照指数点来变动的。股指期货合约报价的最小变动价位是指合约报价时允许报出的小数点后最小有效点位数。沪深300指数期货的最小变动单位为0.1点，因而一个合约的最小变动金额按每点300元计算便是30元。

4. 沪深300指数期货的涨跌停限定

沪深300指数期货的涨跌停幅度为前一交易日结算价的正负10%，合约最后交易日涨跌停板幅度为20%。

5. 沪深300指数期货的保证金

目前设计的沪深300指数期货的交易所收取的保证金水平为合约价值的8%。按照这一比例，如果沪深300指数期货的结算价为3 000点，那么交易所收取的每张合约保证金为3 000点×300元/点×8%=7.2万元。投资者向会员缴纳的交易保证金会在交易所规定的基础上向上浮动。

6. 每日结算价与最后结算价

每日结算价是指某一期货合约最后一小时成交量的加权平均价。最后一小时无成交，取前一小时成交量加权平均价。该时段仍无成交的，则再往前推一小时，以此类推。交易时间不足一小时的，则取全时段成交量加权平均价。

最后结算价是期货合约的交割结算价，是最后交易日现货指数最后两小时所有指数点的算术平均价。由于现货指数收盘价很容易受到操纵，为了防止操纵，国际市场上大部分股指期货合约采用一段时间的平均价。

7. 股指期货合约的最后交易日的确定

股指期货合约的最后交易日为到期月的第三个星期五。最后交易日也是最后结算日，这天收盘后交易所将根据交割结算价进行现金交割结算。

8. 股指期货的每日交易时间

沪深300指数期货早上9点15分开盘，9点10分至9点15分为集合竞价时间(头4分钟为集合竞价时间，后一分钟为撮合时间，不能申报)，下午收盘为15点15分。但最后交易日下午收盘时，到期月份合约收盘与股票市场收盘时间一致。

六、有关权证的规定

1. 权证简称和代码的编制

深交所权证简称是六位，XYBbKs，其中：XY为标的股票的两汉字简称；Bb为发行人编码；K为权证类别：C为认购权证；P为认沽权证；s为同一发行人对同一标的证券发行权证的发行批次，取值为0—9，A—Z，a—z。例：国信证券基于万科A发行的认购权证的简称可能为"万科GXC1"。

权证代码是'03'开头的六位数字，认购权证代码区间：[030 000，032999]，认沽权证代码区间：[038 000，039999]，其中认购权证的代码有 3 000 个，认沽权证的代码有 2 000 个。

2. 权证收益的计算

认购权证的收益＝（权证结算价格－行权价）×行权比例

认沽权证的收益＝（行权价－权证结算价格）×行权比例

这里的收益是毛收益，没有考虑行权的有关费用。

行权比例，指一份权证可以购买或出售的标的证券数量。比如某认购权证的行权比例为 0.1，那么 10 份权证可以买入 1 份股票。

3. 权证的交易

权证交易时间同股票，即每个交易日的集合竞价时间 9 点 15 分至 9 点 25 分，连续竞价时间上午 9 点 30 分至 11 点 30 分，下午 13 点到 15 点。与股票交易 T＋1 不同，权证实行 T＋0 交易，即当日买进的权证，当日可以卖出。

4. 权证涨跌幅限制的规定

权证交易实行价格涨跌幅限制，但与股票涨跌幅采取的 10％的比例限制不同，权证涨跌幅是以涨跌幅的价格而不是百分比来限制的，具体按下列公式计算：

权证涨幅价格＝权证前一日收盘价格＋（标的证券当日涨幅价格－标的证券前一日收盘价）×125％×行权比例；

权证跌幅价格＝权证前一日收盘价格－（标的证券前一日收盘价－标的证券当日跌幅价格）×125％×行权比例。

当计算结果小于等于零时，权证跌幅价格为零。

例　某日权证的收盘价是 2 元，标的股票的收盘价是 10 元。第二天，标的股票涨停至 11 元，如果权证也涨停，按上面的公式计算，权证的涨停价格为 2＋（11－10）×125％＝3.25 元，此时权证的涨幅百分比为（3.25－2）/2×100％＝62.5％。

5. 权证的行权

权证持有人行权的，应委托交易所会员通过交易所交易系统申报。权证行权的申报数量为 100 份的整数倍。行权申报指令当日有效，当日可以撤销；当日买进的权证，当日可以行权；但当日行权取得的标的证券，当日不得卖出，可于次一交易日卖出。标的证券结算价格为行权日前十个交易日标的证券收盘价的平均数。

权证到期当日，现金给付权证属于价内证的，可自动行权，持有人无须申报指令。属证券给付方式的权证，投资者可选择自行申报行权或于权证到期前委托证券公司代为办理行权。

深圳市场对权证的结算采取货银对付的 T＋1 交收模式，投资者在 R 日申报行权所得的标的证券于 R＋1 日实际到账，因此深市权证持有者 R 日行权所得标的证券不含权。中国结算公司深圳分公司将于 R＋1 日根据调整后的行权价格及行权比例办理行权交收。

七、基金交易常识

1. 基金账户与交易账户的区别

基金账户，指注册登记机构为投资人建立的用于管理和记录投资人基金种类、数量变化等情况的账户，不论投资人是通过哪个渠道办理，均记录在该账户下。

交易账户，指基金销售机构（包括直销和代销机构）为投资人开立的用于管理和记录投资人在该销售机构交易的基金种类和数量变化情况的账户。

投资者使用同一开户证件只能开立一个基金账户，但在这一基金账户下可以在不同的销售机构开立相对应的交易账户。

2. 认/申购申请的撤销

投资者在份额发售期内已经正式受理的认购申请不得撤销。

对于在当日基金业务办理时间内提交的申购申请，投资者可以在当日15点前提交撤销申请，予以撤销。15点后则无法撤销申请。

3. 申购基金申购净值的计算

基金申购采用“金额申购”方式、“未知价”原则。对于T日有效申请的交易，申购价格以T日的基金份额净值为基准进行计算。T日的基金份额净值在T日收市后计算，并不迟于T+1日公告。

4. 基金赎回业务的办理

认购的基金份额，在基金开放日常赎回业务后，可于基金开放日通过各销售机构网点提交赎回申请。T日申购的基金份额，可于T+2日（工作日）起提交赎回申请。

5. 赎回价格的计算的

赎回采用“未知价”原则、“份额赎回”方式，赎回价格以提交有效申请当日（T日）的基金份额净值为基准进行计算。

6. 一次性赎回分笔购买的基金份额赎回费率的计算

每份基金单位在赎回时是单独计算持有期的。基金持有人每一笔交易申请的时间和金/份额明细，在注册登记系统和销售机构电子系统中均有记录。基金赎回时按照“先进先出”的原则，即最先被买入的基金，最先被赎回。基金份额持有期限与赎回费率的对应关系，可参见相关基金的招募说明书。

八、国债交易常识

（一）申购程序

根据国债发行公告，无记名国债及记账式国债均可通过交易所交易系统进行公开发行。国债发行期间，投资者可到其指定的证券商处办理委托手续，通过交易所交易系统直接认购；投资者也可向认定的国债承销商直接认购。

（二）申购规则

1. 投资者认购深、沪证券交易所上市发行的国债需经过证券商委托。

2. 申购代码。沪市为751×××，深市为1016××，1017××。深市挂牌国债的申购代码为分销证券商的代码，并不是证券的上市代码。

3. 投资者认购深、沪证券交易所上市发行的国债需通过深、沪账户或基金账户进行。

4. 上网申购发行的国债申报数量以手为单位(1 手为 1 000 元面值)。

5. 采用挂牌分销方式认购国债的委托、成交、清算等手续均按交易所业务规则办理。

6. 投资者办理交易所上网发行国债的认购手续时不需缴纳手续费用。

7. 投资者通过场内认购的国债,其债权由交易所所属的证券登记结算公司直接记录在其证券账户或基金账户内,待该国债发行期结束后即可上市流通交易。投资者通过场外认购的国债,必须指定一个证券商办理国债的托管手续,并待该国债发行期结束上市后,方可委托该证券商在交易所交易市场上进行国债现货交易。

(三) 交易程序

国债的交易程序有五个步骤:开户、委托、成交、清算和交割、过户。

1. 投资者要参与证券交易所国债交易,首先必须选择一家证券经纪公司或证券营业部,并在该公司办理开户手续后方可进行交易。

2. 投资者在证券公司开立账户以后,要想真正上市交易,还必须与证券公司办理证券交易委托关系。

3. 投资者通过证券公司营业部柜台或电话委托等方式进行委托交易。

4. 投资者可通过柜台或电话委托的方式查询成交情况。

5. 清算交割过户:T+1 日,完成国债交易的清算交割与过户。

(四) 交易规则

1. 报价单位,以张为单位报价,每张面值 100 元。

2. 不设涨跌幅限制。

3. 交易原则:价格优先,时间优先。

4. 竞价时间与股票相同。

5. 上市首日申报竞价规定:上交所无报价规定,深交所集合竞价报价为发行价的上下各 150 元,连续竞价为最近成交价的上下各 15 元。非首日上市报价为最近成交价的上下各 5 元。

6. 记账式国债的交易方式与股票交易相同,成交后债权的增减均相应记录在其“证券账户”或“基金账户”内;无记名国债在卖出交易前,投资者必须将无记名国债拿到指定的证券商处办理托管手续,然后在其所指定的证券商处进行交易。买入无记名国债后,投资者需要时,可通过在指定的证券商处办理提取实物券手续。

7. 国债现货交易以“手”为单位,一手等于 1 000 元面值。国债现货交易,每笔申报以一手为最小单位,每笔申报以不得超过一万手为最大单位,国债现货计价单位为每百元面额。

8. 国债现货交易实行“T+1”资金清算,投资者与所指定的证券商在成交后的第二个营业日办理交割手续。

9. 目前实行净价交易。

国债交易分为全价交易与净价交易。全价交易是指债券价格中把应计利息包含在债券报价中的债券交易,其中应计利息:(1) 附息式国债指本付息起息日至交割日所含利息金额;(2) 零息式国债指发行起息日至交割日所含利息金额。

净价交易指在现券买卖时,以不含有自然增长应计利息的价格报价并成交的交易方式,即将债券的报价与应计利息分解，价格只反映本金市值的变化，利息按票面利率以天计算，债券持有人享有持有期的利息收入。

净价＝全价－应计利息

我国自1981年恢复国债的发行以来，绝大部分债券的购买和转让方式是以全价交易方式进行的。深、沪证券交易所上市国债现货交易原来也是全价交易。根据财政部、中国人民银行、中国证券监督管理委员会的文件，深、沪证券交易所从2002年3月25日起试行国债净价交易。

（五）报价与结算

在净价交易下，买卖双方都以国库券的净价进行报价，交割价仍是全价，即净价加上应计利息才是实际的交割价。具体为：

1. 深、沪市国债交易报价系统同时显示国债全价、净价及应计利息额。

2. 实行净价申报和净价撮合成交。以成交价格和每百元国债应计利息额之和作为结算价格，以结算金额（结算价格×成交量）为基数计算交易经手费等费用。

3. 交易清算及交割单打印系统将自动计算应计利息额并在交割单上分别列明结算价、净价及应计利息额。

（六）交易费用

1. 深市

投资者委托证券商买卖债券时，向证券商交纳佣金，最高不得超过成交金额的1‰。

2. 沪市

投资者委托指定的证券商进行国债现货交易须交纳手续费：上海本地人民币1元；异地3元。成交后在办理交割时，按规定应向券商交纳佣金，标准为不超过总成交金额的1‰。

（七）国债托管

中央国债登记结算有限责任公司为全国国债市场法定国债托管人并建立相应国债集中托管制度。债券现货交易采取先托管、后交易的原则，债券卖出前必须先将债券托管在中央国债登记结算公司深、沪证券交易所的名下。

（八）支付利息

1. 支付利息办法

分期付息的记账式附息国债每半年或一年付息一次。交易所一般会在付息日期前几天发出支付利息的通知，确定债权登记日，投资者要注意债权登记日及付息日期，因为这时决定你是否享有本次利息的关键。

2. 付息的方式

由交易所通过证券商将息款直接转到投资者证券账户或基金账户、国债专户上。

（九）本金兑取

1. 国债现货到期兑付时，投资者可根据国债到期兑付及付息公告，到其所指定的证券商直接办理。

2. 上市国债到期兑付时，交易所于到期兑付前一个工作日摘牌，并根据债权登记日登记在册的投资者对其支付本息。

3. 对到期兑付的国债，交易所在收到相应资金后，根据债权登记日各交易商国债账户余额将国债本息划入其在交易所的结算头寸账户。投资者在其托管的证券商处领取国债本息。

（十）深、沪交易所目前对同一品种上市国债代码的编制规则

对于上市债券的各种类型中，深、沪证券交易所上市国债品种一样，但其编码各有规则。

1. 深交所国债现货的证券编码为：1019＋年号（1 位数）＋当年国债发行上市期数（1 位数），证券简称为"国债＋相应证券编码的后三位数"；但自 2001 年十五期国债开始，深市国债现货证券编码为 10 ××××，中间 2 位数字为该期国债的发行年份，后 2 位数字为其顺序编号。

2. 上交所国债现券代码为 01××××，中间 2 位数字为该国债的发行年份，后 2 位数字为其顺序编号；2000 年以前国债现券代码 00××××。

同一品种的国债，在沪深交易所的证券编码是不一样的。

九、可转换债券常识

（一）申 购

目前在深、沪证券交易所已发行上市的可转换公司债券的发行方式有两种情况，一是对社会公众发行，采用在交易所上网定价发行的方式；另一种是上市公司采用向截止股权登记日登记在册的股东配售与对社会公众发行相结合的发行方式。

1. 上网定价发行

可转换公司债券的发行方式目前主要参照 A 股的上网定价发行办法，即通过证券交易所的证券交易系统上网按面值平价发行。投资者应当在详细阅读可转换公司债券募集说明书和发行公告的基础上按照发行公告的提示进行申购。

申购程序：

(1) 申购当日（T 日），投资者凭证券账户卡申请认购可转换公司债券（每个账户的申购不少于 1 000 元面值，超过 1 000 元面值的必须是 1 000 元的整数倍，每个账户的认购上限为公开发行总额的 1‰），并由交易所反馈认购情况。

(2) T＋1 日，由交易所结算公司将申购资金冻结在申购专户中。

(3) T＋2 日，由主承销商和有从事证券业务资格的会计师事务所对申购资金进行验资，并由会计师事务所出具验资报告；交易所进行申购配号工作。

(4) T＋3 日，由主承销商负责组织摇号抽签，并于当日公布中签结果。

(5) T＋4 日，对未中签的申购款予以解冻。

申购规则：

（1）转债申购单位为手，每10张为1手。每个账户申购可转换公司债券不少于1 000元面值，超过1 000元面值的，必须是1 000元面值的整数倍，每个账户认购上限为不超过公开发行的可转换公司债券总额的1‰。

（2）每个股票账户只能申购一次，委托一经办理不得撤单。多次申购的（包括在不同的证券交易网点进行申购），视第一次申购为有效申购。

（3）投资者申购可转换公司债券不收取任何手续费。

（4）深市可转换公司债券发行申购代码为125×××，如鞍钢转债，125 898；沪市可转换债券发行申购代码为733×××，如机场发债，733 009。

2. 配售与上网定价结合

上市公司发行可转换债券对股权登记日股东（亦即老股东）优先配售的方式，与配股和增发新股一样，是上市公司在融资方式的一种，与配股缴款、增发新股的操作有相类似的地方。此外，还可同时向证券投资基金定向发售和上网定价发行。

配售流程如下，

（1）配售权登记日（T日）：确定可以享有本次可转债配售的股东；

（2）配售缴款日（T+1日）：配售缴款期仅为1天，一般在股权登记日后的第二个交易日。

（二）转股

目前深、沪市可转换债券转股分两种情况：

1. 公司的可转换债券先上市，公司股票未上市，转股手续在公司股票上市后方可办理；

2. 公司股票已经上市，上市公司发行可转换债券，在可转换债券发行之日起6个月后可进行转股。

（三）赎回

1. 赎回

赎回是指发行人股票价格在一段时期内连续高于转股价格达到某一幅度时，发行人按事先约定的价格买回未转股的可转换公司债券。赎回条款是为了保护发行人而设计的，旨在迫使转债持有人提前将转债转换成公司股票，从而达到增加股本，降低负债的目的，也避免了利率下调造成的利率损失。

2. 赎回规则

（1）赎回条款分无条件赎回和有条件赎回。无条件赎回，指在赎回期内按照事先约定的赎回价格赎回转债。有条件赎回，指在基准股价上涨到一定程度（通常为正股股价持续若干天高于转股价格130%—200%），发行人有权行使赎回权。

（2）根据规定，发行人每年可按约定条件行使一次赎回权。每年首次满足赎回条件时，发行人可赎回部分或全部未转股的可转换公司债券。但若首次不实施赎回的，当年不应再行使赎回权。

3. 赎回程序

（1）赎回条件满足时，发行人可以全部或按一定比例赎回未转换为股份的可转换公司债券，也可以不行使赎回权。

(2) 当可转换公司债券赎回条件满足、发行人刊登公告行使赎回权时,交易所于赎回日停止该债券的交易和转股。

(3) 发行人根据停止交易后登记在册的债券数量,于赎回日后三个交易日内将赎回债券所需的资金划入交易所指定的资金账户。

(4) 交易所于赎回日后第四个交易日将资金划入券商清算头寸账户,同时记减投资者相应的可转换公司债券。

(5) 各券商于赎回日后第五个交易日将兑付款划入投资者开设的资金或保证金账户。

(6) 未赎回的可转换公司债券,于赎回日后下一个交易日恢复交易和转股。

(四) 回售

1. 回售条款

回售条款是指发行人股票价格在一段时间内连续低于转股价格后达到一定的幅度时,转债持有人按事先约定的价格将所持有的债券卖给发行人。投资者应特别关注这一条款,因为这是一种保护投资者利益的条款,设置目的在于可以有效地控制投资者一旦转股不成带来的收益风险,同时也可以降低转债的票面利率。

2. 回售规则

通常发行人承诺在正股股价持续若干天低于转股价格或非上市公司股票未能在规定期限内发行上市,发行人以一定的溢价(高于面值)收回持有人持有的转债。这种溢价一般会参照同期企业债券的利率来设定的。

3. 回售程序

(1) 可转换公司债券存续期内,可转换公司债券持有人只能在每一年度回售条件首次满足时行使回售权。

(2) 当回售条件每年首次满足时,发行人应当在两个交易日内公告。发行人公告后,可转换公司债券持有人可以全部或部分回售未转换为股份的可转换公司债券,也可以不行使回售权。

(3) 可转换公司债券持有人行使回售权时,应当在公告后的十个交易日内以书面形式通过托管券商正式通知发行人。券商审核确认后,冻结可转换公司债券持有人相应的可转换公司债券数额。

(4) 券商将回售数据以报盘的方式传送交易所,交易所于当日进行数据处理,并于回售申请终止日后第二个交易日将数据传给发行人,通知发行人按回售条件生效的价格将相应资金划入交易所指定的资金账户,交易所收到资金后再划入券商清算头寸账户,同时记减投资者相应的可转换公司债券数额。

(5) 当交易所在一天内同时收到可转换债券持有人的交易、转托管、转股、回售报盘时,按以下顺序进行数据处理:交易、回售、转股、转托管。

(五) 本息兑付

1. 可转换公司债券的本息兑付

可转换公司债券的本息兑付是指设置强制性转股条款的可转债发行人每年向未转换成该

公司股票的可转债持有人支付利息，或者非强制性转股的可转换公司债券发行人向到期未转换成该公司股票的可转债持有人一次性还本付息。

2. 本息兑付程序

(1) 到期一次性还本付息的可转换公司债券，交易所于转换期结束时自动终止交易后两个交易日内，将交易结束时的债券数据通知发行人，发行人于到期日前将相应本息款划入交易所指定的资金账户。

(2) 交易所于到期日后第三个交易日将本息款划入券商清算头寸账户，各券商于到期日后第五个交易日将本息款划入投资者开设的资金或保证金账户。

(3) 设置强制性转股条款的可转换公司债券，每年兑付利息期间，债券交易不停市，付息办法参照A股派息程序执行。

扩展阅读

融资融券业务

融资融券业务是指证券公司向客户出借资金供其买入证券或出具证券供其卖出证券的业务。由融资融券业务产生的证券交易称为融资融券交易。融资融券交易分为融资交易和融券交易两类，客户向证券公司借资金买证券叫融资交易，客户向证券公司卖出为融券交易。

投资者参与融资融券交易，应当向证券公司申请开立信用证券账户。信用证券账户是证券公司客户信用交易担保证券账户的二级账户，用于记录客户委托证券公司持有的担保证券的明细数据。投资者用于一家证券交易所上市证券交易的信用证券账户只能有一个。

投资者申请开立信用证券账户前，应当已经持有普通证券账户，且已经在该证券公司从事证券交易达半年或半年以上。投资者申请开立信用证券账户时提供的姓名或名称以及有效身份证明文件应当与其普通证券账户一致。

在完善的市场体系下，信用交易制度能发挥价格稳定器的作用，即当市场过度投机或者做庄导致某一股票价格暴涨时，投资者可通过融券卖出方式沽出股票，从而促使股价下跌；反之，当某一股票价值低估时，投资者可通过融资买进方式购入股票，从而促使股价上涨。

习　题

一、名词解释

证券交易　回购　集合竞价　连续竞价　交易单位　涨跌幅限制
清算交割　分红派息　除权　除息　交易佣金　指定交易
转托管　市价委托　限价委托　客户保证金　融资融券

二、复习思考题

1. 证券交易有哪些类型？

2. 集合竞价与连续竞价有哪些不同?
3. 做市商机制和竞价机制有何不同之处?
4. 股票在什么情况下会被暂停和终止上市?
5. 股票在除权和除息后如何计算价格?
6. 我国证券交易涨跌幅制度有哪些规定?
7. 如何进行转托管?

三、计算题

1. 某只股票在股权登记日的收盘价为 12 元,拟定的分配方案为每股送 0.3 股派 0.2 元配 0.3 股,配股价 6 元。问:股票的除权价是多少?

2. 某日一位投资者进行恒生指数期货多头交易,在 24 000 点开仓买恒生指数期货合约一张,收市前在 24 050 点对合约平仓,问该投资者盈亏多少?

3. 如果某可转换债券面额为 1 000 元,转换价格为 40 元,当股票的市价为 60 元时,则:该债券的转换比例为多少? 当前的转换价值为为多少?

第六章　证券投资基本分析

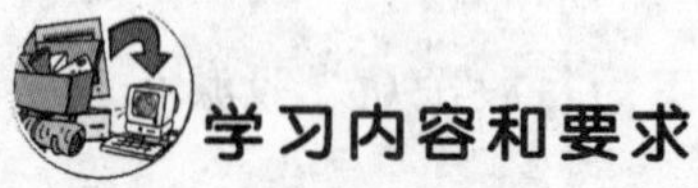

学习内容和要求

1. 熟练掌握证券投资基本分析方法，寻找股价变化的规律及走势特点；
2. 熟练掌握财务报告的形式、各种财务指标的分析和公司经营状况分析。

基本分析法又称为经济因素分析法。它是根据经济学、金融学、财务管理学及投资学的基本原理，通过对决定证券投资价值的基本要素如宏观经济指标、经济政策走势、行业发展状况、公司经营及财务状况等的分析，对证券内在价值及证券价格未来变化方向作出评估判断的一种分析方法。

第一节　宏观经济分析

一、国际贸易关系与证券投资

国际贸易关系的变动主要影响到产品市场和原材料供应依靠国外的公司。在分析国际贸易对证券价值的影响时，应重点关注这几个方面：1. 世界经济形势；2. 主要贸易伙伴的经济形势；3. 与主要贸易国的贸易关系；4. 公司主要出口国的相关变化。

二、国际金融市场的动态与证券投资

中国的资本市场没有对外开放，人民币在资本项目下不能自由兑换，从理论上讲国际金融市场的动向对我国股票市场影响不大。但下面几个方面投资者不能忽视。

(1) 是国际金融市场出现大的震荡，会波及 H 股、B 股和 N 股，进而影响 A 股，但小幅波动对我国股票市场影响不大；

(2) 是世界各国股票市场会对一些因素作出共同反应，如石油价格、战争、全球性的行业兴衰，而国外市场的反应往往更为敏捷和准确，国外市场的价格变动具有预示和借鉴作用；

(3) 是国外股票市场的一些投资理念、操作技巧会影响投资者，特别是机构投资者；

(4) 是国际股票市场的剧烈变动对投资者的信心有影响。

三、国际利率、汇率变动与证券投资

美国经济对世界经济具有举足轻重的影响，美联储的货币政策和本币对美元的汇率是投资者应该关心的事情。美联储的货币政策会影响美国经济的走向进而世界经济的走向、纽约

股票市场的涨跌、美元对其他货币的汇率、其他国家的货币政策，而这些都是影响股票价格的因素。

四、宏观经济的主要指标

（一）国内生产总值(GDP)

国内生产总值(Gross Domestic Product，简称 GDP)是指在一定时期内(一个季度或一年)，一个国家或地区的经济中所生产出的全部最终产品和劳务的价值，常被公认为衡量国家经济状况的最佳指标。它不但可反映一个国家的经济表现，还可以反映一国的国力与财富。

实际 GDP 的升降被称为经济周期，经济周期包括“衰退”和“扩张”两个主要阶段，而“高峰”和“低谷”通常被称为“繁荣”和“萧条”，它们是衰退和扩张这两个阶段的转折点。经济周期的形式是不规则的，周期的“峰”、“谷”水平不同；每个阶段持续时间和周期长度不同。但周期却往往具有相似性。

（二）就业率

高就业率(或低失业率)是宏观经济追求的另一个重要目标。当失业率很高时，资源被浪费，人们收入减少，有效需求不足。失业率上升与下降是以 GDP 相对于潜在 GDP 的变动为背景的。

（三）通货膨胀率

通货膨胀是指用某种价格指数衡量的一般价格水平的上涨。通货膨胀对社会经济产生的影响有：1. 收入和财富的再分配；2. 不同商品相对价格的变动。但是这种影响是十分复杂的，因为通货膨胀有平衡和不平衡之分，有被预期和未被预期之分，从程度上则有温和的、严重的和恶性的三种。

（四）对外经济政策

对外经济政策是指在开放经济条件下，国家为实现国际收支平衡与国内经济稳定相互协调而制定实施的方针、政策。其内容包括汇率政策、对外贸易政策、外汇管制政策和国际资本政策。一切开放的经济都需要进口和出口物品和劳务，对外经济的政策目标是以稳定的外汇汇率和进出口大致平衡为标志的对外经济关系。

五、GDP 变动对证券市场的影响

证券是如何对 GDP 的变动作出反应呢？这需要将 GDP 与经济形势结合起来进行考察。

经济运行状态从来就不是静止不动的，会依次经历复苏、繁荣、衰退、萧条四个阶段，接下来又是经济重新复苏，进入一个新的经济周期。股票市场综合了人们对于经济形势的预期，这种预期必然反映到投资者的投资行为中，从而影响股票市场的价格。股价反映的是对经济形势的预期，其表现领先于经济的实际表现。

六、股价与经济周期的关系

从总体上讲，股价指数能反映宏观经济的运行状态，股票价格是经济的晴雨表。具体到每一只股票，则不尽然。

从股价与宏观经济的关系看，股票可分为三类：第一类是与宏观经济运行关系密切的股票，如建材行业、房地产行业、金融行业、基础原材料行业。第二类是与经济周期关系不很密切的行业，如日常生活用品行业、公用事业等。第三类是增长不受经济周期影响的行业，如高科技行业、新兴产业。

在分析经济运行状态与股价变动的关系时还应注意以下几点：1. 股价指数有可能领先或滞后于经济运行的阶段。2. 股价变动与经济周期的关系并非如影随形。3. 在经济增长周期的不同阶段，不同行业的股票的表现会不尽相同。

七、财政政策对证券市场的影响

（一）财政政策的含义

财政政策是政府依据客观经济规律制定的指导财政工作和处理财政关系的一系列方针、准则和措施的总称。

财政政策分为长期、中期、短期财政政策。财政政策的短期目标是促进经济稳定增长。财政政策的中长期目标，首先是资源的合理配置，其次是收入的公平分配。

（二）财政政策的手段

财政政策手段主要包括国家预算、税收、国债、财政补贴、财政管理体制、转移支付制度等。

1. 国家预算

国家预算能够全面反映国家财力规模和平衡状态，是各种财政政策手段综合运用结果的反映，是财政政策的主要手段。国家预算收支的规模和收支平衡状态可以对社会供求的总量平衡发生影响。国家预算的支出方向可以调节社会总供求的结构平衡。

2. 税收

它是国家凭借政治权力参与社会产品分配的重要形式，它既是筹集财政收入的主要工具，又是调节宏观经济的重要手段。税收可调节收入的分配和调节社会总供求的结构。

3. 国债

国债是国家按照有偿信用原则筹集财政资金的一种形式，也是实现政府财政政策，进行宏观调控的重要工具。国债可以调节国民收入初次分配形成的格局；还可以调节国民收入的使用结构和产业结构；还可以调节资金供求和货币流通量。

4. 财政补贴

它是国家为了某种特定需要，将一部分财政资金无偿补助给企业和居民的一种再分配形式。

5. 财政管理体制

它是中央与地方、地方各级政府之间以及国家与企事业单位之间资金管理权限和财力划分的一种制度，其主要功能是调节各地区、各部门之间的财力分配。

6. 转移支付制度

它是中央财政将集中的一部分财政资金，按一定的标准拨付给地方财政的一项制度。其主要功能是调整中央政府与地方政府之间的财政纵向不平衡。

（三）财政政策对证券市场的影响

财政政策分为松的财政政策、紧的财政政策和中性财政政策。总的来说，紧的财政政策使过热的经济受到控制，证券市场将走弱，而松的财政政策则刺激经济发展，证券市场将走强。

实现短期财政政策目标的运作及其对证券市场的影响。为了实现短期财政政策目标，财政政策的运作主要是发挥"相机抉择"作用，有以下几种情况：

(1) 当社会总需求不足时，单纯使用松的财政政策，通过扩大支出，增加赤字，以扩大社会总需求，也可以采取扩大税收减免、增加财政补贴等政策，刺激微观经济主体的投资需求，证券价格将上涨。

(2) 当社会总供给不足时，单纯使用紧缩性财政政策，通过减少赤字、增加公开市场上出售国债的数量，以及减少财政补贴等政策，压缩社会总需求，证券价格将下跌。

(3) 当社会总供给大于社会总需求时，可以搭配运用"松"、"紧"政策，一方面通过增加赤字、扩大支出等政策刺激总需求增长；另一方面采取扩大税收、调高税率等措施抑制微观经济主体的供给。如果支出总量效应大于税收效应，那么，对证券价格的上扬会起到推动作用。

(4) 当社会总供给小于社会总需求时，可以搭配使用"松"、"紧"政策，一方面通过压缩支出、减少赤字等政策缩小社会总需求；另一方面采取扩大税收减免、减少税收等措施刺激微观经济主体增加供给。支出的压缩效应大于税收的紧缩效应，证券价格将下跌。

八、货币政策对证券市场的影响

（一）货币政策的含义及目标

货币政策是指政府为实现一定的宏观经济目标而制定的关于货币供应和货币流通组织管理的基本方针和准则。

货币政策对经济的调控体现在：(1) 通过调控货币供应量保持社会总供给与总需求的平衡。(2) 通过调控利率和货币总量控制通货膨胀，保持物价总水平的稳定；(3) 调节国民收入中消费与储蓄的比重；(4) 引导储蓄向投资的转化并实现资源的合理配置。

货币政策的目标总体上包括稳定币值（物价）、充分就业、经济增长和国际收支平衡。货币政策的中介指标在市场经济比较发达的国家为利率、货币供应量、超额准备金和基础货币等。

我国货币政策目标定为"保持货币币值的稳定，并以此促进经济增长"；货币政策的中介指标为：货币供应量、信用总量、同业拆借利率和银行备付金率。

（二）货币政策的工具

货币政策工具又称货币政策手段，是指中央银行为调控中介指标，实现货币政策目标所采用的政策手段。货币政策工具可分为一般性政策工具和选择性政策工具。

1. 存款准备金政策

它是中央银行凭借法律授权规定，调整商业银行缴存中央银行的存款准备金比率以变动货币乘数，影响商业银行信贷规模、信贷结构，间接调控货币供给量的金融政策。

当中央银行提高法定存款准备金率时,商业银行可运用的资金减少,贷款能力下降,货币乘数变小,市场货币量便会相应减少,所以在通货膨胀时,中央银行可提高法定准备金率;反之,则降低。

2. 再贴现政策

它是指中央银行对商业银行用持有的未到期票据向中央银行再贴现的政策规定。再贴现政策一般包括再贴现率的确定和再贴现的资格条件。

再贴现率主要着眼于短期。中央银行根据市场资金供求状况调整再贴现率,能够影响商业银行资金借入的成本,进而影响商业银行对社会的信用量,从而调节货币供给总量。

中央银行对再贴现资格条件的规定则着眼于长期,可以起到抑制或扶持作用,并改变资金流向。

3. 公开市场业务

是指中央银行在金融市场上公开买卖有价证券,以此来调节市场货币量的政策行为。

当中央银行认为应该增加货币供给量时,就在金融市场上买进有价证券(主要是政府债券);反之就出售所持有的有价证券。

4. 选择性货币政策工具

选择性政策工具主要有两类:直接信用控制和间接信用指导。

(1) 直接信用控制。它是以行政命令或其他方式,直接对金融机构尤其是商业银行的信用活动进行控制。其具体手段包括:规定利率限额、信用配额、信用条件限制,规定金融机构流动性比率和直接干预等。

(2) 间接信用指导。是指中央银行通过道义劝告、窗口指导等办法来间接影响商业银行等金融机构行为的做法。

(三) 货币政策对证券市场的影响

货币政策分为松的货币政策、紧的货币政策和中性货币政策。总的来说,紧的货币政策使过热的经济受到控制,证券市场将走弱,而松的货币政策则刺激经济发展,证券市场将走强。

1. 紧的货币政策

减少货币供应量,提高利率,加强信贷控制。如果市场物价上涨,需求过度,经济过度繁荣,秩序混乱,这时被认为社会总需求大于总供给,这时中央银行就会采取紧缩货币的政策以减少需求。

2. 松的货币政策

增加货币供应量,降低利率,放松信贷控制。如果市场产品销售不畅,经济运转困难,资金短缺,设备闲置,被认为是社会总需求小于总供给,中央银行则会采取扩大货币供应的办法增加总需求。

九、收入政策对证券市场的影响

(一) 收入政策的含义及目标

收入政策是国家为实现宏观调控总目标和总任务在分配方面制定的原则和方针。它规定着财政政策和货币政策的作用方向和作用力度，收入政策最终也要通过财政政策和货币政策来实现。

收入政策目标包括收入总量目标和收入结构目标。收入总量目标着眼于近期的宏观经济总量平衡，根据供求不均衡的两种状况分别选择紧分配政策和超分配政策。收入政策的结构目标则着眼于中长期的产业结构优化和经济与社会协调发展，着重处理积累与消费、公共消费与个人消费、各种收入的比例、个人收入差距等关系。

(二) 收入政策对证券市场的影响

收入总量调节政策有紧分配与超分配两种。紧分配政策导致社会可分配收入减少，除消费及实业投资外，可进行证券投资比例降低，使流入股市资金减少；同时企业居民收入增长率降低，使人们对未来经济预期不乐观，导致股价下跌；反之，实行超分配政策，可使企业居民收入增加，有更多的资金进入股市，推动股价上涨。但超分配超越了一定界限，会导致严重通货膨胀，又会对股市产生不利影响。

收入结构政策侧重对积累、消费、公共消费与个人消费以及各种收入比例进行调节。如财政收入、公共消费比例减少，企业居民可支配收入增加，将会有更多的资金流入股市；反之，则产生相反效应。收入拉开差距，使社会游资比重增大，会强化股市投机，有利于股市上涨；反之，收入过于平均化，分散资金入市，则使股价走势相对平稳。

第二节 行业分析

一、行业的市场类型与股票投资

由于市场种类：完全竞争、不完全竞争或垄断竞争、寡头垄断、完全垄断。

(一) 完全竞争行业

完全竞争是指许多企业生产同质产品的市场类型。完全竞争的特点是：1. 生产者众多，各种生产要素可以完全流动；2. 产品不论是有形或无形的，都是同质的，无差别的；3. 没有一个企业能够影响产品的价格，企业永远是价格的接受者而不是价格的制定者；4. 企业的盈利由市场对产品的需求决定；5. 生产者和消费者对市场具有完全和充分的信息。

完全竞争行业其根本特点在于所有的企业都无法控制市场的价格和使产品差异化。在现实经济中，完全竞争的市场类型很少见，初级产品的市场类型近似于完全竞争。

(二) 垄断竞争行业

垄断竞争是指许多生产者生产同种但不同质产品的市场类型。垄断竞争的特点是：(1) 生产者众多，各种生产要素可以自由流动；(2) 生产的产品同种但不同质，即产品之间存在着差异，它是垄断竞争与完全竞争的主要区别；(3) 由于产品差异性的存在，生产者可以树立自己产品的信誉，从而对其产品的价格有一定的控制能力。

制成品的市场一般属于这种类型。

（三）寡头垄断行业

寡头垄断是指相对少量的生产者在某种产品的生产中占据很大市场份额的情形。在寡头垄断的市场上，寡头对市场的价格和交易具有一定的垄断能力。每个生产者的价格政策和经营方式及其变化都会对其他生产者形成重要影响。

在寡头垄断市场上，通常存在着一个起领导作用的企业，其他企业随该企业定价与经营方式的变化而相应地进行某些调整。资本密集型、技术密集型产品，如钢铁、汽车、彩电、冰箱、空调等，以及少数储量集中的矿产品，如石油等的市场多属这种类型。

（四）完全垄断行业

完全垄断是指独家企业生产某种特质产品的情形，特质产品是指那些没有或缺少相近的替代品的产品。完全垄断可分为两种类型：1. 政府完全垄断，如铁路、邮递、彩票等部门；2. 私人完全垄断，如根据政府授予的特许专营权或根据专利形成的独家经营，以及由于资本雄厚、技术先进而建立的排他性的私人垄断经营，如微软对计算机操作系统的垄断。

完全垄断市场类型的特点是：1. 由于市场被独家企业所控制，产品又没有或缺少合适的替代品，因此，垄断者能够根据市场的供需情况制定理想的价格和产量，在高价少销和低价多销之间进行选择，以获取最大的利润；2. 垄断者在制定产品的价格与生产数量方面的自由性是有限度的，它要受到反垄断法和政府管制的约束。

二、行业的景气周期性与股票投资

（一）增长性行业

增长性行业的运动形态与经济活动总水平的周期及其振幅关系不大。这些行业收入增加的速率相对于经济周期的变动来说，并未出现同步变化，因为它们主要依靠技术的进步、新产品的推出以及更优质的服务，从而使其呈现出高增长形态。在近几年，计算机软件、通讯、电子元件和生物工程等行业表现出了这种形态，投资者对高增长的行业十分感兴趣，主要是因为这些行业的高成长性给投资者带来了股票价值的成倍增长。

（二）周期性行业

周期性行业的运动状态直接与经济周期相关。当经济处于上升时期，这些行业会紧随其扩张；当经济衰退时，这些行业也相应跌落。产生这种现象的原因是，当经济上升时，对这些行业相关产品的购买被延迟到经济改善之后，例如耐用消费品、建材、房地产、金融、工程机械、酒店服务就属于典型的周期性行业。

（三）防御性行业

防御性行业的产品需求相对稳定，受经济周期的影响不大。正是因为这个原因，对其投资便属于收入投资，而非资本利得投资，公用事业属于防御性行业，因为需求对其产品的收入弹性较小，所以这些公司的收入相对稳定。

三、行业的生命周期与股票投资

每个行业都要经历一个由成长到衰退的发展演变过程。这个过程被称为行业的生命周期。一般地,行业的生命周期可分为4个阶段,即初创期(也叫幼稚期)、成长期、成熟期和衰退期。

(一) 初创期

(1) 只有为数不多的风险基金投资于这个新兴的行业,由于初创期行业的创立投资和产品的研究、开发费用较高,而产品市场需求狭小(因为大众对其尚缺乏了解),销售收入较低,因此这些创业公司财务上可能不但没有盈利,反而普遍亏损。

(2) 较高的产品成本和价格与较小的市场需求还使这些创业公司面临很大的投资风险。

(3) 企业还可能因财务困难而引发破产的危险,因此,这类企业更适合投机者而非投资者。

在初创期后期,随着行业生产技术的提高、生产成本的降低和市场需求的扩大,新行业便逐步由高风险低收益的初创期转向高风险高收益的成长期。

(二) 成长期

(1) 在这一时期里,拥有一定市场营销和财务力量的企业逐渐主导市场,这些企业往往是较大的企业,其资本结构比较稳定。

(2) 在成长期,新行业的产品经过广泛宣传和消费者的试用,逐渐以其自身的特点赢得了市场,市场需求开始上升,新行业也随之繁荣起来。与市场需求变化相适应,供给方面相应地出现了一系列的变化。产品逐步从单一、低质、高价向多样、优质和低价方向发展。新行业出现了生产厂商和产品相互竞争的局面。

(3) 生产厂商随着市场竞争的不断发展和产品产量的不断增加,市场的需求日趋饱和。生产厂商不能单纯地依靠扩大生产量,提高市场的份额来增加收入,而必须依靠追加生产投资,提高生产技术,降低成本,以及研制和开发新产品的方法来争取竞争优势,战胜竞争对手和维持企业的生存。因而,这一时期企业的利润虽然增长很快,但所面临的竞争风险也非常大,破产率与合并率相当高。

在成长期的后期,由于行业中生产厂商与产品竞争优胜劣汰规律的作用,市场上生产厂商的数量在大幅度下降之后开始稳定。由于市场需求基本饱和,产品的销售增长率减慢,迅速赚取利润的机会减少,整个行业开始进入稳定期。

(三) 成熟期

(1) 在这一时期里,在竞争中生存下来的少数大厂商垄断了整个行业的市场,每个厂商都占有一定比例的市场份额。

(2) 行业的利润由于垄断的程度很高,而风险却因市场比例比较稳定,新企业难以打入成熟期市场。

(3) 行业增长速度降到一个适当的水平。在某些情况下,整个行业的增长可能会完全停止,其产出甚至下降。由于行业丧失其资本的增长,致使行业的发展很难较好地保持与国民生产总值同步增长，当国民经济陷入衰退、萧条时，行业甚至蒙受更大的损失。但是由于技术创新的原因，某些行业或许实际上会有新的增长。

在短期内很难识别何时进入成熟期，但总而言之，在这一阶段一开始，投资者便希望收回资金。

（四）衰退期

这一时期出现在较长的稳定期后。由于新产品和大量替代品的出现，原行业的市场需求逐渐减少，产品的销售量也开始下降，某些厂商开始向其他更有利可图的行业转移资金。因而原行业出现了厂商数目减少，利润下降的萧条景象。至此，整个行业便进入了生命周期的最后阶段。在衰退期里，厂商的数目逐步减少，市场逐渐萎缩，利润率停滞或不断下降。当正常利润无法维持或现有投资折旧完毕后，整个行业便逐渐解体了。

（五）行业的生命周期分析的几点注意

(1) 上述行业生命周期4个阶段的说明只是一个总体状况的描述，它并不适用于所有行业的情况。行业的实际生命周期由于受行业性质、政府干预、国外竞争和能源结构的变化等许多因素的影响而复杂得多。

(2) 研究行业生命周期的主要目的在于帮助人们选择较合理的行业进行投资，对投资者起到重要的指导作用。现举例说明，如图8-1。

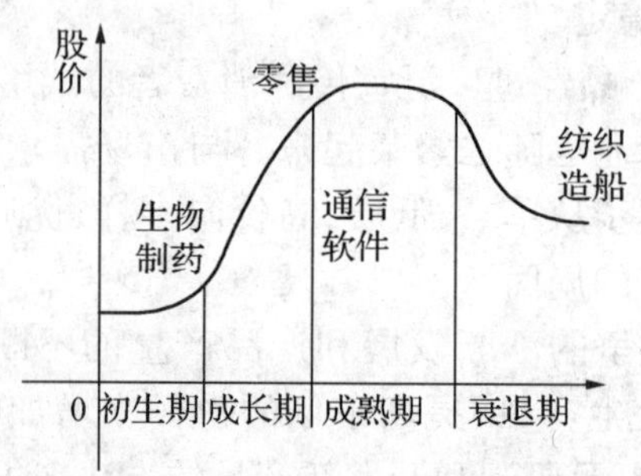

图8-1 G(4.2)产业的生命周期

① 网络行业正处于行业生命周期的初创阶段。由此便可以知道以下投资信息:如果打算对该行业进行投资的话，那么只有为数不多的几家企业可供选择；投资于该行业的风险较大；投资于该行业可能会获得很高的收益。

② 生物制药行业处于成长阶段的初期、通讯行业处于成长阶段的中期、PC计算机处于后期。由此可知生物制药行业将会以很快的速度增长，但企业所面临的竞争风险也将不断增长；而通讯、PC行业在增长速度上要低于生物制药行业，但竞争风险则相对较小。

③ 公路桥梁收费、超级市场和公用电力等行业已进入成熟期阶段。这些行业将会继续增长，但速度要比前面的各阶段的行业慢。成熟期的行业通常是盈利的，而且投资的风险相对较小，当然，一般来说盈利不会太大。

④ 铁路、纺织、钢铁冶炼已进入衰退期中。由此可知，对这些行业投资的收益率较低，投资者要避免对进入衰退期行业的投资。

四、行业业绩预测与股票投资

预测行业业绩所需考虑的因素应包括这几个方面。

（一）历史资料

它为计算一个行业的销售和收入规模及稳定性提供了必要的基础。历史资料能说明该行业在过去的销售情况如何？收入还有该行业的增长情况、周期变动等。

（二）技术因素

在众多技术因素中，最重要的是首先要考虑产品的稳定性。通过产品稳定性分析，检验产品的性质及技术复杂性有助于判断产品的未来需求是否保持不变，或出现大幅度变动。

投资者还必须不断地考察一个行业产品生产的前途，分析其被优良产品或消费需求替代的趋势，充分了解各种行业技术发展的状况和趋势。

（三）竞争因素

投资分析家应考虑行业受到保护而不受竞争侵害的程度，有一些重要因素会使新企业进入现有行业市场感到困难。

在市场上，如果消费者对企业现有产品怀有某种偏好，那么企业较流行的产品就具有竞争优势。现存的企业与其新的竞争者相比较来看，前者通常能以较低的成本进行生产，因为它具有绝对成本的优势。一般来说，某一行业受竞争刺激的敏感性越弱，该行业越安全。

（四）社会倾向

在当今社会，消费者和政府越来越强调经济行业所应负的社会责任，越来越注重工业化给社会带来的种种影响。社会倾向对企业的经营活动、生产成本和利润收益等方面都会产生一定的影响。

（五）政府的影响和干预

（1）政府影响的行业范围。政府的管理措施可以影响到行业的经营范围、增长速度、价格政策、利润率和其他许多方面。政府实施管理的主要行业是公用事业、运输部门、金融部门等。

（2）政府对行业的促进干预和限制干预。

（3）国家行业政策主要通过财政政策和货币政策来实现。优先发展的行业将得到一系列政策优惠和扶植，因而将获得较高的利润和具有良好的发展前景。

第三节　公司分析

根据巴菲特的投资理念，你在证券市场上买入的不是股票，而是公司的资产。如果是做短线你可以不看公司分析，但是做长线就必须研究公司的基本面。对于长线投资者来说，在你买入某公司的股票之前，一定要对该公司进行系统的分析，包括宏观经济政策对公司所处行业的影响，公司在该行业中所处的地位，公司所处的地理环境对公司的影响等一系列复杂的问题。

在对公司进行的一系列分析之中,财务状况分析是最重要的,也是最直观的。

一、公司财务报告的形式

公司财务报告是反映公司财务状况和经营成果的书面文件,包括资产负债表、利润表、现金流量表、所有者权益变动表(新的会计准则要求在年报中披露)、附表及会计报表附注和财务情况说明书。下面主要就其常见的三种形式进行说明。

(一) 资产负债表

资产负债表是反映公司在某一特定日期(往往是年末或年中)财务状况的静态报告,资产负债表反映公司资产负债之间的平衡关系。资产负债表由资产和负债两部分组成,每部分各项目的排列一般以流动性的高低为序。资产部分表示公司所拥有的或所掌握的,以及其他公司所欠的各种资源或财产;负债部分(广义负债)包括负债(狭义负债)和股东权益两项。负债表示公司所应支付的所有债务;股东权益表示公司的净值。资产、负债和股东权益的关系用公式可表示为:资产=负债(广义)=负债(狭义)+股东权益。

(二) 损益表和利润分配表

利润及利润分配表是一定时期内(通常是 1 年或半年内)经营成果的反映,是关于收益和损耗情况的财务报表。利润及利润分配表是一个动态报告,它展示公司的损益账目,反映公司在一定时期的业务经营状况,直接明了地揭示公司获取利润能力的大小、潜力以及经营趋势。利润及利润分配表由四个主要部分构成。第一部分是营业收入;第二部分是与营业收入相关的生产性费用、销售费用和其他费用;第三部分是利润;第四个部分是公司利润分配去向。有的公司公布财务资料时以损益表代替利润及利润分配表。在损益表的基础上加上利润分配的内容就是利润及利润分配表。

(三) 现金流量表

以现金为基础编制的财务状况变动表,称为现金流量表。现金流量表是反映现金的来源及运用,以及不涉及现金的重大的投资和理财活动。它包括三个部分,一是经营活动产生的现金流量,二是投资活动产生的现金流量,三是筹资活动产生的现金流量。

二、公司财务报表分析

(一) 公司偿债能力分析

1. 短期偿债能力分析(流动比率、速动比率、现金比率)

短期偿债能力是指公司偿付流动负债的能力。流动负债是一年内或超过一年的一个营业周期内需要偿付的债务。一般来说流动负债需以流动资产来偿付,通常需要以现金直接偿还。评价公司短期偿债能力的财务比率主要有流动比率、速动比率和现金比率。

(1) 流动比率。流动比率是公司流动资产与流动负债的比率。计算公式为:

$$流动比率 \quad \frac{流动资产}{流动负债}$$

流动比率是衡量公司短期偿债能力的一个重要财务指标，这个比率越高，说明公司偿还流动负债的能力越强，流动负债得到偿还的保障越大，但是，过高的流动比率也可能是公司滞留在流动资产上的资金过多，会影响到公司的获利能力。根据经验，流动比率在 2∶1 左右比较合适。

(2) 速动比率。流动资产扣除存货后的资产称为速动资产。速动资产与流动负债的比率称为速动比率，也称酸性试验。其计算公式为：

$$速动比率=\frac{流动资产}{流动负债}=\frac{流动资产-存货}{流动负债}$$

通过速动比率来判断公司短期债能力比用流动比率进了一步，因为它扣除了变现力较差的存货。速动比率越高，说明公司的短期偿债能力越强。根据经验，一般认为速动比率为1∶1时比较合适。

(3) 现金比率。现金比率是公司的现金类资产与流动负债的比率。其计算公式为：

$$现金比率=\frac{现金+现金等价物}{流动负债}$$

现金比率反映公司的直接支付能力，现金比率高，说明公司有较好的支付能力，但是如果这个比率过高，意味着公司拥有过多的获利能力较低的现金类资产，公司资产未能得到有效的运用。

2. 长期偿债能力分析(资产负债率、股东权益比率)

长期偿债能力是指公司偿还长期负债的能力，反映公司长期偿债能力的财务比率主要有资产负债率和股东权益比率。

(1) 资产负债率。资产负债率是公司负债总额与资产总额的比率，也称为负债比率或举债经营比率，它反映公司的资产总额中有多少是通过举债得到的。其计算公式为：

$$资产负债率=\frac{负债总额}{资产总额}$$

资产负债率反映公司偿还债务的综合能力，这个比率越高，公司偿还债务的能力越差；反之，偿还债务的能力越强。

对于资产负债率，公司的债权人、股东和公司经营者往往从不同的角度来评价。

首先，从债权人角度来看，他们最关心的是其贷给公司资金的安全性。债权人总是希望公司的负债比率低一些。其次，从公司股东的角度来看，其关心的主要是投资收益的高低，因此股东所关心的往往是全部资产报酬率是否超过了借款的利息率。公司股东可以通过举债经营的方式，以有限的资本、付出有限的代价而取得对公司的控制权，并且可以得到举债经营的杠杆利益。最后，站在公司经营者的立场，他们既要考虑公司的盈利，也要顾及公司所承担的财务风险。资产负债率作为财务杠杆不仅反映了公司的长期财务状况，也反映了公司管理当局的进取精神。

至于资产负债率为多少才合理并没有一个确定的标准。一般而言，处于高速成长时期的公司，其负债比率可能会高一些，这样所有者会得到更多的杠杆利益。

(2) 股东权益比率。股东权益比率是股东权益与资产总额的比率，该比率反映公司资产中有多少是所有者投入的。其计算公式为：

$$股东权益比率=\frac{股东权益总额}{资产总额}$$

股东权益比率与负债比率之和等于1。因此，这两个比率是从不同的侧面来反映公司长期财务状况的。

股东权益比率的倒数，称作权益乘数，即资产总额是股东权益的多少倍。该乘数越大；说明股东投入的资本在资产中所占比重越小。其计算公式为：

$$权益乘数=\frac{资产总额}{股东权益总额}$$

3. 影响公司偿债能力的其他因素

(1) 或有负债。或有负债是公司在经济活动中有可能会发生的债务。或有负债不作为负债在资产负债表的负债类项目中进行反映，除了已贴现未到期的商业承兑汇票在资产负债表的附注中列示外，其他的或有负债在会计报表中均未得到反映。这些或有负责在资产负债表编制日还不能确定未来的结果如何，一旦将来成为公司现实的负债，则会对公司的财务状况产生重大影响，尤其是金额巨大的或有负债项目。

(2) 担保责任。在经济活动中，公司可能会发生以本公司的资产为其他公司提供法律担保。这种担保责任，在被担保人没有履行合同时，有可能会成为公司的负债，但是，这种担保责任在会计报表中并未得到反映，因此在进行财务分析时，必须要考虑到公司是否有巨额的法律担保责任。

(3) 租赁活动。公司在生产经营活动中，可以通过财产租赁的方式解决急需的设备。通常财产租赁有两种形式：融资租赁和经营租赁。采用融资租赁方式，租入的固定资产作为公司的固定资产入账，租赁费用作为公司的长期负债入账，这在计算前面有关的财务比率中都已经计算在内。但是，经营租赁的资产，其租赁费用并未包含在负债之中，如果经营租赁的业务量较大、期限较长或者具有经常性，则其租金虽然不包含在负债之中，但对公司的偿债能力也会产生较大的影响。

(二) 公司营运能力分析

公司的营运能力反映了公司资金的周转状况，对此进行分析，可以了解公司的营业状况及经营管理水平。公司的资金周转状况与供、产、销各个经营环节密切相关，在供、产、销各环节中，销售有着特殊的意义。我们可以通过产品销售情况与公司资金占用量来分析公司的资金周转状况，评价公司的营运能力。评价公司营运能力常用的财务比率有存货周转率、应收账款周转率、流动资产周转率、固定资产周转率、总资产周转率等。

1. 营运能力分析1(存货周转率、应收账款周转率)

(1) 存货周转率。

也称存货利用率，是公司一定时期的销售成本与平均存货的比率。其计算公式是：

$$存贷周转率=\frac{销售成本}{平均存货}$$

$$平均存货=\frac{期初存货余额+期末存货余额}{2}$$

存货周转率说明了一定时期内公司存货周转的次数，可以用来测定公司存货的变现速度，衡量公司的销售能力及存货是否过量。在正常情况下，如果公司经营顺利，存货周转率越高，说明存货周转得越快，公司的销售能力越强，营运资金占用在存货上越少。但是，存货周转率过高，也可能说明公司管理方面存在一些问题，如存货水平低，甚至经常缺货，或者采购次数过于频繁，批量太小等。存货周转率过低，常常是库存管理不力，销售状况不好，造成存货积压，说明公司在产品销售方面存在一定的问题，但也可能是公司调整了经营方针，因某种原因增大库存的结果。

存货周转状况也可以用存货周转天数来表示。其计算公式为：

$$存货周转天数=\frac{360}{存货周转率}=\frac{平均存货\times 360}{销售成本}$$

(2) 应收账款周转率。应收账款周转率是公司一定时期赊销收入净额与应收账款平均余额的比率，它反映了公司应收账款的周转速度。其计算公式为：

$$应收账款周转率=\frac{赊销收入净额}{应收账款平均余额}$$

$$应收账款平均余额=\frac{期初应收账款+期末应收账款}{2}$$

应收账款周转率是评价应收账款流动性大小的一个重要财务比率，它反映了公司在一个会计年度内应收账款的周转次数，可以用来分析公司应收账款的变现速度和管理效率。这一比率越高，说明公司催收账款的速度越快，可以减少坏账损失，而且资产的流动性强，公司的短期偿债能力也会增强。但是，如果应收账款周转率过高，可能是因为公司奉行了比较严格的信用政策、信用标准和付款条件过于苛刻的结果。这样会限制公司销售量的扩大，从而影响公司的盈利水平。这种情况往往表现为存货周转率同时偏低。如果公司的应收账款周转率低，说明公司催收账款的效率太低，或者信用政策十分宽松，这样会影响公司资金利用率和资金的正常周转。

2. 营运能力分析2(流动资产周转率、固定资产周转率、总资产周转率)

(1) 流动资产周转率。流动资产周转率是销售收入与流动资产平均余额的比率，它反映的是全部流动资产的利用效率。其计算公式为：

$$流动资产周转率=\frac{销售收入}{流动资产平均余额}$$

$$流动资产平均余额=\frac{期初流动资产+期末流动资产}{2}$$

流动资产周转率表明在一个会计年度内公司流动资产周转的次数，它反映了流动资产周转的速度。该指标越高，说明公司流动资产的利用率越好。但是，究竟流动资产周转率为多少才算好，并没有一个确定的标准。通常分析流动资产周转率应比较公司历年的数据并结合行业特点。

(2) 固定资产周转率。固定资产周转率也称固定资产利用率，是公司销售收入与固定资产平均净值的比率。其计算公式为：

$$固定资产周转率=\frac{销售收入}{固定资产平均净值}$$

$$固定资产平均净值=\frac{期初固定资产净值+期末固定资产净值}{2}$$

这项比率主要用于分析对厂房、设备等固定资产的利用效率，该比率越高，说明固定资产的利用率越高，管理水平越好。如果固定资产周转率与同行业平均水平相比偏低，说明公司的生产效率较低，可能会影响公司的获利能力。

(3) 总资产周转率。总资产周转率也称总资产利用率，是公司销售收入与资产平均总额的比率。其计算公式为：

$$总资产周转率=\frac{销售收入}{资产平均总额}$$

$$资产平均总额=\frac{期初资产总额+期末资产总额}{2}$$

总资产周转率可用来分析公司全部资产的使用效率。如果这个比率低，说明公司利用资产进行经营的效率较差，会影响公司的获利能力，公司应该采取措施提高销售收入或处置资产，以提高总资产利用率。

(三) 公司获利能力分析

获利能力是指公司赚取利润的能力。获利能力分析是公司财务分析的重要组成部分，也是评价公司经营管理水平的重要依据。对公司获利能力进行分析，一般只分析公司正常经营活动的获利能力，不涉及非正常的经营活动。评价公司获利能力的财务比率主要有：资产报酬率、股东权益报酬率、销售毛利率、销售净利率率等，对于股份有公司，还应分析每股利润、每股现金流量、每股股利、股利发放率、每股净资产、市盈率等。

1. 获利能力分析 1(资产报酬率、股东权益报酬率、销售净利率)

(1) 资产报酬率。也称资产收益率、资产利润率或投资报酬率，是公司在一定时期内的净利润与资产平均总额的比率。其计算公式为：

$$资产报酬率=\frac{净利润}{资产平均总额}\times 100\%$$

资产报酬率主要用来衡量公司利用资产获取利润的能力，它反映了公司总资产的利用效率。这一比率越高，说明公司的获利能力越强。

(2) 股东权益报酬率。也称净资产收益率、净值报酬率或所有者权益报酬率，它是一定时期公司的净利润与股东权益平均总额的比率。其计算公式为：

$$股东权益报酬率=\frac{净利润}{股东权益平均总额}\times 100\%$$

$$股东权益平均总额=\frac{期初股东权益+期末股东权益}{2}$$

股东权益报酬率反映了公司股东获取投资报酬的高低。该比率越高，说明公司的获利能力越强。

(3) 销售净利率。销售净利率是公司净利润与销售收入净额的比率。其计算公式为：

$$销售净利率=\frac{净利润}{销售收入净额}\times 100\%$$

销售净利率说明了公司净利润占销售收入的比例，它可以评价公司通过销售赚取利润的能力。销售净利率表明公司每元销售收入可实现的净利润是多少。该比率越高，公司通过扩大销售获取收益的能力越强。评价公司的销售净利率时，应比较公司历年的指标，从而判断公司销售净利率的变化趋势。但是，销售净利率受行业特点影响较大，因此，还应该结合不同行业的具体情况进行分析。

2. 获利能力分析 2(每股利润、每股现金流量、每股股利、每股净资产、股利发放率、市盈率)

(1) 每股利润。也称每股收益或每股盈余，是股份公司税后利润分析的一个重要指标。每股利润是税后净利润扣除优先股股利后的余额，除以发行在外的普通股平均股数。其计算公式为：

$$每股利润=\frac{净利润-优先股股利}{发行在外的普通股平均股数}$$

每股利润反映股份公司获利能力的大小。每股利润越高，说明股份公司的获利能力越强。

(2) 每股现金流量。每股现金流量是经营活动现金净流量扣除优先股股利后的余额，除以发行在外的普通股平均股数。其计算公式为：

$$每股现金流量=\frac{经营活动现金净流量-优先股股利}{发行在外的普通股平均股数}$$

每股现金流量越高，说明公司越有能力支付现金股利。

(3) 每股股利。每股股利是普通股分配的现金股利总额除以发行在外的普通股股数，它反映了普通股获得现金股利的多少。其计算公式为：

$$每股股利=\frac{现金股利总额-优先股股利}{发行在外的普通股股数}$$

每股股利的高低，不仅取决于公司获利能力的强弱，还取决于公司的股利政策和现金是否充裕。

(4) 股利发放率。也称股利支付率，是普通股每股股利与每股利润的比率。它表明股份公司的净收益中有多少用于股利的分派。其计算公式为：

$$股利发放率=\frac{每股股利}{每股利润}\times 100\%$$

股利发放率主要取决于公司的股利政策，一般而言，如果一个公司的现金量比较充裕，并且目前没有更好的投资项目，则可能倾向于发放现金股利；如果公司有投资项目，则可能会少发股利，而将资金用于投资。

(5) 每股净资产。也称每股账面价值，是股东权益总额除以发行在外的股票数量。其计算公式为：

$$每股净资产=\frac{股东权益总额}{发行在外的股票股数}$$

每股净资产并没有一个确定的标准，但是，投资者可以比较分析公司历年的每股净资产的变动趋势，来了解公司的发展趋势和获利能力。

(6) 市盈率。也称价值盈余比率或价值与收益比率，是指普通股每股市价与每股利润的比率。其计算公式为：

$$市盈率=\frac{每股市价}{每股利润}$$

市盈率是反映股份公司获利能力的一个重要财务比率，这一比率是投资者做出投资决策的重要参考因素之一。一般说来，市盈率高，说明投资者对该公司的发展前景看好，愿意以比较高的价格购买该公司股票，所以一些成长性较好的高科技公司股票的市盈率通常要高一些。但是也应注意，如果某种股票的市盈率过高，则意味着这种股票具有较高的投资风险。

三、公司产品分析

(一) 产品品牌的知名度

有些产品由于有很高的质量、优良的服务和广泛的宣传而成为家喻户晓、众口皆碑的名牌产品或优质服务，这种优势意味着生产这些商品的公司的销售优势，从而其利润额将会较快增长，公司股东的收益也会相应增加。

(二) 产品的市场份额

在产品价格确定的情况下，销售数量的增加和产品需求的稳定性就显得非常重要，因为它们会直接影响到公司的利润和股东收益。产品的销售量一般和产品的知名度是一致的，但也有例外的情况，如由于市场管制、运输不便、产品价格过高，以及产品的用途比较专一(如某些医药品)等原因，商品的销售量与其知名度之间也会出现不一致的现象。

此外，商品的市场份额和商品销售的绝对量一样，对公司的市场竞争能力具有重要的影响，有时甚至比绝对量更为重要。市场份额指某公司的销售量占整个市场的百分比。市场份额的扩大通常意味着收益的增长和竞争实力的加强。但有时市场份额的扩大也会导致经营成本的提高，从而部分抵消收益的增长。

(三) 产品的营销模式

不同的产品有不同的营销模式，有的公司的产品依赖于几个主要客户，那么，主要客户的生产规模、发展趋势、市场竞争力、反向依赖程度以及和所投资公司的关系都必须纳入分析的范围。特别要注意的是，有的公司的主要客户就是母公司，母公司与子公司间关联交易是否有操纵利润的嫌疑，投资者往往有一个误解，虚增利润对中小投资者有利，但要切记，天下没有免费的午餐；有的公司的产品是生活用品，面对千家万户，营销网点的分布和营销方式对公司产品的销量影响很大。

（四）产品市场的类型

公司产品的销售市场可划分为地区性、区域性、全国性和国际性市场四种。(1) 地区性市场。有些公司的产品市场为地区性质的，如水、电、煤气等公用事业和一些规模较小的公司。(2) 区域性市场。区域性市场是由几个不同的地区性市场组成的。因此，产品面向区域性市场的公司除了要受本地各种经济、非经济因素的影响，还要受到其他地区类似因素的影响和区域性市场内部同一行业公司相互竞争的挑战。(3) 全国性市场。产品面向全国的大公司受全国经济形势的影响要比受区域性或地区性因素的影响更大。这类公司由于市场广大，因此利润较高，但面临的市场竞争、成本费用、消费偏好等风险也比较大。(4) 国际性市场。面向国际市场的大公司或集团在经营活动中要遇到一系列国内行业所没有碰到过的问题。要承担汇率、市场竞争和政府管制，甚至国有化的风险。虽然这些国际性公司的利润要高于国内的同类企业，但其所面临的风险也比国内同类企业高。

（五）产品的生命周期

产品的生命周期分为四个阶段：(1) 产品介绍期。这一阶段的主要特点是，消费者对新产品不太了解；产品的销售量增加缓慢；产品品种较少和市场竞争较小；企业利润很少，一般有亏损。(2) 产品成长期。成长期的主要特点是，产品经介绍和宣传已为广大消费者所了解；产品的销售量开始逐渐增加，增长速度加快；新品种逐渐增加，市场竞争日趋加剧；利润逐渐增加。(3) 产品成熟期。成熟期的主要特点是，市场销售量已达到饱和，市场份额已分配完毕；产品品种增多，质量提高，仿制品和替代品不断出现；市场竞争激烈；预期利润开始下降。(4) 产品衰退期。衰退期的主要特点是，产品销售量由缓慢下降逐步过渡到迅速下降；消费者已在期待新产品；市场竞争较弱；许多企业开始转产；利润水平较低。

四、公司技术状况分析

（一）产品的技术水平分析

考察企业产品的技术水平主要关注这三个方面，一是产品是否具有其他公司难以企及的技术水平，在该行业具有无可争辩的领先地位；二是是否具有专利保护其垄断地位，其他公司不能模仿和假冒；三是技术的赢利前景，技术的先进性应体现在赢利能力上，企业的技术产品没有赢利前景，其股票就没有投资价值；四是产品市场的广度，企业的技术产品具有广阔的市场，才能形成大规模的赢利。

（二）企业的技术开发能力分析

企业的技术开发能力决定企业发展的潜力，股票价值取决于企业未来股利的现值，而能改变企业未来状况的最重要因素就是技术。考察企业技术开发能力应着重于，一是公司的股东背景，新技术的开发往往要耗费大量的财力和物力，并且风险极大，如果有一个研究实力非常强大的股东支持，那么公司的技术开发能力将大为提高。二是公司自身的技术开发能力，这主要考察公司的人员构成，科研机构设置等。

五、公司管理阶层分析

（一）管理阶层的能力分析

分析管理阶层的能力可以从以下几个方面进行：(1) 管理阶层的学历。(2) 管理阶层的从业经验。(3) 管理阶层的背景。

（二）管理阶层的勤勉尽责忠诚分析

对这一方面进行分析因受可获得信息的局限而较为困难，我们仅根据经验和信息的可获得性，提供几点作为参考：(1) 管理层是否有欺骗和损害股东利益的记录；(2) 管理层是否有欺骗和损害股东利益的嫌疑；(3) 管理层之间是否有裙带关系；(4) 管理层是否总是在追逐时髦；(5) 寻找脚踏实地、埋头做主业的上升公司。

（三）公司的内在机制分析

公司的内在机制完善与否是保证公司健康运转的条件，在分析公司的内在机制时，主要考察两个方面，一是公司与大股东，特别是第一大股东之间的关系。公司与股东间交易的定价原则是什么，表决时是否实行了关系人回避，是否有损其他股东的利益，资产交易是否有利于公司的长远发展，资产的盈利能力如何，是否有通过关联交易调节利润的嫌疑，大股东及其子公司是否占用了公司资产，是否实行了“三分开”，等等，都是投资者分析的重点。二是公司的内部治理机构是否完善。这方面要考察公司董事会、监事会和经理层之间是否存在相互制衡的关系，是否存在总经理或董事长“一言堂”的情况等。

扩展阅读

为获得配股资格而进行财务包装的LAG公司

LAG上市公司早在1995年就利用资产重组后的财务包装，使净资产收益率连续三年都达到10%以上，满足了中国证监会当时对上市公司配股融资的标准要求，并顺利实现配股，其做法为后来者效法。

LAG公司1993年和1994年的净资产收益率均在10%以上，然而到了1995年公司主导产品受市场影响销售急剧滑落，如果在1995年末不进行资产重组，那么当年净资产收益率无法继续保持10%，刚刚入主LAG公司并成为其第一大股东的HT公司而言，其买壳上市的计划就要落空，其希望通过配股募集资金来弥补当初受让LAG公司大宗股权而付出代价的计划也要落空。于是HT公司导演了一场对LAG进行财务包装的好戏。

首先，HT公司和LAG公司签署协议，由LAG公司出资16 000万元收购HT公司属下的电表公司，收购价格为电表公司净资产账面价值的两倍，收购所需款项的一半先以LAG公司对HT公司的长期负债挂账，3年后偿还，另一半则以现金支付。

然后，LAG公司匆忙于1995年12月22日召开股东大会批准上述协议，并于1995年12

月 25 日发布收购公告。

按合并报表理论，以现金收购股权方式受让的子公司应采用购受法编制合并报表，即把子公司被收购日以后的净利润列入合并利润表。但是 LAG 公司却将电表公司购买日（1995 年 12 月 22 日）以前的净利润 846 万元全数列入 1995 年度合并利润表，使 LAG 公司净利润从 572 万元剧增至 1 418 万元，净资产收益率从 5.26%陡增至 13.04%。注册会计师对财务报告出具了无保留意见的审计报告。LAG 公司根据重复计算的净利润向股东派送红股，1996 年获准具有配股资格，并以配股所得资金偿还了对 HT 公司的负债。

按照现在的会计制度，于年末收购的子公司一般不纳入合并报表范围，这样做也符合重要性原则。之后证监会加强了审核要求，与 LAG 公司同在一个交易所上市的 ZF 公司，也在 1996 年合并报表中，将子公司购买日以前的净利润列入合并利润表，而被注册会计师出具了保留意见，1997 年没有获准配股资格。

习　题

一、单选题

1. 高通货膨胀下的 GDP 增长必将导致证券价格的（　　）。

A. 上涨　　B. 剧烈波动　　C. 下跌　　D. 不确定

2. 以下不属于一般性货币政策工具的是（　　）。

A. 法定存款准备金　　B. 再贴现政策　　C. 公开市场业务　　D. 直接信用控制

3. （　　）是影响股票市场供给的最直接、最根本的因素。

A. 宏观经济环境　　B. 制度因素　　C. 上市公司质量　　D. 行业大环境

4. 下列何种类型的股票在经济周期的下跌末期能发挥较强的抗跌能力。（　　）

A. 公共事业　　B. 能源　　C. 设备　　D. 房地产

5. 宏观经济分析的意义不包括（　　）。

A. 把握证券市场的总体变动趋势

B. 判断整个证券市场的投资价值

C. 掌握宏观经济政策对证券市场的影响力度与方向

D. 个别证券的价值与走势

6. 宏观经济运行对证券市场的影响通常不通过以下途径（　　）。

A. 公司经营效益　　B. 居民收入水平

C. 投资者对股价的预期　　D. 通货膨胀和国际收支等

7. 关于经济周期变动与股价波动的关系，以下表述错误的是（　　）。

A. 经济总是处在周期性运动中，股价伴随经济相应的波动，但股价的波动超前于经济运动，股价波动不是永恒的

B. 景气来临之时一马当先上涨的股票往往在衰退之时首当其冲下跌

C. 能源、设备类股票在上涨初期将有优异表现，但其抗跌能力差

D. 公用事业、消费弹性较小的日常消费部门的股票则在下跌末期发挥较强的抗跌能力

8. 实施积极财政政策对证券市场的影响不包括(　　)。
A. 减少税收、降低税率,扩大减免税范围,促进股票价格上涨,债券价格也将上涨
B. 扩大财政支出,加大财政赤字,证券市场趋于活跃,价格自然上扬
C. 减少国债发行(或回购部分短期国债)缩小财政赤字规模,推动证券价格上扬
D. 增加财政补贴,使整个证券价格的总体水平趋于上涨

二、多选题

1. 宏观经济分析的意义包括(　　)。
A. 把握证券市场的总体变动趋势
B. 判断整个证券市场的投资价值
C. 掌握宏观经济政策对证券市场的影响力度与方向
D. 个别证券的价值与走势
2. 以下措施属于紧缩的货币政策的有(　　)。
A. 提高利率　　B. 降低利率　　C. 减少货币供应量　　D. 加强信贷控制
3. 下列哪些行为会推动股票价格的上涨(　　)。
A. 降低法定存款准备金率　　B. 降低再贴现率
C. 央行大量购买国债　　D. 控制信贷规模
4. 以下属于汇率上升可能带来的结果的是(　　)。
A. 出口型企业股价上涨　　B. 导致外资流入,证券价格上涨
C. 国内物价上涨,导致通货膨胀　　D. 国家回购国债,国债市场价格上扬
5. 宏观经济运行对证券市场的影响通常通过以下途径(　　)。
A. 公司经营效益　　B. 居民收入水平
C. 投资者对股价的预期　　D. 资金成本
6. 关于经济周期变动与股价波动的关系,以下表述正确的是(　　)。
A. 经济总是处在周期性运动中,股价伴随经济相应的波动,但股价的波动超前于经济运动,股价波动是永恒的。
B. 景气来临之时一马当先上涨的股票往往在衰退之时首当其冲下跌。
C. 能源、设备类股票在上涨初期将有优异表现,但其抗跌能力差。
D. 公用事业、消费弹性较小的日常消费部门的股票则在下跌末期发挥较强的抗跌能力。
7. 实施积极财政政策对证券市场的影响包括(　　)。
A. 减少税收、降低税率,扩大减免税范围,促进股票价格上涨,债券价格也将上涨。
B. 扩大财政支出,加大财政赤字,证券市场趋于活跃,价格自然上扬。
C. 减少国债发行(或回购部分短期国债),推动证券价格上扬。
D. 增加财政补贴,使整个证券价格的总体水平趋于上涨。
8. 货币政策对证券市场的影响是(　　)。
A. 利率下降时,股票价格就上升,而利率上升时,股票价格就下降。
B. 中央银行大量购进有价证券推动股票价格上涨;反之,股票价格将下跌。
C. 中央银行提高法定存款准备金率,证券行情趋于下跌。
D. 中央银行货币政策通过贷款计划实行总量控制的前提下,对不同行业和区域采取区别

对待的方针。

三、判断题

1. GDP即国民生产总值，是指一定时期内在一国国内新创造的产品和劳务的价值总额。（　　）

2. 宏观经济因素对证券市场价格的影响是根本性的，也是全局性和长期性的。（　　）

3. 一国证券市场总是与该国的GDP成正相关的变化。（　　）

4. 一般而言，利率与股票价格成反相关变化。（　　）

5. 严重的通货膨胀能使股票和债券的价格同时下跌。（　　）

6. 股价的波动超前于经济运动，股价波动是永恒的。（　　）

7. 紧缩性财政政策将使得过热的经济受到控制，证券市场也将走弱，扩张性财政政策刺激经济发展，证券市场将走强。（　　）

8. 汇率上升时，本币表示的进口商品价格提高，进而带动国内物价水平上涨，引起通货膨胀。为维持汇率稳定，政府可能动用外汇储备，抛售外汇，从而将减少本币的供应量，使得证券市场的价格下跌，反面效应可能是证券价格回升。（　　）

第七章　证券投资技术分析

学习内容和要求

1. 了解技术分析方法的概念及与基本分析方法的区别；
2. 掌握主要的技术分析方法：量价分析、K线分析、切线分析、形态分析和指标分析等；
3. 理解技术分析方法的假设前提。

第一节　技术分析概述

技术分析经过多年的发展已形成了波浪分析、形态分析、K线分析、指标分析和切线分析等5类主要方法，具体方法曾有人统计不下3 000种。技术分析的目的不是为了跟庄，而是为了寻找买入、卖出、止损信号，并通过资金管理而达成在风险市场中长期稳定获利。

一、技术分析的概念

技术分析认为市场行为包容消化一切。这句话的含义是：所有的基础事件——经济事件、社会事件、战争、自然灾害等作用于市场的因素都会反映到价格变化中来。所以技术分析认为只要关注价格趋势的变化及成交量的变化就可以找到盈利的线索。

（一）什么叫技术分析

技术分析是通过对市场过去和现在的行为，运用一系列方法进行归纳和总结，概括出一些典型的行为，并据此预测证券市场的未来变化。

其特征表现为：1. 运用历史资料进行分析，主要采用的数据是成交价和成交量。它认为这些数据昭示了市场未来变化的某个方面；2. 大量采用统计指标和图形方法。历史资料毕竟是零乱的，并带有一定的随机成分，通过一定方法对历史资料进行加工，可使其中揭示未来的成分更加昭彰；3. 许多技术分析方法包含着对人们心理活动的定量分析。

（二）技术分析与基本分析的区别

技术分析方法和基本分析方法的主要区别是：

（1）技术分析是对股票价格变动趋势的分析，其目的是预测股价变动的方向和幅度；基本分析是对股票价值的分析，其目的是判断股票价格相对于价值的高低。

（2）技术分析是根据历史资料分析股票价格的未来变化，有人曾讥讽技术分析是看着后视镜往前开车；基本分析是根据预期股息和贴现率决定股票的价值。

(3) 技术分析侧重于短期分析和个股分析；基本分析着重于长期分析和大势分析。

二、技术分析的假设条件

技术分析方法能否正确预测未来市场行为，据称依赖于三个基本假设：

(一) 市场行为包容一切信息

这一假定的基本思想是证券价格的每一个影响因素都完全、充分反映在证券价格之中。这一假定暗含的思想是，仅仅对证券价格的高低和变化进行分析就足以包括对影响证券市场所有因素的分析，而没有必要知晓究竟是什么因素在影响证券价格。这一点是技术分析方法成立的基础。

(二) 价格变动是有趋势的

这一假定的基本思想是，证券价格在一段时间内上涨或下跌，在将来一定时间内，如果没有足够的力量改变这一趋势，价格将沿袭过去的变化趋势。这一假定是技术分析方法成立的前提。

(三) 历史会重演

这一假设的含义是投资者过去的经验是他制定投资策略的参考。这一假定是技术分析方法合乎科学的条件。

第二节　量价分析

一、量、价是市场行为的最基本表现

市场行为最基本的表现就是成交价和成交量。技术分析就是利用过去和现在的成交量、成交价资料，以图形分析和指标分析工具来解释、预测未来的市场走势。再把时间因素考虑进去，技术分析就可简单地归结为对时间、价、量三者关系的分析，在某一时点上的价和量反映的是买卖双方在这一时点上的市场行为，是双方的暂时均衡点，随着时间的变化，均势会不断发生变化，这就是价量关系的变化。

一般说来，买卖双方对价格的认同程度通过成交量的大小确认，认同程度大，成交量大；认同程度小，成交量小。双方的这种市场行为反映在价、量上往往呈现出价增量增，价跌量减这样一种规律。

成交价、成交量的这种规律是技术分析的合理性所在，价、量是技术分析的基本要素，一切技术分析方法都是以价、量关系为研究对象的。

二、成交量与价格趋势的关系

技术分析方法认为，价格的涨、跌和平是股价变动的方向，成交量是对价格变动方向的认同，也可以认为是价格变动的力量。股价变动与成交量之间的关系可以总结为以下 6 种情况：

(一) 股价上升,成交量增加

这种情况技术分析人士常称之为价升量增。表明股价上涨得到成交量的认同,后市具有进一步上涨的潜力;

(二) 股价上升,成交量减少

这种情况技术分析人士常称之为空涨。表明股价上涨没有得到成交量的认可,股价上升的动力不足,后市看跌;

(三) 股价下跌,成交量增加

这种情况技术分析人士常称之为价跌量增。表明股价下跌得到成交量的认同,后市具有进一步下跌的动力;

(四) 股价下跌,成交量减少

这种情况技术分析人士常称之为空跌。表明股价下跌没有得到成交量的认可,股价下跌的动力不足,后市看涨;

(五) 股价持平,成交量增加

这种情况应具体分析,股价经历一段下跌后,放出了一定的成交量,而股价持平,表明逢低吸纳的投资者增多,股价有反弹或反转的可能,这种情况常称为底部放量,后市应看好;股价经历一段上涨后,放出了一定的成交量,而股价持平,表明逢高减磅的投资者增多,股价有反弹或反转的可能,这种情况常称为顶部放量,后市应看淡;

(六) 股价持平,成交量较小

这种情况称为无量盘整。表明多空双方力量处于均衡状态,双方均在等待机会寻找突破方向,后市走向不明,涨跌依靠新的因素来打破平衡。

关于价量分析,技术分析方法还认为:(1) 成交量的大小是相对的,主要是相对于最近而言,没有绝对大小;(2) 成交量的变动在价格变动之前,所谓量在价先;(3) 技术分析方法常用成交金额来代替成交量,这两者并没有太大的区别,但市场热点过分集中在高价股或低价股上时应适当调整;(4) 成交价一般是采用收盘价。

第三节 K线分析

一、K线的制作

K线也称日本线,据说起源于200年前的日本。一条K线记录的是某一种股票一天的价格变动情况。将每天的K线按时间顺序排列在一起,就组成反映这支股票每天价格变动情况的K线图,这就叫日K线图,将每周、每月的K线按时间顺序排列起来,就是周、月K线图。

价格的变动主要体现在4个价格上,即开盘价、最高价、最低价和收盘价。4个价格中,收盘价最为重要。

K线是一条柱状的线条，由影线和实体组成。影线在实体上方的部分叫上影线，下方的部分叫下影线。实体分阴线和阳线两种，又称红(阳)线和黑(阴)线。图7-1是两个常见K线的形状。

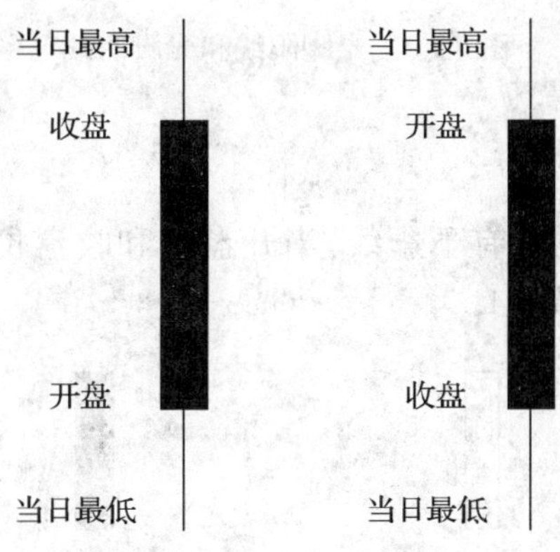

图7-1　K线的画法

图7-1中，中间的矩形长条叫实体，上、下伸出的两条细线叫上、下影线。如果开盘价高于收盘价，则实体为阴线或黑线(如右图)；反之，收盘价高于开盘价，则实体为阳线或红线。将四个价格在坐标纸上一一标出，然后按图7-1的方式即可画出。将每个交易日的K线连接在一起，就构成反映股票价格历史情况的K线图。

二、K线的含义

除了图7-1所画K线的形状外，由于4个价格的不同取值，还会产生其他形状的K线，概括起来有下列5种。

(一) 光头阳线和光头阴线

这是没有上影线的K线，当收盘价或开盘价正好与最高价相等时，就会出现这种K线。如图7-2。

图7-2　光头阳线和光头阴线

(二) 光脚阳线和光脚阴线

这是没有下影线的K线，当收盘价或开盘价正好与最低价相等时，就会出现这种K线。如图7-3。

图 7-3 光脚阳线和光脚阴线

（三）光头光脚的阳线和阴线

这种 K 线既没有上影线也没有下影线，当开盘价和收盘价分别与最高价和最低价相等时，就会出现这种 K 线。如图 7-4。

图 7-4 光头光脚的阳线和阴线

（四）十字星

当收盘价与开盘价相同时，就会出现这种 K 线，它的特点是没有实体。如图 7-5。

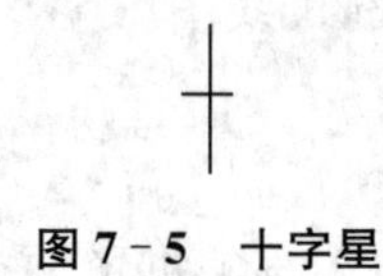

图 7-5 十字星

（五）T 字型和倒 T 字型

在十字星的基础上，如果再加上秃头和光脚的条件，就会出现这两种 K 线。它们没有实体，而且没有上影线或者没有下影线，形状像英文字母 T。如图 7-6。

图 7-6 T 字型和倒 T 字型

在 K 线图中，阳线实体的长短代表多方力量的强弱，阴线实体的长短代表空方力量的强弱，上影线表示上方抛压，影线的长短代表抛压的大小，下影线表示下方接盘，影线的长短代表承接力量的大小。K 线图是反映股价变动情况的图形，其目的是测量多空双方的力量对比，为我们做多或空提供依据。

三、K 线组合的含义

在 K 线组合中，两根 K 线的组合情况非常多，只要掌握了几种特定的组合形态然后举一反三，就可得知别的组合的涵义。

无论是两根 K 线还是多根 K 线，都是以两根 K 线的相对位置的高低和阴阳来推测行情的。将前两天的 K 线画出，然后，用数字将前天的 K 线划分成五个区域，见图。前天的 K 线是判断行情的基础，第二天的 K 线是判断行情的关键。简单地说，第二天多空双方争斗的区域越高，越有利于上涨；越低，越有利于下降，也就是从区域 1 到区域 5 是多方力量减少、空方力量增加的过程。如图 7－7。

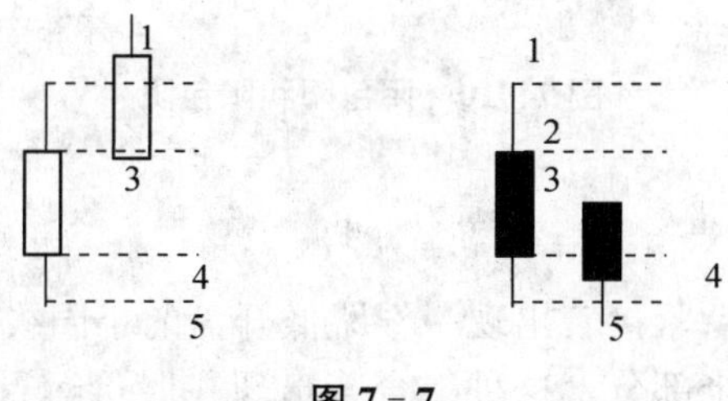

图 7－7

以下是几种具有代表性的 K 线组合情况，由它们的涵义可以得知 K 线组合的涵义。

（一）连续两阳和连续两阴

这是多空双方的一方已经取得决定性胜利，牢牢地掌握了主动权，今后将以取胜的一方为主要运动方向。右图是空方获胜，左图是多方获胜。第二根 K 线实体越长，超出前一根 K 线越多，则取胜一方的优势就越大。图 7－8。

图 7－8　连续两阳和连续两阴

（二）曙光初现和乌云盖顶

曙光初现的第一根 K 线为阴线，第二根 K 线为跳低开盘，但收盘价切入第一根 K 线的实体部分，它表明空方的打压遭遇多方的顽强抵抗，若在股价运行的底部出现，则是见底回升的强烈信号。乌云盖顶正好相反。图 7－9。

图 7－9　曙光初现和乌云盖顶

（三）阴包阳和阳包阴

阴包阳是第一根阳线的实体较长，但第二根阴线的实体更长，第二根阴线把第一根阳线完全覆盖，阴包阳显示多方的进攻在空方的反击下土崩瓦解，后市看跌。阳包阴情况完全相反。图 7－10。

图 7－10 阴包阳和阳包阴

（四）早晨之星和黄昏之星

一根实体较长的阴线之后紧接着出现一根跳低开盘的小阳线，第三天又出现一根阳线，且收盘价切入第一根阴线的上半部分。这种组合若出现在股价运行的底位，则是见底反转的信号。黄昏之星情况完全相反。图 7－11。

图 7－11 早晨之星和黄昏之星

四、K 线图的分析举例，图 7－12

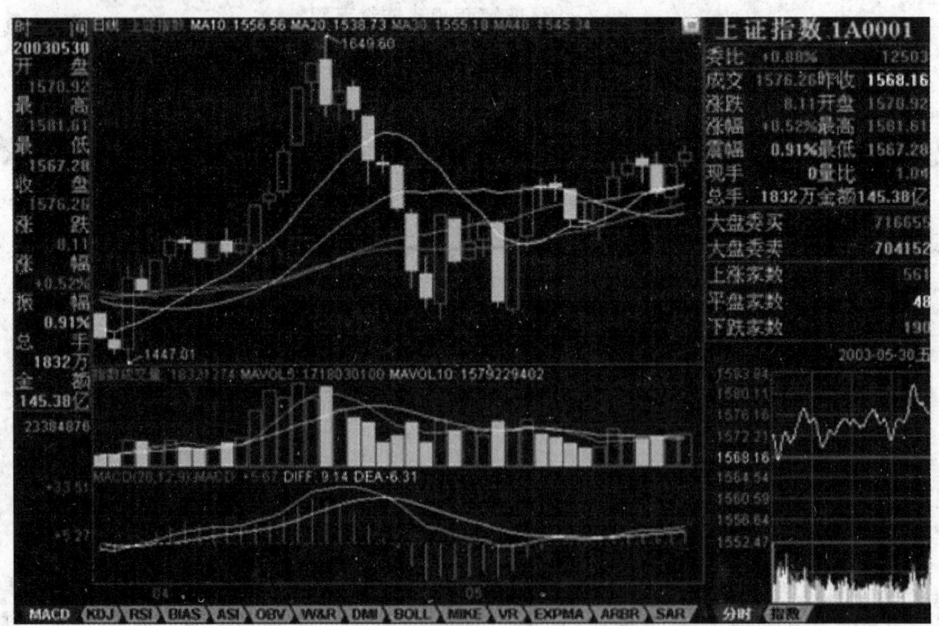

图 7－12

图 7－12 为 2003/3/25—2003/5/30 的上证指数 K 线及指标图。

第四节　切线分析

一、趋势分析

趋势就是股票价格的波动方向。一般说来，市场价格变动不是朝一个方向直来直去，中间肯定有曲折，从图形上看就是一条蜿蜒的曲线，每个折点处形成一个峰或谷。由这些峰和谷的相对高度，我们可以看出趋势的方向。

趋势的方向有上升方向、下降方向和水平方向。如果图形中每个后面的峰和谷都高于前面的峰和谷，则趋势就是上升方向。如果图形中每个后面的峰和谷都低于前面的峰和谷，则趋势就是下降方向。如果图形中后面的峰和谷与前面的峰和谷相比，没有明显的高低之分，几乎呈水平延伸，这时的趋势就是水平方向。水平方向趋势是被大多数人忽视的一种方向，这种方向在市场上出现的机会是相当多的。图 7－13 中是三种趋势方向的图形。

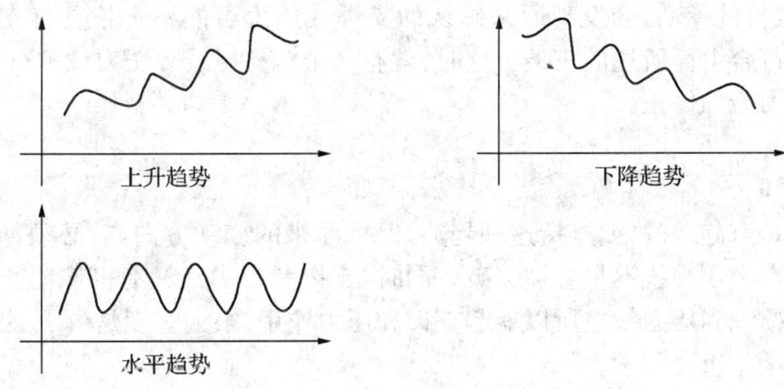

图 7－13

按道氏理论，趋势分为三种类型：1. 主要趋势。主要趋势是股价波动的大方向，一般持续的时间比较长；2. 次要趋势。次要趋势是在主要趋势中进行的调整。3. 短暂趋势。短暂趋势是在次要趋势中进行的调整。这三种类型的趋势的区别是时间的长短和波动幅度的大小。

二、支撑线与压力线

（一）什么是支撑线与压力线

如果趋势已经确认了，比如我们认识到大牛市来临，那么自然打算入市，这时就有选择入市时机的问题。我们总是希望在涨势回落的最低点买入，这个回落的低点在哪里呢？支撑线和压力线会给我们一定的帮助。图 7－14。

支撑线又称为抵抗线。当股价跌到某个价位附近时，股价停止下跌，甚至有可能回升，这是因为多方在此买入造成的。支撑线起阻止股价继续下跌的作用，该价位就是支撑线所在的位置。压力线又称为阻力线。当股价上涨到某价位附近时，股价会停止上涨，甚至回落，这是因为空方在此抛售造成的。压力线起阻止股价继续上升的作用。这个起着阻止或暂时阻止股价继续上升的价位就是压力线所在的位置。

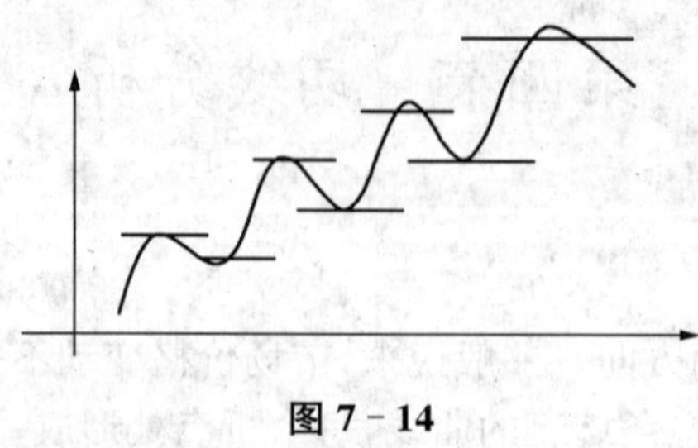

图 7-14

(二) 支撑线与压力线的确认

每一条支撑线和压力线的确认都是人为的,主要是根据股价变动所画出的图表。一般来说,支撑线或压力线的重要性由三个方面因素决定,一是股价在这个区域停留时间的长短;二是股价在这个区域伴随的成交量大小;三是这个支撑区域或压力区域发生的时间距离当前这个时期的远近。

有时,由于股价的变动,会发现原来确认的支撑或压力可能不真正具有支撑或压力的作用,比如,不完全符合上面所述的三条。这时,就有一个对支撑线和压力线进行调整的问题,这就是支撑线和压力线的修正。

(三) 支撑线与压力线的突破及相互转变

股价的变动是有趋势的,要维持这种趋势,保持原来的变动方向,就必须冲破阻止其继续向前的障碍。支撑和压力线迟早会被突破。同时,支撑和压力线又有彻底阻止股价按原方向变动的可能。支撑线和压力线之所以能起支撑和压力作用,很大程度是由于心理方面的原因,历史会重复也是一个重要因素。

在上升趋势中,如果未创出新高,即未突破压力线,这个上趋势就已处在很关键的位置了,如果其后股价又向下突破了这个上升趋势的支撑线,就发出了趋势有变的强烈信号,通常这意味着,这一轮上升趋势已经结束,下一步的走向是下跌。同样,在下降趋势中未创新低,即未突破支撑线,这个下降趋势就已经处于很关键的位置,如果其后股价向上突破了这个下降趋势的压力线,这就发出了下降趋势将要结束的强烈信号。

支撑和压力线也可能相互转变。一个支撑如果被跌破,那么这个支撑将成为压力;同理,一个压力被突破,这个压力将成为支撑。支撑和压力相互转化的重要依据是被突破,可以从三个方面判断是否被突破:① 幅度原则;② 时间原则;③ 收盘价原则。

三、趋势线与轨道线

(一) 趋势线

趋势线是衡量价格趋势的,由趋势线的方向可以明确地看出股价的运行趋势。在上升趋势中,将两个低点连成一条直线,就得到上升趋势线。在下降趋势中,将两个高点连成一条直线,就得到下降趋势线。图 7-15。

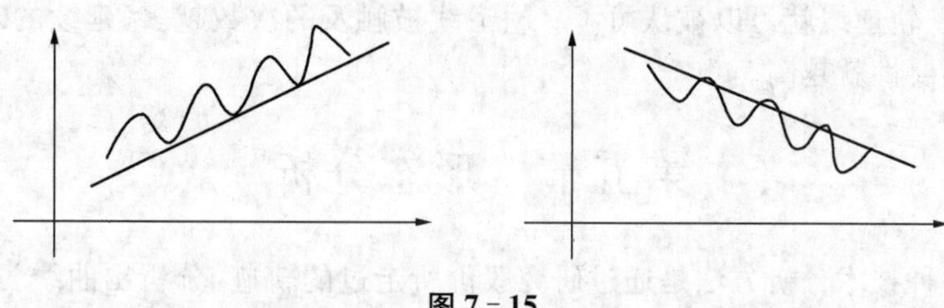

图 7 - 15

上升趋势线是支撑线的一种，下降趋势线是压力线的一种。

在实际中怎样对用各种方法画出的趋势线进行挑选评判，得到一条真正起作用的趋势线：首先，必须确实有趋势存在。其次，画出直线后，还应得到第三个点的验证才能确认这条趋势线是有效的。另外，这条直线延续的时间越长，就越具有有效性。

怎样用这条趋势线对股价进行预测？一般来说，趋势线有两种作用：(1) 对股价今后的变动起约束作用，就是起支撑和压力作用；(2) 趋势线被突破后，说明股价下一步的走势将要反转。越重要越有效的趋势线被突破，其转势的信号越强烈。即原来是支撑线的，现在将起压力作用，原来是压力线的现在将起支撑作用。

（二）轨道线

轨道线又称通道线或管道线。在已经得到了趋势线后，通过第一个峰和谷可做出这条趋势线的平行线，这条平行线就是轨道线，也就是常说的上升和下降轨道。轨道的作用是限制股价的变动范围。轨道一旦得到确认，那么价格将在这个通道里变动。轨道线的另一个作用是提供趋势转向的警报。如果在一次波动中未触及到轨道线，离得很远就开始掉头，这往往是趋势将要改变的信号。图 7 - 16。

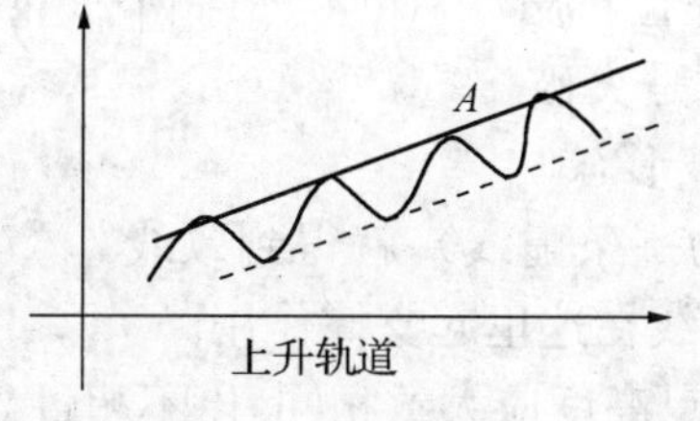

图 7 - 16

与突破趋势线不同，对轨道线的突破并不是趋势反转的开始，而是趋势加速的丌始，即原来的趋势线的斜率将会增加，趋势线将会更加陡峭。图 7 - 17。

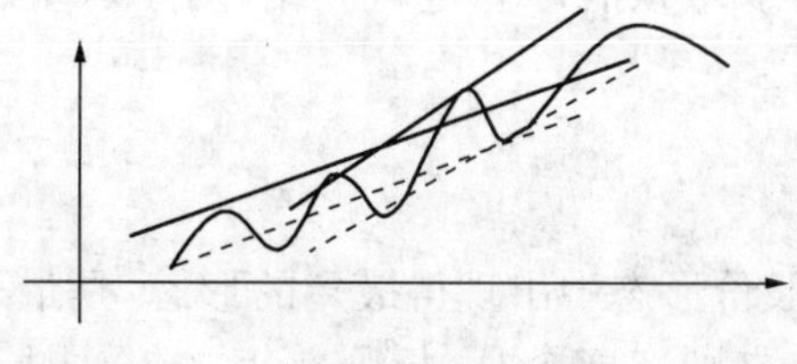

图 7 - 17

怎样确认轨道线？图中的股价在 A 的位置如果的确受到压力而在此掉头，并一直走在趋势线上,那么这条轨道线就可以被认可了。轨道线被触及的次数越多,延续的时间越长,其被认可的程度和重要性就越高。

第五节　形态分析

形态理论这种技术分析方法是通过研究股价所走过的轨迹,分析出曲线告诉我们的一些多空双方力量的对比结果,进而指导投资活动。如果一方力量的增加是决定性的,股票价格走势将出现反转,这一种价格走势我们称为反转突破形态;如果一方是暂时获得优势,多空双方将出现拉锯,这后一种价格走势我们称为持续整理形态。

一、反转突破形态

(一) 双重顶底

双重顶和双重底因形似英文字母M和W,所以又称M头和W底。图7-18是这种形态的形状。双重顶共有两个顶和一个底,也就是两个相同高度的高点和一个低点。下面以M头为例说明双重顶底形成的过程。

股价在A点形成新高点,之后进行正常的回档,受上升趋势线的支撑,这次回档在B点附近停止。往后是继续上升,但是力量不够,上升高度不足,在C点(与A点等高)遇到压力,股价向下,这样就形成A和C两个顶的形状。

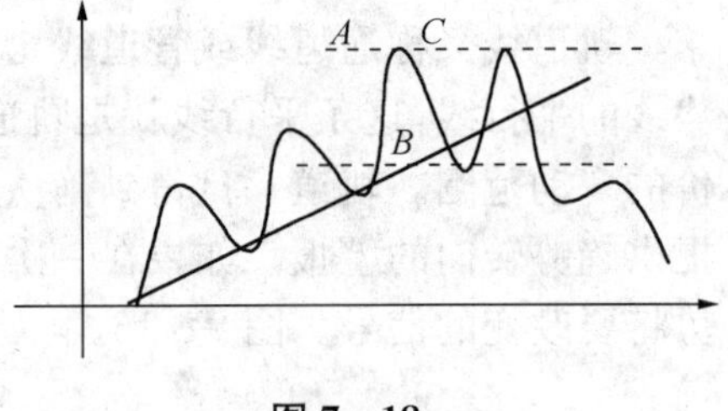

图 7-18

M头形成以后,有两种可能的情形:第一是未突破B点的支撑位置,股价在A、B和C点形成的范围内上下波动,这是一个潜在的双重顶反转突破形态。第二是突破B点的支撑位置继续向下,这种是双重顶反转突破形态。

以B点作平行于A、C连线的平行线(上面的一条虚线),就得到颈线。A,C连线是趋势线,颈线是与这条趋势线对应的轨道线,这条轨道线在这里起支撑作用。

双重顶形态应重点掌握以下要点:① 两个顶点高度应大致相同,以不超过3%为限;② 形态形成时间可长可短,少则一个交易日,多则数年,时间越长,对后市的影响越大;③ 突破颈线是形态成立的标志,突破颈线就是突破轨道线;④ 突破颈线后,从突破点算起,股价将至少要跌到与形态高度相等的距离。形态高度就是从顶点到颈线的垂直距离。

以上是以双重顶为例,对双重顶底形态进行介绍,对于双重底,情形完全相反,原理完全相同。

(二) 头肩顶底

头肩顶和头肩底是实际股价形态中出现得最多的形态,是最著名和最可靠的反转突破形态。头肩形形成的时间较长,少则三五个月,长则数年之久。图7-19中是这种形态的简单形式。

这种形态一共出现三个顶和两个底，中间的高点比另外两个都高，称为头，左右两个相对较低的高点称为肩。以下以头肩顶为例对头肩形进行介绍。

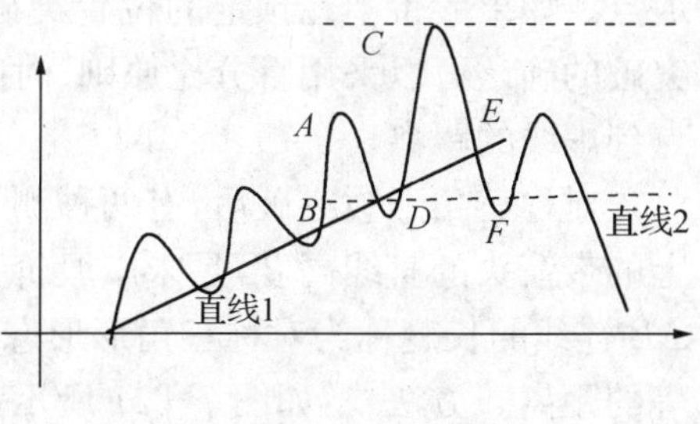

图 7-19

在上升趋势中，不断升高的各个局部的高点和低点保持着上升趋势，然后在某一个地方趋势的上涨势头将放慢。图中 A 和 B 点还没有放慢的迹象，但在 C 和 D 点已经有了势头受阻的信号，这说明这一轮上涨趋势可能已经出了问题。最后，股价走到了 E 和 F 点，这时反转向下的趋势已势不可挡。图中的直线 1 和直线 2 是两条明显的支撑线。在 C 点和 D 点突破直线 1 说明上升趋势的势头已经遇到了阻力，E 点和 F 点之间的突破则是趋势的转向。另外，E 点的反弹高度没有超过 C 点，F 点的回落已经低于 D 点，都是上升趋势出了问题的信号。

图中的直线 2 是头肩顶底形态中极为重要的颈线，在头肩顶底形态中，它是支撑线，起支撑作用。头肩顶底形态走到了 E 点并调头向下，只能说是原有的上升趋势已经转化成了横向延伸，还不能说已经反转向下了。只有当图形走到了 F 点，即股价向下突破了颈线，才能说头肩底反转形态已经形成。确认突破颈线的原则有收盘价原则、百分比原则和时间原则。

颈线突破后，股价运动的方向是下跌，下跌的深度从突破点算起，股价将至少要跌到与形态高度相等的距离，即是从头到颈线的距离，也就是头肩顶形态的高度。

以上是以头肩顶为例，对头肩顶底形态进行了介绍。对头肩底而言，情形完全相反，原理完全相同。

二、持续整理形态

（一）三角形态

1. 对称三角形

对称三角形大多发生在一个大趋势进行的途中，它表示原有的趋势暂时处于休整阶段，之后还要沿着原有趋势继续运行。图 7-20。

图 7-20 是对称三角形的一个简化图形，这里的原有趋势是上升，所以，三角形态完成以后是突破向上。对称三角形有两条聚拢的直线，上面的向下倾斜，起压力作用；下面的向上倾斜，起支撑作用。两条直线的交点称为顶点。

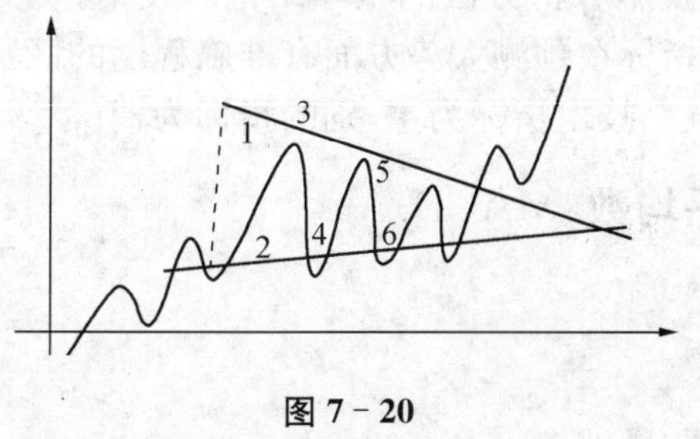

图 7-20

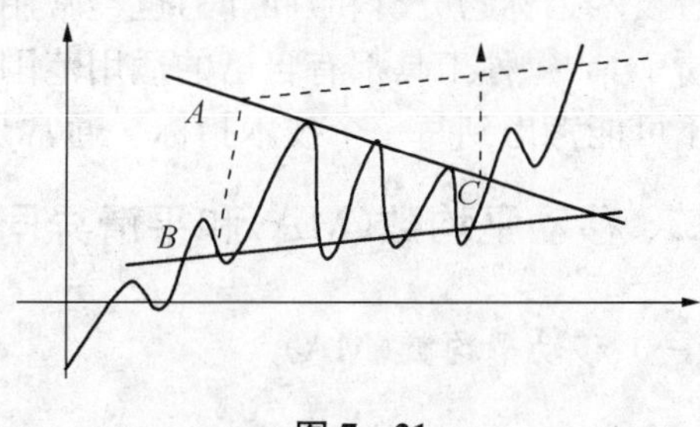

图 7-21

根据多年的经验，突破的位置一般应在三角形的横向宽度的二分之一到四分之三的某个地点。如果股价不在预定的位置突破三角形，那么这个对称三角形态可能转化成别的形态。突破的确认可以采用百分比原则、时间原则或收盘价原则。三角形的横向宽度指的是图中顶点到虚线的距离。

对称三角形被突破后，有两种测算目标价位的方法。方法一：如图 7－21 所示，从 C 点向上的带箭头的直线高度，是未来股价至少要达到的高度，箭头直线长度与 AB 连线长度相等。AB 连线的长度称为对称三角形形态的高度，从突破点算起，股价至少要运行到与形态高度相等的距离。方法二：如图 7－21 所示，过 A 作平行于下边直线的平行线，图中的斜虚线，是股价今后至少要达到的位置。

2. 上升/下降三角形

上升三角形是对称三角形的变形。对称三角形有上下两条直线，将上面的直线由向下倾斜变成水平方向就得到上升三角形。图 7－22。

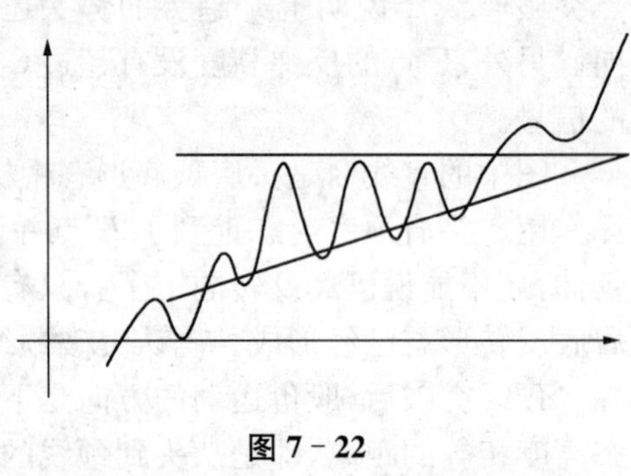

图 7－22

在对称三角形中，压力和支撑都是逐步加强的。一方是越压越低，另一方是越撑越高，看不出谁强谁弱。在上升三角形中，压力是水平的，没有变化，而支撑都是越来越高。由此可见，上升三角形比对称三角形有更强烈的上升欲望，多方比空方更为积极，通常以三角形向上突破作为这个持续过程终止的标志。

下降三角形同上升三角形正好反向，是看跌的形态。情形完全相反，原理完全相同。

第六节　主要指标分析

一、指标分析概述

指标分析是指按确定的方法对原始数据进行处理，制成图表，并用制成的图表对股市进行分析的方法。原始数据指的是开盘价、最高价、最低价、收盘价、成交量和成交金额，有时还包括成交笔数。

技术分析的应用主要通过以下几方面进行：(1) 指标的背离；(2) 指标的交叉；(3) 指标的高位和低位；(4) 指标的徘徊；(5) 指标的转折；(6) 指标的盲点。

每一个技术指标都是从某一特定方面对股市进行观察。技术指标可以进行定量的分析。在进行技术指标的分析和判断时，也经常用到别的技术分析方法的基本结论。技术指标是一种分析工具，每种工具都有自己的适用范围。各个指标在预测大势方面有准确程度的区别，我一般不可能考虑到每一个技术指标。通常是以四五个技术指标为主，别的指标为辅。

二、移动平均数(MA)和平滑异同移动平均数(MACD)

(一) 移动平均数(MA)

1. MA 的计算

移动平均数是统计学用以研究事物发展变化趋势的方法，假设有一反映事物发展变化某一方面特征的数字：

$$a_0, a_1, a_2, \cdots, a_n$$

假定数列 a 存在某种趋势，上升、下降或上下变动，数列的这个趋势是受到某种主要因素影响的结果。但一些次要的、偶然的因素也在影响这个数列，使其呈现出不规则变动，我们可用逐项移动平均的办法消除这些次要的、偶然的变动，使其主要趋势呈现出来。设移动项数是3，移动项数常被称为移动平均数的参数，则移动平均数为：

$$b_0 = \frac{a_0 + a_1 + a_2}{3}, b_1 = \frac{a_1 + a_2 + a_3}{3}, b_{n-2} = \frac{a_{n-2} + a_{n-1} + a_n}{3}$$

我们也可以把移动平均数的参数设定为 5、10、20 等，分别求 5、10、20 日移动平均数，如果把这些数值标在坐标系中，联结这些点得到一条曲线，我们称这些曲线为 5、10、20 日移动平均线，记为 MA(5)、MA(10)、MA(20)。

2. MA 的特点

(1) 趋势性；(2) 滞后性；(3) 真实性；(4) 助涨跌性；(5) 支撑线和压力线的特性。

MA 的参数强化了 MA 的特征，参数选择得越大，上述特征就越显著。使用 MA 时通常选择不同的参数，一般包括短期、中期和长期三类 MA。在我国，短期一般是指 MA(5)，中期是指 MA(10)，长期是指 MA(20)。移动平均指标有快指标和慢指标之分，快慢是相对于收盘价的敏感性而言，对收盘价较敏感的称为快指标，对收盘价较不敏感的称为慢指标。参数较大的移动平均数被称为慢指标，参数较小的移动平均数被称为快指标。其他技术指标也有类似的区分。

3. MA 的测市法则

MA 在股价走势预测中的运用，经典的是葛兰碧法则，其内容是：

(1) 平均线从下降开始走平，股价从下上穿平均线；股价连续上升远离平均线，突然下跌，但在平均线附近再度上升；股价在平均线以下，并连续暴跌，远离平均线。图 7 - 23 以上三种情况均为买入信号。

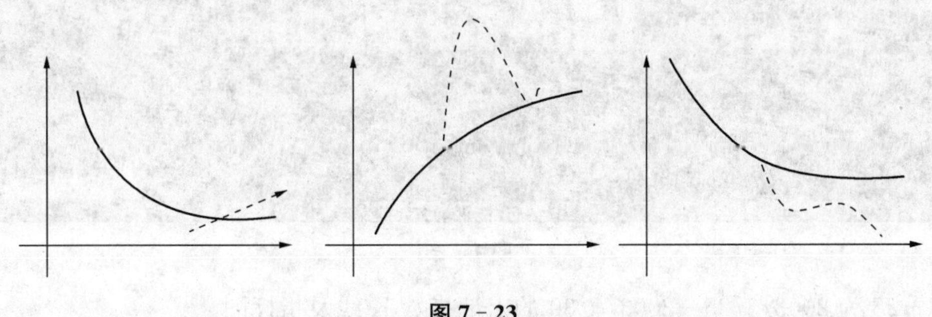

图 7 - 23

(2) 平均线从上升开始走平，股价从上下穿平均线；股价连续下降远离平均线，突然上升，但在平均线附近再度下降；股价在平均线之上，并连续暴涨，远离平均线。图 7 - 24 以上三种情况均为卖出信号。

股价实际上是 1 日的 MA，股价相对于移动平均线实际上是短期 MA 相对于长期 MA。

从这个意义上说，如果只有两个不同参数的MA，则我们可以将相对短期的MA当成股价，将较长期的MA当成MA，这样，上述股价相对于MA的所有法则，都可以换成快速相对于慢速的MA。常说的死亡交叉和黄金交叉，实际上就是向上、向下突破压力或支撑的问题。

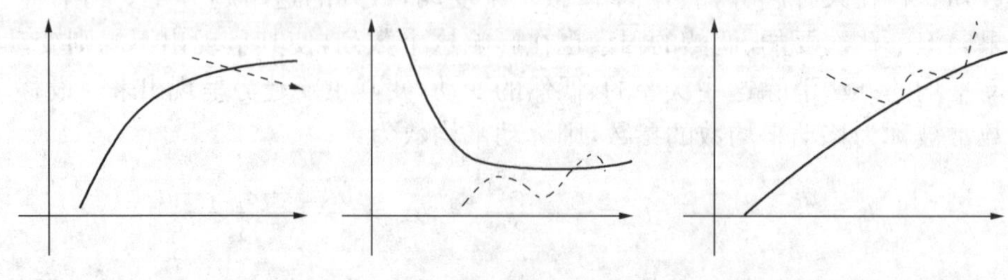

图 7－24

最后谈一下MA的盲点。在盘整阶段、趋势形成后的中途休整阶段、局部的反弹和回档，MA极易发出错误的信号，这是使用MA应该注意的。MA是用于反映股价变动的趋势，只有当股价运动确实存在趋势时，才能使用这一方法。

4. MA指标的分析举例

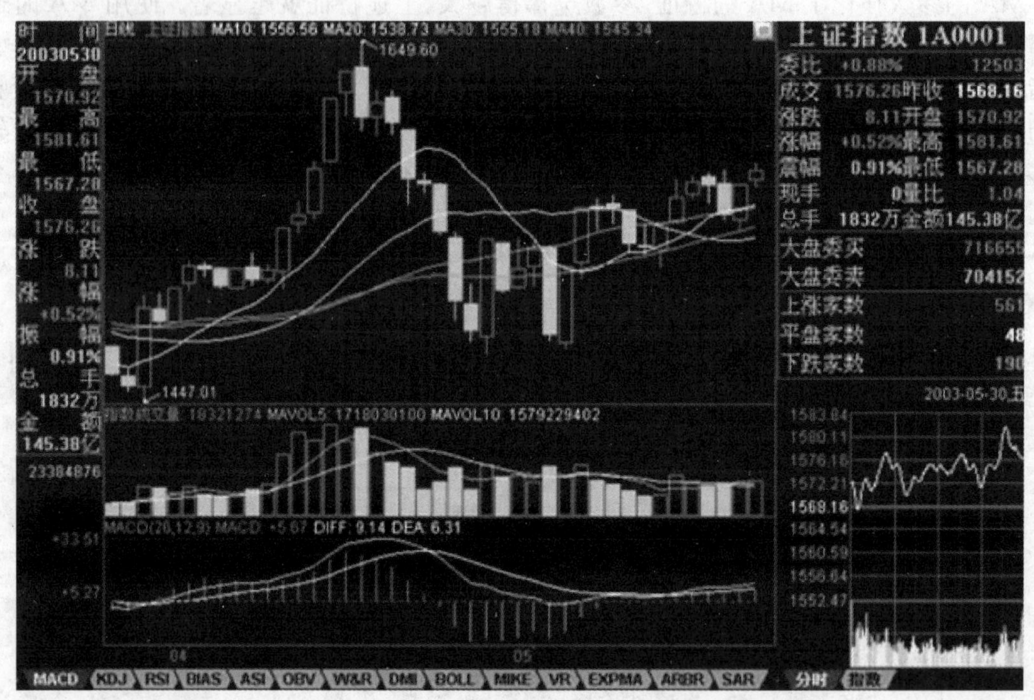

图 7－25

图7－25为2003/3/25—2003/5/30的上证指数K线及指标图。

（二）平滑异同移动平均数(MACD)

1. MACD的计算

MACD由正负差(DIF)和异同平均数(DEA)两部分组成，DIF是核心，DEA是辅助。

DIF是快速平滑移动平均数与慢速平滑移动平均数之差，快速是短期的EMA，慢速是长期的 EMA。以最常用的参数 12 和 26 为例。DIF 的计算过程是：

$$当日\ EMA(12) = \frac{2}{12+1} \times 当日收盘价 + \frac{11}{12+1} \times 昨日\ EMA(12)$$

$$当日\ EMA(26) = \frac{2}{26+1} \times 当日收盘价 + \frac{25}{26+1} \times 昨日\ EMA(26)$$

$$DIF = EMA(12) - EMA(26)$$

得到 DIF 后，对连续数日的 DIF 进行算术平均就得到 DEA。

2. MACD 的测市法则

利用 MACD 进行行情预测，主要是从两个方面进行。

(1) 从 DIF 和 DEA 的取值和这两者之间的相对取值对行情进行预测。其应用法则如下：① DIF 和 DEA 均为正值时，属多头市场。DIF 向上突破 DEA 是买入信号；DIF 向下跌破 DEA 只能认为是回档。② DIF 和 DEA 均为负值时，属空头市场。DIF 向下突破 DEA 是卖出信号；DIF 向上穿破 DEA 只能认为是反弹，作暂时补空。

(2) 利用 DIF 的形态进行行情分析，主要是采用指标背离原则。如果 DIF 的走向与股价走向相背离，则此时是采取行动的信号，至于是卖出还是买入要依 DIF 的上升和下降而定。

MACD 的优点是除掉了 MA 频繁出现的买入卖出信号，使发出信号的要求和限制增加，避免假信号的出现。MACD 的缺点同 MA 一样，在股市没有明显趋势而进入盘整时，失误的时候极多。

3. MACD 指标的分析举例

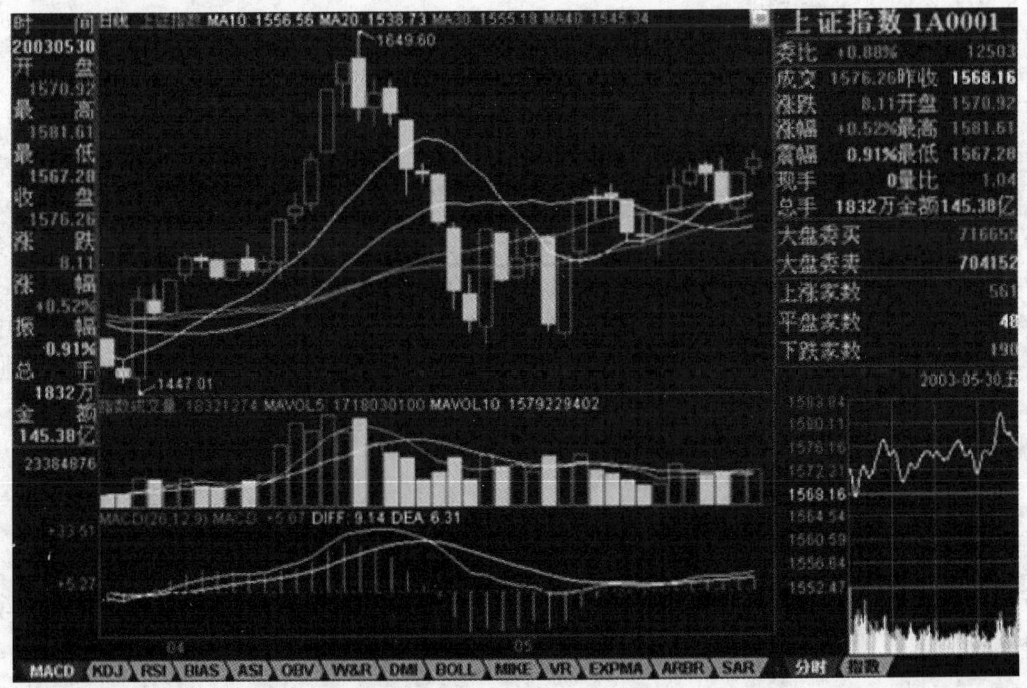

图 7-26

图 7-26 为 2003/3/25—2003/5/30 的上证指数 K 线及指标图。

三、威廉指标和 KD 指标

(一) 威廉指标(WMS%)

1. WMS%的计算

这个指标由 LarryWilliams 于 1973 年首创，最初用在期货市场。WMS%表示的是市场处于超买还是超卖状态。

WMS%的计算公式：

$$WMS\%(N)=\frac{C_N-_N}{H_N-L_N}\times 100$$

式中，CN 为当日收盘价；HN 和 LN 为 N 日内的最高价和最低价。

由公式可知，WMS%的参数是天数 N，WMS%的参数习惯上是取 10 或 20。WMS%指标表示的涵义是当日收盘价在 N 日内所处的相对位置。若 $CN=HN$，则 WMS%=100，表明收盘价格处在最高位置；若$CN=LN$，则 WMS%=0，表明收盘价格处在最低位置；若 $CN=LN+\frac{H_N-L_N}{2}$，则 WMS%=50，表明收盘价格处在中间位置。

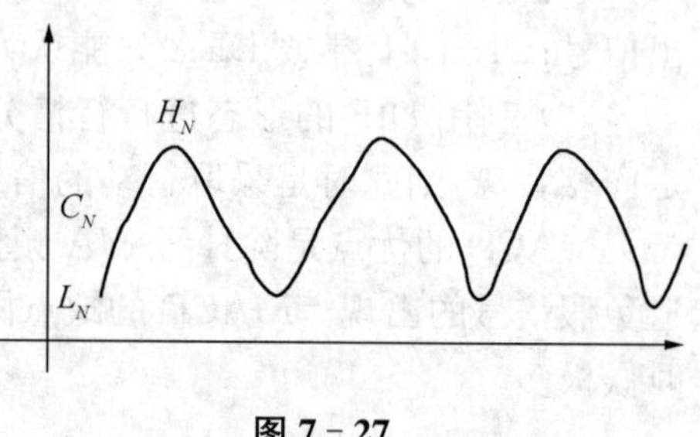

图 7-27

2. WMS%的测市法则

WMS%的运用包括两个方面：一是 WMS%的数值；二是 WMS%曲线的形状。

(1) WMS%的取值。WMS%的值介于 0—100 之间，以 50 为中轴将其分为上下两个区域。① 当 WMS%高于 80 时处于超买状态，行情即将见顶，应当考虑卖出。② 当 WMS%低于 20 时处于超卖状态，行情即将见底，应当考虑买入。80 和 20 只是一个经验数字，不是绝对的，投资者可以根据各自的风险偏好选择不同的数值。

(2) WMS%曲线的形状。① WMS%进入高位后一般要回头，如果这时股价继续上升，这就是顶背离，是卖出的信号。② WMS%进入低位后一般要反弹，如果这时股价继续下跌，这就是底背离，是买进的信号。

(二) KD 指标

1. KD 指标的计算

KD 指标又称随机指数，KD 指标的计算分为三步，先计算未成熟随机值 RSV，计算公式为

$$RSV(N)=\frac{C_N-L_N}{H_N-L_N}\times 100$$

RSV实际上就是WMS%，只是名称不同。对RSV（WMS%）进行指数平滑，就得到K指标：

$$当日K值=\frac{2}{3}\times昨日K值+\frac{1}{3}\times当日RSV$$

式中1/3是平滑因子，也可以选择别的数字，不过目前已经约定俗成。对K值进行指数平滑，就得到D值：

$$当日D值=\frac{2}{3}\times昨日D值+\frac{1}{3}\times当日K值$$

KD指标是在WMS%指标基础上发展起来的，所以KD具有WMS%的一些特性。在反映股票价格变化时，WMS%最快，K其次，D最慢。在使用KD指标时，我们往往称K指标为快指标，D指标为慢指标。

2. KD指标的测市法则

KD指标是两条曲线，应用时主要从4个方面进行考虑。

(1) KD的数值。KD的取值范围是0—100，可将其划分为几个区域：超买区、超卖区、徘徊区。按一般的划分法，80以上为超买区，20以下为超卖区，其余为徘徊区。KD超过80就应该考虑卖出，低于20就应该考虑买入。

(2) KD曲线的形态。当KD指标在较高或较低位置形成了头肩形和多重顶底时，是采取行动的信号。这些形态一定要在较高位置或较低位置出现，位置越高或越低，结论越可靠。

(3) KD指标的交叉。K上穿D是金叉，为买入信号，但出现金叉是否就应该买入，还要看别的条件。第一个条件是金叉的位置。应该是在超卖区的位置，越低越好。第二个条件是金叉的次数。有时在低位，K、D要来回交叉几次，交叉的次数以2次为最少，越多越好。第三个条件是金叉的方向，即常说的“右侧相交”原则。

(4) KD指标的背离。背离就是指标与价格走势不一致。当KD处在高位，并形成两个依次向下的峰，而此时股价还在一个劲地上涨，这叫顶背离，是卖出的信号；与之相反，KD处在低位，并形成一底比一底高，而股价还在继续下跌，这叫底背离，是买入的信号。

扩展阅读

艾略特与波浪理论

1871年7月28日，艾略特出生在美国密苏里州堪萨斯市的玛丽斯维利镇。1891年，艾略特20岁的时候，他离家在墨西哥的铁路公司工作。1896年前后，艾略特进入了会计行业。在随后的25年里，艾略特在遍布墨西哥、中美洲和南美洲的许多公司任过职。后来，一场大病使他在1927年退休，在医生的建议下艾略特回老家养病，整整三年足不出户的疗养期间，为了有个精神寄托，保持身心健康，遂沉迷于股市投机。当时艾略特对股市一无所知，一切从头学起。但也正因如此，使他能毫无先入为主的偏见和包袱。正是在这段漫长的休养期间，他揣摸出了股市行为理论，认为波浪理论是对道氏理论的必要补充。他一干就是二十余年，既赚了钱，又养好了病，还因为发表了一系列有关波浪理论的文章而出了名，可谓一举三得。

1934年，艾略特与正在投资顾问公司任股市通讯编辑的查尔斯·J. 柯林斯(Charles J Collins)建立了联系，告诉了他自己的发现。到了1938年，柯林斯终于被他深深地折服了，于是帮助他开始了他的华尔街生涯，并且同意为他出版《波浪理论》(The Ware Principle)。柯林斯举荐艾略特担任了《金融世界》(Financial World)杂志的编辑。

1939年，艾略特在这份杂志上一边发表12篇文章精心制作宣传自己的理论。1946年，也就是艾略特去世前两年，他完成了关于波浪理论的集大成之作《自然法则——宇宙的奥秘》。

1953年，一位艾略特波浪理论的崇拜者——波顿开始在一本名叫《银行信用分析家》的杂志上发表《艾略特波浪附刊》(Elliott Ware Supplement)，每年一期，一直到其1967年逝世。可以说，如果不是这位波顿先生，艾略特的理论恐怕就要湮没无闻了。

1960年出版的《艾略特波浪理论，一份中肯的评价》被公认为艾略特身后第一部论述艾略特波浪理论的经典著作。而柯林斯——这位艾略特不太称职的伯乐，于1966年开始使用艾略特的波浪理论。终于，1978年柯林斯在艾略特原著的基础上，出版了他那广泛流传后世的经典著作《波浪理论》。当年，由弗罗斯特与普里克特合作，出版了被推崇为最新经典之作的《艾略特理论》。1980年，普里克特发表了《R. N. 艾略特选集》，把久违了的艾略特原著再一次展现给投资者。

习　题

一、单项选择题

1. 技术分析的理论基础是________。

A. 道氏理论　　B. 缺口理论　　C. 波浪理论　　D. 江恩理论

2. 技术分析理论认为市场过去的行为________。

A. 完全确定未来的趋势

B. 可以作为预测未来的参考

C. 对预测未来的走势无帮助

3. 证券价格是技术分析的基本要素之一，其中________是技术分析最重要的价格指标。

A. 开盘价　　B. 收盘价　　C. 最高价　　D. 最低价

4. 与基本分析相对，技术分析的优点是________。

A. 能够比较全面的把握证券价格的基本走势

B. 同市场接近，考虑问题比较直观

C. 考虑问题的范围相对较窄

D. 进行证券买卖比较慢，获得利益的周期长

二、多项选择题

1. 技术分析作为一种分析工具，其广泛地运用于________。

A. 证券市场　　B. 外汇市场　　C. 期货市场　　D. 期权市场

2. 股价趋势从其运动方向看，可分为________。

A. 长期趋势　B. 上涨趋势　C. 水平趋势　D. 下跌趋势

3. 市场行为最基本的表现________。

A. 成交价　B. 资金量　C. 股指涨跌幅度　D. 成交量

4. 如果股市处于________阶段，则宜做空头。

A. 价涨量稳　B. 价稳量缩　C. 价跌量缩　D. 价涨量缩

三、判断题

1. 实体长于上影线的阳线，表示买方严重受挫，空方占优势。（　）
2. 上下影线等长的十字星，称为转机线，常在反转点出现。（　）
3. 缺口的形成必是当日开盘价出现跳空高开继续高走或是跳空低开继续低走的结果。（　）
4. 反转不同于股价的变动，而是指对原先股价运动趋势的转折性变动。（　）
5. 只有在下跌行情中才有支撑线，只有在上升行情中才有压力线。（　）
6. MACD 利用离差值与离差平均值的交叉信号作为买卖的依据。（　）
7. 波浪形态可无穷伸展和压缩，但它的基本形态不变。（　）
8. 成交量是某一交易日中成交的总交易额。（　）
9. 由于量价线在图表上呈顺时针方向变动，所以又称顺时针曲线。（　）
10. 趋势线是衡量价格波动的方向，由它的方向可以明确地看出股价的趋势。（　）

第八章　证券投资收益与风险分析

学习内容和要求

1. 熟悉债券收益的来源和影响因素；熟悉债券收益率的计算原理；掌握票面收益率、直接收益率、持有期收益率、到期收益率和赎回收益率的含义和计算；熟悉股票投资收益的来源。

2. 掌握股利收益率、持有期收益率、持有期回收率以及调整后的持有期收益率的含义和计算；掌握资产组合收益率的计算。

3. 掌握风险的定义、种类、系统风险、非系统风险的含义；熟悉市场风险的含义、来源、影响和减轻其影响的方法；熟悉利率风险的含义、来源、影响和减轻其影响的方法；熟悉购买力风险的含义、来源、影响和减轻其影响的方法；熟悉信用风险的含义、来源、影响和回避风险的方法；熟悉经营风险的含义、来源、影响和回避风险的方法；掌握收益与风险的关系、预期收益率的组成、无风险利率的含义和不同风险补偿。

第一节　证券投资收益概述

尽管证券种类很多、性质各异，但就其收益而言，可将其分为固定收益证券和非固定收益证券两大类。在证券的基础投资品种中，债券是固定收益证券的代表，而股票是非固定收益证券的代表，因此，本部分将通过股票和债券对证券投资的收益进行分析。

一、证券投资收益

(一) 证券投资收益的内涵

证券投资收益是指投资者在购买、持有和出售某种有价证券的全过程中获得的投资受益超过本金的部分，即证券投资者在从事证券投资活动中所获得的报酬。证券投资收益可以用证券投资报酬率表示。简单地说就是投资收益额(即报酬)与投资总额的比率。

(二) 投资收益的主要来源

若投资者进行的是长期投资，则选择股票的收益主要是获得股息或红利收入，部分投资者还能获得资本增值收入，选择债券投资的收益主要是获得固定的利息收入；若投资者进行的是短期投资，则其投资收益主要是差价收入；若投资者采用长、中、短期相结合灵活操作的策略，则其收益可能包括投资股票的股息、红利收入、投资债券的利息收入及买卖证券的差价收入和资本增值收入等。

二、股票投资收益

股票投资收益是投资者从购入股票开始到出售股票为止整个持有期间的收入。它由股利收入、资本损益和资本增值收益组成。

(一) 股利收入

股息，是指股份公司从提取了公积金、公益金的税后利润中按照股息率派发给股东的收益。股息不同于红利。股息与红利合起来称为股利。

股息就是股票的利息，是指公司按照票面金额的一个固定比率向股东支付利息。红利虽然也是公司分配给股东的回报，但它与股息的区别在于，股息的利率是固定的(特别是对优先股而言)，而红利数额通常是不确定的，它随着公司每年可分配盈余的多少而上下浮动。因此，有人把普通股的收益称为红利，而股息则专指优先股的收益。

红利则是在上市公司分派股息之后按持股比例向股东分配的剩余利润。获取股息和红利，是股民投资于上市公司的基本目的，也是股民的基本经济权利。一般来讲，上市公司在财会年度结算以后，会根据股东的持股数将一部分利润作为股息分配给股东。根据上市公司的信息披露管理条例，我国的上市公司必须在财会年度结束的 120 天内公布年度财务报告，且在年度报告中要公布利润分配预案，所以上市公司的分红派息工作一般都集中在次年的第二和第三季度进行。在分配股息红利时，首先是优先股股东按规定的股息率行使收益分配，然后普通股股东根据余下的利润分取股息，其股息率则不一定是固定的。在分取了股息以后，如果上市公司还有利润可供分配，就可根据情况给普通股股东发放红利。股东一年的股息和红利有多少要看上市公司的经营业绩，因为股息和红利是从税后利润中提取的，所以税后利润既是股息和红利的唯一来源，又是上市公司分红派息的最高限额。在上市公司分红派息时，其总额一般都不会高于每股税后利润，除非有前一年度节转下来的利润。由于各国的公司法对公司的分红派息都有限制性规定，如我国就规定上市公司必须按规定的比例从税后利润中提取资本公积金来弥补公司亏损或转化为公司资本，所以上市公司分配股息和红利的总额总是要少于公司的税后利润。由于上市公司的税后利润既是股息和红利的来源，又是它的最高限额，上市公司的经营状况直接关系到股息和红利的发放。在一个经营财会年度结束以后，当上市公司有所盈利时，才能进行分红与派息。且盈利愈多，用于分配股息和红利的税后利润就愈多，股息和红利的数额也就愈大。除了经营业绩以外，上市公司的股息政策也影响股息与红利的派法。在上市公司盈利以后，其税后利润有两大用途，除了派息与分红以外，还要补充资本金以扩大再生产。如果公司的股息政策倾向于公司的长远发展，则就有可能少分红派息或不分红而将利润转为资本公积金。反之，派息分红的量就会大一些。股息和红利的分配受国家税收政策的影响。上市公司的股东不论是自然人还是法人都要依法承担纳税义务，如我国就有明确规定，持股人必须交纳股票收益所得税(股息红利)。

从理论上来说，不管公司盈利前景如何看好，如果一家上市公司永远不分红，那么它的股票将毫无价值。股利的派发权是属于股东大会，但派发股利的具体方案则由董事会提出，一经股东大会认可，即可确定进行。公司股票是可以转让的。为了确定哪些人可以领到股利，必须在发放股利前确定一些日期界限。

这里有 4 个重要日期需要注意，因为它们无论对于那些注重当前收入的人，或是对注重资本利得的人都十分重要。它们分别是：

(1) 宣布股利日。即董事会宣布决定在某日发放股利的日期。

(2) 除息日。除去股息日期。在除息日当天或其后购买股票者将无权领取最近一次股利。除息日一般在股权登记日后面若干天。

(3) 股权登记日。凡此日在公司股东名册上有名字的人都可分享到最近一次股利。由于股票交易与股东是不断变化的，公司很难确定某期股息派发中股东有哪些人。因此，董事会必须决定某一天为股权登记日，让股东进行股权登记，以便公司确认股东并派发股息。

(4) 股利发放日。将股利正式发放给股东的日期。

上述日期对股票交易是十分重要的。如果持股人在除息日前一天卖出股票，那么他将失去他享股利的权利，如果持股人在除息日当天或以后买进股票，那么他也无权享有即将分配的一次股利，这次股利仍将归原股东领取。很显然，股利的宣布日、发放日对股票交易价格有一定的影响。

股利的两种支付方式有两种，股票股利和现金股利，前者是指股份公司向股东免费赠送新的股份，后者是指股份公司向股东支付现金。是最普通、最基本的股息形式。有人认为，只有现金股利才能算真正的股利，股票股利只是增加了流通总股本，对公司和股东都没有实质性影响。股利的具体表现形式有现金股利、股票股利、财产股利、负债股利、建业股利等多种。

1. 现金股利

现金股利是以货币形式支付的股息和红利，是最普通、最基本的股利形式。现金股利亦称派现，与股票股利相对，是股份公司以货币形式发放给股东的股利。

企业向股东支付的现金，一般来自企业的当期盈利或累计利润。所有股利都必须由董事会公布，收取股息者需要缴付税项。发放现金股利的多少主要取决于公司的股利政策和经营业绩。

上市公司发放现金股利主要出于三个原因：(1) 投资者偏好；(2) 减少代理成本；(3) 传递公司的未来信息。公司采用现金股利形式时，必须具备两个基本条件：第一，公司要有足够的未指明用途的留存收益(未分配利润)；第二，公司要有足够的现金。

2. 股票股利

股票股利是以股票的方式派发的股利，通常是由公司用新增发的股票或一部分库存股票作为股利，代替现金分派给股东。股票股利是股东权益账户中不同项目之间的转移，对公司的资产、负债、股东权益总额毫无影响。

股票股利也称为送红股，是指股份公司以增发本公司股票的方式来代替现金向股东派息，通常是按股票的比例分发给股东。股东得到的股票股利，实际上是向公司增加投资。新建或正在扩展中的公司，往往会借助于分派股票股利而少发现金股利。

股票股息对股东来讲，其意义主要有以下几点：

(1) 如果公司在发放股票股利后同时发放现金股利，股东会因所持股数的增加而得到更多的现金；

(2) 有时公司发放股票股利后其股价并不成比例下降，这可使股东得到股票价值相对上升的好处；

(3) 发放股票股利通常由成长中的公司所为,因此,投资者往往认为发放股票股利预示着公司将会有较大发展,利润将大幅度增长,足以抵消增发股票带来的消极影响。这种心理会稳定住股价甚至反致略有上升。

(4) 在股东需要现金时,还可以将分得的股票股利出售。有些国家税法规定,出售股票所需交纳的资本利得(价值增值部分)税率,比收到现金股利所需交纳的所得税率低,这使得股东可以从中获得纳税上的好处。

3. 财产股利

财产股利是公司用现金以外的其他财产向股东分派股利。最常见的是公司持有的其他公司或子公司的股票、债券、也可以是实物。股票持有者凭股票从股份公司取得的现金以外的其他财产的收入就为财产股利。财产股利的发配取决于公司的股利政策,如果公司不发派财产股利,股东没有获得财产股利的权利。

4. 负债股利

负债股利是公司通过建立一种负债,用债券或应付票据作为股利分派给股东。

5. 建业股利

建业股利又称建设股利,是指经营铁路、港口、水电、机场等业务的股份公司,由于其建设周期长,不可能在短期内开展业务并获得盈利,为了筹集到所需资金,在公司章程中明确规定并获得批准后,公司可以将一部分股本还给股东作为股息。建业股利不同于其他股利,它不是来自公司的盈利,而是对公司未来盈利的预分,实质上是一种负债分配,也是无盈利无股利原则的一个例外。建业股份公司是以公司筹集到的资金作为投资盈利分发给股东的股利。这种情况多发生在那些建设周期长、资金周转缓慢、风险大的公司。因为建设时间长,一时不能赢利,但又要保证股利的发放吸引投资者。股利的发放一般是在期末结算后,在股东大会通过结算方案和利润分配方案之后进行。有些公司的股利一年派发两次,但是中期派息与年终派息有的不同,中期派息是以上半年的盈利为基础,而且要考虑到下半年不至于出现亏损的情况。公司董事会必须决定是将可动用作为判断标准。从根本上讲,看股东们考虑的是眼前利益还是将来公司的发展,从而所带来的更大利益。

(二) 资本利得

资本利得是指股票持有者持股票到市场上进行交易,当股票的市场价格高于买入价格时,卖出股票就可以赚取差价收益,这种差价收益称为资本利得。

(三) 公积金转增股本

资本公积金转增股本通俗地讲,就是用资本公积金向股东转送股票。资本公积金是在公司的生产经营之外,由资本、资产本身及其他原因形成的股东权益收入。

股份公司的资本公积金,主要来源于的股票发行的溢价收入、接受的赠与、资产增值、因合并而接受其他公司资产净额等。其中,股票发行溢价是上市公司最常见、也是最主要的资本公积金来源。当每股资本公积金为 1.00 元时,该公司股票相应地具备了 10 转增 10 的能力。需要注意的是,送股与转增股本之间的区别:送股与转增股本对一般投资者来说,统称“送股”,实际上,两者具有本质区别。送股俗称“红股”,是上市公司采用股票股利形式进行的利润分配,它的来源是上市公司的留存收益；而公积金转增资本是在股东权益内部，把公积金转到“实收资本”或者“股本”账户，并按照投资者所持有公司的股份份额比例的大小分到各个投资者的账户中，以此增加每个投资者的投入资本。因此，转增股本不是利润分配，它只是公司增加股本的行为，它的来源是上市公司的资本公积。如公司没有上市，则是将其平均分配到各个股东手中。

1. 送股、转增股本的会计实质

从会计角度来说，送股实质上只是将公司的留存收益转入股本账户，留存收益包括盈余公积和未分配利润，现在的上市公司一般只将未分配利润部分送股，实际上盈余公积的一部分也可送股。而转增股本则是将资本公积转入股本账户。股本、未分配利润、资本公积、盈余公积同属股东权益类账户，都是公司的净资产，这些都属于投资者所有，也就是说，经过送股、转增股本后，上市公司的股东权益并没有改变，更不会影响公司的总资产、总负债。可见，送股、转增股本行为本身只是会计上的转账而已，当然上市公司不可能因为这种行为而使公司当年或以后获利，投资者在公司中的权益当然也不可能因此增加。从另一角度看，送股、转增股本虽然使公司发行在外的股票数量发生了变化，但这种股票数量的增加于投资者权益无丝毫影响。这是因为股票数量是同比例增加的，每个投资者所持股数占公司总股本数的比例是不变的。既然送股、转增股本只是使投资者持有的股票增加了，而没有改变投资者在公司中的权益，那么很显然的一个结果就是每股所拥有的权益同比例地下降了，并且，如果公司下年度的经营状况与上年度相比变化不大的话，则下年度的每股收益指标亦将同比例下降。

2. 送股、转增股本的负面效应

稳健、成熟的上市公司制定其分配政策是以公司的发展前景以及对后期经营业绩的预测为根据的，但由于我国股票市场发展的时间还不长，上市公司进入市场也还不久，因而部分上市公司制定分配预案的做法还不很规范。由于这些公司在发行新股时都得了较高的股票溢价收入，超过股票面值的这部分溢价收入被记入资本公积，因而尽管这些公司当年可借分配的利润可能不多，但都有较高的资本公积，将资本公积金转增股本是这些公司常用的做法。虽然转增股本能够博得目前的流通股股东的欢心，但由于转增股本与送股一样，都有摊薄每股收益与每股净资产的效应，势必会影响下年度的利润分配以及下年度的每股盈利指标。总之，对于上市公司和投资者来说，要辩证地看待送股和转增股本。一般来说，在新兴的证券市场上，上市公司比较喜欢用股票股利和转增股本的方式进行分配，以迎合投资者；而在成熟的证券市场上，上市公司较多采用现金股利方式进行利润分配，以保证股东收益的稳定性。

三、债券投资收益

（一）债券利息概述

债券是一种有价证券，是社会各类经济主体为筹集资金而向债券投资者出具的、承诺按一定利率定期支付利息并到期偿还本金的债权债务凭证。债券上规定资金借贷的权责关系主要有三点：第一，所借贷货币的数额；第二借款时间；第三，债券的利息。

债券利息是指基金资产因投资于不同种类的债券（国债、地方政府债券、企业债、金融债等）而定期取得的利息。我国《证券投资基金管理暂行办法》规定，一个基金投资于国债的比例，不得低于该基金资产净值的20%，由此可见，债券利息也是构成投资回报的不可或缺的组成部分。

（二）债券的利息计算

计算累计利息时，针对不同类别债券，全年天数和利息累计天数的计算分别有行业惯例。短期债券。通常全年天数定位360天，半年定位180天。利息累计天数则分为实际天数（ACT）计算（ACT/360、ACT/180）和按每月30天计算（30/360、30/180）两种。

例3-1　2010年3月5日，某年息6%、面值100元、每半年付息一次的一年期债券，上次付息为2009年12月31日。如市场净价报价为96元，则实际支付价格为：

(1) ACT/180

累计天数（算头不算尾）＝31天（1月）＋28天（2月）＋4天（3月）
＝63（天）

累计利息＝100×6%/2×63/180
＝1.05（元）

实际支付价格＝96＋1.05＝97.05（元）

(2) 30/180

累计天数（算头不算尾）＝30天（1月）＋30天（2月）＋4天（3月）
＝64天

累计利息＝100×6%/2×64/180
＝1.07（元）

实际支付价格－96＋1.07＝97.07（元）

中长期付息债券。全年天数有的定为实际全年天数，也有的定为365天。累计利息天数也分为实际天数、每月按30天计算两种。

我国交易所市场对付息债券的计息规定是，全年天数统一按365天计算；利息累计天数规则是“按实际天数计算，算头不算尾、闰年2月29日不计息”。

例3-2　2011年3月5日，某年息8%，每年付息一次，面值为100元的国债，上次付息日为2010年12月31日。如净价报价为103.45元，则按实际天数计算的实际支付价格为：

ACT/365

累计天数（算头不算尾）＝31天（1月）＋28天（2月）＋4天（3月）
＝63天

累计利息＝100×8%×63/365
＝1.38（元）

实际支付价格＝103.45＋1.38＝104.83（元）

贴现式债券。我国目前对于贴现发行的零息债券按照实际天数计算利息，闰年2月29日也计利息，公式为：

$$应计利息额=\frac{到期总付额-发行价格}{起息日至到期日的天数}\times 起息日至结算日的天数$$

例 3-3 2008 年 1 月 10 日，财政部发行 3 年期贴现式债券，2011 年 1 月 10 日到期，发行价格为 85 元。2010 年 3 月 5 日，该债券净价报价位 87 元，则实际支付价格计算为：

$$累计利息=[(100-85)/1\,096]\times 784=10.73(元)$$

$$实际支付价格为=87+10.73=97.73\ 元$$

（三）资本利得

资本利得是指低买高卖资产（如股票、债券、贵金属和房地产等）所获得的差价收益，按我国现行法律，资本利得无需交纳个人所得税。计算债券的资本利得，在于对债券价值的考量。

1. 影响债券投资价值的内部因素

内部因素是指债券本身相关的因素，债券自身有六个方面的基本特性影响着其定价：

(1) 期限。一般来说，债券的期限越长，其市场变动的可能性就越大，其价格的易变性也就越大，投资价值越低。

(2) 票面利率。债券的票面利率越低，债券价格的易变性也就越大。在市场利率提高的时候，票面利率较低的债券的价格下降较快。但是，当市场利率下降时，它们增值的潜力也较大。

(3) 提前赎回条款。提前赎回条款是债券发行人所拥有的一种选择权，它允许债券发行人在债券发行一段时间以后，按约定的赎回价格在债券到期前部分或全部偿还债务。这种规定在财务上对发行人是有利的，因为发行人可以发行较低利率的债券取代那些利率较高的被赎回的债券，从而减少融资成本。而对于投资者来说，他的再投资机会受到限制，再投资利率也较低，这种风险是要补偿的。因此，具有较高提前赎回可能性的债券应具有较高的票面利率，也应具有较高的到期收益率，其内在价值也就较低。

(4) 税收待遇。一般来说，免税债券的到期收益率比类似的应纳税债券的到期收益率低。此外，税收还以其他方式影响着债券的价格和收益率。例如，任何一种按折扣方式出售的低利率附息债券提供的收益有两种形式：息票利息和资本收益。在美国，这两种收入都被当作普通收入进行征税，但是对于后者的征税可以迟到债券出售或到期时才进行。这种推迟就表明大额折价债券具有一定的税收利益。在其他条件相同的情况下，这种债券的税前收益率必然略低于高利附息债券，也就是说，低利附息债券比高利附息债券的内在价值要高。

(5) 流通性。流通性是指债券可以迅速出售而不会发生实际价格损失的能力。如果某种债券按市价卖出很困难，持有者会因该债券的市场性差而遭受损失，这种损失包括较高的交易成本以及资本损失，这种风险也必须在债券的定价中得到补偿。因此，流通性好的债券与流通性差的债券相比，具有较高的内在价值。

(6) 债券的信用等级。债券的信用等级是指债券发行人按期履行合约规定的义务、足额支付利息和本金的可靠性程度，又称信用风险或违约风险。一般来说，除政府债券以外，一般债券都有信用风险，只不过风险大小有所不同而已。信用越低的债券，投资者要求的到期收益率就越高，债券的内在价值也就越低。

2. 影响债券投资价值的外部因素

(1) 基础利率。基础利率是债券定价过程中必须考虑的一个重要因素，在证券的投资价值分析中，基础利率一般是指无风险债券利率。政府债券可以看作是现实中的无风险债券，它风险最小，收益率也最低。一般来说，银行利率应用广泛，债券的收益率也可参照银行存款利率来确定。

(2) 市场利率。市场利率风险是各种债券都面临的风险。在市场总体利率水平上升时，债券的收益率水平也应上升，从而使债券的内在价值降低；反之，在市场总体利率水平下降时，债券的收益率水平也应下降，从而使债券的内在价值增加。并且，市场利率风险与债券的期限相关，债券的期限越长，其价格的利率敏感度也就越大。

(3) 其他因素。影响债券定价的外部因素还有通货膨胀水平以及外汇汇率风险等。通货膨胀的存在可能会使投资者从债券投资中实现的收益不足以抵补由于通货膨胀而造成的购买力损失。当投资者投资于某种外币债券时，汇率的变化会使投资者的未来本币收入受到贬值损失。这些损失的可能性也都必须在债券的定价中得到体现，使其债券的到期收益率增加，债券的内在价值降低。

上述影响债券投资价值的内部因素和外部因素，关键是能判断这些因素和债券投资价值的相关关系。

(四) 债券估价原理

债券估值的基本原理就是现金流贴现。债券投资者持有债券，会获得利息和本金偿付。把现金流入用适当的贴现率进行贴现并求和，就可得到债券的理论价格。

1. 债券现金流的确定

债券发行条款规定了债券的现金流，在不发生违约事件的情况下，债券发行人应按照发行条款向债券持有人定期偿付利息和本金。债券的面值和票面利率。除少数本金逐步摊还的债券外，多数债券在到期日面值还本，票面利率通常采用年单利表示，票面利率乘以付息间隔和债券面值即得到每期利息支付金额。短期债券一般不付息，而是到期一次还本付息，因此要折价交易。计付息间隔。债券在存续期内定期支付利息，我国发行的各类中长期债券通常每年付息一次，欧美国家则习惯半年付息一次。付息间隔短的债券，风险相对较小。债券的嵌入式期权条款。一般来说哦，凡是有利于发行人的条款都会相应降低债券的价值；反之，有益于持有人的条款则会提高债券价值。债券的税收待遇。投资者拿到的实际是税后现金流，因此，免税债券（如政府债券）与可比的应纳税债券（如公司债券、资产证券化债券等等）相比，价值要大一些。

其他因素。债券的付息方式（浮动、可调、固定）、债券的币种（单一货币、双币债券）等因素都会影响债券的现金流。

2. 债券贴现率的确定

债券的贴现率是投资者对该债券要求的最低回报率，也叫必要回报率：

债券必要回报率＝真实无风险利率＋预期通胀率＋风险溢价

真实无风险收益率，真实资本的无风险利率，理论上由社会资本平均回报率决定。

债券投资的主要风险因素包括违约风险（信用风险）、流动性风险、汇率风险。

投资学中，真实无风险利率＋预期通胀率＝无风险收益率，一般用相同期限零息国债的到期收益率来近似表示。

（五）再投资收益

理解再投资收益只需要理解债券的付息方式。债券按付息方式可分为一次性（到期）付息债券和持有期（分期）付息债券。再投资收益就是投资者投资分期付息债券，将分期付息债券的利息收入（债券计息时间终止前）再投资于付息债券（记入本金）而获得的收益。

再投资风险是指债券持有者在持有期间收到的利息收入、到期时收到的本息、出售时得到的资本收益等，用于再投资所能实现的报酬，可能会低于当初购买该债券时的收益率。所以，随着债券到期日的临近，投资者面临的再投资风险也增大了。对于长期债券来说，其风险也是相对最大的。长期企业债券的风险来自市场风险，到期期限越长，市场风险越大，也就是交易价格变动的可能性越大。所以，投资者要得到高的目标收益率，就不得不承担这种长期的市场风险。如果投资者只购买了短期债券，而没有购买长期债券，就会有再投资风险。再投资风险还是一个利率风险问题。

例如，长期债券利率为 14％，短期债券利率 13％，为减少利率风险而购买短期债券。但在短期债券到期收回现金时，如果利率降低到 10％，就不容易找到高于 10％的投资机会，还不如当期投资于长期债券，仍可以获得 14％的收益。

在债券投资分析过程中，我们通常都假设在此期间实现的利息收入将按照初始投资利率重新再投资，并没有考虑到再投资收益率实际上要依赖利率的未来走势。在利率走低时，再投资收益率就会降低，再投资的风险加大。当利率上升时，债券价格会下降，但是利息的再投资收益会上升。一般而言，期限较长的债券和息票率较高的债券的再投资风险相对较大。

再投资风险的规避方法对于再投资风险，应采取的防范措施是分散债券的期限，长短期配合，假如利率上升，短期投资可迅速找到高收益投资机会，若利率下降，长期债券却能保持高收益。也就是说，要分散投资，以分散风险，并使一些风险能够相互抵消。

第二节　证券投资收益率计算

一、股票收益率的计算

股票收益率是指投资于股票所获得的收益总额与原始投资额的比率。股票得到投资者的青睐，正是因为购买股票所带来的收益。股票的绝对收益就是股息，相对收益就是股票收益率。

股票收益率的计算公式：

股票收益率＝收益额/原始投资额

其中，收益额＝收回投资额＋全部股利－（原始投资额＋全部佣金＋税款）当股票未出卖时，收益额即为股利。

衡量股票投资收益水平的指标主要有股利收益率、持有期收益率和拆股后持有期收益率等。

(一) 股利收益率

股利收益率,又称获利率,是指股份公司以现金形式派发的股息或红利与股票市场价格的比率。

该收益率可用于计算已得的股利收益率,也可用于预测未来可能的股利收益率。

(二) 股票持有期收益率

股票持有期收益率指投资者持有股票期间的股息收入与买卖差价之和与股票买入价的比率。

持有期收益率=((股票卖出价－股票买入价)＋持有期间分得的现金股利)/股票买入价

股票没有到期日,投资者持有股票的时间短则几天,长则数年,持有期收益率就是反映投资者在一定的持有期内的全部股利收入和资本利得之和占投资本金的比重。

持有期收益率是投资者最关心的指标,但如果要将它与债券收益率、银行利率等其他金融资产的收益率做比较,需注意时间的可比性,即要将持有期收益率转化为年率。

(三) 拆股后持有期收益率

投资者在买入股票后,在该股份公司发放股票股利或进行股票分割(即拆股)的情况下,股票的市场的市场价格和投资者持股数量都会发生变化。

拆股后持有期收益率是指投资者在买入股票后,遇到股份公司进行股票的分割(即拆股)的情况后,经过调整后计算出来的持有期收益率。

二、债券收益率的计算

债券收益率是衡量债券投资收益通常使用的一个指标,是债券收益与其投入本金的比率,通常用年利率表示。债券的投资收益不等同于债券利息,债券利息仅指债券票面利率与债券面值的乘积,它只是债券投资收益的一个组成部分。除了债券利息以外,债券的投资收益还包括价差和利息再投资所得的利息收入,其中价差可能为负值。

债券收益率的计算公式如下:

收益率=[(期末值－期初值)＋利息收入]/全部购买价格

例如,如果年初某债券总的购入价格是 850 元,年末出售的价格为 950 元,减掉手续费 25 元,利息收入为 50 元。则该债券的收益率为:

收益率=[(925－850)＋50]/850=14.71%

又例如某人于 2008 年 1 月 1 日以 102 元的价格购买了一张面值为 100 元、利率为 10%、每年 1 月 1 日支付一次利息的 2001 年发行 10 年期国库券,并持有到 2009 年 1 月 1 日到期,则

债券购买者的收益率=[(100＋100×10%－102)/102]×100%=7.8%

投资者投资与债券的目的是为了获得利息收入或资本增值。债券收益率由基础利率和风险溢价构成,决定债券收益率的主要因素,有债券的票面利率、期限、面值、持有时间、购买价格和出售价格。

基础利率。基础利率是投资者所要求的最低利率，一般使用无风险的国债收益率作为基础利率的代表，并应针对不同期限的债券选择相应的基础利率基准。

风险溢价。债券收益率与基础利率之间的利差反映了投资者投资于非国债的债券时面临的额外风险，因此也称为风险溢价。可能影响风险溢价的因素包括：

(1) 发行人种类。不同的发行人种类代表了不同的风险与收益率，他们以不同的能力履行其合同义务。例如，工业公司、公用事业公司、金融机构、外国公司等不同的发行人发行的债券与基础利率之间存在一定的利差，这种利差有时也称为市场板块内利差。

(2) 发行人的信用度。债券发行人自身的违约风险是影响债券收益率的重要因素。债券发行人的信用程度越低，投资人所要求收益率越高；反之则较低。

(3) 提前赎回等其他条款。如果债券发行条款包括了提前赎回等对债券发行人有利的条款，则投资者将要求相对于同类国债来说较高的利差；反之，如果条款对债券投资者有利，则投资者可能要求一个小的利差。

(4) 税收负担。债券投资者的税收状况也将影响其税后收益率。

(5) 债券的预期流动性。债券的交易有不同程度的流动性，流动性越大，投资者要求的收益率越低；反之则要求的收益率越高。

(6) 到期期限。由于债券价格的波动性与其到期期限的长短相关，到期期限越长，债券价格的波动性越大，反之价格的波动性则越小。相应的，不同久期的债券收益率波动性也不同。久期越长，在债券价格变动相同幅度的情况下，收益率的变动也越大。

(一) 票面收益率

债券票面收益率也称债券票面利率，是指债券票面上所载明的债券发行人承诺支付给债券持有人的利息率，在债券到期以前的整个时期都按此利率计算和支付债息。在银行存款利息率不变的前提下，债券的票面利率越高，则债券持有人所获得的债息就越多，所以债券价格也就越高。反之，则越低。

债券持有人每年或者每半年都可以获得按照票面价值和息票率计算的收益。债券存在时就制定好了息票百分比，即息票利率或称债券的名义收益率。

如果年息票率是5%，意味着债券发行人承诺每年就每份债券付给债券持有人50元的利息(5%＊1 000元)。许多债券每半年支付一次利息。如果债券发行人按年息5%、每半年支付一次利息，债券持有人每6个月就能在其每张债券上得到25元的利息收入。

有些债券的利息率是根据某一特定的指数进行调整或浮动的，这说明利息支付将会根据某基准指数的波动而发生变动。

(二) 即期收益率

即期收益率也称现行收益率，是指投资者当时所获得的收益与投资支出的比率，也称本期收益率。

即期收益率的计算公式＝利息/市场价格×100%

例如，某人于2010年购买某债券，当期利息收入是6元，当期市场价格是96元，则即期收益率＝6/96×100%＝6.25%。

（三）持有期收益率

持有期收益率是指从购入到卖出这段特有期限里所能得到的收益率。持有期收益率和到期收益率的差别在于将来值的不同。

例如某人于2002年1月1日以120元的价格购买了面值为100元、利率为10%、每年1月1日支付一次利息的2001年发行的10年期国库券，并持有到2007年1月1日以140元的价格卖出，则债券持有期间的收益率＝(140－120＋100×10%×5/120×5)×100%＝11.7%。

（四）到期收益率

1. 到期收益率的含义

到期收益率是指从债券上得到的所有回报的现值与债券当前价格相等的收益率，也可以称它为一种贴现率。用这种贴现率使得债券的各期所得收益折现到现在时刻之后，计算出这些各期收益现值的和，然后令这个和等于债券的当前价格，倒算出它相当于多大的贴现率。它反映了投资者如果以既定的价格投资某个债券，那么按照复利的方式，得到未来各个时期的货币收入的收益率是多少。到期收益率是包括价格、收益率和到期时间的复杂公式。最精确的到期收益率的计算需要金融计算机。到期收益率的用途在于将一种债券的完全价值与另一种债券相比较。

2. 到期收益率的计算

具体的债券收益率计算公式如下所示：

(1) 对处于最后付息周期的附息债券（包括固定利率债券和浮动利率债券）、贴现债券和剩余流通期限在一年以内（含一年）的到期一次还本付息债券，到期收益率采取单利计算。计算公式为：

$$y=\frac{FV-PV}{PV}\div\frac{D}{365}$$

其中，y为到期收益率；PV为债券全价（包括成交净价和应计利息，下同）；D为债券交割日至债券兑付日的实际天数；FV为到期本息和。其中，贴现债券$FV=100$，到期一次还本付息债券$FV=M+N\times C$，附息债券$FV=M+C/f$；M为债券面值；N为债券偿还期限（年）；C为债券票面年利息；f为债券每年的利息支付频率。

上述公式同样适用于计算债券回购交易中的回购利率，不过其中FV为到期结算本息和，PV为首期结算金额，D为回购天数。

(2) 剩余流通期限在一年以上的零息债券的到期收益率采取复利计算。计算公式为：

$$y=\sqrt{\frac{M+N\times C}{PV}}-1$$

其中，y为到期收益率；PV为债券全价；M为债券面值；L为债券的剩余流通期限（年），等于债券交割日至到期兑付日的实际天数除以365。

(3) 剩余流通期限在一年以上的到期一次还本付息债券的到期收益率采取复利计算。计算公式为：

$$y=\sqrt{\frac{M+N\times C}{PV}}-1$$

其中，y 为到期收益率；PV 为债券全价；C 为债券票面年利息；N 为债券偿还期限（年）；M 为债券面值；L 为债券的剩余流通期限（年），等于债券交割日至到期兑付日的实际天数除以 365。

(4) 不处于最后付息周期的固定利率附息债券和浮动利率债券的到期收益率采取复利计算。计算公式为：

$$PV=\frac{C/g}{(1+y/g)^{n}}+\frac{C/g}{(1+y/g)^{n+1}}+\cdots+\frac{C/g}{(1+y/g)^{y+n-1}}+\frac{M}{(1+y/g)^{y+n-1}}$$

其中，y 为到期收益率；PV 为债券全价；f 为债券每年的利息支付频率；$W=D/(365$ 天)，D 为从债券交割日距下一次付息日的实际天数；M 为债券面值；n 为剩余的付息次数；C 为当期债券票面年利息，在计算浮动利率债券时，每期需要根据参数 C 的变化对公式进行调整。

3. 到期收益率的缺陷

到期收益率包含了所用影响利息支付的因素，但它离不开两个假设条件：投资者持有债券至到期日。

投资者以相同的到期收益率将利息收入进行再投资。

如果债券没有到期，可以用出售价格代替到期价格来计算债券的内部收益率。同样，如果债券有赎回条款，投资者可在公式中利用赎回价格代替到期价格来计算赎回收益率。

在计算到期收益率的过程中，我们假设：投资者会将利息所得以相同的收益率进行再投资。如果情况不是这样的话，投资者的实际收益率会遇到期收益率有所不同。例如，利息收入被用于消费而不是用于再投资，利息收入便不会产生任何的利息，那么投资者的实际收益率将低于到期收益率。同样如果公示的到期收益率为 8%，并且投资者将利息所得以更高的或更低的利率进行再投资，那么最后实际的收益率也不会时 8%。

第三节　证券投资风险

证券投资风险是指投资者在证券投资过程中遭受损失或达不到预期收益率的可能性。证券投资风险分为两类，即经济风险与心理风险。证券投资所要考虑的风险主要是经济风险，经济风险来源于证券发行主体的变现风险、违约风险以及证券市场的利率风险和通货膨胀风险等。证券投资风险就其性质而言，可分为系统性风险和非系统性风险。

一、证券投资风险特点

证券投资风险作为一种风险，在具备了一般风险特征的同时，也有其自身特有的性质，这主要是股票证券的特殊性所决定的，即证券仅是一种虚拟资本或价值符号，其价格体现了投资者对未来收益的预期。根据证券投资风险的定义，我们将其主要特征归纳为以下几个方面。

(1) 客观存在性。由于证券市场的风险因素是客观存在的，通过其在时间和数量上积累，引发风险事故从而影响整个证券市场的价格波动，造成了投资者的实际收益与预期收益的偏差，所以证券投资风险也是客观存在的，不以投资者的主观意志为转移的。在证券市场的投资活动中，人们通常所说的"风险防范"也是在承认证券投资风险客观存在的前提下设法规避和降低风险。

(2) 不确定性。由风险因素触发的风险事故，会引起投资者心理预期的改变，从而造成市场的价格波动，并进一步对投资者的投资收益产生影响，其具体表现为实际收益相对于预期收益的偏差。偏差可能是正的(高于预期)，也可能是负的(低于预期)，因此，证券投资风险具有不确定性。

(3) 可测度性。尽管证券投资风险具有不确定性，但我们仍然可以通过一定的方法来对其大小进行测度。从统计学的角度来看，证券投资风险是实际收益与预期收益的偏离程度，偏离程度越高，风险越大，偏离程度越低，风险越小。同时，我们可以运用一定的统计方法对收集的历史数据进行计算，从而实现这种偏离程度的量化。

(4) 相对性。证券投资风险是相对的，由于投资者对风险偏好的不同，他们各自对风险也会采取不同的态度，风险承受能力强的投资者为获取高收益而敢冒高风险，风险承受能力低的投资者为避免风险而宁可选择低收益。因此，某一程度的证券投资风险在某些投资者看来很高，而某些投资者看来很低。

(5) 危害性。虽然证券投资风险会给投资者的实际收益带来一定的不确定性，但涉及可能发生的损失与投资者的预期偏差过大时，证券投资风险就具有一定的危害性。如前所述，当证券市场价格波动幅度过大时，容易引发过度的投机行为，投资者在盲目追涨的同时，往往会蒙受惨重的损失。另外，随着证券市场内在风险的进一步扩大，会引发金融风暴和经济危机，对国家的社会、经济、政治的稳定造成相当大的危害。

(6) 可防范性。尽管证券投资风险是客观存在的，同时又带有不确定性，甚至达到一定程度后更具危害性，但我们仍然可以采取一定的方法来防范和规避证券投资风险，尽可能避免或减小风险带来的损失和危害。比如投资者可以借鉴现代投资组合理论，利用分散化投资来降低投资组合的风险，同时，他们也可以通过做空机制来对冲证券市场价格下跌所带来的风险。政府可以通过对现行制度进行改革以及加强市场监管力度，从根本上消除可能出现的证券投资风险。

二、证券投资风险类型

证券投资的总风险是系统风险和非系统风险的总和。

(一) 系统性风险

系统性风险是指由于全局性事件引起的投资收益变动的不确定性。系统风险对所有公司、企业、证券投资者和证券种类均产生影响，因而通过多样化投资不能抵消这样的风险，所以又成为不可分散风险或不可多样化风险。系统性风险的特点包括：(1) 由共同因素引起；(2) 影响所有股票的收益；(3) 不可能运用多样化投资来回避和消除。

系统性风险主要是由政治、经济及社会环境等宏观因素造成的，包括政策风险、利率风险、购买力风险和经济周期波动风险等。

(1) 政策风险。政府的经济政策和管理措施的变化，可以影响到公司利润、投资收益的变化；证券交易政策的变化，可以直接影响到证券的价格。而一些看似无关的政策变化，比如对于私人购房的政策，也可能影响证券市场的资金供求关系。因此，经济政策、法规出台或调整，对证券市场会有一定影响，如果这种影响较大时，会引起市场整体的较大波动。

(2) 经济周期波动风险。经济周期性波动风险是证券市场行情周期性变动而引起的风险。这种行情变动不是指证券价格的日常波动和中级波动，而是指证券行情长期趋势的改变。周期波动是经济发展过程中常见的现象，它表现为经济周而复始地由扩张到紧缩的不断循环运动。证券投资风险中，决定性的因素是经济周期的变动。

(3) 利率风险。市场价格的变化随时受市场利率水平的影响。利率从两方面影响：一是改变资金流向。二是影响公司盈利。利率风险对不同证券的影响是不同的，它是固定收益证券的主要风险，特别是债券的主要风险；是政府债券的主要风险；对长期债券的影响大于短期债券。一般来说，市场利率提高时，会对股市资金供求方面产生一定的影响。

(4) 购买力风险。由于物价的上涨，同样金额的资金，未必能买到过去同样的商品。这种物价的变化导致了资金实际购买力的不确定性，称为购买力风险，或通货膨胀风险。在证券市场上，由于投资证券的回报是以货币的形式来支付的，在通胀时期，货币的购买力下降，也就是投资的实际收益下降，也存在给投资者带来损失的可能。只有名义收益率大于通货膨胀率时，才有实际收益。购买力风险对不同证券的影响是不同的，最容易受其损害的是固定收益证券。购买力风险对不同的股票的影响是不同的，在通货膨胀的不同阶段，对股票的影响也不同。

(二) 非系统性风险

非系统性风险是指由非全局性事件引起的对市场中部分股票产生不利影响，从而导致该部分或个别股票呈现出的风险。这些因素有很多种，如股份公司经营不善；市场供求关系发生变化、产业结构调整等。由于非系统性风险是个别性的风险，而不会对市场整体发生作用，投资者可以通过分散化投资或转换投资品种来消除这种风险。因此，非系统性风险也被称为可分散风险或可回避风险。非系统性风险的特点包括：(1) 由特殊因素引起；(2) 只影响某种股票的收益；(3) 可通过多样化投资来清除或回避。

非系统性风险主要包括：

(1) 信用风险。信用风险也称违约风险，指不能按时向股票持有人支付本息而给投资者造成损失的可能性。此类风险主要针对债券投资品种，对于股票只有在公司破产的情况下才会出现。造成违约风险的直接原因是公司财务状况不好，最严重的是公司破产。

(2) 经营风险。经营风险主要指上市公司经营不景气，甚至失败、倒闭而给投资者带来损失。上市公司经营、生产和投资活动的变化，导致公司盈利的变动，从而造成投资者收益本金的减少或损失。例如经济周期或商业营业周期的变化对上市公司收益的影响，竞争对手的变化对上市公司经营的影响，上市公司自身的管理和决策水平等都可能会导致经营风险，如投资者购买垃圾股或低价股(*ST)就可能承担上市公司退市风险。

(3) 财务风险。财务风险是指公司因筹措资金而产生的风险，即公司可能丧失偿债能力的风险。公司财务结构的不合理，往往会给公司造成财务风险。公司的财务风险主要表现为无力偿还到期的债务，利率变动风险，再筹资风险。形成财务风险的主要因素有资本负债比率、资产与负债的期限、债务结构等因素。一般来说，公司的资本负债比率越高，债务结构越不合理,其财务风险越大。

三、风险和收益的关系

(一) 收益与风险不可分割

投资者投资于证券的直接目的在于获取收益,因而投资决策的目标是使得收益最大化。但由于收益与投资之间存在时间上的滞后,这种滞后导致收益许多未来不确定因素的影响,从而使得收益成为一个未知量。

投资者在进行决策时只能根据经验和所掌握的资料对未来形势进行判断和预测,形成对收益的估计(预期)。未来收益的实现将受不确定因素的影响而偏离预期,这种偏离将导致投资者可能得不到预期收益甚至亏损的危险,这便是投资者的风险。

可见,证券投资者要想获取一定收益就必须承担一定的风险。风险与收益同在,收益以风险为代价,风险用收益来补偿,二者在证券投资中总是形影相随,投资者投资的目的是为了得到收益,与此同时,又不可避免地面临着风险,证券投资的理论和实战技巧都围绕着如何处理这两者的关系而展开。

(二) 收益与风险成正比

收益与风险的基本关系是:收益与风险相对应。也就是说,风险较大的证券,其要求的收益率相对较高;反之,收益率较低的投资对象,风险相对较小。但是,绝不能因为风险与收益有着这样的基本关系,就盲目地认为风险越大,收益就一定越高。风险与收益相对应的原理只是揭示风险与收益的这种内在本质关系:风险与收益共生共存,承担风险是获取收益的前提;收益是风险的成本和报酬。风险和收益的上述本质联系可以表述为下面的公式:预期收益率＝无风险利率＋风险补偿。预期收益率是投资者承受各种风险应得的补偿。无风险利率是指把资金投资于某一没有任何风险的投资对象而能得到的收益率,这是一种理想的投资收益,我们把这种收益率作为一种基本收益,再考虑各种可能出现的风险,使投资者得到应有的补偿。现实生活中不可能存在没有任何风险的理想证券,但可以找到某种收益变动小的证券来代替。美国一般将联邦政府发行的短期国库券视为无风险证券,把短期国库券利率视为无风险利率。这是因为美国短期国库券由联邦政府发行,联邦政府有征税权和货币发行权,债券的还本付息有可靠保障,因此没有信用风险。政府债券没有财务风险和经营风险,同时,短期国库券以91天期为代表,只要在这期间没有严重通货膨胀,联邦储备银行没有调整利率,也几乎没有购买力风险和利率风险。短期国库券的利率很低,其利息可以视为投资者牺牲目前消费,让渡货币使用权的补偿。在短期国库券无风险利率的基础上,我们可以发现以下几个规律:

1. 同一种类型的债券,长期债券利率比短期债券高

这是对利率风险的补偿。如同是政府债券,都没有信用风险和财务风险,但长期债券的利率要高于短期债券,这是因为短期债券没有利率风险,而长期债券却可能受到利率变动的影响,两者之间利率的差额就是对利率风险的补偿。

2. 不同债券的利率不同。这是对信用风险的补偿

通常,在期限相同的情况下,政府债券的利率最低,地方政府债券利率稍高,其他依次是金

融债券和企业债券。在企业债券中,信用级别高的债券利率较低,信用级别低的债券利率较高,这是因为它们的信用风险不同。

3. 在通货膨胀严重的情况下

债券的票面利率会提高或是会发行浮动利率债券这种情况是对购买力风险的补偿。

4. 股票的收益率一般高于债券

这是因为股票面临的经营风险、财务风险和经济周期波动风险比债券大得多,必须给投资者相应的补偿。在同一市场上,许多面值相同的股票也有迥然不同的价格,这是因为不同股票的经营风险、财务风险相差甚远,经济周期波动风险也有差别。投资者以出价和要价来评价不同股票的风险,调节不同股票的实际收益,使风险大的股票市场价格相对较低,风险小的股票市场价格相对较高。当然,风险与收益的关系并非如此简单。证券投资除以上几种主要风险以外,还有其他次要风险,引起风险的因素以及风险的大小程度也在不断变化之中;影响证券投资收益的因素也很多。所以这种收益率对风险的替代只能粗略地、近似地反映两者之间的关系,更进一步说,只有加上证券价格的变化才能更好地反映两者的动态替代关系。

第四节　证券投资风险防范

一、购买力风险的防范

面对通货膨胀可能带来的风险,最安全的方法是采取防卫措施。在通货膨胀期间,采取保守的减少购买力风险的防卫措施是:1. 将长期债券和优先股转换为普通股,因为长期债券和优先股的风险要大于普通股;2. 投资于多种实质资产即动产与不动产,因为这些资产的价格会随着通货膨胀的上升而提高,抗通货膨胀能力强。

二、利率风险的防范

尽量了解企业营运资金中自有成分的比例,利率升高时,会给借款较多的企业或公司造成较大困难,从而殃及股票价格,而利率的升降对那些借款较少、自有资金较多的企业或公司影响不大。因而,利率趋高时,一般要少买或不买借款较多的企业股票,利率波动变化难以捉摸时,应优先购买那些自有资金较多企业的股票,这样就可基本上避免利率风险。

三、市场风险的防范

市场风险来自各种因素,需要综合运用回避方法。一是要掌握趋势。对每种股票价位变动的历史数据进行详细的分析,从中了解其循环变动的规律,了解收益的持续增长能力。二是搭配周期股。有的企业受其自身的经营限制,一年里总有那么一段时间停工停产,其股价在这段时间里大多会下跌,为了避免因股价下跌而造成的损失,可策略性低地购入另一些开工、停工刚好相反的股票进行组合,互相弥补股价可能下跌所造成的损失。三是选择买卖时机。以股价变化的历史数据为基础,算出标准误差,并以此为选则买卖时机的一般标准,当股价低于标准误差下限时,可以购进股票,当股价高于标准误差上限时,最好把手头的股票卖掉。四是注意投资期。企业的经营状况往往呈一定的周期性,经济气候好时,股市交易活跃;经济气候不好时，股市交易必然凋零。

四、经营风险的防范

在购买股票前，要认真分析有关投资对象，即某企业或公司的财务报告，研究它现在的经营情况以及在竞争中的地位和以往的盈利情况趋势。如果能保持收益持续增长、发展计划切实可行的企业当作股票投资对象，而和那些经营状况不良的企业或公司保持一定的投资距离，就能较好地防范经营风险。如果能深入分析有关企业或公司的经营材料，并不为表面现象所动，看出它的破绽和隐患，并做出冷静的判断，则可完全回避经营风险。

五、操作性风险的防范

防范操作性风险的基本措施如下，

（一）正确的认识和评价自己

投资者必须按照自己对风险的承受力来决定自己的投资行为和投资组合，才能避免亏本给自己造成的严重打击。

（二）充分、及时掌握各种股票信息

掌握信息的关键在于获取信息、分析处理信息和利用信息。投资者可以针对自己的投资目的或风险控制目标，有选择地收集各种信息。

（三）培养市场感觉

所谓"市场感觉"是指投资者对证券市场上影响价格和投资收益的不确定因素的敏感程度，以及正确判断这些因素变动方向的"灵感"。要培养良好的市场感觉，必须保持冷静的头脑，逐步积累经验并加以灵活运用，同时要有耐心，经常进行投资模拟试验。

六、通过证券投资组合能有效地分散风险

证券的系统风险是无法通过证券投资组合分散的，但非系统风险却可以通过组合进行分散，对存在风险的证券采用一定方式的组合，可以使包括若干种证券的组合的风险低于单独投资其中任何一种证券的风险投资者可以同时投资相关系数为负的多个证券以抵消部分非系统风险所带来的损失，期望获得一个较高的收益。

在证券组合理论的发展过程中，形成了各种各样的派别，从而形成了不同的组合策略，其中最常见的几种：

（一）保守型策略

这种策略认为，最佳证券投资组合策略是要尽量模拟市场现状，将尽可能多的证券包括进来，以便分散掉全部非系统风险，得到与市场所有证券的平均收益同样的收益。

（二）冒险型策略

这种策略认为，与市场完全一样的组合不是最佳组合，只要投资组合做得好，就能击败市

场或超级市场，取得远远高于平均的收益。在这种组合中，一些成长型的股票比较多，而那些低风险、低收益的证券不多。

（三）适中型策略

这种策略认为，证券的价格，特别是股票的价格，是由特定企业的经营业绩来决定的。市场上股票价格的一时沉浮并不重要，只要企业经营业绩好，股票一定会升到其本来的价值的水平。所以是一种最常见的投资组合策略。各种金融机构、投资基金和企事业单位在进行证券投资时一般都采用此种策略。

证券投资组合不是固定不变的静态组合，而是变化多端的动态组合。因为每一个有效的证券投资组合都是在一定的经济环境中和一定的市场条件下制定的，而经济环境和市场条件是不断变化的，这样就使得已有的证券组合难以适应变化了的经济环境和市场条件，面临着一定的风险，所以必须采用科学的方法适时地对已有的证券投资组合进行调整，以防范因经济环境和市场条件变化给投资主体带来的风险。对证券投资组合的调整既可以通过计算风险、收益水平和相关系数来进行调整。投资主体在利用各种投资方法对证券组合进行调整时，应根据自己的资金状况，对收益的依赖程度和承担风险的能力以及特定的经济环境和市场条件作出选择。

（四）运用灵活的投资策略，防范证券投资风险

因此，投资主体必须根据证券市场情况的不断变化采用不同的投资策略，并注意策略之间的联系，制定证券投资组合策略，充分发挥各种策略的作用，防范证券投资风险。

七、密切关注国家政策

在系统风险中，国家政策和法律的因素占有很大的部分证券投资者应该密切关注国家政策和法律的变化，并以此为依据适时调整自身的证券投资方向和策略，有针对性地降低系统风险。

八、尽量减少市场投机行为

真正降低投资风险过渡的投机行为给现在的证券市场带来了巨大的风险，作为市场中的一分子，证券投资者应该尽可能减少市场投机行为，加强自身的知识学习，尽力选择合适的投资方式和正确的投资时机，改变盲目跟庄的投资方式，这样才能有效地规避风险，获取最大的投资收益。

九、政府在防范证券投资风险方面应采取的措施

（一）完善立法，健全法律制度，加强执法力度

要防范证券投资风险。从客观上说，必须建立一套完备的、严格的监管法规，我国应学习西方发达证券市场管理的经验，建立严密的制度、有效的预警系统，严厉处罚违法违规行为等，这些都是防范证券投资风险的重要内容。

规范上市公司、监督过度投机和保护中小投资者的合法利益。根据成熟市场的经验，这些

法规有几个共同点：(1) 法律体系比较健全，各法之间衔接性很强，且奖罚分明；(2) 突出了保护中小投资者的利益，增强他们对证券市场的信心；(3) 针对性强，突出了对上市公司、证券公司、证券交易所和证券市场服务机构等进行分行业监管的原则；(4) 证券法规的形成超前于证券市场的形成，防患于未然；(5) 法规的内容既保持相对的稳定性、严肃性，又能随着证券市场的发展变化而不断完善，增强其适应性。法规不完善、执法不严可说是我国目前证券市场的一大薄弱环节。近年来，我国虽然也建立起诸如《证券法》的法规，但大多缺乏具体的细则，难于操作，因此，应尽快制定《证券法》及与其相配套的法规制度，使证券交易活动的各环节有法可依。

(二) 上市公司与中介公司的监控与自律有待加强

证券经纪商在证券市场中上通下达，他们既代表买方，又代表卖方，证券经纪商承担着防范证券投资风险的重要责任。因为投机者中的恶意违规，过度投机很难绕过券商，所以只要券商能够充分发挥作用，实行自律管理，就能最大限度地防范这类风险。

由于我国证券法规不完善，缺乏监控力度，造成不少上市公司为了上市不惜弄虚作假，规范上市公司的行为，加强政府的监控，确保市场上信息披露充分和上市公司的自律，对证券投资风险的防范非常重要。对证券公司和其他投资机构、服务机构一样，除了对它们实施严监管，严厉打击操纵市场行为之外，也需要自律，以防止过度投机和对投机的推波助澜。

(三) 监管措施的完善

证券交易所下属的中央证券登记清算公司应针对整个市场的运行提出控制防范和化解风险的预警报告，严格执行证券监督管理委员会的各项措施，利用高科技手段，对交易全过程进行全程有效监视，包括任何细小的违规隐患，作为管理层进行监管的有力保证。除了要有完备的监察监控体系外，还要严格执行，保证该体系的有效运作。

(四) 加强对投资者的风险教育

证券市场的风险是永远存在的，不同的投资者有着不同的风险偏好，对投资者进行风险教育，也是政府一项极重要的工作。风险教育，既是保护投资者利益所必需的，又是帮助投资者了解和认识市场所必需的，更是保证证券市场健康发展所必需的。政府的监管部门应该把风险教育作为一项长期工作，坚持不懈地来抓，多宣传风险观念，时刻敲警钟，以提高投资者的风险意识。

扩展阅读

327 国债事件

1992 年底，上海证券交易所首先向证券商自营推出了国债期货交易，并于 1993 年 10 月向社会公众开放，北京商品交易所也在期货交易所中率先推出国债期货交易。当时，由于三年宏观调控开始，作为抑制通货膨胀的重要措施，钢材、煤炭、食糖等大宗商品期货品种相继被暂停，加之股市低迷，大量资金扑向国债期货市场，1994 年到 1995 年间，国债期货飞速发展。

当时的盛况是：广州市的各家银行拉业务的踏破门槛，因为广联所平均每天沉淀的客户保证金在10亿元上下。

广联所交投的火爆也引来许多北方机构和客户的资金，这些机构和客户，虽然他们本身也都是有着深厚的背景，与北京、上海的市场大主力之间有着千丝万缕的联系，但选择了避开上海、北京交易所里实力强劲的大庄家作为自己的交易对手。

“327国债”是指1992年发行，1995年6月30日到期兑换的3年期国债品种，总共240亿元。

1994年，国内面临两位数高通胀的压力，银行储蓄利率达到10%以上，固定利率的国债自然少人问津，而年利率9.50%的327国债，到期兑付132元，1994年10月时的内在价值也就在124元左右，但是当时国债期货市价还不到116元，为了保证新国债的顺利发行，当时国家对已经发行的国债实行保值贴补，保值贴补率由财政部根据通胀指数每月公布，这就意味着327国债到期将以更高的价格兑付。因此对通货膨胀率和保值补贴率的预期不同，就导致市场主力在多空上形成分歧。

1994年10月，当时公布的保值贴补率为8%，而且每月都不断上升，到12月突破两位数，受此刺激，327国债期货的价格开始直线上涨。从1994年10月的110多元上涨到1995年初的140多元，上涨了20%多。当时国债期货保证金的标准定在2.5%，缴纳250万保证金可以做1亿元市值的交易，20%以上的上涨意味着在短短的三个月内，买入者已经有了相当于本金十余倍的暴利！机构日进千万，欣喜若狂。当时有这样一个插曲：某北方机构客户代表上午打电话回北京，要求再想办法筹资，趁行情如火如荼再做1 000万进去，但过了一小时后，该客户电话再次打回北京大本营，告诉那边说：你那1 000万不用筹了，我这边刚才已经赚出来了！

“保值贴补率博弈”——从1995年2月初开始，市场上开始传闻财政部又将提高保值贴补率，327国债将会以148元兑付。面对传闻，市场出现了急剧分化：权倾一时的国内证券界“教父”人物，时任万国证券总裁管金生认为，宏观调控三年的三大目标第一条就是治理居高不下的通货膨胀，因此没有可能再提高保值贴补率，而且财政部也没有必要为此多支付10多亿元的利息，使财政更加吃力。管金生的观点代表了当时一批券商的看法，因此他们把宝都押在做空上。

这个时候，中经开开始进场坚定地做多，中经开做多并没有公开的原因，但中经开的背景市场都很清楚，作为财政部的担负财政资金周转任务的直属机构，中经开在人事、资金、经营运作方面都与财政部有着密切的联系。

当时市场上绝大部分的中小散户和部分机构也做多，这其中就包括了与中经开有亲密关联的北方机构，当时他们的看法就是通货膨胀短期内肯定是控制不住的，保值贴补肯定会涨，327国债的兑付价也会跟着涨。2月中的时候，谁是敌谁是友市场界限已经清楚的划出来了：满山遍野的散户和中小机构，跟着“多头司令”中经开做多，万国证券和辽国发高氏兄弟等一批机构做空。

2月23日之前，多空双方在147元附近增持大量仓单对峙，当时万国证券手中持有200万口的仓单，已经远远超出上交所的规定，327合约每涨跌1元，万国的账面上就将浮动4亿元的盈亏。有知情者后来评论说，其实这个时候，多空都已经没有退路了，由对政策的预期差异变成资金众寡的搏斗。

“烈焰冰山之间”——2月23日，财政部发布提高327国债利率的公告，百元面值的327

国债将按148.50元兑付。

当天多空展开最后的生死厮杀，上午开盘后，多方在中经开的率领下，用300万口的多单将前日的148.21元收盘价一举推至150元，此时空方已经损失惨重，下午开市后，空头主力万国证券的同盟军辽国发终于扛不住了，阵前倒戈空翻多，空方立即溃不成军，327合约在1分钟内竟上涨了2元。接近到152元，意味着多头当天盈利95%以上！当时广联所内一片欢呼之声，多头欣喜若狂。

广联所的北方机构客户，据说此时已飞回上海坐镇指挥，根据其当时的说法是：下午4点22分，在收盘前的最后八分钟，突然出现50万口空单将多头打了个措手不及，期价被打到150元，随后连续几个数十万口将价格打回到148元。此时在广联所内只看见价格一个劲地往下掉，却根本不知道出了什么事。收市前最后时段竟然出现一笔730万口的巨大卖单，把价位封死在147.50元，这意味着几分钟内多头们不仅当天盈利全部亏光，而且连本金至少也亏掉一半以上，交易所内外一片目瞪口呆。北方机构当事人事后回忆，自己脸色刷地一下就白了，手足冰凉、全身麻木，有人甚至当场晕倒。事后统计，万国证券最后八分钟共抛出1 056万口卖单。

1 056万口的空单意味着什么？意味着2 100亿的总市值！当时327国债总共才240亿，这样的天量可谓空前绝后。

收市后半小时，就从上交所传来消息：管金生输红了眼，1 056万口的空单需要52.8亿保证金，万国证券根本就拿不出这么多钱。当晚10点多钟，上交所根据来自北京的命令，宣布最后七分钟的交易无效，当天收盘价为151.30元。如果最后八分钟交易有效，万国证券赚42亿，而现在变成亏16亿。

许多人这一天内在千万身家的暴发户与债台高筑的穷光蛋之间转了个来回。2月23日一天的疯狂，让管金生和万国证券付出承重代价：管金生因贪污、挪用公款被判17年徒刑，“证券王国”万国证券损失14亿元，元气大伤，不久被申银重组，327事件也让刚刚起步的国债期货半途夭折，当年5月17日，中国证监会发出紧急通知，宣布暂停国债期货交易试点。

习　题

一、单项选择题

1. 债券投资中的资本收益指的是________。

A. 债券票面利率与债券本金的乘积

B. 买入价与卖出价之间的差额，且买入价大于卖出价

C. 买入价与卖出价之间的差额，且买入价小于卖出价

D. 债券持有到期获得的收益

2. 年利息收入与债券面额的比率是________。

A. 直接收益率　　B. 到期收益率

C. 票面收益率　　D. 到期收益率

3. 以下不属于股票收益来源的是________。

A. 现金股息　　B. 股票股息
C. 资本利得　　D. 利息收入

4. 某投资者以 10 元一股的价格买入某公司的股票，持有一年分得现金股息为 0.5 元，则该投资者的股利收益率是________。

A. 4%　　B. 5%　　C. 6%　　D. 7%

5. 以下不属于系统风险的是________。

A. 市场风险　　B. 利率风险　　C. 违约风险　　D. 购买力风险

6. 以下各种证券中，受经营风险影响最大的是________。

A. 普通股　　B. 优先股　　C. 公司长期债券　　D. 公司短期债券

7. 以下关于证券的收益与风险，说法正确的是________。

A. 投资者可以通过恰当的投资实现只有收益而不承担任何风险
B. 一般说来，收益越高，风险是越小的
C. 投资者承担的风险越大，就必然能获得越高的收益
D. 组合投资可以实现在收益不变的情况下，降低风险

8. 投资者选择证券时，以下说法不正确是________。

A. 所面对风险相同的情况下，投资者会选择收益较低的证券
B. 所面对风险相同的情况下，投资者会选择收益较高的证券
C. 当各证券预期收益相同时，投资者会选择风险较小的证券
D. 投资者的风险偏好会对其投资选择产生影响

9. 以下关于不同债券的风险补偿，说法不正确的是________。

A. 长期债券利率比短期债券高，是对利率风险的补偿
B. 不同债券的利率水平不同，是对利率风险的补偿
C. 发行浮动利率债券，可以实现对通货膨胀的补偿
D. 股票面临的经营风险和市场风险比债券大，所以股票的收益率一般高于债券

10. 以下各组相关系数中，组合后对于非系统风险分散效果最好的是________。

A. 1　　B. 0　　C. －1　　D. －0.5

二、多项选择题

1. 以下可以成为债券投资收益的来源的是________。

A. 债券的年利息　　B. 将债券以高于开始的购买价格卖出
C. 将债券以低于开始的购买价格卖出　　D. 债券的本金收回

2. 以下对债券投资收益率有影响的因素是________。

A. 债券的票面收益率　　B. 债券的还本期限
C. 债券的面值　　D. 债券的发行价格

3. 以下各种附息债券收益率中，考虑了资本损益的包括________。

A. 票面收益率　　B. 直接收益率　　C. 持有期收益率　　D. 到期收益率

4. 股票投资收益的来源有________。

A. 现金股息　　B. 资本利得　　C. 送股　　D. 配股

5. 以下关于股票持有期回收率的计算结果，说法正确的是________。

A. 持有期回收率一定是非负的　　B. 持有期回收率一定是小于 1 的

C. 持有期回收率一定是大于 1 的　　D. 持有期回收率有可能等于 1

6. 以下属于系统风险的是________。

A. 利率风险　　B. 市场风险　　C. 违约风险　　D. 购买力风险

7. 以下属于非系统风险的是________。

A. 购买力风险　　B. 违约风险　　C. 经营风险　　D. 财务风险

8. 以下属于利率影响证券价格的途径的是________。

A. 改变资金的流向　　B. 影响公司的成本

C. 影响公司的经营　　D. 影响货币政策的执行

9. 以下关于购买力风险,说法正确的是________。

A. 购买力风险属于系统风险

B. 购买力风险可以通过资产组合进行规避

C. 购买力风险无论如何都不可以得到减轻

D. 购买力风险就是通货膨胀带来的风险

10. 以下对于不同类型投资者的无差异曲线分析正确的是________。

A. 无差异曲线越平坦,说明该投资者越偏好风险

B. 无差异曲线越平坦,说明该投资者越厌恶风险

C. 无差异曲线越陡峭,说明该投资者越偏好风险

D. 无差异曲线越陡峭,说明该投资者越厌恶风险

三、判断题

1. 债券投资收益率是在一定时期内所得收入与债券面值之间的比率。（　　）

2. 对于附息债券,如果一个投资者以低于面值的价格购入该债券,那么该债券的直接收益率应该低于票面利率。（　　）

3. 债券的市场价格上升,则它的到期收益率将下降;如果市场价格下降,则到期收益率将上升。（　　）

4. 投资优先股股票的投资者可以在投资前预测到每年获得的股息数量。（　　）

5. 股利收益率是指投资者当年获得的所有类型的股息与股票市场价格之间的比率。（　　）

6. 资产组合的收益率是组合中各资产收益率的代数相加后的和。（　　）

7. 由于公司内部的因素造成的投资收益的可能变动,属于系统风险。（　　）

8. 利率风险对于所有类型的股票的影响都是一样的。（　　）

9. 由于行业内产品更新换代或产业结构调整而使行业发生衰退的情况属于非系统风险。（　　）

10. 为减少通货膨胀对证券收益率的影响,可以考虑发行浮动利率债券,对投资者进行保值贴补。（　　）

第九章　证券投资组合管理理论

学习内容和要求

1. 掌握证券投资组合管理的含义、特征及其类型；
2. 熟悉证券组合管理的方法和步骤；
3. 了解证券投资组合分析；
4. 熟悉证券投资组合管理理论；
5. 熟悉有效市场假说理论。

第一节　证券投资组合概述

现代投资证券组合管理理论最早由美国著名经济学家哈里·马柯维茨于1952年系统提出。在此之前，偶尔有人提出过投资组合的概念，但当时经济学家和投资者一般仅限于对个别投资对象的研究和管理。自马柯维茨以后，经济学家们开始用数量化方法不断丰富和完善投资组合管理的理论和实际投资管理方法。

一、证券组合与证券投资组合管理的含义

证券组合是指个人或机构投资者所持有的各种有价证券的总称，一般包括各种类型的债券、股票及存款单等。

证券投资组合管理，又称证券组合管理，是指对投资进行计划、分析、调整和控制，从而将投资资金分配给若干不同的证券资产，如股票、债券及证券衍生产品，形成合理的资产组合，以期实现资产收益最大化和风险最小化的经济行为。

二、证券投资组合管理的特征

1. 投资的分散性

证券组合的风险随着组合所包含证券数量的增加而降低，尤其是证券间关联性极低的多元化证券组合可以有效地降低非系统风险，使证券组合的投资风险趋向于市场平均风险水平。因此，组合管理强调构成组合的证券多元化。

2. 风险与收益的匹配性

投资收益是对承担风险的补偿。承担风险越大，收益越高；承担风险越小，收益越低。因

此，组合管理强调投资的收益目标应与风险的承受能力相适应。

三、证券组合的类型

证券组合按不同的投资目标可以分为避税型、收入型、增长混合型、货币市场型、国际型及指数化型等。

1. 避税型证券组合，在美国通常投资于市政债券，这种债券免交联邦税，常免交州和地方税。

2. 收入型证券组合追求基本收益(利息和股息收益)的最大化。能够带来基本收益的证券有付息债券、优先股及一些避税债券。

3. 增长型证券组合以资本升值(未来价格上升带来的价差收益)为目标。投资于此类证券组合的投资者往往愿意通过延迟获得基本收益来求得未来收益的增长。这类投资者很少会购买分红的普通股，投资风险较大。

4. 收入和增长混合型证券组合试图在基本收入与资本增长之间达到某种均衡，因此也称为均衡组合。二者的均衡可以通过两种组合方式获得，一种是使组合中的收入型证券和增长型证券达到均衡；另一种是选择那些既能带来收益，又具增长潜力的证券进行组合。

5. 货币市场型证券组合是由各种货币市场工具构成的，如国库券、高信用等级的商业票据等，安全性很强。

6. 国际型证券组合投资于海外不同国家，是组合管理的时代潮流。实证研究结果表明，这种证券组合的收益总体上强于只在本土投资的组合。

7. 指数化型证券组合模拟某种市场指数。信奉有效市场理论的机构投资者通常会倾向于这种组合，以求获得市场平均的收益水平。根据模拟指数的不同，指数化型证券组合可以分为两类，一类是模拟内涵广大的市场指数；另一类是模拟某种专业化的指数，如道—琼斯公用事业指数。

四、证券组合管理的方法

根据组合管理者对市场效率的不同看法，其采用的管理方法可大致分为被动管理和主动管理两种类型。

1. 被动管理方法

被动管理方法，是指长期稳定持有模拟市场指数的证券组合以获得市场平均收益的管理方法。采用此种方法的管理者认为，证券市场是有效率的市场，凡是能够影响证券价格的信息均已在当前证券价格中的到反映。也就是说，证券价格的未来变化是无法估计的，以至任何企图预测市场行情或挖掘定价错误证券，并借此频繁调整持有证券的行为无助于提高期望收益，而只会耗费大量的经济佣金和精力。因此，他们坚持长期持有的投资策略。但这并不意味着他们无视投资风险而随便选择某些证券进行长期投资，恰恰相反，正是由于存在投资风险并认为组合投资能够有效降低公司的特定风险，所以他们通常购买分散化程度较高的投资组合，如市场指数基金或类似的证券组合。

2. 主动管理方法

主动管理方法，指经常预测市场行情或寻找定价错误证券，并频繁调整证券组合以获得尽可能高的收益的管理办法。采用这种方法的管理者认为,市场不总是有效的,加工和分析某些信息可以预测市场行情趋势和发现定价过高或过低的证券,进而对买卖证券的时机和种类做出选择,以实现尽可能高的收益。

五、证券组合管理的步骤

1. 证券组合目标的决定

建立并管理一个"证券组合",首先必须确定组合应达到的目标。证券组合的目标,不仅是构建和调整证券资产组合的依据,同时也是考核组合管理业绩好坏的基准。总体上而言,证券组合的目标包括两个方面,一是收益目标,包括保证本金的安全,获得一定比例的资本回报以及实现一定速度的资本增长等;二是风险控制目标,包括对资产流动性的要求以及最大损失范围的确定等。

确定证券资产组合目标,必须因人因时因地而宜。因人而异,是指必须综合考虑投资者的各种制约条件和偏好;因时制宜,主要应考虑两个方面,一是市场发展的阶段,二是各个时期的政治、经济和社会环境;因地制宜,主要应考虑所在地区的证券交易费用、政府对证券组合管理的政策规范以及税收政策等。

2. 证券组合的构建

这是实施证券组合管理的核心步骤,直接决定组合效益和风险的高低。证券组合的构建过程一般包括如下环节:

(1) 界定证券组合的范围。大多数投资者的证券组合主要是债券、股票。但是,近年来,国际上投资组合已出现综合化和国际化的趋势。

(2) 分析判断各个证券和资产的类型的预期回报率及风险。在分析比较各证券及资产投资收益和风险的基础上,选择何种证券进行组合则要与投资者的目标相适应。

(3) 确定各种证券资产在证券资产组合中的权重。这是构建证券组合的关键性步骤。

3. 证券组合调整

证券市场是复杂多变的,每种证券的预期收益和风险,都要受到多种内外因素变动的影响。为了适合既定的投资组合目标要求,必须选择恰当时机,对证券组合中的具体证券品种做出必要的调整变换,包括增加有利于提高证券组合效益或降低证券组合风险的证券品种;剔除对提高证券组合效益或降低证券组合风险不利的证券品种。

4. 证券组合资产业绩的评估

这是证券组合管理的最后一环。证券组合资产业绩评价是对整个证券资产组合收益与风险的评价。评价的对象是证券组合整体,而不是组合中的某个或某几个证券资产;评价的内容不仅包括收益的高低,还包括风险的大小。

上述四个阶段是相互联系的,在时间上相互衔接,前一阶段为下一个阶段的工作创造条件,后一个阶段则是上一个阶段的继续。从长期看,证券组合的四个阶段又是循环往复的,一个时期证券组合的绩效评估反过来又是确定新的时期证券组合目标的依据。

六、证券组合管理的意义

1. 最大限度地降低投资风险,将风险控制在投资者可以承受的范围内。所谓的证券组合可以最大限度地降低风险，是指那些合理有效的证券投资组合。

2. 有效的证券组合管理可以提高投资的收益。一个有效的证券资产组合可以在一定的风险条件下实现收益的最大化或在一定的收益水平上使投资风险最小化。

3. 随着资本市场的发展，证券组合管理具有越来越重要的意义。随着证券投资组合管理专职人员的增加及机构的增多，证券投资组合管理也成为一种专门的行业。

七、传统的证券投资组合管理与现代证券组合管理的比较

1. 传统的证券投资组合管理，重点放在决定投资者本身的限制条件问题上，根据投资者对证券投资收益的需求，从经常收入和资本增值方面来研究如何进行证券组合，以满足投资者的目的，且其分析着眼点大都仍然是个体证券，即依据对个体证券资产投资收益和风险的分析和比较，在投资者可支配资源的范围内，选择那些个体投资收益较高而风险较低的证券资产，从而构成一个证券资产组合。这种管理总体上看还只是个体证券投资管理的外延扩张，而没有质的变化。

2. 现代投资组合管理，从实现证券资产组合总体的预期收益最大化或风险最小化出发，不仅关心个体证券资产的预期收益和风险，更重视所选证券资产组合投资收益和风险的相互关系，即依据对证券资产组合总体收益和风险的分析评价，在投资者可支配资源的范围内，选择那些能使证券资产组合总体投资收益最大化或风险最小化的证券资产，从而构成一个证券资产组合。这种管理已不再是个体证券投资管理的简单外延，其出发点、目标以及分析手段等都不同于对个体证券的投资分析。

需要指出的是，不能简单地认为传统的证券投资组合管理就是过时的、落后的，而现代的证券投资组合管理是科学的、先进的。一方面，现代投资组合管理方法不可能完全替代传统的投资组合管理方法；另一方面，传统的投资组合管理也可以借鉴许多现代证券组合管理的思想、技术方法以及其他一些学科的方法来加以改进，从而增加其适用性，两种方法可以相互借鉴。

第二节　证券组合分析

一、单个证券的收益和风险

（一）收益及其度量

任何一项投资的结果都可用收益率来衡量，通常收益率的计算公式为：

$$\text{收益率 } r = (\text{收入} - \text{支出}) / \text{支出} \times 100\%$$

投资期限一般用年表示，如果期限不是整数，则转换为年。在股票投资中，投资收益等于投资期内股票红利收益和价差收益之和，其收益率的计算公式为：

$$r = (\text{红利} + \text{期末市价总值} - \text{起初市价总值}) / \text{起初市价总值} \times 100\%$$

通常情况下，收益率受许多不确定性因素的影响，因而是一个随机变量。我们可假定收益率服从某种概率分布，即已知每一收益率出现的概率，不同收益率对应的概率见下表：

收益率(%)	r_2	r_2	r_3	r_4	…	r_n
概率 p_i	p_1	p_2	p_3	p_4	…	p_n

数学中求期望收益率或收益率平均数的公式如下：

$$E(r)=\sum_{i=1}^{n}r_iP_i$$

式中：r_i 为第 i 种可能的未来实际收益率；p_i 为 r_i 可能发生的概率；n 为可能性的数目。

例 1 假定证券 A 的投资收益率如下：

收益率(%)	−40	−10	0	10	20	40	60
概率	0.03	0.07	0.30	0.10	0.05	0.20	0.25

那么，该证券的期望收益率为：

$$\begin{aligned}E(r)&=(-40)\times 0.03+(-10)\times 0.07+0\times 0.30+10\times 0.10+20\times 0.05\\&\quad+40\times 0.20+60\times 0.25\\&=23.1\end{aligned}$$

(二) 风险及其度量

如果投资者以期望收益率为依据进行决策，那么就存在得不到期望收益率的风险，因为实际收益率与期望收益率会有偏差。期望收益率是使可能的实际值与预测值的平均偏差达到最小(最优)的估计值。可能的收益率越分散，它们与预期望收益率的偏离程度就越大，投资者承担的风险也就越大。因而，风险的大小由未来可能收益率与期望收益率的偏离程度来反映。在数学上，这种偏离程度由收益率的方差|标准差来度量，分别记为 $\sigma^2|\sigma$。

$$\sigma^2=\sum_{i=1}^{n}[r_i-E(r)]^2P_i$$

$$\sigma^2=\sqrt{\sum_{i=1}^{n}[r_i-E(r)]^2P_i}$$

例 2 假定证券 A 的收益率的概率分布如下：

收益率(%)	−2	−1	2	4
概率	0.2	0.3	0.3	0.2

那么，该债券的期望收益率为：

$$\begin{aligned}E(r)&=(-2)\times 0.2+(-1)\times 0.3+2\times 0.3+4\times 0.2\\&=0.7\end{aligned}$$

该证券的方差为：

$$\sigma^2=(-2-0.7)^2\times 0.2+(-1-0.7)^2\times 0.3+(2-0.7)^2\times 0.3$$

$$+(4-0.7)^2\times 0.2$$
$$=5.01$$

在实践中，也可以使用历史数据来估计方差。

二、证券组合的收益和风险

我们用期望收益率和方差来计量单一证券的收益率和风险。一个证券组合由一定数量的单一证券构成，每一只证券占有一定的比例，我们也可将证券组合视为一只证券，那么，证券组合的收益率和风险也可用期望收益率和方差来计量。不过，证券组合的期望收益率和方差可以通过由其构成的单一证券的期望收益率和方差来表达。下面探讨两类证券的投资组合。

（一）由两种证券构成的投资组合的收益和风险

设有两种证券 A 和 B，某投资者将一笔资金以 x 的比例投资于证券 A，以 y 的比例投资于证券 B，且 $x+y=1$，证券 A 和 B 构成证券组合 P。如果到期时，证券 A 的收益率为 a，证券 B 的收益率为 b，则证券组合 P 的收益率 r_p 为：

$$r_p = ax + by$$

证券组合中的权数可以为负，如果 $x<0$，则表示该组合卖空了证券 A，即借入并卖出证券 A，用出售证券 A 所得的资金连同自有资金买入证券 B，因为 $x+y=1$，故有 $y=1-x>1$。

投资者在进行投资决策时并不知道 x 和 y 的确切值，因而 x、y 应为随机变量，对其分布的简化描述是它们的期望值和方差。投资组合 P 的期望收益率和收益率的标准差分别为：

$$E(r_{\mathrm{p}}) = x_{\mathrm{A}}E(r_{\mathrm{A}}) + x_{\mathrm{B}}E(r_{\mathrm{B}})$$

$$\begin{aligned}\sigma_{\mathrm{p}} &= \sqrt{x_{\mathrm{A}}^2\sigma_{\mathrm{A}}^2 + x_{\mathrm{B}}^2\sigma_{\mathrm{B}}^2 + 2x_{\mathrm{A}}x_{\mathrm{B}}\mathrm{Cov}(r_{\mathrm{A}}, r_{\mathrm{B}})} \\ &= \sqrt{x_{\mathrm{A}}^2\sigma_{\mathrm{A}}^2 + x_{\mathrm{B}}^2\sigma_{\mathrm{B}}^2 + 2x_{\mathrm{A}}x_{\mathrm{B}}\sigma_{\mathrm{A}}\sigma_{\mathrm{B}}\rho_{\mathrm{AB}}}\end{aligned}$$

式中：$\mathrm{Cov}(r_{\mathrm{A}}, r_{\mathrm{B}})$ 为两种证券的协方差，可以测量证券 A 和 B 的收益率的互动性；如果要进一步分析两种证券收益及风险的关联程度，就要使用相关系数，其计算公式为：

$$\rho_{\mathrm{AB}} = \frac{\mathrm{Cov}(r_{\mathrm{A}}, r_{\mathrm{B}})}{\sigma_{\mathrm{A}}\sigma_{\mathrm{B}}}$$

例　已知证券组合 P 是由证券 A 和 B 构成，证券 A 和 B 的期望收益、标准差以及相关系数如下：

证券名称	期望收益率	标准差	相关系数	投资比重
A	0.20	0.06	0.10	0.30
B	0.10	0.02	0.10	0.70

那么，组合 P 的期望收益为：

$$E(r_P) = 0.2\times 0.3 + 0.10\times 0.7 = 0.13$$

组合 P 的方差为：

$$\sigma^2 = 0.3^2 \times 0.06^2 + 0.7^2 \times 0.02^2 + 2 \times 0.3 \times 0.7 \times 0.06 \times 0.02 \times 0.10$$
$$\approx 0.0327$$

选择不同的组合权数，可以得到包含证券 A 和证券 B 的不同的证券组合，从而得到不同的期望收益率和方差。投资者可以根据自己对收益率和风险（方差）的偏好，选择自己最满意的组合。

（二）多种证券组合的收益和风险

这里将把两种证券的组合讨论拓展到任意多个证券的情形。设有 n 种证券，记作 A_1、A_2、A_3、…、A_n，证券组合 $P=(x_1,x_2,x_3,\cdots,x_n)$ 表示将资金分别以权数 x_1、x_2、x_3、…、x_n，投资于证券 A_1、A_2、A_3、…、A_n。如果允许卖空，则权数可以为负，负的权数表示卖空证券占总资金的比例。正如两种证券的投资组合情形一样，证券组合的收益率等于各单个证券的收益率的加权平均值。设 A_i 的收益率为 $r_i(i=1,2,3,\cdots,n)$，则证券组合 $P=(x_1,x_2,x_3,\cdots,x_n)$ 的收益率为：

$$r_p = x_1r_1 + x_2r_2 + \cdots + x_nr_n = \sum_{i=1}^{n} x_ir_i$$

推导可得证券组合 P 的期望收益率为：

$$E(r_p) = \sum_{i=1}^{n} x_iE(r_i)$$

$$x_1 + x_2 + \cdots + x_n = 1$$

证券组合 P 的方差为：

$$\sigma_p^2 = \sum_{i=1}^{n} \sum_{j=1}^{n} x_ix_j\mathrm{Cov}(x_i,x_j)$$
$$= \sum_{i=1}^{n} \sum_{j=1}^{n} x_ix_j\sigma_i\sigma_j\rho_{ij}$$

式中：

$\sigma_i\sigma_j\rho_{ij}$——为协方差，记为 $\mathrm{Cov}(x_i,x_j)$

ρij——r_i 与 r_j 的相关系数$(i、j=,2,3,\cdots,n)$

在要估算证券组合 P 的期望收益率和方差时，当 n 非常大时，计算量十分大。20 世纪 60 年代后，威廉·夏普提出了指数模型以简化计算。随着计算机技术的发展，开发出了计算期望收益率和方差的计算机应用软件，大大方便了投资者。

第三节 证券投资组合管理理论

一、现代证券投资组合理论体系的形成与发展

1952 年，哈理·马柯维茨（Harry M. Markowitz）发表了一篇题为《证券组合选择》的论文，成为现代证券投资组合管理理论的开端。马柯维茨考虑的问题是单期投资问题，投资者在

某个时间(期初)用一笔自有资金购买一组证券并持有一段时期(持有期),在持有期结束时(期末),投资者出售他在期初购买的证券并将收入用于消费或再投资。马柯威茨在考虑这一问题时,第一次对证券投资中的风险因素进行了正规阐述。他注意到一个典型的投资者不仅希望收益高,而且希望收益尽可能确定。这意味着投资者在寻求预期收益最大化的同时也追求收益的不确定性最小,在期初进行决策时必然力求使这两个相互制约的目标达到某种平衡。马柯维茨分别用期望收益率和收益率的方差来衡量投资的预期收益水平和风险(不确定性),建立均值方差模型来分析如何全盘考虑上述两个目标,从而进行决策。推导出的结果是,投资者应该通过同时购买多种证券而不是一种证券进行分散化投资。

在投资者只关注期望收益率和方差的假设前提下,马柯维茨提供的方法是正确的。然而这种方法所面临的最大问题是其计算量太大,特别是在大规模的市场存在着上千种证券的情况下。在当时,即使是使用计算机也难以实现,更无法满足实际证券投资中市场在时间上瞬息万变的苛刻要求,严重阻碍了马柯维茨的投资组合方法在实际中的应用。1963 年,马柯维茨的学生威廉·夏普提出了一种简化的计算方法,这一方法通过建立"单因素模型"来实现,并逐步发展出"多因素模型",以求对实际投资有更精确的近似。这一简化形式使得证券组合理论应用于实际市场成为可能。特别是 20 世纪 70 年代计算机的发展和普及以及软件的市场化匹配,极大地促进了现代证券投资组合理论在实际中的应用。现在,多因素模型已被广泛应用于西方发达国家证券组合中普通股之间的投资分配上,而马柯维茨模型则被广泛应用于不同类型证券之间的投资分配上,如债券、股票和不动产等。

早在证券组合理论广泛传播之前,夏普、特雷诺和詹森 3 人便几乎同时独立地提出了以下问题:"假定每个投资者都使用证券组合理论来经营他们的投资,这将会对证券定价产生怎样的影响?"他们在回答这一问题时,分别于 1964 年、1965 年和 1966 年提出了著名的资本资产定价模型(CAPM),这一模型在金融领域盛行十多年。1976 年,理查德·罗尔对这一模型提出了批评,因为该模型永远无法用经验事实来检验。与此同时,史蒂夫·罗斯突破性地发展了资本资产定价模型,提出套利定价理论(APT),该理论认为,只要任何一个投资者不能通过套利获得收益,那么期望收益率一定与风险相联系。这一理论只需要较少的假定,罗尔和罗斯在 1984 年认为这一理论至少在原则上是可以检验的。

二、马柯维茨的投资组合理论

1952 年,哈里·马柯维茨在美国金融杂志上发表了题为《Portfolio Selection》(《证券组合选择》)的文章,第一次从风险资产的收益率和风险的关系出发,提出了证券的组合投资是为了实现在风险一定情况下的收益最大化或收益一定情况下的风险最小化,具有降低证券投资活动风险的机制。并且,马柯维茨运用了数理统计方法全面细致地分析了什么是最优的资产结构和如何选择最优的资产结构,解决了资产组合的选择问题,从而把投资理论从定性分析推向了科学的定量分析,为资产定价理论奠定了坚实的基础。马柯维茨提出和建立的现代证券投资组合理论,其主要目的是要解决长期困扰证券投资活动的两个根本性问题。第一个问题是虽然证券市场上客观地存在着大量的证券组合投资,但为何要进行组合投资?组合投资究竟具有何种机制和效应?在现代证券投资组合理论提出之前,谁也无法做出令人信服的回答。针对这一问题,现代证券投资组合理论给出了逻辑严密并能经得起实践检验的正确答案,即证券的组合投资是为了在实现风险既定下收益最大或收益既定下风险最小,具有降低证券投资活动风险的机制。当然,人们用不着学习现代证券投资组合理论就知道“不要把所有的鸡蛋放在一个篮子里”可以降低和分散风险。现代证券投资组合理论不仅是要告诉人们要分散投资,而且还告诉人们“不要把所有鸡蛋放在一个篮子里”为什么是正确的理由。第二个问题是证券市场的投资者除了通过证券组合来降低风险之外,应该如何根据有关信息进一步实现证券市场投资的最优选择。马柯维茨的现代证券投资组合理论运用数理统计方法,对此问题进行了全面细致地分析,详尽地阐述了什么是最优的资产结构和如何选择最优的资产结构。马柯维茨的历史贡献就在于他建立了一套运用数理统计工具来选择最优投资组合的理论和方法,为证券投资组合研究开辟了新方向,成为后人继续前进的基础。在投资者只关注期望收益率和用方差来描述收益率的不确定性的假设前提下,他建立的均值——方差模型是严谨的。

(一) 模型假设

马柯维茨的投资组合思想被投资者广泛接受,他的模型是建立在一系列严格的假设基础之上的,这些假设条件包括:

(1) 证券市场是有效的,证券的价格反映了证券的内在价值,每个投资者都掌握充分的信息,了解每种证券的期望收益率及其标准差;

(2) 证券投资者以期望收益率来衡量未来收益的水平,以期望收益率的方差来衡量收益率的波动情况(即风险),并以这两个指标作为选择投资方案的依据;

(3) 投资者都是风险规避型的,都期望投资收益率越高越好,而期望收益方差越小越好。他们都追求在一定风险下收益最大,或者在一定收益水平上风险最小;如果要他们选择风险较高的方案,他们都要求有额外的投资收益率作为补偿;

(4) 各种证券的收益率之间有一定的相关性,它们之间的相关程度可以用相关系数或者收益率之间的协方差来表示;

(5) 每种证券的收益率都服从正态分布;

(6) 每一个资产都是无限可分的,这意味着,如果投资者愿意的话,他可以购买一个股份的一部分;

(7) 投资者可以以一个无风险利率贷出(即投资)或借入任意资金;

(8) 交易是无摩擦的,税收和交易成本均忽略不计。

其中假设条件(1)—(4)是马柯维茨对模型的假设,(5)—(8)是模型的隐含假设,这些假设简化了模型的理论推导。

(二) 模型的内容

马柯维茨的投资组合理论包括两部分,一部分是本章第二节介绍的内容,即证券组合分析,在此不再重复;另一部分内容是有关最优投资组合的分析,是这里主要介绍的内容。

1. 两种证券组合的投资比例与有效集

例:假设某投资组合由A、B两种证券构成,A证券的期望报酬率为10%,标准差为0.12;B证券的期望报酬率为20%,标准差为0.20。投资比例各占50%,两种证券的相关系数为0.20。

则,该投资组合的期望报酬率为:

$$10\%\times50\%+20\%\times50\% = 15\%$$

该投资组合的标准差为：

$$
\begin{aligned}
&(0.5^2 \times 0.12^2 + 2 \times 0.5 \times 0.5 \times 0.20 \times 0.12 \times 0.20 + 0.5^2 \times \times 0.2^2)^{1/2} \\
&= (0.0036 + 0.0024 + 0.01)^{1/2} \\
&= 0.1265
\end{aligned}
$$

从上述计算过程可以看出：只要两种证券之间的相关系数小于1，证券组合报酬中的标准差就小于各证券报酬率标准差的加权平均数。

在上例中，两种证券的投资比例是相等的。如投资比例变化了，投资组合的期望报酬率和标准差也会发生变化。对于这两种证券其他投资比例的组合，计算结果如下表所示：

组合	A的投资比例	B的投资比例	组合的期望报酬率	组合的标准差
1	1	0	10.00%	0.120 0
2	0.8	0.2	12.00%	0.111 1
3	0.6	0.4	14.00%	0.117 8
4	0.4	0.6	16.00%	0.137 9
5	0.2	0.8	18.00%	0.166 5
6	0	1	20.00%	0.200 0

图9-1描绘出不同相关系数情况下，随着对两种证券投资比例的改变，期望报酬率与风险之间的关系。这些不同投资组合所围成的曲线集合称为机会集，它反映出风险与报酬率之间的权衡关系。

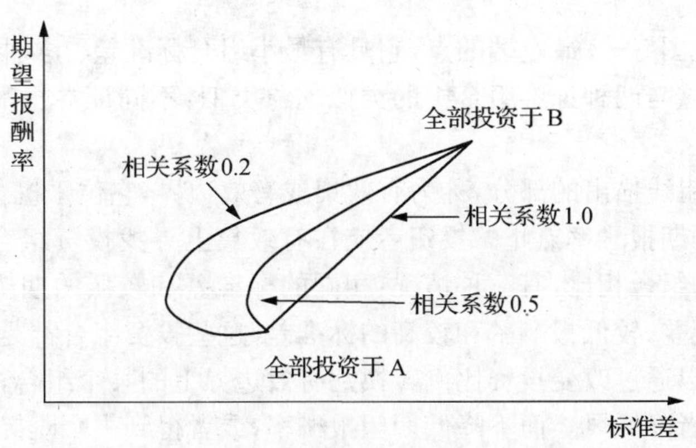

图9-1　不同相关系数下两种证券组合的机会集

2. 相关性对风险的影响

图9-1中，通过增加相关系数为0.5和1.0的机会集曲线，在图中可以看出：

(1) 相关系数为0.5的机会集曲线与完全正相关的直线的距离缩小了，并且没有向后弯曲的部分，相关系数越大，机会集曲线弯曲度越小；

(2) 将任何比例的资金投资于B证券，所形成的投资组合的方差都会高于将全部资金投资于风险较低的A证券的方差，因此，新的有效边界就是整个机会集；

(3) 证券报酬率的相关系数越小,机会集曲线就越弯曲,风险分散化效应也就越强;证券报酬率之间的相关性越高,风险分散化效应就越弱。完全正相关的投资组合,不具有风险分散化效应,其机会集是一条直线。

3. 多种证券投资组合的风险与报酬

对于两种以上证券构成的组合,以上原理同样适用。值得注意的是,多种证券组合的机会集不同于两种证券的机会集,两种证券的所有可能组合都落在一条曲线上,而两种以上证券的所有可能组合会落在一个平面中,见图 9-2 中的机会集部分所示。这个机会集反映了投资者所有的可能投资组合,机会集中的每一点都与一种可能的投资组合相对应。随着可供投资证券数量的增加,所有可能的投资组合数量将呈几何级数上升。

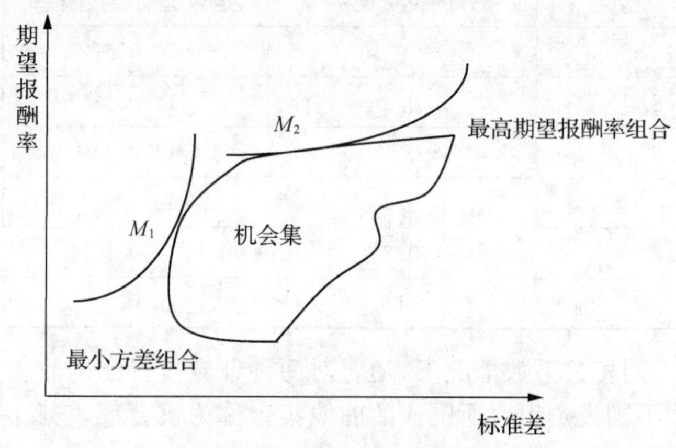

图 9-2　机会集与投资组合

最小方差组合是图 9-2 最左端的点,它具有最小组合标准差。多种证券组合的机会集外缘有一段向后弯曲,这与两种证券组合中的类似现象类似,不同证券报酬率相互抵消,产生风险分散化效应。

在图 9-2 中以粗线描出的部分,称为有效集或有效边界,它位于机会集的顶部,从最小方差组合点起到最高预期报酬率点止。投资者应在有效集上寻找投资组合,有效集以外的投资组合与有效边界上的组合相比,有三种情况:相同的标准差和较低的期望报酬率,相同的期望报酬率和较高的标准差,较低报酬率和较高的标准差,这些投资组合都是无效的。如果你的投资组合是无效的,可以通过改变投资比例转换到有效边界上的某个组合,以达到提高期望报酬率而不增加风险,或者降低风险而不降低期望报酬率,或者得到一个既提高期望报酬率又降低风险的组合。

4. 最优投资组合:风险厌恶型效用无差异曲线与有效边界的切点处的投资组合

不同投资者对收益、风险有不同的偏好,故有不同的无差异效用曲线,它们与有效边界的切点的位置也不同。根据效用无差异曲线,在图 9-2 中风险厌恶程度较高的投资者将选择投资组合 M_1,风险厌恶程度较低的投资者将选择投资组合 M_2。

马柯维茨投资组合理论的中心是"分散原理"。他运用数学上的二维规划建立起一整套理论模型,系统地阐述了如何通过有效的分散化来选择最优投资组合的理论与方法。马柯维茨的理论有一定局限性:偏重于质的分析而缺乏量的分析。例如在证券投资组合问题上,公司最关心的是证券的收益—风险关系,但公司所预期的最高收益和所能承担的最大风险却无从确定。此外,公司也无从知道证券该分散到何种程度才能达到高收益、低风险的最佳组合。马柯维茨的证券组合模型建模的假设条件有很大的局限性,模型的时效性差,风险定义的范围过于狭窄,可操作性差,成为模型在实践应用中的障碍,在实际投资中的指导作用并没有想象中的那样大。

三、资本资产定价模型

威廉・F. 夏普(William F. Sharpe),1934年出生于美国马萨诸塞州的坎布里奇市。1961年获华盛顿大学商业学院哲学博士学位,并在该校任教。1970年以后,在加州大学斯坦福商学院任经济学教授。1980年当选为美国金融学会会长,1986年他建立了夏普—拉塞尔研究会,1989年成为斯坦福商业学院荣誉教授。1989年获得美国西部金融学会杰出贡献奖,1990年因他在建立资本资产定价模型方面的贡献而获诺贝尔经济学奖。

威廉・夏普曾在洛杉矶加利福尼亚大学同时主修经济学和金融学课程。当该写博士论文时,金融学导师福雷德・韦斯顿向夏普建议,与兰德公司的哈里・马柯维茨谈谈想法,此后马柯维茨就成了夏普的非正式的论文指导者。他鼓励夏普进行简化资产组合理论的计算问题方面的研究。当时,夏普阐述了现在称之为"单因素模型"的一种方法。它假定每一种证券的收益都与某种单一指数线性相关,如果这种证券的线性系数$\beta=1$,那么,这种证券的风险程度就与市场指数(即整个市场的风险程度)相同;如果一种证券的线性系数$\beta<1$,那么这种证券的风险程度就会比市场指数更稳定;如果一种证券的线性系数$\beta>1$,那么这种证券的风险程度就会比市场指数更不稳定。夏普的方法大大地减少了资产组合问题的维数,使得计算有效资产组合大为简化。

夏普的资本市场理论是在马柯维茨的投资组合理论的基础上发展起来的,夏普在马柯维茨理论的基础上对证券市场价格机制进行了积极深入的研究,在1964年建立了资本资产定价模型(CAPM),较好的描述了证券市场上投资者的行为准则,这些准则使证券均衡价格、证券收益—风险处于一种清晰的状态。

CAPM主要是研究证券市场中资产的预期收益率与其风险之间的关系,以及均衡价格是如何形成的。该模型建立了测度证券的市场风险(系统风险)的$R_f\beta$系数,一项资产的预期收益率可用该资产的风险的相对测度值β来衡量,表示该证券的风险相对于市场风险的变化程度。

$$R_i = R_f + \beta_i(R_m - R_f)$$

$$\beta = \frac{\text{Cov}(R_i, R_m)}{s_m^2}$$

R_i——第i种证券的预期收益率

R_f——无风险利率

R_m——市场组合的预期收益率

β_i——第i种证券的β系数

s_m——市场组合收益率的标准差

1. CAPM模型的假设条件

CAPM模型的假设条件如下:

(1) 投资者以资产组合在某段时期内的预期收益率和标准差来评价该资产组合；

(2) 在投资风险既定的条件下，投资者追求收益的最大化；在投资收益率既定的条件下，投资者追求风险的最小；

(3) 所有资产者都有相同的资产持有期，这样市场上所有投资者就可以按相同的无风险利率借款；

(4) 资本市场是一个完全有效市场，不存在资本与信息流动的阻碍；没有一个投资者的行为能大到影响整个证券市场，没有交易成本及所得税，所有投资者均可免费得到所有有价值的信息；

(5) 资产可以无限可分，即投资者可购买一个股份的一部分，这样就可保证投资者以任何比例分配其投资；

(6) 投资者有相同的预期，即对预期收益率、标准差、证券之间的协方差有相同的理解。

这些假设条件将市场限定在均衡状况下，使每一位投资者面临着同一个有效集——最佳风险投资组合。它是客观存在的，而与个别投资者对风险的偏好无关。据此，我们可通过考察市场上所有投资者的集体行为，以获得每种证券风险与收益率之间的均衡关系的特征。

2. 资本市场线(CML)

均衡市场中，每一位投资者所面临的最佳风险组合由图 9-3 中直线 R_fM 所示：

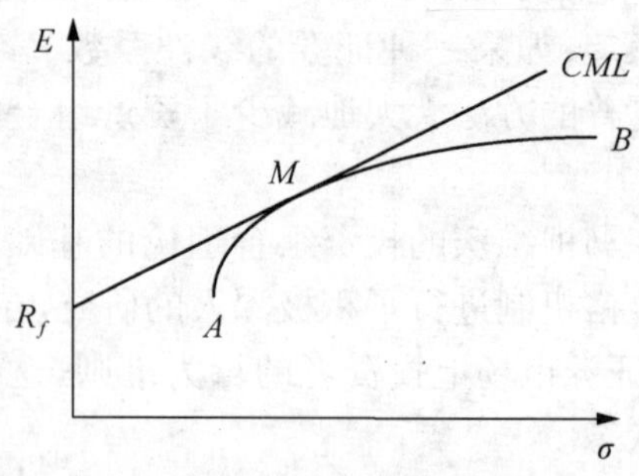

图 9-3　资本市场线

它是由马柯维茨理论中风险资产组合的有效集 AMB 引入无风险证券的结果，M 点是由无风险证券点 R_f 引出的直线与风险证券组合的有效集 AMB 相切的点，引入无风险证券后，新的证券组合的有效集为直线 R_fM。当市场进入均衡状态时，每一位投资者对每一种风险证券都将持有一定的数量，即每种证券在切点组合 M 中都有一个非零的比例；如果一种证券无人持有，它的价格将不断降低，同时，它的预期收益率也将逐渐升高，当它的收益率高到一定水平时，便会有人愿意持有此项证券，它的价格又将反弹，直到供需平衡，此项证券的价格将达到均衡价格，市场中的每种证券的现行价格也将处于供需平衡的水平；无风险利率的水平正好使得借入资金的总量等于贷出资金的总量，结果使得在切点上证券组合的比例将与市场组合的比例相对应。市场组合是由市场上所有证券构成的组合，在此组合中，投资于每种证券的资金比例，等于该证券的市值除以所有证券的市值总和。

联结无风险利率点 R_f 与市场组合点 M，将延伸出一条直线，它是在市场均衡时，同时包含无风险资产与市场组合的投资组合的有效集，称为资本市场线(CML)。任何不包含市场组合及无风险借贷的组合都将位于 CML 的下方。

CML 线的方程为：
$$R_p = R_f + \frac{(R_m - R_f)}{s_m} s_p$$

其中：

R_p=有效投资组合 p 的预期收益率

s_p=有效投资组合收益的标准差

R_m=市场组合的预期收益率

s_m=市场组合收益的标准差

当所有的资金都投入有效的风险证券组合时，$R_p = R_m$。

在证券市场中，时间与风险均有价格，CML 纵截距即为时间的价格，其斜率$\frac{(R_m - R_f)}{s_m}$表示每位市场风险的收益率，即风险的价格。R_p 是一个有效投资组合 p 的收益率，对于所投资者，其有效投资组合，都包含无风险借贷市场组合(或反映市场组合的风险证券组合)，由于不同投资者的偏好不同，无风险借贷和市场组合在其有效投资组合中所占的资金比例不同。

（三）证券市场线(SML)

资本资产定价模型 CML 代表市场均衡时有效组合的预期收益率和其风险之间的关系。但 CML 并未说明单个风险证券或各种非有效证券组合的风险—收益关系。为确定这样的关系，夏普拓展了分析范围，发展了 b 值和证券市场线(SML)。任何单个风险证券都是非有效的证券，其总风险都可分为系统风险(整个市场变动而引起的资产价格变动的可能性)和非系统风险(单纯由某个资产本身的特点所造成的资产价格波动的可能性，非系统风险可通过投资的多样化来减少或消除)，简单地用 $k_{im}s_i$(k_{im}是证券 i 的收益率的标准差与市场组合的标准差的相关系数)来表示证券 i 的系统风险，在市场达到均衡时，它的系统风险与其收益率之间的关系满足线性关系，为：

$$R_i = R_f + \frac{(R_m - R_f)}{s_m} k_{im} s_i$$

$$\mathrm{Cov}(R_i, R_m) = k_{im} s_i s_m$$

$$R_i = R_f + \frac{(R_m - R_f)}{s_m^2} \mathrm{Cov}(R_i, R_m)$$

令 $b_i = \frac{\mathrm{Cov}(R_i, R_m)}{s_m^2}$

$$R_i = R_f + (R_m - R_f) b_i$$

其中：

$\mathrm{Cov}(R_i, R_m)$=证券 i 与市场组合的协方差

k_{im}=证券 i 与市场组合的相关系数

s_i=证券 i 的标准差

s_m=市场组合的标准差

b_i=证券 i 的 b 系数

上式即为资本资产定价模型(CAPM)，其几何形状表示为证券市场线(SML)。

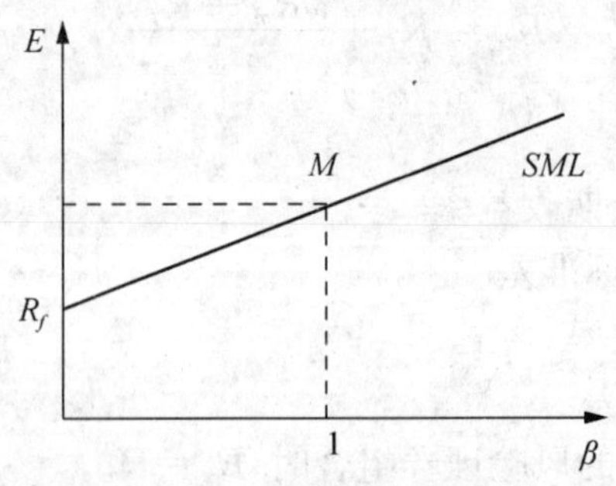

图 9-4　证券市场线

以上是单个证券的风险—收益关系，而对于一个非有效的证券组合 P，资本资产定价模型(CAPM)为：

$$R_p = R_f + (R_m - R_f)b_p$$

b_p 为证券组合 p 的 b 系数，$b_p = x_1b_1 + x_2b_2 + \cdots\cdots + x_nb_n$

x_n 为投入第 n 只证券的资金比例，$x_1 + x_2 + \cdots\cdots + x_n = 1$

b_n 为第 n 只证券的 β 系数；

均衡证券市场中的任何一只证券或证券组合所表示的点均落在 SML 上，b 表示单只证券或证券组合的实际收益率的变化相对于市场变化的敏感程度：$b>0$，证券的收益率变化与市场同向；$b<1$，证券的收益率变化与市场反向；$|b|$ 越大，证券的收益率对市场变化的反应越敏感。$b>1$，证券的风险大于市场风险，当然，其收益率也大于市场收益率；$0<b<1$，证券的风险小于市场风险，其收益率也小于市场收益率。CAPM 给每位投资者提供了一个客观的选择，投资者的投资选择则取决于他的个人偏好。

实际操作中，研究者把对历史和现实数据的分析结果作为同一时期期望值的代表物，通过对单只证券或证券组合的收益率与一些市场指数收益率的回归分析，计算 b 值。CAPM 的结论是建立在均衡市场基础上的，现实中单个证券或证券组合所代表的点并不严格地落在 SML 上，而是分布在它周围。这被认为是证券价格出现偏差的情况，位于 SML 上方的点，表示证券的价格被低估了，投资这样的证券可获得额外的收益；位于 SML 下方的点，表示证券的价格被高估了，投资这样的证券可获得的收益率将低于预期收益率。

四、套利定价模型

1976 年，斯蒂芬. A. 罗斯(Ross. S. A)在《经济理论》杂志上发表了论文《资本资产定价的套利理论》，提出了套利定价模型(APT)，实际上也是有关资本资产定价的模型。

套利定价模型以影响收益率的要素作为解释变量，定义模型，对投资者行为的假设相对较宽松，只要求投资者对较高水平财富的偏好胜过对较低水平财富的偏好。套利定价模型指出，资本资产的收益率不单受证券组合内部风险因素的影响，而是诸如 GDP 的增长、通货膨胀的水平等多种因素共同作用的结果。套利定价模型作为资本资产定价模型(CAPM)的替代理论，虽然被称作套利定价模型，但实际与套利交易无关，是适用于所有资产的估值模型，其理论基础是一项资产的价格是由不同的因素决定，将这些因素乘上该因素对资产价格影响的 b 系数，加总后，再加上无风险收益率，就可以得出该项资产的价值。虽然 APT 理论上很完美，但是由于它没有给出都是哪些因素影响资产价格，这些因素可能数量众多，只能凭投资者经验自行判断选择，此外每项因素都要计算相应的 β 值，而 CAPM 模型只需计算一个 β 值，所以在对资产价格估值的实际应用时，CAPM 比 APT 使用地更广泛。

（一）套利定价方程

对于一个高度多元化的资产组合来讲，资产组合的期望收益为：

$$E(r_i) = l_0 + l_1 b_{i1} + l_2 b_{i2} + \cdots + l_k b_{ik}$$

其中，$l_0, l_1, l_2, \cdots, l_k$ 为常数，l_k 为投资者承担一个单位因素的风险补偿额，$l_k = E(r_{pk}) - r_f$，r_f 为无风险资产收益，l_k 风险的大小由 b_{ik} 表示。

（二）单因素模型

如果影响证券 i 收益率的因素只有一种因素 k 时，或者说当资产组合 P 只对一个因素 k 敏感时，则 $b_{ik}=1$，其他均为 0，此时资产组合的期望收益为：

$$E(r_i) = r_f + l_k b_{ik}$$

因为 $b_{ik} = 1$，则 $E(r_i) = r_f + l_k b_{ik} = r_f + l_k$

$$l_k = E(r_{pk}) - r_f$$

（三）多因素模型

若影响证券 i 收益率的因素有多个，此时资产组合的期望收益为：

$$E(r_i) = r_f + l_1 b_{i1} + l_2 b_{i2} + \cdots + l_k b_{ik}$$

$$l_k = E(r_{pk}) - r_f$$

这是套利定价理论的一般表达式

第四节　有效市场假说

一、有效市场假说概述

20 世纪 60 年代，美国芝加哥大学经济学家尤金·法默(Eugene Fama)提出了有效市场假说理论(EMH)。该理论认为，在一个充满信息交流和信息竞争的社会里，一个特定的信息能够在股票市场迅速被投资者获得。随后股票市场的竞争使得股票价格充分且及时地反映该组信息，从而使得投资者根据该信息所进行的交易不存在非正常报酬，而且只能赚取风险调整的平均市场报酬率。只要证券的市场价格充分、及时地反映了全部有价值的信息，市场价格代表着证券的真实价值，这样的市场就称为有效市场。

有效市场假说表明，在有效率的市场中，投资者所获得的收益只能是与其承担的风险相匹配的那部分正常收益，而不会有高出风险补偿的超额收益。因而，在有效率的市场中，公平原则得以充分体现，同时资源配置更为合理和有效。由此可见，不断提高市场效率无疑有利于证券市场持续健康发展。

二、有效市场假说的假设条件

1. 假设投资者是理性的，因此投资者可以理性评估资产价值。

2. 即使有些投资者不是理性的，但由于他们的交易随机产生，交易相互抵消，不至于影响资产的价格；即使投资者的非理性行为并非随机而具有相关性，他们在市场中将遇到理性的套期保值者，后者将消除前者对价格的影响。

3. 股票的价格能充分反映该资产的所有可获得的信息，即信息有效性或完全信息。当信息变动时，股票的价格就一定会随之变动。一个利好消息或利空消息刚刚传出时，股票的价格就开始异动，当它已经路人皆知时，股票的价格也已经涨或跌到适当的价位了。

EMH 的理论推导逻辑性十分强，也十分全面。当人们是理性时，市场根据定义是有效的。当有些投资者是非理性时，大量的交易是随机的，因此他们对市场不形成系统的价格偏差。套期保值者的竞争保证了价格即使产生了系统性的偏差，也会回归基本价值。最后，如果非理性交易者以非理性价格交易时，他们的财富将逐渐减少，最后不能在市场中生存。

三、有效市场分类

与证券价格有关的信息资料是一个最广泛的概念，它包括有关国内及世界经济、行业、公司的所有公开可用的资料，也包括个人、群体所能得到的所有私人的、内部的资料，这类资料被定义为第Ⅰ类资料；第Ⅱ类资料则是第一类资料中已公开的部分；第Ⅲ类资料是第Ⅱ类资料中对证券市场历史数据进行分析得到的资料。这第三类资料是一种包含关系，如图 9－5 所示。依据有效市场假说，结合实证研究的需要，学术界一般依证券市场价格对三类不同资料的反映程度，将证券市场区分为三种类型，即弱式有效市场、半强式有效市场和强式有效市场。这三类市场对于以信息为分析基础的证券投资分析而言，具有不同的意义。

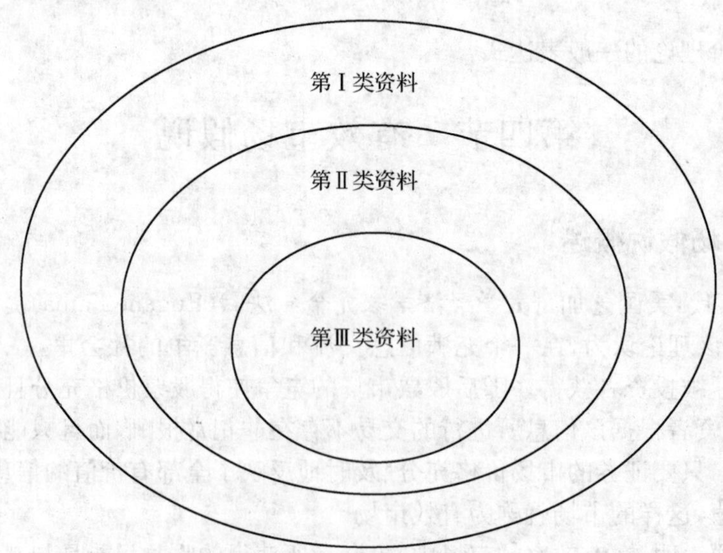

图 9－5　三类资料的关系

1. 弱式有效市场

在弱式有效市场中，证券价格充分反映了历史上一系列价格和交易量中所隐含的信息，从而投资者不可能通过对以往的价格进行分析而获得超额利润。也就是说，使用技术分析当前及历史价格对未来作出预测将是徒劳的，要想取得超额回报，必须寻求历史价格以外的信息。

在该市场中，信息从产生到公开的效率受到损害，存在内幕信息。而且，投资者对信息进行价值判断的效率也受到损害。并不是每一位投资者对所披露的信息都能做出全面、正确、及时和理性的解读和判断，只有那些掌握专门分析工具和具有较高分析能力的专业人员，才能对所披露的信息做出恰当的理解和判断。

2. 半强式有效市场

在半强式有效市场中，证券当前价格完全反映所有公开信息，不仅包括证券价格序列信息，还包括有关公司价值的信息、有关宏观经济形势和政策方面的信息。

如果市场是半强式有效的，那么仅仅以公开资料为基础的分析将不能提供任何帮助，因为针对已经公开的信息资料，目前的价格是合适的，未来的价格变化依赖于信息的公开信息。在这样的市场中，只有那些利用内幕信息者才能获得非正常的超额回报。

因此，在半强式有效市场中，已公布的基本面信息无助于分析师挑选被高估或低估的证券，基于公开资料的基础分析毫无用处。

3. 强式有效市场

在强式有效市场中，证券价格总是能及时、充分地反映所有相关信息，包括所有公开的信息和内幕信息。任何人都不可能再通过对公开或内幕信息的分析来获取超额收益。

在该市场中，有关证券产品的信息的产生、公开、处理和反馈几乎是同时的。而且，有关信息的公开是真实的，信息的处理是正确的，反馈也是准确的。结果，在强式有效市场上，每一位投资者所占有的信息都是一样的，每一位投资者对该证券产品的价值判断都是 致的。证券的价格反映了所有即时信息。

所以，在这种市场中，任何企图寻找内部资料信息来打击市场的做法都是不明智的。在强势有效市场假设下，任何专业投资者的边际市场价值为零，因为没有任何资料来源和加工方式能够稳定地增加收益。

对于证券组合的管理者来说，如果市场是强式有效的，管理者会选择消极保守的态度，只求获得市场平均的收益水平，管理者一般模拟一种主要的市场指数进行投资。而在弱式有效市场和半强式有效市场中，证券组合的管理者往往是积极进取的。在选择证券和买卖时机上下大工夫，努力寻找价格偏离价值的证券。

四、有效市场假说的缺陷

资本市场作为一个复杂系统并不像有效市场假说所描述的那样和谐、有序，有层次。比如，有效市场假说(EMH)并未考虑市场的流通性问题，而是假设不论有无足够的流通性，价格总能保持公平。故 EMH 不能解释市场恐慌、股市崩盘，因为这些情况下，以任何代价完成交易比追求公平价格重要得多。

尽管在西方学术界很少有哪一种理论能够获得像市场有效性理论那样多的支持和如此高的学术地位，但是该理论的局限性和缺陷还是十分明显的。

1. 从理论渊源来看,市场有效性理论脱胎于西方传统经济学的市场自发理论。这些理论过分夸大市场调节的自发作用;否定市场运行中的内在矛盾和问题;排斥政府调控市场运行的积极作用;从理性原则出发,用先验的理论假说和抽象的模型来规范和说明复杂多变的现实;重形式,轻内容,追求逻辑体系和数学形式的完美不惜牺牲经济理论的现实性;重现象,轻本质,注重现象描述,缺乏对市场运行及矛盾运动内在机理的深入研究。由于市场有效性理论存在着上述弊端,因此在说明现实问题时候,往往显得力不从心。

2. 从认识论上看,市场有效性理论从现象形态出发,以资本市场价格不规则运动为依据,割断资本市场运行与整个经济运行的内在联系,否定经济规律对资本市场运行的支配作用,否定人们认识资本市场运动规律的主观能动性,把资本市场视为超社会超经济存在的、纯粹的"物理实验场。"这种观点是不正确的,也是脱离实际的。毫无疑问,资本市场确实是一个盲目性很大、投机性很强、易受心理预期因素和突发事件影响的特殊市场。

特殊市场自然有特殊的运行方式和特殊的运动规律。但是,同时还要看到,资本市场毕竟不是孤立存在于社会经济活动之外的市场。作为市场,它是交换关系的总和。作为市场体系的必要组成部分,资本的运行和发展要受市场经济运行规律的制约,反映市场经济运行规律的要求。总之,资本市场的运动是一个极为复杂的过程,因此对其认识和了解必须多角度全方位的展开。以局部认识概观资本市场运动的全貌,只会导致对资本市场运动规律的片面认识,从而得出不符合实际的结论。

3. 市场有效性理论提出的理性模型存在着致命的弱点。先从模型本身看,理性市场模型的基础是完全理性和完全信息两个基本的前提条件。

其中,完全信息的假设条件是:

(1) 所有的信息都必须是公开和透明的,即将信息无偿地提供给所有的投资者,所有的投资者对信息的解释和判断不存在任何分歧,信息传递渠道畅通,不存在任何阻隔;

(2) 价格已经反映了所有可以得到的信息,并且具有高度的灵敏性和传导性;

(3) 价格是既定的量,所有的投资者只能根据给定的价格做出自己的选择,谁也不能支配和影响价格的形成,价格是唯一的调节信号。

完全理性的假设条件是:

(1) 市场是理性的,即市场是完全竞争的市场和公平与效率统一的市场,不存在资本过剩和资本短缺的问题,资本可以自由的流出流入,交易过程是在瞬间完成的,既不存在虚假交易也不存在时间和数量调整;

(2) 市场行为人是理性的,收益最大化是所有投资者从事证券交易的唯一动机,都必须自觉根据理性原则制订投资决策,调整交易数量,确立交易方式,规范交易行为,开展交易活动;

(3) 市场运行是均衡的,能根据内部机制和外部环境的变化及时迅速地进行调整,从非均衡态自动恢复到均衡态。不难看出,在上述假设条件中,市场均衡假设是从理性市场假设中推导出来的,而理性市场假设又是以完全信息假设作为前提的。由于这些假设条件之间存在着互为前提循环证明的关系,只要其中的一个假设条件得不到证明,上述假设条件形成的逻辑链条就会即刻断裂,市场有效性理论的基石就会因此而崩塌。

应当说,市场有效性理论面临的最大挑战还是来自西方资本市场现实的矛盾运动和内在运行危机。十分明显,如果承认资本市场现实的矛盾运动和内在的运行危机,就得修改市场有效性理论的基本前提;而若果无视现实矛盾的存在,市场有效性理论则会失去存在的价值。可见，市场有效性理论很难摆脱进退两难的困境。实践证明，一种理论如果不能说明现实问题，不能为解决现实问题提供有效的办法，这种理论或迟或早会被时代所抛弃。针对市场有效性理论存在的种种问题和面临的困境，有的西方学者预言，30年代的大萧条动摇了古典经济学一般均衡理论的基础，为凯恩斯革命的兴起开辟了道路。80年代的黑色星期一则动摇了新古典经济学市场的有效性理论的基石，将为西方经济学的又一次革命拉开序幕。

扩展阅读

稳健型证券投资组合

时间：2009年08月10日　09:58:22　中财网

组合说明及提示

本组合为稳健型投资组合，适合追求稳定收益的稳健型投资者参考。

组合以追求正收益为主要目标，而不刻意追求跑赢大盘，即总体上以控制风险、保持合理赢利预期为原则。

顺势而为：根据市场风险适时调整总仓位，本组合持仓灵活，仓位控制在0—100%之间；重点做好大波段上升行情，而不期望抓住每一次小的机会。

投资品种的入选采取灵活配置原则：根据上市公司基本面以及市场热点、资金流向、技术图表等选择投资品种。

分散风险，避免重仓单一品种，控制单一品种的仓位不超过总资产的20%；投资品种数量控制在0—10只。

止赢、止损原则：其一，根据大盘中期趋势变化进行止赢、止损；其二，根据技术条件止赢、止损。

组合模拟操作的原始资金为100万元，投资者可根据自身情况进行比例配置。

每周第一个交易日对组合进行评述，并公布最新收益情况；组合调仓时及时公布调仓计划，组合买入和卖出操作均在当日开盘前公布，投资者可根据自身情况，在当日选择合适价格进行操作。

除特别注明的，买入（卖出）证券以当日的均价为成交价，全天封于涨（跌）停板的证券，只有在当日换手率达到5%后才确认成交；股票的交易佣金费率均按1.5‰计算，印花税按国家规定执行，目前为买入时无印花税，卖出时印花税费率1‰。

近期市场分析及操作策略

大盘上周一继续大幅上涨，周二创下新高后连续三个阴线高位调整，沪指终收3 260点，较上周下跌152点。成交量方面，较前周明显下降，但仍保持高位。我们上一篇报告指出，鉴于股指上行仍然过快，技术上随时可能出现调整。大盘上周冲高后的回调符合我们的预期。

沪指周K线收了一根长阴线，周线结束七连阳。

热点板块方面，我们上一篇报告中准确预测经过大跌之后市场的热点将很可能发生较大的变化，市场风格将可能转向有中报业绩支撑、基本面改善明确的确定板块之中，化工行业中报业绩表现较好，基本面较为确定，建议投资者关注化工化纤股短期的交易性机会，化工化纤股自年初以来大幅落后大盘，未来受地产开工上升和出口复苏预期影响，补涨需求加上业绩支撑使得化工化纤股上周表现最佳，澳洋科技、神马实业等化工行业个股涨幅居前；在有色、钢铁、银行、煤炭等权重股集体休整的时候，新能源板块上周开始启动，节能、减排、清洁能源等低碳经济又一次引起了市场资金的关注，新能源板块上周表现成为仅次于化工行业的板块；我们看好的电力行业在上周大盘调整的背景下，表现也好于大盘。

沪指连续四连阴，从最高点短期急速下跌了 200 多点，技术上呈现超跌的特征，短期风险有所释放，预计大盘到前期低点 3 200 点附近触底反弹的可能性较大。外围市场方面，美股在经过几天的回调后，上周五继续大幅上扬，美国七月份失业率数据有所下降，加之奥巴马称美国经济有所复苏。外围市场明显走好，国内 A 股市场随之稳定的可能性较大。国内政策方面，国家发改委、财政部、央行三步为高官上周五集体亮相并表态：当前宏观政策取向不会改变，将继续保证资本市场稳定发展。国外主流经济体经济的复苏和市场的稳定，国内政策的支持将支撑国内 A 股市场本周向好的方向发展。

新能源板块上周有启动的迹象，我们认为随着政策力度的不断增强，加上相关技术的进步和成本的降低，新能源概念相关公司总体上将面临着持续的成长机遇。本周新能源板块将出现短期的交易性机会。个股方面，新能源板块全面上涨的可能性不大，个股方面可能出现分化，可关注中炬高新、许继电气等相关公司的短期交易性机会；国际大宗商品市场上，糖期货价格上涨幅度较大，投资者可适当关注贵糖股份、南宁糖业等个股的短期交易性机会；关注房地产板块和银行板块能否崛起；短期暂时回避有色、船舶。

本周，七月份宏观经济数据将公布，或将引起国内市场的动荡，投资者可适当在 3 200—3 500点的范围内做高抛低吸操作，并适当控制仓位，把握板块轮动步伐。

我们稳健型证券投资组合上周没有操作，仓位保持在 39%。

目前，稳健型证券投资组合持有的证券有澄星股份(600078)2 400 股、金岭矿业(000655)1 280股、长江电力(600900)10 000 股及同庆 A(150006)190 600 份。目前，组合资券值为1 025 287.5元。本周如有调仓及换股计划，我们将及时提醒。

习　题

一、名词解释

证券投资组合　期望收益率　弱式有效市场　强式有效市场

二、复习思考题

1. 试比较投资组合理论、资本资产定价模型和套利定价模型之间的异同。
2. 结合有效市场假说理论，分析中国证券市场的有效性。
3. 证券投资组合有哪些实践意义？

第十章　证券投资理念、策略与方法

学习内容和要求

1. 掌握证券投资的稳固基础和空中楼阁等理论；了解主力操作手段；
2. 熟练掌握证券投资操作的策略；
3. 避免常见的证券投资心理误区；
4. 熟练掌握证券投资的各种方法；
5. 熟悉正确的投资心理与技巧。

第一节　证券投资理念与策略

一、证券投资理念

收益与风险是证券投资的核心问题，人们投资于证券是为了获得投资收益，追求一定的资本利得，而且一般情况下难以事先确定未来的投资收益，未来收益的不确定性就构成了证券的投资风险。证券投资的成功与否取决于对未来作出预测的准确性，取决于是否具有正确的投资理念和操作策略。

1. 稳固基础理论

稳固基础理论认为每一种投资工具，均有它们某种叫做“内在价值”的稳固基础，其投资理论的核心在于通过研究寻找股价低于内在价值的上市公司进行中长期投资。

稳固基础理论就是一种股票的“内在价值”等于其未来的全部股息的现在值（或称贴现值），用普通股票可以做出最好的说明，该理论强调指出某一种股票的价值取决于该公司未来能以股息形式发放的收益的总和，现在的股息及其递增率越大，该股票的价值就越大，收益增长率之间的差异就成为该股票估价的一个主要因素，“股票不仅是对将来，而且也是对将来的将来贴现”。

稳固基础理论要求证券分析集中精力估计某种股票的“内在价值”，而影响这个“内在价值”的基本因素主要有预期增长率，预期股息支付，风险程度和市场利率水平。

2. 空中楼阁理论

空中楼阁理论是著名的经济学家和成功的投资家凯恩斯爵士于 1936 年所提出的，和稳固基础理论不同，空中楼阁理论比较注重投资者心理价值研究而不是计算股票的“内在价值”。

它分析许多投资人在将来可能会如何行动以及在充满信心的时候他们会怎样把希望寄托在空中楼阁上，一个成功的投资人会估计到何种股票的投资形势在何时最受公众的追捧，最宜建造"空中楼阁"，然后抢先一步，在众人行动之前买入该股票。

空中楼阁理论的第一条原则是认为每家公司的收益、股息及未来的收益等各方面信息都自动反映在这家股票过去的市场价格中。第二条原则是，股票价格将按一定的趋势方向波动，即一种价格上涨的股票会继续上涨，一种价格下跌的股票会继续下跌，而价格稳定的股票会继续保持稳定。

空中楼阁理论在理想论坛、学术界和证券市场的广大投资人中都有许多拥护者，现代派的技术分析家则多数是对股票市场空中楼阁观点的拥护者，为了能够做到抢先一步买进股票，就研究出各种类型的技术分析工具，它涉及试图估量公众心理及其建造空中楼阁的倾向。

稳固基础理论的拥护者，基本分析家与技术分析家则与空中楼阁理论相反，认为股市90%符合基本分析，只有10%是受心理因素的影响，他们极少注意过去的价格动向，只是通过预测股票的"内在价值"来决策买进或卖出。

以上两种投资理论，可以看作是两个极端的理论，一个比较理性的投资者应当吸取两种理论中的精华，去其糟粕，战略上注重基本分析，战术上则应注重研究技术图表分析，两者相互结合才能相得益彰。

二、洞悉主力

主力是股票流通市场一定发展阶段的历史产物，过度的主力行为会损害股票市场的健康发展，甚至危及市场的安全性和稳定性，但适当的主力行为是活跃市场的润滑剂。

21世纪初的中国证券市场虽然正在向规范化、国际化的方向稳步发展，但不可否认，主力这一特殊的投资群体仍活跃在股票市场上，甚至有些主力不惜违法违规，进行股票价格的过度操纵。作为普通投资者要想在这样的市场环境下获得较好的投资收益，就要认识主力，分析主力，从而战胜主力。

（一）认识主力

在市场中可能成为主力的机构大户有投资基金、证券商、企业或上市公司、大户机构、过江龙资金、联合坐庄。这六类机构中都具备做庄的条件，因为当前的股市中股票的流通市值一般都在5亿元以上，做庄要收集20%以上的筹码，如能收集40%以上的筹码就可以游刃有余地操作。主力的优势在于具有雄厚的资金实力，具有较强的综合分析能力，具有丰富的市场经验，但其劣势是船大难掉头，由于资金巨大，使得主力进出市场远比大家想象的困难。

（二）主力操作手段

主力进入股票市场并不是盲目的，是经过周密分析的结果。主力追求的并不是账面利润，而是可以兑现的利润，所以进庄之前必须选择适当的时机、挖掘炒作题材和进行小规模的试盘，在完成一系列的准备工作后，才正式进行投资策略的实施。通常情况下，主力炒作某家上市公司的股票一般都经历收集、震仓再收集、拉升和派发等四个阶段。

1. 收集

(1) 下跌时收集。在大盘下跌过程中进行收集，这一过程时间比较长，主力采取每日少量收集吸纳的方法，不给市场留下明显的痕迹。

(2) 平台型护盘收集。这样的主力规划早，某股票一旦经过长期调整跌到底价区，主力进场进行护盘收集，股价不再下跌，也没有上涨，经过相当长的一段日子主力终于实现了收集目的，大盘大跌时它也不再下跌了，此种股票就值得投资者的重点关注。

如 1994 年的渤海集团，就是典型案例，1994 年 7 月之前，它的走势为平台型，1994 年 7 月大盘狂跌的时候，它拒绝下跌，死守 3 元钱价位，8 月 1 日终于在大盘反转时一天内上涨了 100％(当时没有涨跌幅度限制)。

(3) 拉高建仓。此类主力大都表现出一种短期行为，拉高建仓的主力一般会有后续手段和题材，有很强的资金实力，赚钱速度也最快。

如 2000 年 1 月 4 日的上海梅林(600073)，从 1 月 4 日开始拉高建仓至 2 月 17 日，共计 23 个交易日，股价从 8.61 元一路升至 33.26 元，股价涨幅达到 286.30％，主力在如此短的时间获利是相当丰厚的，令人叹为观止。拉高建仓的手法多用于新股的炒作中。

2. 震仓

震仓是主力惯用的手段之一，震仓的方法很多，但目的都是一个，震出其他投资者手中的股票，洗出浮动筹码，增加其他投资者的持股成本，其手法主要有以下两种。

(1) 趁利空消息出现时震仓。股市中常会出现一些不可避免的利空消息，在有重大利空消息出现时，不乏是一些主力对个股进行吸纳的好机会，也有少数上市公司为了配合主力进行震荡吸筹，故意发出一些利空消息。在利空消息出现时，股价的跌幅并不深，而成交量比较大，这类个股很可能成为主力吸纳的对象。

(2) 对技术图形进行破坏。主力在收集某股票时，经常故意对技术图形进行破坏，使众多技术派人士纷纷抛出股票，特别是价位进入关键技术点位时，主力利用自己手中的筹码进行震仓，故意打压，并将其中一些支撑技术点位击穿，甚至击穿上升趋势线，此时许多人抛出股票，主力趁机吸纳整理后又一路拉升上行，中小散户想从中赚钱是比较困难的，在这些主力之前所有技术分析特别是短期指标是无能为力的。

3. 拉升

主力做庄的目的是为了获利，主力吸纳了足够的筹码就会将股价拉上去从而获利。所以主力必须选择一个比较合适的时机顺大势而为开始拉升行动。

拉升过程中主力的手段：

(1) 慢牛拉升势态。每天都有一定的涨幅，但决不进入涨幅前几名，在不知不觉中累计涨幅已非常惊人，而且常会在盘中高抛低吸，在拉升过程中获利或者降低拉升成本，使一些意志不坚定者轻易让出筹码。

(2) 强行拉升。这类主力控制的筹码较多，拉升往往是急升形态，成交量也不会太大，在一定的时间就将股价拉升至某价位，同时完成派发任务，一般投资人不敢轻易跟进，因为稍不注意就有被高位套牢的风险。

4. 派发

主力进驻某只股票，进行收集、震仓洗盘和拉升的最终目的是为了能顺利出货派发，把账面利润变为实际利润，主力派发主要有以下几种手段。

(1) 构筑平台进行派发。主力在拉升某一股票至一定价位后，开始进行构筑平台运行，给多数人一个整理再上升的假象。但该股在平台整理中往往会向下突破，主力在构筑平台时，逐渐派发完毕，随后将一些剩余筹码进行砸盘，股价顺势下跌，平台进入的投资者全部套牢。

(2) 在向上拉升中派发。此种派发多数发生在大盘行情涨升时期，在大盘上涨时，人们多喜欢不计成本进行买进，期望第二天高开有利可图，实际上，此类股票很难有利可获，因为主力的行为是出货，第二天往往是压低价格继续派发。

(3) 在股价拉升至目标位后，直接向下派发。由于此类主力持筹成本比较低，当股价被拉升至几倍以上的价位后，接着出现下跌，甚至跳水行为，主力不计成本的抛售出货，一些抢反弹的投资者很可能成为接盘的对象，但是这种股票一般不会出现反弹，接连几日连续下跌，直至主力出货基本完毕方才止跌，显示主力的凶悍程度。这类主力又称为恶庄。

(4) 打压出货。有些主力由于某种原因迫使主力连续出货，开盘直接跌停板，许多人一见股价如此便宜，常常会有抢反弹的冲动，投资者千万别以为主力只有拉高股价才能出货，实际上主力持股成本远远低于大众持股水平。因为如果不是出货，股价会立刻复原。主力即使用此手法出货也有丰厚的利润，通常情况下，此法多在主力发现突发性利空消息，必须迅速撤庄时采用，此类主力也是恶庄。

(5) 除权后大量出货。这种出货的方法在有送配的股票中较为普遍而有效，主力常在股票除权后，用少量的资金拉升股价，给人们一个短期能够填权的假象，采用多卖少买的操盘手法达到顺利派发的目的。

(三) 识别主力陷阱

主力在整个炒作过程中设有多个陷阱，主要表现在两方面，一是信息方面的陷阱，二是技术分析上的陷阱，手法多种多样，变化无常，常使中小投资者无所适从，但是有一点是改变不了的，主力的目的亦是为了赚钱，在正常情况下不赚钱它是不会走的。识别主力的陷阱应从以下三方面着手。

1. 信息发布的陷阱

通常情况下，主力选定做庄的股票要制定周密的收集、震仓洗盘、拉高、派发的计划，这个计划只有主力自己才知道，不可能让任何人知道，否则就难以成功。也就是说在主力收集筹码的过程中，绝对不会发布任何利好消息，甚至会发布利空消息，在建仓过程中纪律性越强的主力，其炒作的股票以后会涨得越好。

2. 技术点位上的陷阱

主力在关键技术点位上设置种种陷阱，例如：

(1) 主力在底部建仓完毕初步拉高后，有一天突然低开，这是主力故意低开以吸引市场的注意；

(2) 主力洗盘就是在关键点位利用自己的筹码向下抛压，连续出现小阴线，把主力自己给套住，洗盘最主要的特征是跌的时候无量；

(3) 主力震仓是主力经常使用的操盘手法震仓是要在股价上涨了一段时间后用快速下跌的方法把不坚定分子震出去，震仓的量常常比较大，图形也很难看；

(4) 主力派发前的特征。从形态、技术、基本上分析都要涨的股票，如果第二天不但不涨，反而放量出现了阴线，这是主力出货的征兆。

3. 从判断主力的成本价和持仓量识别主力的陷阱

判断主力收集的成本价和持仓总量有很多方法，这里介绍一种较为简单的方法，就是当你判断主力在收集的时候，主力的成本原则上大约等于一段时间以来的最高价加上最低价除以2。

例如在一段上升行情中，最高价是12.5元，最低价为7.5元，其收集的成本价为10元，若主力收集的量是1 000万股，投入的资金是1亿元，在下跌行情中减半计算，主力投入的资金为5 000万元，收集的量为500万股。很明显这不是一个准确的数字。还有一种比较准确简单的办法，即主力的成本价等于主力吸货期每天的平均成交价乘以每天的成交量，然后再平均，而主力持仓总量则为每天的成交量乘以吸货期(忽略不计散户的买入量)，当然这都是大约数字，仅起到一个估算的作用。

三、证券投资基本原则

1. 投资的收益和风险是正相关的。

2. 投资分散组合原则：将资金投资于不同种类的证券，建立有效的资产组合，从而降低风险。

3. 止亏策略原则：计算盈亏平衡点，出现亏损及时制止，将损失减少到最小。

4. 理智投资原则：对证券投资有客观的认识，经过认真分析后再投资，切忌盲目跟风、追涨杀跌。

四、证券投资的各种策略

1. 低价圈操作策略

市场中的各类投资者都知道买股票要买入低价圈中的股票，它的风险最小，通常黑马又多在低价圈股票中诞生。如何寻找低价圈，可以从以下三个方面来综合判断。

(1) 从K线图来分析，某股票经过连续下跌，通常在跌势的末期会出现连续几根阴线，甚至出现衰竭缺口，股价加速下跌，股价大幅下跌引发众多的杀跌盘涌出，多方完全放弃抵抗之后反而引来了新的投资者或新的主力进入市场，之后很快出现反弹或在低位进行整理，此时即表示低价圈形成。

(2) 从移动平均线系统来分析和确认，在一个中级的下跌行情中，股价基本上在30日平均线之下运行，而且受到5日平均线的压制，随着时间的推移，股价跌势趋缓，30日线缓慢由向下方运动变成横向运动，股价慢慢接近30日平均线，如若某一天股价上穿30日平均线并收盘在30日平均线之上，此时表明低价圈形成的可能性较大。

(3) 从成交量的变化来分析和确认，通常来说，随着股价的下跌，成交量会逐渐萎缩，在成交量的柱状图上往日的电线杆不见了，而只是出现一颗小芝麻点，这些小芝麻点的成交量比起5日、10日、30日均量线来显得矮多了，即使股价再继续下跌，成交量拒绝创出新低，这就是低部量价背离现象，转机即将出现。

2. 中价圈操作策略

在一轮上升行情中，股价从底部向上突破上升了一段时间，用百分比来表示也就是上升了20%至50%之间，上升速度减缓，而后开始回档整理，有时候股价一连几根阴线，屡创新低。

此时要注意区分到底是头部形成，还是主力有意震仓，如若是头部形成主力出货那应立即卖出，如若是主力震仓则中长线投资者可以稳坐钓鱼台，短线投资者则逢高派发，逢低吸进，波段操作。

中价圈属于风险比较大而收益也大的区域，短线高手的操作策略可以眼明手快，来回做波段操作，中长期投资者一定要紧跟主力的行动，逢高适当减仓，逢低适当加仓，在主升浪未产生之前牢牢握住持有股票，将差价利润最大化。

3. 高价圈操作策略

高价圈的操作策略总的说，要远离尘嚣，因为高处不胜寒，高价圈内莫久留。

股票的需求与股票价格成正比关系，股票经过一段时间上涨后，投资者买进的股票逐渐有了丰厚的利润，赚钱的示范效应促使更多的投资者蜂拥而来，成交量急剧放大，主力趁机出货，牛市行情将在欢乐的气氛中结束，随着主力的顺利派发，股价步步走低，大量的筹码被套牢在某一高位，这个高位套牢区域便是高位圈。

高价圈何时形成，亦可从 K 线图、移动平均线和成交量的变化三方面来进行综合判断。

(1) 从股价上涨的幅度和时间来分析。股价在上涨的后期，通常会出现连续几根长阳线，甚至出现跳空上扬，进入最后的冲刺阶段，这个跳空缺口应该研断为衰竭性缺口，下跌随时都会出现，此时应谨慎对待，甚至卖出持有股票，若出现一根大阴线使股价跌去了百分之几时，更应斩仓出局。

(2) 从移动平均线来判断。强势股一般在 5 日、10 均线上方运行，5 日均线和 10 日均线之间有一定的距离，随着升势趋缓，两均线逐步靠近，甚至拐头向下，形成盖头形态，表明高价圈有可能形成。如 5 日均线下穿 30 日均线形成死亡交叉，则应尽快卖出股票，空仓出局。

(3) 从成交量变化情况来判断，通常来说，天量附近必然有天价，在出现天量之后成交量无法再持续放大，则意味着高价圈形成，应立即卖出股票，否则将被套牢在高价圈中。

4. 牛市操作策略

牛市市场即为多头市场，主要特征表现为股指处在上升行情，市场的重心在买方，大盘指数不断创出新高，买方的力量在不断增加，股价不断出现新的高价，卖方阵营处于明显的劣势，虽然有时会出现下跌，但仅是上升趋势中的整理或回档，不影响上升的主要趋势。

牛市中的操作策略初步分析如下：

(1) 不要频繁换股，追涨杀跌，尽量减少操作次数。一般投资者在牛市行情中最好减少操作，如果发现自已的股票不好应该依据市场热点或预测可能变成市场热点的某些板块在低价圈买入或在中价圈追进，切记不能去追那些已经热了很久，股价已上升了很多，甚至股价已翻了番的热点股票，否则将被套牢在高价圈内。

(2) 紧跟市场热点，在众多强势股中选择龙头股或龙头板块股票。

(3) 重点关注第一只进入涨停板的股票，这类个股即使没有中线价值也会有较佳的短线机会，在牛市行情中往往涨幅较其他股票大，可以耐心持股至有一定升幅后获利了结。

(4) 对于连续涨停板的股票，通常情况下，某股票在第一个涨停板出现时应观察其状态，如若该股票在上午开盘后迅速被拉升进入涨停板，说明后市还有上升空间，还有些是封了涨停板又被打开，但迅速又被封死，仍然属于强势，反之涨停板打开后不能再封死，则应采取逢高出货的方法。

(5) 不要在跌停板的当天买入跌停板股票，需要投资者具体研究其跌停的原因。

(6) 整理已经很久的股票突然涨停板可在回调时积极介入买进。

(7) 整理已久的股票突然跌停或大幅下跌可在反弹时坚决卖出。

(8) 集中优势兵力打歼灭战，严格制定盈利计划和止损计划。

5. 熊市操作策略

熊市即所谓空头市场，是指大盘经过长期牛市之后进入到长期下跌趋势之中。

(1) 熊市来临，投资者应该以持币为主. 让资金处于安全又主动的地位是每个投资者必须追求的，只有如此才会使投资者处于灵活的操作境地，有效控制投资风险。

(2) 杜绝违规操作。在牛市行情中，不少投资者为了尽快实现自己的致富理想，常向券商违规透支或借贷增加资金投入，但是在熊市行情中，应杜绝此种操作行为，因为借贷操作时的心态不稳，且极为浮躁，一旦操作失败，风险会相应地增加。

(3) 坚持只做短线操作，坚决不做中长线打算。熊市行情中的反弹多为短暂的，下跌是主趋势，是不可改变的，所以一个成熟的投资者应放弃中长期的打算，坚持用少量的资金做短线，快进快出，适可而止。

(4) 熊市行情中下跌幅度不大，坚决不做反弹操作。

(5) 大暴跌中抢反弹。在熊市行情中，股价指数已经下跌了一段时间，接着下跌速度加快，甚至在某一天产生暴跌，就是一次抢反弹的好机会。

(6) 抢反弹应坚持短线操作。

6. 选择个股的策略

在证券市场上，投资者判断大势并不是最终的目的，选择个股才是制胜的关键。通常情况下，个股选择应遵循以下几条原则。

(1) 选择市场属性优异的股票；

(2) 选择有潜力的低价股；

(3) 选择强势产业股票，如：软件业、生物制药业、环保产业、网络产业等；

(4) 选择有实质性资产重组的股票；

(5) 新上市的股票应予特别注意。

7. 资金管理策略

投资者入市首要任务不是要赚多少钱，而是要管理好自己的资金，通常投资者应依据市场情况制定不同时期的资金管理策略。

(1) 在市场处于牛市行情的初期，投资人可以用少量的资金进场逐步吸纳那些有潜力的个股，一旦形势比较明朗，则可加大筹码至自己资金的二分之一，如若选股正确，大势已确认反转向上，则应重仓买入所持股票等待上涨，这就是集中兵力打歼灭战的策略。

(2) 在牛市行情进行途中，投资者仍然可以满仓操作，但要注意持仓对象，短期涨幅过大的股票不宜重仓持有，以适当规避投资风险。

(3) 在牛市行情末期，空仓是上策，即使还有余波，也只能以短线少量快进快出为主。

(4) 在熊市行情中，对于一般投资者来说，远离市场是最佳的策略；对于短线高手来说，可以进行一些博反弹性质的短线操作。

(5) 在操作过程中，除了控制好仓位之外，还须制定年度赢利计划。年度赢利计划不能定得过高，要在分析市场和自己以往投资业绩的基础上确定一个合适的计划，这样投资者才有奋斗的目标，获得较好的投资回报。

8. 个人投资策略

个人在证券市场进行投资，由于知识、经验、实力以及精力等方面的限制，风险较大，需要考虑以下几方面的问题：

(1) 正确处理好证券投资与日常生活的关系。因为对从事证券投资的大多数个人来讲，均是依靠工薪收入来维持日常家庭开支的，自身资金并不充裕。这就要求个人投资者在从事证券投资时，应首先安排和保证家庭生活所必需的开支，再将结余资金的一部分而不是全部投资于证券，必须避免投资失误使家庭正常的生活支出受到影响。

(2) 合理地筹措资金来源。用于证券投资的资金，一般情况下主要是家庭的结余资金，如果使用暂时闲置留待未来有特定用途的资金，则应考虑投资于风险相对较小的证券，如国库券、存款单等。绝对禁止负债投资，除非所投资的证券是限期较短、可靠性极强、且收益较好国库券。

(3) 合理确定投资证券的期限。一般讲，投资期限越长，收益也越高，但风险也愈大，这时，则应以投资者本人可支配资金的时间为期限界限，防止出现资金周转困难。

(4) 尽量投资于变现能力强的证券。这样，在投资者需要现金时，或者需要调整投资证券的种类时，能够及时变现。投资者在选择投资品种时，应首先考虑投资于上市证券，因为上市证券的流动性和变现性最强。

(5) 权衡证券投资收益与风险的利弊得失，特别要分析自身对风险的承受能力，做好承担风险的心理准备和物质准备，然后再进行投资。风险越大的证券，所投入的资金应该越少；风险越小的证券，所投入的资金应该越多。

(6) 投资者应该考虑能够投放在某项投资上的时间和精力有多少，以及获得信息的渠道、手段和时效等因素，如果条件都不充裕，就不应选定价格波动较大的短线股票作为投资对象，而应以购买绩优股和成长股等较长线的股票为投资项目。

(7) 心理因素

在证券投资中，投资者的心理素质有时比资金的多少和水平的高低更重要。优柔寡断的投资者应该避免进行风险较大、起伏跌宕的短线股票投资。心理素质差会导致恐惧和盲目乐观，进而出现追涨杀跌的错误操作。

(8) 知识和经验因素

投资者的知识结构中对哪种投资方法更为了解和信赖，以及人生经验中对哪种投资的操作更为擅长，都会对制定投资计划有帮助。相对来说，选择自己熟悉了解的投资项目，充分利用自己已有的专业知识和成熟经验，是投资稳定成功、安全获益的有利因素。对于股票投资，选择自己熟悉了解的行业的上市公司、运用自己便于掌握的方法来决定操作手段，对成功获利会大有裨益。

(9) 多元化投资策略

投资的风险与收益并存，收益越高往往风险也越大。好的投资方案可以使投资者较大限度地提高收益，躲避风险。

多元化投资是通过将资金分布于不同的投资对象以规避风险的一种策略。选择多种投资对象，比如债券、储蓄、股票、集邮等，就可以在一个投资项目收益不佳时，有其他投资项目补足。证券作为投资对象时,同时持有国库券、金融债券、股票等证券,当一种证券蒙受损失时,它种证券可能带来收益,整体的风险就相对降低。多元化投资降低风险的效果要取决于投资组合之间的相关程度。只有当一种投资的盈亏和另一种投资的盈亏经常出现相逆的情况,才可能达到较大程度降低风险的目的。在股票市场,投资者很难准确预测出每一种股票价格的走势。假如贸然把全部资金投至一种股票,一旦判断有误,将造成较大损失。如果选择不同公司、不同行业性质、不同地域、不同种类的股票,会相应降低投资风险。

9. 企业投资策略

企业在进行证券投资时,除了要考虑个人投资者注意的因素,还要考虑一下因素:

(1) 首先要分析、比较从事证券投资与进行商品生产经营投资的收益率,选择投资收益率较高的投资形式,在投资收益率比较的基础上,还要比较扣除各项成本、税金后的净收益。

(2) 作为企业进行投资,还要对证券发行单位的资信等级、经营状况以及发展前景、财务状况及其变动趋势等情况进行分析评价,从中选择信誉高、营运能力强且具发展前景的政府债券或企业证券作为投资对象。

(3) 要合理选择投资证券的期限,既要考虑证券的收益率,又要考虑证券的风险性,最重要的是不能为了进行证券投资,而使企业的生产经营受到影响,特别是不能挤占企业的流动资金。

第二节　证券投资方法

投资者要想在证券市场上获胜,必须了解和掌握一些行之有效的投资方法。在实务操作中,投资者应熟练地运用各种投资方法,以便在证券投资中立于不败之地。

一、分散投资法

投资者经常听说一句话:"不要把鸡蛋放在一个篮子里"。其意思是在进行证券投资选择投资对象时,投资者绝不能把全部的资金押在某一种股票或债券上,而是应该根据实际的需要和条件,把资金在各种不同的金融商品上进行合理的分配,分散投资。

这是因为,尽管市场上供你选择投资的金融商品很多,但那种既能获得很高的收益,又万无不失,风险很低的十全十美的投资对象并不存在。投资者必须根据各种投资对象的不同特点,趋利避害,同时,结合本身的客观情况与实际条件,找出一个资金的最佳投资组合,以获取较高的投资报酬。

(一) 投资三分法

在一些西方国家,流行的投资三分法是:

三分之一资金存银行以备急需,三分之一资金购买股票、债券等有价证券作中长期投资,三分之一资金购置土地、房屋等不动产,长期持有,以获取增值利益。在有价证券的投资上投资者也往往把资金合理地分成三部分:三分之一资金投资于安全性高的国家公债券或优先股;三分之一资金购买具有潜在成长能力的普通股;三分之一资金用于投资或投机操作,长期获取买卖股票差价收益,对于保守型投资者来讲,也可以把这部分资金用作投资的预备金。

在我国由于可供投资的品种不多,又受经济条件的限制,因此,购买房地产的还很少,投资于实业、开公司的也不多。

所以,对于广大中小投资者而言,把三分之一资金存银行或持以现金,以备不时之需,三分之一资金购买安全可靠的债券,三分之一资金投资于经营管理好、经济效益高的公司股票是明智之举。

这样,投资者既能获取投资收益,又不至于遭受很大损失,同时,也可以抓住有利时机投资获利。

(二) 分散投资法

1. 不要集中购买同一行业、同一企业的股票和债券

因为每一行业都有周期性,即行业的生命周期,包括开创期、扩张期和停滞期。

开创期,由于技术创新、整个行业成长迅速,利润高,但由于竞争激烈,企业经过合并和退出,只有几家公司能生存,因此风险大,股价波动也大。扩张期,只有少数几家财力雄厚,经营效益好,技术先进的公司,其成长仍在继续,利润稳定上升,股价可能因此而上扬。

停滞期,成长开始缓慢,甚至出现衰退。由于竞争相当激烈,以致利润微薄,有些行业因为产品过时,因此股价呈平稳甚至下跌走势。

由于各行业间景气程度不同,生命周期不同,因而各行业在财务状况、业绩及获利能力方面有高低之分,导致备行业股价变动有很大差异,投资者可以选择处于开创期和扩张期的行业股票,其获利潜力大,上涨空间亦大,但不宜集中投资于某一行业,而应分散投资于几个具有成长性行业股票。

同时,也不要把全部资金集中购买某一个企业的股票,即使该企业业绩好,也不能集中购买,因为自然风险和市场风险是难以准确预测的,而政治风险和军事风险更难以估计。

2. 在投资时间上进行分散

上市公司收益回报消息的公布具有时间上的不一致性,而各上市公司也经常会发布各种信息,这些消息和信息传播,都会影响股价。如有利多消息的传出,股价会升高;反之,股价会下降。

因此,投资者可在不同时点上进行投资,即使在某一时间买进股票因遭公共风险而受损失,但还可在另一时间买进股票获利而补偿损失。

3. 在投资区域上进行分散

许多投资者在购买上海股票的同时,还兼购深圳股票。就是因为上海和深圳上市公司由于受市场、税负、法律、政策等因素影响而产生不同的经营业绩,如上海股票价格盘整或下降时,深圳股票价格可能呈上升或平稳走势。

在地域上分开投资可收到东方不亮西方亮之效果,从而降低投资风险。

二、摊平法

投资者在买进股票之后,如遇股价行情急剧下跌,便会遭受亏损,但在未卖出了结之前,还没有完全失败,只要认真地分析股市状况,认为股市发展仍有希望,就可耐心持股等待,总会有扳回成本的机会,甚至可以转亏为盈。

如果投资者想尽快捞回成本或赚取利润,就可运用摊平法,使投资成本降低,以获取利润。

（一）逐次等额买进摊平法

在股票市场上，再高明的投资者都不可能做到在股价跌入最低谷时买进和最高峰时抛出。为了能应付瞬息万变的股市，最好的自我保护方法是分期分批购买。

自第一次买进高价圈的股票以后，由于股价下降被高档套牢，投资者可等股价下跌到一定程度之后，再次买进与第一次数额相等的股票。

运用这种投资方式，重要的是，在第一次投资时，只能投入全部资金的一部分，以便能有留存资金作等额摊平之用。如果投资者准备分三次来购买摊平，则第一次买进股票花三分之一资金，第二次、第三次再各花三分之一资金购买股票。

这种方法主要在股价下降时应用，以利于减少风险，主要着眼于股价行情不可能永远只跌不涨，如果投资者判断股价会反弹，那么可以运用这种方法。

（二）金字塔式投资法

金字塔式投资法又称倍数买进摊平法，这是一种"低进高出"往下承接，以正三角形方式往下买进筹码，以倒三角形方式出脱筹码的方法。当投资者第一次买进股票以后，如果行情下跌，则第二次再加倍买进，当行情一路下降时，还可往下进行第三次、第四次加倍买进，增加持股数量，降低总平均成本，此为正三角形往下承接，呈金字塔形，故称金字塔式投资法。

至于倒三角形清仓抛售所持股票，则为在股价反转一路上涨时，一路向上清仓经营，获利了结。因随股价上升，卖出的股票成倍增加，越卖越多，呈倒三角形卖出，犹如金字塔，故也称为金字塔式投资法。

三、公式投资计划法

公式投资计划法是指按照某种固定公式来进行股票和债券组合投资的方法。采用投资组合的方法，可以减少整体股票投资的风险。

投资组合的构成可以简单地分为两部分：一是防御性构成部分，其主要是由价格相对稳定的债券组成，也可以由多种优先股和价格相对稳定的绩优股组成；二是进取性构成部分，其主要由各种普通股组成，可以是具有成长性的成长股，也可以是具有投机性的投机股。公式投资计划的着眼点不在于股票市场价格波动的长期或主要趋势，而是在于利用股市行情的短期趋势变化来获利。

投资者在采用公式投资计划时不必对股市行情走势作任何预测，只要股价水平处于不断的波动中，投资者就必须机械地依据事先计划好的方案买卖股票。

（一）等级投资计划

这种投资计划是公式投资计划中最简单的一种。

当投资者购买股票时，首先要确定股价变动的某一等级或幅度（如确定上升或下跌 10 元、20 元或者 30 元为一个等级），每当股价下降一级时，便购进一定量股票。这样，投资者可以使他的平均购买价格低于平均出售价格。

等级投资计划，是根据事先确定的等级来买卖股票的，投资者可以不顾及投资时间的选择。然而，这种计划不适用于持续上升或持续下降的股票市场。因为在持续上升的多头市场中,投资者会由于分次出售而失去本来可以得到的更大利润。

而在持续下跌的空头市场中,投资者要连续购进。如股价继续下滑,回升无期,投资者就要遭受损失,因此,这时投资者要停止再购买。一旦市况下降到平均成本以下,且反弹无望,投资者应售出持有股票,以免遭受更大的损失。

(二)定时定量投资计划

这种投资计划主要适用于股价波动幅度大并且是股价呈上升趋势的那些股票,而如果投资于价格平稳,波动幅度小,且股价呈下跌趋势的股票,则投资会发生亏损。

实施这种投资计划有两个步骤:第一步,选择具有长期投资价值的股票,并且这种股票价格具有较大的波动性;第二步,投资者选择一个投资期间,可以长一些,也可以短一些,在投资期间必须以相同的资金定期购买股票,不论股价怎样变化都必须持续投资,这样可以使投资者的每股平均成本低于每股平均价格。

如果股价波动幅度大,股价呈上升趋势,则投资者有更多的机会在低价时购买较多股票,从而在股价上升中获利;反之,如股价持续下跌,在整个投资期间投资者就会亏损。

因此,这种投资方式适合于一些刚入市的新手操作,投资人只要定期投资,而不必考虑投资的时间。但是,运用这种投资方式,投资者很难获取巨额利润,并且要求定期定量地投入资金:当股价持续下跌时,可能会发生亏损。

(三)固定金额投资计划

固定金额投资计划 是指投资者以一个确定的资金总额进行投资的计划。这种投资方法以股票价格为操作对象,依据"逢低进,逢高出"的原则,当股价高时,卖出股票;当股价低时,买进股票,这样不断循环操作,投资者便可获利。

从长期看,随经济周期性变动,在经济复苏和繁荣时期,上市公司盈利上升,股价也上涨,而同时银行存款利率也上升,从而导致债券价格下降,因此,卖出股票,同时买进债券可获价格差额;反之,在经济衰退和萧条时期股价下跌,而债券价格可能上升,从而卖出债券,购进股票,同样也可获利。但固定金额投资计划不适用于股价持续上升或者持续下降的股票。

在固定投资计划中,投资者必须确定股票的适当固定金额,随后确定适当的买卖时间。

依据有两个:

其一是根据股价变动超过一定比率来确定买卖时间;

其二是根据股价指数变动超过一定比率来确定买卖时间。应尽量避免在股价最高时入市,而在股价跌至谷底时清仓出货。

(四)固定比率投资计划

这种计划也称耶鲁投资计划,是固定金额投资计划法的变形。

差别在于:固定比率计划是股票投资额在投资总额中所占比率固定;固定金额投资计划是股票投资金额固定。

(五)可变比率投资计划

这种投资方法是将投资资金分别投资在股票及债券上,并确定两者恰当的比率,以后随着股价的变动随时调整股票在投资总额中的比率。

可变比率投资计划按照在股票买卖行动点的行动规则的不同可划分为非标准型计划和标准型计划两种。前者是随股价的上涨或下跌，积极减少或增加投资组合中的股票比率；后者是在股价呈上涨但未超过平均价值时，并不降低股票比率；反之，在股价虽下跌但尚未低于平均价值时，就不考虑增加股票比率。

在实施可变比率投资计划时，要做好以下几项准备工作：

第一，通过计算以往几年股价或股价指数的平均水平，确定平均价值。

第二，确定持有股票的最大比率及最小比率。

第三，在持有股票的最大与最小比率之间，确定每一次股票买卖的点数。

第四，调整股票与债券比率时的股价或股价指数水平。

第五，确定在股票买卖的行动点上的股票与债券的比率。

四、其他投资方法

（一）以静制动操作法

这种方法是指当股市处于“换手”、“轮做”阶段时投资者选择涨幅较小或价格末动股票，以期在这些股票随后的大幅度上升中获取收益的方法。

在股票市场上，股民往往对那些股价“安静”的股票不感兴趣，而一味追逐上涨幅度较大的“好动”股票。但在股票轮做、行情此起彼伏时，若不管某种股票已涨至何种程度，而贸然追涨，其结果经常是买到上涨股票后，这些股票却止步不前甚至随后下跌了，而此时未持有的其他一些股票倒是上升了。因此，追逐上涨股票的投资者若追到的是最后一段上涨行情，结果常常是无利可获，甚至亏损。

主张以静制动的投资专家认为，如果没有把握追逐刚刚开始上涨且幅度较大的股票，可以选择涨幅较小或者刚开始调整价位的那些价格变动较“安静”的股票，待其他同类的“好动”股票涨足以后，自然会有市场主力或大户发现这些“安静”股票的潜力，这些先前未动的股票也就自然会动起来。

该操作法的要点在于，投资者在难以及时买进上涨股票的情况下，应善于去寻找那些股价暂时落后却具潜力的股票。

这种做法看似消极，实际上却是积极的，因为待日后该股票大步向前，而其他投资者纷纷涌来时，采用该方法的投资者已经领先一步了。

（二）顺势投资法

这是指顺着股价走势买卖股票以求获利的一种投资方法。一般多为小投资者所采用。

由于小投资者的买卖行为无法影响股市行情，若在上涨行情中不尽早买进就会失去获利机会；在下跌行情中不及时卖出则难免遭受损失。故该方法要求在整个股市大势向上时，以买进为宜；而股市大势超跌时，尽早出手较好。

在操作此法时，应明确股价涨跌的趋势，如趋势不明，则无法顺势而为。即使看准了趋势，也要在有足够理由说明该趋势属中长期趋势时，才能顺应涨跌趋势而买卖。

若在确定趋势太迟或在短期趋势中买卖，就会买进涨势中无人接手的高价股票或者卖出处于回升边缘的低价股票，投资者将因此而蒙受损失。

（三）"拔档子"操作法

所谓"拔档子"就是指投资者卖出自己的持股，等价位下降以后，再补回来。如果投资者预期股价上升受阻，将回落或下降，趁价位高时，来个"多翻空"，先行卖出，以便自己赚自己的一段差价。

采用这种操作方式的目的在于多头降低成本，保持实力。通常"拔档子"卖出与买进之间，不会相隔太久，最短期可能只有一两天，最长也不过个把月。

"拔档子"一般有两种操作方式：

一是"挺升行进间拔档子"。这是多头在推动股价行情上升时，见价位已上涨不少，或者股价上涨遇到了沉重的阻力区，就自行卖出，多翻空，使股价回跌，以便化解上升阻力，推动股价行情再度上升，以获取价差收益。

二是"滑降行进间拔档子"。这是投资者预期股价行情下跌，局势无法挽回，于是趁价位高时卖出，多翻空，等股价继续跌落后再买回反攻空头。

股票投资大户也常运用"拔档子"方式对股价的涨跌做技术性调节。

但这种投资方式是以正确预测为前提条件的。

如预测错误，卖出后，股价不降，反而一路挺升，则投资者将增加投资成本而减少获利甚至亏损。

（四）最大风险法

该方法以获得最大收益为着眼点，甘冒最大风险的确定购买股票数量的方法。当拟定购买某只股票后，将股票收益前景分为好、中、差三种可能，相应制定大量、中量、小量三种购买方案，并且要估算出每一种方案收益。这种方法以出现最好情况并获得最大收益为决策前提，具有较强的赌博性质，因此要求投资者具备相当的冒险精神和强劲的心理素质，特别是投资者要有很强的损失承受能力。

（五）最小风险法

该方法力争最大限度地降低购买股票风险的投资方法。在确定购买某只股票后，将股票前景分为好、中、差三种可能，以最差的前景为前提，相应制定大量、中量、小量三种购买方案，投资者以三种方案可能发生的三个最小收益值中的最大值作为选择方案。这种方法风险最小，是一种相对稳妥的投资方法。

（六）后悔值法

股市风云难测，时机稍纵即逝，后悔是经常的事，因此该尽量避免。后悔值法是一种在可能发生的不同经营状况下所引起的后悔因素降低到最小的方法。这种方法首先要计算出每种购买方案在不同投资方案下的最大收益值然后求出相应的后悔值（后悔值＝采取其他方案的最大收益值－目前投资方案的实际收益值），然后找出各方案不同经营状况下的最大后悔值，并以其中数值最小的所对应的方案为选定的最小后悔方案。

（七）保本投资操作法

投资者需要事先确定在最坏的情况下也不愿损失的基本金额，即确定最多亏损到什么程度的止损点。当股价上升时，在适当的时机先出售一定数额的股票，以收回预定保本金额的一定比率的资金，股价连续上升时，投资者不但可以收回全部保本资金，还可能持续获利。当股价下跌停止损失点时，就将股票全部卖出，以确保事先预定的基本金额。

（八）高抛低吸法

投资者在较高价位时出手股票，待价格下跌后再买回补仓，赚取一段价差，这是降低成本、获得收益的快捷手段。当价格处于上升阶段，在涨价一定幅度后卖出，价格回落后再买回；在价格下跌阶段，趁价位仍较高时卖出，价格跌至低位时再买进。这是主力大户经常使用的左右股市的方法。

（九）逆向思维操作法

当市场的情绪感染你趋于购入股票时，考虑卖出股票；当市场情绪使你觉得应该卖出股票时反而购入。这是因为，市场上大多数投资者纷纷购入股票时，往往价格也会较高，上升的空间已经比较小，风险却相应加大；而股市长期大幅下跌后，大多数投资者因为惧怕套牢卖出股票，此时以较低价位购入股票，就有机会在将来市场回转时卖出获利。

以上这些投资方法虽然都有可取之处，但都存在这样那样的缺点，最大的问题是难以适应多变的市场形势，所以，要想取得好的投资收益，必须刻苦学习研究，灵活把握，融会贯通。

第三节　证券投资心理与技巧

为什么说“人们倾向于过早地卖出赚钱的股票，而长期持有亏钱的股票?”华尔街有句古老的格言：市场由两种力量推动，一种是贪婪，一种是恐惧。投资的目的是赚钱，可是投资一定可以赚钱吗？如果可以赚钱，那么可以赚多少钱呢？对这两个问题的不同回答，实际上是代表了完全不同的投资动机，不同的投资动机带来的是不同的投资行为，不同的投资行为对应不同的投资心理。

一、证券投资中常见的心理误区

（一）过分自信与控制性幻觉

一项专业调查显示：82%的驾龄超过一年的司机认为自己超出一般水平。很显然，大部分人高估了自己的水平。

在硬币抛出前下注是几乎所有赌场的规矩。比如玩骰子猜大小，赌场老板们发现赌徒在摇骰子之前下注，明显比骰子摇完之后下注要大得多。当投资人作出投资决策时，他会认为自己对未来的事情有足够大的把握，似乎自己可以掌握未来的变化。而实际上你对未来发生的事情没有任何控制能力，只是因为自己参与其中，你便认为自己有了控制能力。这是一种过分自信导致的控制幻觉。

实际投资中，过分自信与控制幻觉至少导致三个问题：

首先是频繁交易。我们高估信息的准确性和自己分析信息的能力，导致频繁交易。不但提高了交易成本，也导致我们更容易做出错误的投资决策。

其次是不能充分分散化投资。因为过于自信，导致集中投资，风险集中。投资大量地集中于股票等权益类产品，完全失去了对于大类资产配置的把握。包括基民，去年将绝大多数的资产集中于股票基金一种投资品种上，即便不考虑后期的市场行情到底如何变化，从资产组合、风险管理等任何一个角度，这种做法本身是不合理的。

最后是选择性过滤。只愿意接受支持自己判断的信息，而过滤掉不支持自己的判断的信息，导致更加相信自己的判断。市场每天都存在多空争夺，看空看多各有理由，资本市场随时如此，但是坚决看多的人往往忽视掉看空的理由，即便这些理由非常明显。原因何在？过分自信和控制幻觉导致的对于信息的选择性过滤。

（二）骄傲与遗憾心理

人们会避开导致遗憾的行为，而去追求自以为好的行为。遗憾就是当人们认识到以前的一项决定被认为是糟糕的时候情感上的痛苦；自豪是当人们认识到以前的一项决策被认定是正确的时候引发的情感上的快乐。

一个更具体的假设：你有两只股票，股票甲和乙。股票甲目前盈利 20%，股票乙目前亏损 20%。你会卖出谁？绝大多数投资人的选择是卖出甲而持有乙，因为卖出甲给自己带来情感的快乐，而卖出乙则给自己带来情感的痛苦——我要至少等到乙回到成本价再卖掉。这就得到了那个看似可笑、却真实地发生了很多次的结论：人们倾向于过早地卖出赚钱的股票，而长期持有亏钱的股票。

（三）眷恋过去

所谓眷恋过去，是指人们倾向于将过去的类似投资结果作为评估一项风险决策的考虑因素，甚至是非常重要的。2007 年为什么出现了基金销售如此火爆的情景？并不是广大的普通老百姓发现了基金的投资价值，并不是他们对于这项投资进行了风险决策，哪怕仅仅是借助银行客户经理的专业知识进行风险决策。他们仅仅是根据邻居买了基金赚钱了，小孩他二舅买了基金赚钱了等原因，做出了投资决策。我们称之为“财富效应”。而等他自己投资赚到钱以后，这种财富效应就更明显了。而实际上，稍具投资经验的投资人都知道，投资的风险和收益与过去该项投资的业绩没有直接的关系，甚至过去的高收益一般会代表透支其未来收益，从而导致高收益的保持是非常困难的。

一个很有名的心理学实验。第一次实验：要求 95 名金融学本科生(作)做出参与或者不参与关于硬币正反面的赌博决策，41%的人选择参与。第二次实验，另外找同样教育背景的 95 人参与该实验，不同在于，事先由组织人员无偿赠送给他们参与这项赌博的赌金 15 美元。结果，78%的人选择了参与。这就是有名的“赌场的钱效应”：在赌场里，人们倾向于不把赌博赚来的钱当作“自己的”，而是当作“赌场”的，大不了输回去。拉斯维加斯的每家赌城里，只要你入住酒店，房间里几乎都有赠送的一点筹码，这就是赌场老板的高明之处。同样的，在一般的投资决策中，一旦以前的同类的投资决策赚了钱，许多人倾向于两种判断：第一就是刚才讲的，用经验来判断这个投资是很好的，继续投资甚至追加。第二个判断：这钱是白赚来的，不是我的，继续投资，大不了亏掉。从而，我们不断地看到有人在大牛市的历程中不断的追加投资。

把“眷恋过去”作为一种心理误区，并不是否认总结投资经验的重要性。必须承认，在资本市场的背后有维持其运作的最基本的规律所在，这是难以改变的。但是我们同时认为，这种不变的规律，表现形式却是多种多样的。以 2005 年底到现在的市场为例：2006 年的时候，我们沉浸在漫长的熊市思维中；5・30 大跌让我们把前期辛苦总结的垃圾股、概念股、(st)ST 股行情彻底颠覆；当我们又花了几个月时间才好不容易欣喜地发现了价值投资、长期持有、蓝筹股、资源股的时候，长期持有又让我们受害颇深。

不是资本市场没有规律，而是我们还不够认识它。我们对其规律的粗浅的认知，可能导致的是更大的亏损。于是，听到了业内资深人士一句让我们回味无穷的话：赚大钱靠智慧，赚小钱靠技术，亏钱靠知识。

（四）代表性思维与熟悉性思维

心理学研究发现，人的大脑利用捷径简化信息的分析处理过程。利用这些捷径，大脑可以估计出一个答案而不用分析所有的信息。这无疑提高了大脑的工作效率，但同时也使投资者难以正确分析新的信息，从而得出错误的结论。

代表性思维根据固定的模式进行分析判断，认为具有相似特征的事物是相同的。

熟悉性思维是指人们喜欢熟悉的事物，做出投资决策的时候也是如此。经常有人对同一支基金、同一支股票反复地操作。

总结来讲：熟悉性思维导致两个问题：第一，高估自己熟悉的投资品的投资价值；第二，投资集中度仅因熟悉而大幅度提高。两个问题结合在一起，那就是大问题了。

（五）长期后悔和短期后悔

假设有两位股民，一位将他买的 B 公司的股票换成了 A 公司的，结果，现在 B 公司的股票大幅上涨，他发现如果当初继续持有这些股票，就能赚得 1 200 元；另一位股民，他一开始买的就是 A 公司的股票，虽然曾经打算换成 B 公司的，但是终究没有付诸实施，同样，他也很后悔，因为如果当初换股，现在就能赚得 1 200 元。

虽然故事的经过不同，但他俩都损失了假想中的 1 200 元，现在，又同样陷入了自责和后悔中。问题是，你觉得他俩哪个更后悔呢？

这是美国普林斯顿大学教授丹尼尔・卡尼曼(Daniel Kahneman)及其长期合作伙伴阿莫斯・特韦尔斯基(Amos Tversky)在 1982 年进行的一项经济心理学研究(2002 年，卡尼曼凭借在经济心理学领域的开拓性研究而获得了诺贝尔经济学奖)。在当时的测试中，92%的受试者认为前者更后悔。研究者推测说，这是因为想象前者没有换股继续持有，比想象后者换了股更容易。这项研究被认为是关于后悔研究的经典实验。

二、证券投资心理的重要性

同样一只股票，买入初期你的目标是长期持有，或者是短期持有，更或者是赌博性质的 2—3 天持有，在这期间股价的波动都会对你不同的影响。

对于长期持有的股票，由于你买入前，必然做过周密的计划，对股价的波动肯定做过心理预期。此时的短暂的下跌都不会对你造成多大的影响。

而对于短期持有还有赌博性质的2—3天持有的这类股票，买入之后，受大盘，或者一些不利消息的影响，更或者是一些不可预知的一些因素影响，造成股价的波动(这里尤指下跌)，都会对买入者造成较大的心理暗示。即使是自己的买入时的判断是正确的，但是由于买入后股价的前期走势和心里预期的走势不符，给自己较大的心理压力，开始怀疑自己早期的判断，而造成小亏出局。从而造成不必要的损失。

针对这种情况，我们在买入前，针对不同的持有时间的股票就要有不同的仓位标准。

长期持有的股票最好仓位重一点，全仓也未尝不可。但是短期持有，尤其是赌博性质的2—3天持有的股票，仓位要轻一点(特殊情况除外)，这样就可以较大程度避免由于心理上的压力而造成判断上的失误，从而避免损失。

例如，研究报告显示，做证券投资：学心理胜过学经济。

波恩大学和海德堡大学的经济学家牵头搞了个试验，查看几十个大学里学各种专业的人交易股票的成功率，结果是：学心理学的人买卖股票的成功度高于学习经济学等的。

这个互联网试验是在35个德国大学中举办的，共有约6 500人参加。专家连续几个月，观察学习各种专业的人购买与出售股票的情况。结果，学心理学的人平均赢利超过8%，高于学企业经济学和数学的，甚至相当于学国民经济学和物理学的人的3倍。

这个研究报告的撰写人之一，波恩大学的安德列斯·罗伊德尔认为，心理学学生和老师取胜的原因在于："他们不信任被捧得过高的证券，经常反对一种有许多人去购买，从而使之变得太贵的股票。"

游戏的方法是，参加游戏的人要在A和B两种虚拟的股票中做出选择，这两种股票只有一种是赚钱的，而另一种是赔的。组织者提供了1.1万欧元的奖金，目的是让游戏参加者对他们的决定做出认真思考。在购买股票前，他们得到投资银行的咨询意见，但投资专家们的看法只有2/3是正确的。同时，参加游戏者可以随时看到，其他参与者做出了什么样的选择。

这个研究报告得出的一个重要结论是，这些虚拟投资者往往不像人们想象的那样重视其他人的购买行为，经常选择大多数人选择的反面。罗伊德尔说："在许多专家的想象中，股票投资人就像北极旅鼠，他们购买抢手的股票，从而把股值推向过高。"(传说中，北极旅鼠繁殖过多后就涌向一个地方去集体自杀。)

股票市场上出现大波动，专家们就经常认为是群体旅鼠行为造成的。罗伊德尔说："完全可能的是，每个股票投资者不去管别人的行为，而独立地自己做出决定。不管怎么说，群体论是应该怀疑的。"

当然，并不是所有专家都持罗伊德尔这种看法。金融服务公司Cognitrend的约阿希姆就认为："市场上是存在一种群体行为，这是很久以来就众所周知的事，而且有研究报告为证。"他指出，股票投资人经常相信所谓的重要信息，"比较也起到作用：我的邻居在干什么，为什么他比我成功。"

然而，在这份研究报告里，股票投资者们却绝不是盲目地随大流的。有些参与者甚至故意为终止当前的趋势而投资，从而导致市场价格稳定下来。在人们认识到股票市值被夸张了，反其道而行之的行为往往是有意义的。罗伊德尔说："心理学家们对这种发展有一种良好的嗅觉，这对他们的成就是关键的。"

所以，要学会不管股市上如何发展，都保持冷静，避免过度反应。约阿希姆说："值得推荐的是，在投资之初搞一个计划，然后坚持这个计划。"罗伊德尔说，一个重要结论是"谁能够把自己的直觉考虑在内，保持一定的距离认真观察，谁就给股市上的成功创造了良好前提。”

投资是高智商的游戏，在这个游戏里，只有战胜了自己，才能战胜别人。既然称之为心理误区，那就不可能完全避免，但是对于这些误区的把握可以帮助我们尽可能地避免这一类的错误。最后，我们再次传诵巴菲特的名言：我跟大多数的投资者一样，也会贪婪和恐惧。但是我跟大多数投资者不同的是，别人贪婪的时候，我恐惧；别人恐惧的时候，我贪婪。

三、树立正确的投资心理与技巧

股市投资，盈亏都很正常，关键需要一个良好的心理状态，心境淡然开阔，眼光长远。在此，简单谈一下比较正确实用的投资心理与投资技巧的结合。

1. 顺势而为，劳逸结合

势，指的是大势。股票市场在运行中，最基本的有熊市和牛市之分。熊市是一种长期的跌势，牛市是一种长期的涨势。每一只股票，不管其基本面多好，主力资金介入程度多深，市场大的走势不好，股票也难以上涨，难以有好的收益，“覆巢之下，岂有完卵”。当市场是牛市时，应该集中资金，深度介入；当市场是熊市时，应该撤出资金，避而远之，等待机会。牛市时，多投入时间和精力关注市场，多劳；熊市时，多休整，劳逸结合。

2. 分辨信息，正确判断

股票市场上各类信息交错纵横，很多信息都对股价的变动作用很大，信息中有真信息，还有假信息；有全面的信息，还有不全面的信息，分析错误，判断不对，都会造成损失。投资者一般需要关注宏观面信息，上市企业的信息和股市交易信息。宏观面信息对整个市场影响很大，上市公司的信息对个股影响较大，股市交易信息对股票走势影响较大，每条信息都不应错过。

3. 关注主力，适度跟进

主力是指那些资金实力雄厚，持股很多的投资者，很多是机构投资者。他们的资金成千万上亿。他们通常都有资深的专业人士作为智囊，有灵通准确的信息网络，有手法精熟的操盘手专门操作，兼备天时、地利、人和的优势。主力的行为具有强烈的投机色彩，获取价差是他们的唯一目的。主力的资金入市或离市不但可能影响某个股价位，甚至引起大盘整体的波动。尤其是主力联手炒作时，股价走势会呈现明显的特征，而这种主力操纵股市的现象在股市中又绝非少见。作为主力财源的普通投资者，必须关注主力行踪，巧妙利用机会，防止落入圈套。但是，如果能通过仔细认真的观察研究，发现主力的行踪，并适当操作，往往能够获得丰厚的利润。

4. 独立思考，切忌盲从

投资者千差万别，心态各异。股市似乎有一种神奇的魔力，使他们在相互的影响之下逐渐减小异议，形成一种整体性的倾向。这种倾向不但可以操纵很多人的情绪和行为，有时甚至可以成为左右股市行情的最大力量。当股市人声鼎沸，大多数人会受到感染争相入市，股价自然攀升；当这种倾向趋于冷漠，大多数人悲观涣散，抛售离市，股价就会下跌。

初入股市者往往看见别人都在买股票，自己唯恐丧失时机，马上跟进，但刚买到手股价就开始下跌。当别人竞相出售时，自己也赶紧卖出，但刚卖掉股价就开始上涨。理智的投资者应该冷静考察股市潮涨潮落的原因，独立思考，正确判断。

5. 当机立断,遇事不慌

在股市,一旦认定某只股票后市看好,就应该坚决买入,切不可犹豫不决,在几分几毛上斤斤计较,失去时机,结果要么买不到,要么价位已高。卖出股票时,一旦认定跌势已定,就要坚决卖出,不能犹豫,否则会受到很大损失。

6. 被套不惊,冷静化解

股市被套是常有的事,如果被套的是业绩较优的股票,所占投资比重不大,投资者不急用资金,又有足够的心理承受能力,可以继续持有,因为这类股票每年还有股息和红利收入。如果被套的股票业绩不好,所占的投资比重大,价位比较高,后市也不看好,则需要割肉。在熊市后期被套,随着行情下跌,可以增仓,降低平均成本,缓解被套的深度。熊市中前期被套最好割肉,牛市调整洗盘时被套坚决持有,还可增仓。

7. 落袋为安,切忌贪婪

投资股票的目的就是获利,但对利益的追求要有尺度。贪婪是最大的敌人,也是股市上最大的陷阱,特别是在股市暴涨时,投资者已经忘乎所以,总以为股价还会上涨,老认为自己钱赚得少,股票在手中迟迟不卖,结果牛市转熊,股价暴跌,高位被套。所以,投资者应该适可而止,分批卖出股票,落袋为安,不可贪婪。

股市瞬息万变,机会稍纵即逝,信息和走势也真假难分,没有绝对正确的理论和技巧,没有放之四海而皆准的经验,不可生搬硬套,一切都需要灵活运用。

第四节 盘面识别与操作

一、盘面的识别

在股票交易软件的使用中,每只股票的日 K 线界面是最主要的分析界面,下面介绍一下如何识别个股日 K 线界面的数据和指标。

在个股日 K 线界面,左边是几何图形,右边是数据和指标,最上边是交易软件的各个功能菜单,最下边多个指数指标的即时行情显示。

1. MA

(1) 股票价格对应的 MA

MA 是指平滑异同移动平均线(MACD),在日 K 线界面的左上端,经常显示 MA5、MA10、MA20、MA60,分别表示股票的 5 日、10 日、20 日、60 日移动平均价格,例如显示 MA5:7.07,表示这只股票 5 日移动平均价格为 7.07 元。MA5、MA10、MA20、MA60 这 4 个价格在日 K 线对应 4 条曲线,颜色分别为白、黄、紫、绿,白线代表 MA5,黄线代表 MA10,紫线代表 MA20,绿线 MA60。由于证券市场每周五个交易日,所以白线常被称为周线,黄线被称为半月线,紫线被称为月线,绿线被称为季线,这些都可以在股票交易软件中自己设置。如果设置 MA120,则代表半年线,MA240 代表年线。在上涨过程中,由于短期指标先上涨,所以大家会看到 MA5、MA10、MA20、MA60 从上到下依次排列;在下跌过程中正好相反。当股票由上涨转为下跌时,由于短期指标较敏感,所以代表短期股价指标的曲线会向下穿过代表长期股价指标的曲线,形成所谓的“死叉”。当股票由下跌转为上涨时,同样由于短期指标较敏感,所以代表短期股价指标的曲线会向上穿过代表长期股价指标的曲线，形成所谓的"金叉"。

在K线界面蓝色的K线代表阴线，红色的K线代表阳线。

(2) 成交量对应的MA

在K线界面下方，一般为成交量的柱状图，在柱状图上方一般显示VOLUME、MA5、MA10等几个指标数据。VOLUME是指成交量，如VOLUME：1 800 000，则表示该股票当日成交量为180万股。MA5表示该股票5日的移动平均成交量，如MA5：2 286 053.08，表示该股票的5日移动平均成交量为2 286 053.08股。MA5、MA10等的曲线也往往用不同颜色表示，以示区别。

在成交量界面蓝色的柱状图对应的K线代表阴线，红色的柱状图对应的K线代表阳线。

2. 技术指标图形

在成交量图形下一般是专门的技术分析指标图形。这些技术指标可以自己选择设置，如选择KDJ(5,10,20)指标，表示设置的是5日、10日、20日的KDJ超买超卖指标，后面还会有不同的K值、D值和J值，在图形中分别对应白、黄、紫三种颜色的曲线。

3. 技术指标图形下面是时间，一般显示年和月。

4. 股票指数行

年和月下面是显示的不同种类的即时股票指数涨跌情况。如上证 3 123.03　42.26　1 872亿，表示2009年7月9日上证综合指数为3 123.03点，涨42.26点，成交量为1 872亿。其后还有深证、沪深、中小等指数涨跌情况显示，分别表示深证成分指数、沪深300指数、中小板指数的走势、涨跌和成交金额的情况。

5. 股票代码和简称

股票代码和简称，显示在右边上方，如600050　中国联通

6. 委比与委差

委差表示图形中所显示的五档买盘和五档卖盘在委托数量上的差额，委差＝五档买盘委托数量之和－五档卖盘委托数量之和。如果五档买盘委托数量之和＞五档卖盘委托数量之和，则委差是正数，显示为红色；如果五档买盘委托数量之和＜五档卖盘委托数量之和，则委差是负数，显示为绿色。

$$委比=\frac{五档买盘委托数量之和-五档卖盘委托数量之和}{五档买盘委托数量之和+五档卖盘委托数量之和}\times 100\%。$$

委比指标用以衡量一段时间内买卖盘相对力量的强弱。当委比值为正值并且委比数大，说明市场买盘强劲；当委比值为负值并且负值大，说明市场抛盘较强；委比值从－100％至＋100％，说明买盘逐渐增强，卖盘逐渐减弱的一个过程。相反，从＋100％至－100％，说明买盘逐渐减弱，卖盘逐渐增强的一个过程。涨停板的股票，由于卖盘上没有挂单，因此其指标未必就是＋100％；反之，跌停的股票其指标也未必是－100％。一般来说，委比指标说明了买入和卖出意愿的不平衡程度，同时需注意，委比是一个分时指标，委比数值是时时都在变化的。

7. 五档卖盘

委比与委差下面显示的是五档卖盘，从上向下依次为卖⑤、卖④、卖③、卖②、卖①，表示的

是卖出股票的五个价格，从上向下价格依次由高到低，卖①的价格最低表示卖出时价格最低的排在最前面，最先成交。五档卖盘显示的价格如果较前一个交易日上涨，则为红色；较前一个交易日下跌，则为绿色。

8. 五档买盘

五档买盘在五档卖盘下面显示，从上向下依次为买①、买②、买③、买④、买⑤，表示的是买入股票的五个价格，从上向下价格依次由高到低，买①的价格最高，表示买入时价格最高的排在最前面，最先成交。五档买盘显示的价格如果较前一个交易日上涨，则为红色；较前一个交易日下跌，则为绿色。

9. 现价

表示即使成交价。今开，指当日开盘价。涨跌，表示股票当日涨跌金额。最高，表示最高成交价格。最低，表示最低成交价。涨幅，表示当日涨跌百分比幅度。总量，表示从开盘至即时交易的成交总量。

10. 量比

量比是衡量相对成交量的指标。它是开盘后平均每分钟的成交量与过去5个交易日平均每分钟成交量之比。量比＝现成交总手/现累计开盘时间(分)/过去5日平均每分钟成交量。简化公式为：量比＝现成交总手/(过去5日平均每分钟成交量×当日累计开盘时间(分))。

11. 外盘和内盘

外盘是指主动性买入股票的所有成交量之和。内盘，主动性卖出股票的所有成交量之和。

12. 市盈

市盈，指的是市盈率，市盈率＝普通股每股市场价格÷普通股每年每股盈利。实际软件的操作中，有的是用半年或一个季度的收益来计算的市盈率，需要注意。

市盈率越低，代表投资者能够以较低价格购入股票以取得回报。每股盈利的计算方法，是该企业在过去12个月的净收入除以总发行已售出股数。假设某股票的市价为24元，而过去12个月的每股盈利为3元，则市盈率为24/3＝8。该股票被视为有8倍的市盈率，即每付出8元可分享1元的盈利。投资者计算市盈率，主要用来比较不同股票的价值。理论上，股票的市盈率愈低，愈值得投资。比较不同行业、不同国家、不同时段的市盈率是不大可靠的。比较同类股票的市盈率较有实用价值。

13. 股本与流通

股本，是指上市公司发行的所有普通股的总量。流通，指的是在股票二级交易市场流通的所有普通股的总量。

14. 换手

换手，指的是换手率，也称周转率，指在一定时间内市场中股票转手买卖的频率，是反映股票流通性强弱的指标之一。换手率＝开盘至当前时间的成交总量量/发行总股数×100％。

股票的换手率越高，意味着该只股票的交投越活跃，人们购买该只股票的意愿越高，属于热门股；反之，股票的换手率越低，则表明该只股票少人关注，属于冷门股。换手率高一般意味着股票流通性好，进出市场比较容易，不会出现想买买不到、想卖卖不出的现象，具有较强的变现能力。然而值得注意的是，换手率较高的股票，往往也是短线资金追逐的对象，投机性较强，股价起伏较大，风险也相对较大。将换手率与股价走势相结合，可以对未来的股价做出一定的预测和判断。某只股票的换手率突然上升，成交量放大，可能意味着有投资者在大量买进，股价可能会随之上扬。如果某只股票持续上涨了一个时期后，换手率又迅速上升，则可能意味着一些获利者要套现，股价可能会下跌。

15. 净资和收益

净资，指的是每股净资产。收益，指的是每股净收益。需要注意的是净资和收益有时候指的是一个季度，有时候指的是半年，有时候指的是一年，需要注意。如果显示的是收益(一)，则表示一季度的收益；收益(二)，则表示的是二季度的收益，依次类推。

16. 笔、价、细、盘、势、指、值、筹

在右下角窗口，显示笔、价、细、盘、势、指、值、筹，使用者可以从中点击选择一项在窗口中显示。

笔，指的是分时显示的每一笔买卖价格和数量，如 10:22　6.12　166 S/B，表示 10 点 22 分 6.12 元的价格买入或卖出 166 手股票(S 表示卖出，B 表示买入)。

价，指的是分价表，表示不同成交价的价格和对应的成交量。

细，指的是逐笔成交明细。

盘，指的是详细买卖盘情况。

势，指的是分时走势图。

指，指的是大盘走势，或指数走势。

值，指的是盘面和技术指标的数值。

筹，指的是移动筹码分布状态。

在个股日 K 线界面，按 F5 键就进入分时走势图界面。

二、证券交易软件的操作使用

下面以最常用的钱龙软件为例，介绍主要热键的使用。

热　键	热键的意义
0+Enter	切至系统主菜单
1+Enter	切至上证 A 股报价分析
2+Enter	切至上证 B 股报价分析
3+Enter	切至深证 A 股报价分析
4+Enter	切至深证 B 股报价分析
5+Enter	切至上证债券报价分析
6+Enter	切至深证债券报价分析
7+Enter	切至上证基金报价分析
8+Enter	切至深证基金报价分析
9+Enter	切至中小企业板报价分析

（续表）

热　键	热键的意义
00＋Enter	进入“财经直播室”
001＋Enter	浏览全部“今日焦点”
01＋Enter(或 F1)	即时走势画面时切至一分钟明细 技术分析画面时切至行情表
02＋Enter(或 F2)	个股即使走势画面时切至分价表 个股技术分析画面时查看历史所有权息资料 大盘即时走势画面时切至 5 分钟明细
03＋Enter(或 F3)	切至上证领先指标画面
04＋Enter(或 F4)	切至深证领先指标画面
05＋Enter(或 F5)	即时走势与技术分析画面互相切换
06＋Enter(或 F6)	切至自选股 1
061＋Enter	切至自选股 1
062＋Enter	切至自选股 2
063＋Enter	切至自选股 3
064＋Enter	切至自选股 4
065＋Enter	切至自选股 5
066＋Enter	切至自选股 6
067＋Enter	切至自选股 7
068＋Enter	切至自选股 8
07＋Enter(或 F7)	切至恒生指数画面
08＋Enter(或 F8)	于技术分析画面时切换周期类型
09＋Enter(或 F9)	于技术分析画面时进入画线状态
10＋Enter(或 F10)	即时走势或技术分析画面时切至基本面材料
61＋Enter	上证 A 股涨跌幅排名
62＋Enter	上证 B 股涨跌幅排名
63＋Enter	深证 A 股涨跌幅排名
64＋Enter	深证 B 股涨跌幅排名
65＋Enter	上证债券涨跌幅排名
66＋Enter	深证债券涨跌幅排名
67＋Enter	上证基金涨跌幅排名
68＋Enter	深证基金涨跌幅排名
69＋Enter	中小板块涨跌幅排名

（续表）

热　键	热键的意义
70＋Enter	钱龙信息
71＋Enter	上海证交所信息
72＋Enter	深圳证交所信息
73＋Enter	股份转让公告
74＋Enter	券商信息
75＋Enter	上海证交所公告
76＋Enter	深圳证交所公告
77＋Enter	综合财经信息
80＋Enter	综合排名-沪深 A 股
801＋Enter	综合排名-沪深权证
81＋Enter	综合排名-上证 A 股
811＋Enter	综合排名-上证权证
82＋Enter	综合排名-上证 B 股
83＋Enter	综合排名-深证 A 股
831＋Enter	综合排名-深证权证
84＋Enter	综合排名-深证 B 股
85＋Enter	综合排名-上证债券
86＋Enter	综合排名-深证债券
87＋Enter	综合排名-上证基金
88＋Enter	综合排名-深证基金
89＋Enter	综合排名-中小板块
891＋Enter	综合排名-香港主板
892＋Enter	综合排名-认股权证
893＋Enter	综合排名-互惠基金
894＋Enter	综合排名-香港创业
895＋Enter	综合排名-创业权证
896＋Enter	综合排名-香港债券
897＋Enter	综合排名-试验证券
898＋Enter	综合排名-挂钩票据
899＋Enter	综合排名-香港其他
90＋Enter	当日热门股点评
91＋Enter	上证 A 股热门

（续表）

热　键	热键的意义
92＋Enter	上证 B 股热门
93＋Enter	深证 A 股热门
94＋Enter	深证 B 股热门
95＋Enter	上证债券热门
96＋Enter	深证债券热门
97＋Enter	上证基金热门
98＋Enter	深证基金热门
99＋Enter	中小板块热门
101＋Enter	上证权证报价

扩展阅读

股神巴菲特的股票投资策略

寻找价值被低估的“超级明星”，并长期持有，是我们获得成功的唯一途径。

谈到投资，无可回避地要提到一个人，他就是世人眼中的“股神”，20 世纪最伟大的投资人——沃伦·巴菲特。1956 年，巴菲特从 100 美元起家，通过投资成为拥有 440 亿美元财富的世界第二大富翁。巴菲特 40 年来选的股票有 22 只，投资 61 亿美元，盈利 318 亿美元，平均每只股票的投资收益率高达 5.2 倍，创造了有史以来最惊人的选股神话。

更不可思议的是，巴菲特赖以创造超级财富和惊人业绩的投资策略非常简单。他认为，“在投资中，如果高等数学是必需的，我就得回去送报纸了，我从来没发现高等数学在投资中有什么作用。”他甚至告诉投资者们：“投资要成功，你不需要研究什么是β值、有效市场、投资组合理论、期权定价或是新兴市场，事实上大家最好对这些理论一无所知。”

在巴菲特的家里和办公室里，都没有电脑，甚至连计算器一类的东西都没有。他认为这类东西没什么用，因为他所需要做的工作没有那么复杂。巴菲特有一个简单的投资理念：“欲成非凡之功，未必须做非凡之事。”

巴菲特称自己“从来没见过能够预测股市走势的人”，那么被称为当代最成功投资者的他，采取的是什么样的投资策略呢？

“我们的投资仍然是集中于很少几只股票，而且在概念上非常简单：真正伟大的投资理念，常常用简单的一句话就能概括。我们喜欢一个具有持续竞争优势，并且由一群既能干又全心全意为股东服务的人来管理的企业。当发现具备这些特征的企业而且我们又能以合理的价格购买时，我们几乎不可能出错。”巴菲特如此阐述他的基本投资策略。

“我们始终在寻找那些业务清晰易懂、业绩持续优异、由能力非凡为股东着想的管理层来经营的大公司。这种目标公司并不能充分保证我们投资盈利：我们不仅要在合理的价格上买入，而且我们买入的公司的未来业绩还要与我们的估计相符。但是这种投资方法——寻找超级明星——给我们提供了走向真正成功的唯一机会。”

“如果我的公司投资机会范围非常有限，比如，仅限于那些在奥马哈这个小镇的私营公司，那么我会这样进行投资：首先，评估每一家公司业务的长期经济特征；其次，评估负责公司经营的管理层的能力和水平；最后，以合情合理的价格买入其中几家最好的公司的股份。我当然不会想把资金平均分配投资到镇上每一家公司。因此，为什么对于更大范围的上市公司，就非得采取完全不同的投资策略？而且既然发现伟大的公司和杰出的经理是如此难寻，那为什么我们非得抛弃已经被证明了的成功的投资策略？我们的座右铭是：如果你一开始就确实取得了成功，那么就不必再做新的尝试”。

“最终，我们的经济命运将取决于我们所拥有的公司的经济命运，无论我们的所有权是部分的还是全部的”。巴菲特的投资策略，用简单的一句话来概括就是：以大大低于内在价值的价格，集中投资于优秀企业的股票并长期持有。

实际上，投资者在股票市场中唯一的敌人就是自己。什么样的股票值得我们长期持有？

股票市场并非零和游戏，也不是只有从别人的口袋中掏钱才能盈利。战胜市场，战胜庄家，战胜基金，是热门投资书籍经常提到的字眼，而股票市场真正的敌人却很少有人提及。实际上投资者在股票市场中唯一的敌人就是自己，贪婪、恐惧，害怕困难，不能坚持原则，没有信心，没有耐心，没有勇气，没有目标和信念，这些才是我们最大的敌人。深度解剖并清晰地认清自己，克服人性的弱点，成功投资者制胜的法宝就是战胜自我。

人性的弱点埋藏在灵魂的深处，如果我们不能有意识地进行系统分析，并针对性地防范，同样的错误总会在投资决策中一犯再犯，而犯错的驱动力也永远不能消除。要战胜敌人，首先要认清敌人。清楚自己的弱点所在并克服它，你才会在投资市场上立于不败之地。

习　题

一、单项选择题

1. 证券组合管理的具体内容包括：(　　)。

A. 计划、选择、执行、监督

B. 计划、分析、选择、监督、评价

C. 计划、分析、选择时机、修正、评价

D. 计划、选择时机、选择证券、监督

2. 构建证券组合的原因是：(　　)。

A. 降低系统性风险　　B. 降低非系统性风险

C. 增加系统性收益　　D. 增加非系统性收益

3. 在遗传工程、医疗服务、超级市场、采矿四个行业中，投资者应选择哪个行业投资？(　　)。

A. 遗传工程　　B. 医疗服务　　C. 超级市场　　D. 采矿

4. 某一行业有如下特征：企业的利润由于一定程度的垄断达到了很高的水平，竞争风险比较稳定，新企业难以进入。那么这一行业最有可能处于生命周期的哪一阶段？(　　)。

A. 幼稚期　B. 成长期　C. 成熟期　D. 衰退期

5. 一般地，在投资决策过程中，投资者应选择(　　)行业投资。

A. 增长型　B. 周期型　C. 防御型　D. 初创型

6. 当经济衰退至尾声，投资者已远离证券市场，每日成交稀少的时候，可以断定：(　　)。

A. 经济周期处于衰退期　B. 经济周期处于下降阶段

C. 证券市场将继续下跌　D. 证券市场已经处于底部，应当可以买入

7. 在经济周期的某个时期，产出、销售、就业开始下降，直至某个低谷，说明经济变动处于：(　　)。

A. 繁荣　B. 衰退　C. 萧条　D. 复苏

8. 心理分析流派所使用判断的本质特征是：(　　)。

A. 只具有否定意义　B. 只具有肯定意义

C. 可以肯定也可以否定　D. 只作假设判断，不作决策判断

9. "市场永远是对的"是哪个投资分析流派的观点？(　　)。

A. 基本分析流派　B. 技术分析流派

C. 心理分析流派　D. 学术分析流派

10. 用哪一种方法获得的信息具有较强的针对性和真实性？(　　)。

A. 历史资料　B. 媒体信息

C. 实地访查　D. 网上信息

二、多项选择题

1. 在关于指数量价关系分析的一些总结性描述中，正确的有：(　　)。

A. 价涨量增顺势推动　B. 价涨量减快速拉升

C. 价涨量跌呈现背离　D. 价跌量增赶快卖出

E. 价跌量增有待观察

2. 证券市场里的投资者可以分为：(　　)。

A. 多头　B. 空头　C. 机构

D. 持股观望者　E. 持币观望者

3. 下列属于技术分析理论的有：(　　)。

A. 随机漫步理论　B. 切线理论　C. 相反理论

D. 道-琼斯理论　E. 资产组合理论

4. 趋势的方向包括：(　　)。

A. 上升方向　B. 下降方向　C. 水平方向

5. 国际金融市场剧烈动荡对我国证券市场的影响主要通过下列哪些途径：(　　)。

A. 通过资本市场资金流动影响我国证券市场

B. 通过人民币汇率预期影响证券市场

C. 通过外汇市场影响证券市场

D. 通过对居民的心理影响间接影响证券市场

E. 通过宏观面和政策面间接影响证券市场

6. 利率水平的变化会影响人们的哪些行为？(　　)。

A. 储蓄　B. 就业　C. 投资
D. 消费　E. 预期

7. 影响股票投资价值的外部因素有:(　　)。
A. 投资者对股票价格走势的预期　B. 公司净资产
C. 货币政策　D. 经济周期　E. 公司每股收益

8. 主要的投资分析流派有哪些?(　　)。
A. 基本分析流派　B. 技术分析流派　C. 市场分析流派
D. 心理分析流派　E. 学术分析流派

三、判断题

1. 证券投资分析是能否降低投资风险,获得投资成功的关键。(　　)
2. 从会计师事务所、银行、咨询机构等处得到的资料属于历史资料。(　　)
3. 宏观经济因素是影响证券市场长期走势的唯一因素。(　　)
4. GDP 增长,必然有证券市场指数的增长。(　　)
5. 当社会总需求不足时,使用扩张性财政政策,将促使证券市场价格上涨。(　　)
6. 一国经济越开放,证券市场的国际化程度越高,证券市场受汇率变化影响越大。(　　)
7. 股价随着成交量的递增而上涨,是市场行情的正常特性,此种量增价涨关系,表示股价将继续上升。(　　)
8. 收入型组合的投资者不仅限于中等收入或低收入阶层,作为一种投资目标,高收入阶层也可能有此需要。(　　)
9. 证券组合管理的主要内容包括:计划、选择时机、选择证券、修正、评价。(　　)
10. 组合理论关于多元化原则的建议是:要有效的降低证券组合的标准差,证券组合中至少应包含 10 种证券。(　　)

参考文献

1.《证券市场基础知识》,中国证券业协会编,中国财政经济出版社,2012 年出版
2.《证券交易》,中国证券业协会编,中国财政经济出版社,2012 年出版
3.《证券发行与承销》,中国证券业协会编,中国财政经济出版社,2012 年出版
4.《证券投资分析》,中国证券业协会编,中国财政经济出版社,2012 年出版
5.《证券投资基金》,中国证券业协会编,中国财政经济出版社,2012 年出版
6.《证券投资学》胡金焱、霍兵、李维林编著,高等教育出版社,2007 年第二版
7.《证券投资学》吴晓求主编,中国人民大学出版社,2009 年第三版
8.《证券投资学》,贺强、韩复龄主编,首都经贸大学出版社,2007 年出版
9.《证券投资学》,任淮秀主编,高等教育出版社,2007 年第二版
10.《证券投资理论与实务》,高广阔主编,上海财经大学出版社,2007 年第一版
11.《证券发行上市审核工作手册》,中国证券监督管理委员会编,中国财政经济出版社,2012 年出版
12.《新编证券投资学》,戴锦、张新铭主编,华中科技大学出版社,2013 年第一版
13.《证券投资学》,李柏洲主编,华中师范大学出版社,2012 年第二版

在编写过程中,还利用了上海证券交易所、深圳证券交易所、中国期货网、百度网以及一些无法查找出处的网络资源,在此一并表示感谢!